ଓଡ଼ିଆ ସମାଲୋଚନା ସାହିତ୍ୟର ନବଦିଗନ୍ତ

ଓଡ଼ିଆ ସମାଲୋଚନା ସାହିତ୍ୟର ନବଦିଗନ୍ତ

ଡ. ସ୍ୱପ୍ନାରାଣୀ ସିଂ

ବ୍ଲାକ୍ ଇଗଲ୍ ବୁକ୍ସ
ଭୁବନେଶ୍ୱର, ଓଡ଼ିଶା

BLACK EAGLE BOOKS
Dublin, USA

ଓଡ଼ିଆ ସମାଲୋଚନା ସାହିତ୍ୟର ନବଦିଗନ୍ତ / ଡ. ସ୍ୱପ୍ନାରାଣୀ ସିଂ
ବ୍ଲାକ୍ ଇଗଲ୍ ବୁକ୍ସ : ଭୁବନେଶ୍ୱର, ଓଡ଼ିଶା ● ଡବ୍ଲିନ୍, ଯୁକ୍ତରାଷ୍ଟ୍ର ଆମେରିକା।

BLACK EAGLE BOOKS

USA address:
7464 Wisdom Lane
Dublin, OH 43016

India address:
E/312, Trident Galaxy, Kalinga Nagar,
Bhubaneswar-751003, Odisha, India

E-mail: info@blackeaglebooks.org
Website: www.blackeaglebooks.org

First International Edition Published by
BLACK EAGLE BOOKS, 2024

ODIA SAMALOCHANA SAHITYARA NABADIGANTA
by **Dr Swapnarani Singh**

Copyright © **Dr Swapnarani Singh**

All rights reserved. No part of this publication may be reproduced, stored in a retrieval system, or transmitted, in any form or by any means, electronic, mechanical, photocopying, recording or otherwise without the prior permission of the publisher.

Cover & Interior Design: Ezy's Publication

ISBN- 978-1-64560-619-2 (Paperback)

Printed in the United States of America

ସୂଚିପତ୍ର

ମନସ୍ତତ୍ତ୍ୱମୟ ଓଡ଼ିଆ ଗଳ୍ପ ଜଗତ ଏକ ସୂକ୍ଷ୍ମ ବିଶ୍ଲେଷଣ	୦୭
ପ୍ରତିଭା ରାୟଙ୍କ ଗଳ୍ପରେ ନାରୀବାଦର ପ୍ରତିଫଳନ	୩୧
ନାରୀ ସ୍ୱାଧୀନତା ସତ୍ୟ ନା ଭ୍ରମ ?	୪୭
ଓଡ଼ିଶା ଓ କବିଗୁରୁ ରବୀନ୍ଦ୍ରନାଥ ଠାକୁର	୫୮
ଅସ୍ତିତ୍ୱବାଦୀ ଚିନ୍ତନର ସଫଳ ଚିନ୍ତାନାୟକ ଗାଳ୍ପିକ ରବି ପଟ୍ଟନାୟକ	୬୫
ଓଡ଼ିଆ ସାହିତ୍ୟରେ ଭାବାତୀତବାଦ ବା Transcendentalismର ପ୍ରତିଫଳନ	୮୧
ସୁରେନ୍ଦ୍ର ମହାନ୍ତିଙ୍କ ଗଳ୍ପରେ ଶିଶୁ ମନସ୍ତତ୍ତ୍ୱର ପ୍ରତିଫଳନ	୮୬
ଅନୁବାଦକ ଇଂ ଗୋବିନ୍ଦ ଚନ୍ଦ୍ର ସାହୁ ଏବଂ ହଜାରେ ଚୌରାଶୀର ମା'	୯୭
ଗୌରହରି ଦାସଙ୍କ ଗଳ୍ପରେ ନାରୀବାଦୀ ଚିନ୍ତାଧାରାର ପ୍ରତିଫଳନ	୧୦୪
ଦିହକର କଥା ଏକ ସୂକ୍ଷ୍ମ ବିଶ୍ଲେଷଣ	୧୧୧
ଓଡ଼ିଆ ସାହିତ୍ୟର ଭବିଷ୍ୟତବାଦୀ ଔପନ୍ୟାସିକ ଗୋକୁଳାନନ୍ଦ ମହାପାତ୍ର ଏକ ଆଲୋଚନା	୧୧୮
ଓଡ଼ିଆ ଉପନ୍ୟାସରେ ଜଗନ୍ନାଥ ଚେତନାର ପ୍ରତିଫଳନ	୧୨୩
ଦୁର୍ଭିକ୍ଷ ଓ ପ୍ରାକୃତିକ ବିପର୍ଯ୍ୟାୟର ପୃଷ୍ଠଭୂମିରେ ରଚିତ ଓଡ଼ିଆ ଉପନ୍ୟାସ	୧୩୦

ମନସ୍ତତ୍ତ୍ୱମୟ ଓଡ଼ିଆ ଗଳ୍ପ ଜଗତ
ଏକ ସୂକ୍ଷ୍ମ ବିଶ୍ଳେଷଣ

ସମ୍ପ୍ରତି ଆଧୁନିକ ଓ ଉତ୍ତର ଆଧୁନିକ ଓଡ଼ିଆ କଥା ସାହିତ୍ୟ ବିଶେଷକରି ଗଳ୍ପ ସାହିତ୍ୟ ଜଗତରେ ପ୍ରୟୋଗ ହେଉଥିବା ବିଭିନ୍ନ ଚେତନାଗୁଡ଼ିକ ମଧ୍ୟରେ ମନସ୍ତତ୍ତ୍ୱ ହେଉଛି ଅନ୍ୟତମ। ମନସ୍ତତ୍ତ୍ୱର ଅଧ୍ୟୟନ ୧୮୫୪ ମସିହାରେ ଆରମ୍ଭ ହୋଇଥିବା ସ୍ଥଳେ ସାହିତ୍ୟରେ ଏହାର ପ୍ରୟୋଗ ଆହୁରି ନୂତନ। କାରଣ Knut Hamsunଙ୍କ ଦ୍ୱାରା ୧୮୯୦ ମସିହାରେ ରଚିତ 'Hunger' (୧,୨) ଉପନ୍ୟାସକୁ ବିଶ୍ୱର ପ୍ରଥମ ମନସ୍ତାତ୍ତ୍ୱିକ ଉପନ୍ୟାସର ମାନ୍ୟତା ମିଳିଛି। ଏହି ଦୃଷ୍ଟିକୋଣରୁ ୧୯୨୬ ମସିହାରେ ଓଡିଆ ସାହିତ୍ୟରେ ମନସ୍ତତ୍ତ୍ୱର ଆବିର୍ଭାବ ପ୍ରସଙ୍ଗକୁ ଆଲୋଚନା କରାଯାଏ। ମାତ୍ର ଟିକେ ଗଭୀରତାର ସହ ଉପଲବ୍ଧି କଲେ 'ପଦ୍ମମାଳୀ', 'ଛ' ମାଣ ଆଠଗୁଣ୍ଠ' ଏବଂ 'ରେବତୀ' ଭଳି କୃତିରୁ ମନସ୍ତତ୍ତ୍ୱର ଅନୁସନ୍ଧାନ ଅସମ୍ଭବ ନୁହେଁ। ଏହିପରି ସାହିତ୍ୟ କ୍ଷେତ୍ରରେ ମନସ୍ତତ୍ତ୍ୱ ଏକ ନୂତନ ବିଭାଗ ହେଲେ ମଧ୍ୟ ଏହାର ବିକ୍ଷିପ୍ତତା ନିଶ୍ଚିତ ଗ୍ରହଣୀୟ। ୨୦୨୦ ମସିହାରେ ଏଷ୍ଟ୍ରୋ ଭୌତିକ ବିଜ୍ଞାନୀ ଫ୍ରାନ୍‌କୋ ଭ୍ୟାଜା (Franco Vazza) ଏବଂ ନ୍ୟୁରୋ ସର୍ଜନ୍ ଆଲ୍‌ବୋଟୋ ଫେଲେଟି (Alberto Felletti) ଙ୍କ ମିଳିତ ଆନୁକୁଲ୍ୟରେ ମସ୍ତିଷ୍କର ଦୁଇଟି ବିଭାଗ ଯଥା- ସେରେବେଲମ୍ (Cerebellum) ଏବଂ ସେରେବ୍ରମ୍ (Cerebrum) ଉପରେ ଗବେଷଣା ହୋଇଥିଲା। ଉକ୍ତ ଗବେଷଣାର ନିଷ୍କର୍ଷସ୍ୱରୂପ ଏହି ବୈଜ୍ଞାନିକ ମଣିଷର ମସ୍ତିଷ୍କର ଗଠନ ଏବଂ ଟେଲିସ୍କୋପ୍ ଦ୍ୱାରା ଉତ୍ତୋଳିତ ବ୍ରହ୍ମାଣ୍ଡର ଫଟୋଚିତ୍ର ସହିତ ସାମଞ୍ଜସ୍ୟ ଥିବା ପ୍ରମାଣ କରିଥିଲେ। (୩) ଯାହାକୁ ସାମ୍ପ୍ରତିକ ଗୋଟିଏ ଦଳ ବୈଜ୍ଞାନିକ ସମର୍ଥନ କରିଥିଲେ ହେଁ, ଆଉ ଗୋଟିଏ ଦଳ ବୈଜ୍ଞାନିକ ଏହାକୁ ଏକ ନିଶ୍ଚିତକରଣ ପକ୍ଷପାତ ବା

Conformation Bias କହି ବିରୋଧ କରିଥିଲେ । ଅବଶ୍ୟ ବିଚାର କରିବାକୁ ଗଲେ ଏହା ସତ୍ୟ ହୋଇପାରେ କାରଣ ଥର୍ମୋଡାଇନାମିକ୍ସର ମୂଳଦୁଆ ପକେଇଥିବା ଲିଉଡଭିଗ୍ ବୋଲଟମ୍ୟାନଙ୍କ ମତରେ ଯାହାବି ଆମେ ଦେଖୁଛେ ସବୁକିଛି ହେଉଛି ଏକ ମାୟା । କାରଣ ଗୋଟିଏ ଦିଗରୁ ଆମେ ଯଦି ଗୋଟିଏ ବସ୍ତୁକୁ ଦେଖିବା ତା'ର ଯେଉଁ ସ୍ୱରୂପ ଦେଖାଯିବ ଅନ୍ୟ ଦିଗରୁ ଦେଖିଲେ ସେ ସ୍ୱରୂପ ସେପରି ରହିନପାରେ। ତେଣୁ ଉପରୋକ୍ତ ଗବେଷଣା କେବଳ ଏକ ହାଇପୋଥିସିସ୍ ବା ପରିକଳ୍ପନା ହେଲେ ହେଁ। ୧୩୫୦-୧୪୦୦ ଗ୍ରାମ୍ ବିଶିଷ୍ଟ ମଣିଷ ମସ୍ତିଷ୍କର ଜଟିଳତା ଏବଂ ଏହାର ସୂକ୍ଷ୍ମତା ବୈଜ୍ଞାନିକ ଦୃଷ୍ଟିକୋଣରୁ ପ୍ରମାଣିତ। ତେଣୁ ମଣିଷ ଶରୀରର ଏହି ଜଟିଳ ବିଭାଗ ଉପରେ କାର୍ଯ୍ୟ କରୁଥିବା ମନସ୍ତତ୍ତ୍ୱ ବିଭାଗର ସୂକ୍ଷ୍ମତା ଏବଂ ବିସ୍ତିର୍ଣ୍ଣତାକୁ କେନ୍ଦ୍ରକରି ଅନେକ ବିଭାଗ ରହିଛି। ଉକ୍ତ ସାହିତ୍ୟ ଆଲୋଚନାରେ ବିଜ୍ଞାନର ଏହିଭଳି ଏକ ବିଭାଗ ସମ୍ପର୍କରେ ଆଲୋଚନା କରିବାର ଉଦ୍ଦେଶ୍ୟ ଅକାରଣ ନୁହେଁ। ସମ୍ପ୍ରତି ବିଶ୍ୱ ସାହିତ୍ୟରେ ଏହିଭଳି ଏକ ବିଭାଗର ସଫଳ ପରୀକ୍ଷଣକୁ ହେନେରୀ ଜେମ୍ସ୍‌ଙ୍କର ଦ ପୋଟ୍ରେଟ୍ ଅଫ୍ ଏ ଲେଡି (୧୮୮୧), ସ୍ୟାଲଭିଆ ପ୍ଲେଥ୍‌ଙ୍କର ଆତ୍ମଜୀବନୀମୂଳକ ଉପନ୍ୟାସ ଦ ବେଲ୍ ଜାର (୧୯୬୩) ଏବଂ ଜର୍ଜ ଅରୱେଲ୍‌ଙ୍କର ୧୯୮୪ (୧୯୪୯) ଭଳି କୃତି ମାଧ୍ୟମରେ ଅନୁଭବ କରାଯାଇପାରେ। ବିଶ୍ୱ ସାହିତ୍ୟରୁ ଓଡିଆ ଭଳି ଏକ ଆଞ୍ଚଳିକ ସାହିତ୍ୟ ପ୍ରସଙ୍ଗରେ ଏହାକୁ ବିଚାର କରିବାବେଳେ ସାମାନ୍ୟ ହୀନମାନ୍ୟତା ଆସିପାରେ। ମାତ୍ର ଜଣେ ସଚ୍ଚୋଟ୍ ପାଠକ ଆଞ୍ଚଳିକ ସାହିତ୍ୟ ହେଲେ ହେଁ, ଓଡ଼ିଆ ସାହିତ୍ୟରେ ଏହି ବିଭାଗର ଗଭୀରତା ଏବଂ ସଫଳ ପ୍ରୟୋଗକୁ ଅନୁଭବ କରିପାରିବେ। ଓଡ଼ିଆ ସାହିତ୍ୟର ପ୍ରତିଟି ବିଭାଗ ମନସ୍ତତ୍ତ୍ୱମୟ ହେଲେ ହେଁ, ଉକ୍ତ ଆଲୋଚନାରେ ଗଳ୍ପ ସାହିତ୍ୟର ଗଭୀରତାକୁ ମାପିବାକୁ ଉଦ୍ୟମ କରାଯାଇଛି। ମନସ୍ତତ୍ତ୍ୱର ବିସ୍ତିର୍ଣ୍ଣତା ଦୃଷ୍ଟିରୁ ଏହାକୁ କେତେକ ବିଭାଗ ଅଥବା ସ୍କୁଲ୍‌ରେ ଭାଗ କରାଯାଇଛି। ସଂରଚନାତ୍ମକ ମନୋବିଜ୍ଞାନ (Structuralism), ବ୍ୟବହାରିକ ମନୋବିଜ୍ଞାନ (Functionalism Psychology), ଆଚରଣଗତ ମନୋବିଜ୍ଞାନ (Behaviorism Psychology), ଜ୍ଞାନାତ୍ମକ ମନୋବିଜ୍ଞାନ (Cognitive Psychology), ସମଷ୍ଟି ମନୋବିଜ୍ଞାନ (Gestalt Psychology), ମାନବତାବାଦୀ ମନୋବିଜ୍ଞାନ (Humanistic Psychology), ବିଶ୍ଳେଷଣାତ୍ମକ ମନୋବିଜ୍ଞାନ (Analytical Psychology) ଆଦି ସ୍କୁଲ ମନୁଷ୍ୟର ବିଭିନ୍ନ ସମସ୍ୟା ଓ ତାହାର ସମାଧାନକୁ କେନ୍ଦ୍ରକରି ଗତିଶୀଳ।(୪) ଓଡ଼ିଆ ଗଳ୍ପ ସାହିତ୍ୟରେ ମଧ୍ୟ ଏହି ପ୍ରତ୍ୟେକଟି ସ୍କୁଲ୍‌ର କିଛି କିଛି ଚିନ୍ତାଚେତନାକୁ ବେଶ୍ ସଫଳଭାବେ ପ୍ରୟୋଗ କରାଯାଇଛି। ବିଶେଷକରି ଏହି ବିଭାଗ

ବର୍ହିଭୂତ ଏବଂ Clinical Psychology ଅର୍ନ୍ତଭୂକ୍ତ ମନୋବିଶ୍ଳେଷଣ (Psychoanalysis)ର ସଫଳ ପ୍ରୟୋଗ ଓଡ଼ିଆ ଗଳ୍ପଗୁଡ଼ିକରେ ଲକ୍ଷଣୀୟ ।

ମନସ୍ତାତ୍ତ୍ୱିକ ବିଶ୍ଳେଷଣ (Psychoanalysis)

ଏହି ସିଦ୍ଧାନ୍ତଟି ବିଶିଷ୍ଟ ମନସ୍ତତ୍ତ୍ୱବିତ୍ 'ସିଗମଣ୍ଡ ଫ୍ରଏଡ୍' (Sigmund Freud) ଙ୍କ ଦ୍ୱାରା ଊନବିଂଶ ଶତାବ୍ଦୀର ଶେଷ ଭାଗରେ ପ୍ରଦତ୍ତ ହୋଇଥିଲା । ମନୋବିଜ୍ଞାନର 'Psycho Analytical Theory' ଅଥବା 'Psychodynamic Theory'ରେ ଫ୍ରଏଡ Conscious (ସଚେତନ), Sub-Conscious/Pre-Concious (ଅଚେତନ) ଏବଂ Un-Conscious (ଅବଚେତନ) ମନ ସମ୍ପର୍କରେ ସୂଚନା ଦେଇଛନ୍ତି । ଏହା ସହିତ 'Structure Of Personality (ବ୍ୟକ୍ତିତ୍ୱର ଗଠନ) ପର୍ଯ୍ୟାୟରେ ମଣିଷ ଭିତରର ତିନିଟି ପ୍ରବୃତ୍ତି ଯଥା- 'ତତ୍କାଳିକ ଆନନ୍ଦ ଜନିତ ସିଦ୍ଧାନ୍ତ' (Id/Instant Pleasure Principle), 'ବାସ୍ତବତା ଜନିତ ସିଦ୍ଧାନ୍ତ ବା ନୀତି' (Ego/Reality Principle) ଏବଂ 'ନୈତିକତା ଜନିତ ସିଦ୍ଧାନ୍ତ' (Super Ego/Morality Principle) ଏହାସହିତ ମଣିଷ ଭିତରେ ଥିବା ଇଦ୍ ପ୍ରବୃତ୍ତିର ଦୁଇଟି ଉପାଦାନ ଯଥା 'ଜୀବନ ବୃତ୍ତି' (Life Instinct) ଏବଂ 'ମୃତବୃତ୍ତି'(Death Instinct) ଆଦି ସମ୍ପର୍କରେ ମଧ୍ୟ ମତ ଦେଇଛନ୍ତି । ଏହି ତତ୍ତ୍ୱରେ ଆହୁରି ଅନେକ ପ୍ରବୃତ୍ତି ସମ୍ପର୍କିତ ବିଶ୍ଳେଷଣ ଦେଖିବାକୁ ମିଳେ । ସମ୍ପ୍ରତି ପୁଣି ଫକାର୍ଲ ଜଙ୍ଗ' (Carl Jung)ଙ୍କ ଭଳି ମନସ୍ତତ୍ତ୍ୱବିତ୍‌ଙ୍କ ସିଦ୍ଧାନ୍ତ 'ଉତ୍ତର ଫ୍ରଏଡିୟ ଦୃଷ୍ଟିକୋଣ' (Post Freudian approch)(୫,୬,୭,୮)କୁ ମଧ୍ୟ ବିବେଚନା କରାଯାଉଛି ।

Child Abuse (ଶିଶୁ ନିର୍ଯ୍ୟାତନା) ବିଶେଷ କରି ଶିଶୁମାନଙ୍କ ଉପରେ ହେଉଥିବା ଯୌନ ନିର୍ଯ୍ୟାତନା ଯାହାକୁ କେନ୍ଦ୍ରକରି ମନସ୍ତତ୍ତ୍ୱବିତ୍ ଫ୍ରଏଡ Seduction Theory ପ୍ରଦାନ କରିଥିଲେ । (୯) ଏହି ତତ୍ତ୍ୱ ଅନୁସାରେ ସାଧାରଣତଃ ଯେଉଁ ଶିଶୁମାନେ ବାଲ୍ୟକାଳରେ କୌଣସି ପ୍ରକାରର ଯୌନ ନିର୍ଯ୍ୟାତନାର ଶିକାର ହୋଇଥାଆନ୍ତି ସେମାନେ ସମଗ୍ର ଜୀବନ ସେହି ଅନୁଭୂତିରୁ ନିଜକୁ ମୁକ୍ତ କରିପାରିନଥାଆନ୍ତି । ଅନେକ କ୍ଷେତ୍ରରେ ପିତାମାତାମାନେ ମଧ୍ୟ ସନ୍ତାନର ଏହି ଭାବନାକୁ ବୁଝି ନ ପାରିବା ଫଳରେ ଏହା ସାରାଜୀବନ ସେମାନଙ୍କର ମନସ୍ତତ୍ତ୍ୱରେ ରହିଯାଏ ଓ ସମଗ୍ର ଜୀବନ ତାଙ୍କ ମନସ୍ତତ୍ତ୍ୱ ଉପରେ କିପରି ଗଭୀର ପ୍ରଭାବ ପକାଇଥାଏ ତାହାକୁ ଗାଳ୍ପିକ ପ୍ରାଣବନ୍ଧୁ କର ଅତ୍ୟନ୍ତ ସିଦ୍ଧହସ୍ତତାର ସହ ପ୍ରତିଫଳିତ କରିଛନ୍ତି 'ଶରାହତ କ୍ରୌଞ୍ଚମିଥୁନ' ଗଳ୍ପରେ । ଏହିପରି ଗାଳ୍ପିକା ସୁସ୍ମିତା ବାଗଚୀଙ୍କତ 'ବିଷ'ଗଳ୍ପରେ କଣ୍ଢେଇ ଧରି ଖେଳିବା ବୟସରେ ବାରମ୍ବାର 'ସେକ୍ସୁଆଲ ଆସଲ୍‌ଟେଡ' ହୋଇ

ଗର୍ଭବତୀ ହୋଇଥିବା ଏକ କନ୍ୟାର ଚିତ୍ରଣ ମାଧ୍ୟମରେ, ଗାଳ୍ପିକା ସାମ୍ପ୍ରତିକ ସମାଜର ପ୍ରକୃତ ସ୍ୱରୂପ ସହ ସମାଜରେ ନାରୀମାନଙ୍କର ସ୍ଥିତିକୁ ଉଦ୍‌ଘାଟିତ କରିଛନ୍ତି। ଏହି କ୍ରମରେ ଗାଳ୍ପିକା ପ୍ରତିଭା ରାୟଙ୍କର 'ଦଗ୍‌ଧ' ଗଳ୍ପଟି ଅତିଭୌତିକ ଓ ଅଲୌକିକ ପ୍ରସଙ୍ଗକୁ ପ୍ରତିଫଳିତ କରୁଥିବା ଭଳି ମନେହେଉଥିଲେ ହେଁ, ଏହାର ଅର୍ନ୍ତନିହିତ ଆବେଦନ କିନ୍ତୁ ଭିନ୍ନ। ଏଥିରେ ଗାଳ୍ପିକା ନାରୀର ଶୃଙ୍ଗାର କାମନା(Libido)କୁ କେନ୍ଦ୍ରକରି ମନସ୍ତତ୍ତ୍ୱବିତ୍ ସିଗମଣ୍ଡ ଫ୍ରଏଡଙ୍କର 'Seduction Theory' କୁ ପ୍ରତିଫଳିତ କରିଛନ୍ତି। ଏଥିରେ ଅବଶ୍ୟ ବସନ୍ତ ଶତପଥିଙ୍କର 'ଅନ୍‌ପଢ଼' ଗଳ୍ପ ଭଳି କାମନାର ଶିକାର ହୋଇଥିବା ଯୁବତୀର ଅବଚେତନ ମନର ଭୟ ନୁହେଁ ବରଂ ଯୁବକର ଅବଚେତନ ମନର ଭୟ ପ୍ରତିଫଳିତ ହୋଇଛି। "ଏମିତି କେତେଥର ଘଟିଛି, ପିଶାଚୁଣୀଟା ଯେତେବେଳେ ବିନୋଦକୁ ମାଡ଼ିବସିଛି, ବିନୋଦ ତା'ର ଆଠଦିନ ଯାଏ ପେଟପୂରେଇ ଭାତ ଖାଇପାରିନି। ନିଶ୍ଚିନ୍ତରେ ଶୋଇପାରିନି। ଖାଲି ବାନ୍ତି ବାନ୍ତି- ଅଇ ଉଠେଇବା ଭାବ। ସମସ୍ତେ ଭାବନ୍ତି ପରୀକ୍ଷା ଚିନ୍ତାରେ ବିନୋଦର ଭୋକ ଶୋଷ ନାହିଁ। ଅଜାଗା ଘା' ଭଳି ବିନୋଦ ପିଶାଚୁଣୀ ଉପାଖ୍ୟାନଟା ଛାତିତଳେ ଚାପିଦେଇ ପରୀକ୍ଷାରେ ପାସ୍ କରି ହଷ୍ଟେଲ ଛାଡ଼ି ପଳେଇଲା ପଛକେ ପିଶାଚୁଣୀ କଥା କାହାରିକୁ କହିପାରିଲାନି। କେମିତି ସେ କହିପାରିବ ଯେ ବାସ ମହମହ ମଲ୍ଲୀଖୁଡ଼ୀ ପିଶାଚୁଣୀ ଭଳି ଦିଶି ଯାଆନ୍ତି ଆଉ ବୀଭତ୍ସ ପିଶାଚୁଣୀଟା ଖୁଡ଼ୀ ଭଳି।"(ମୋକ୍ଷ-ପୃ-୧୮୮) ଗୌରହରି ଦାସଙ୍କର 'ରେବତୀ' ଗଳ୍ପରେ ମଧ୍ୟ ଏହି ପ୍ରସଙ୍ଗର ପ୍ରତିଫଳନ ପରିଲକ୍ଷିତ।

ଫ୍ରଏଡଙ୍କ ବ୍ୟକ୍ତିତ୍ୱ ଗଠନ ପର୍ଯ୍ୟାୟର ସଫଳ ପରୀକ୍ଷଣ ଓଡ଼ିଆ ଗଳ୍ପ ସାହିତ୍ୟର ଏକ ବିଶେଷତ୍ୱ। ଏହାକୁ ବହୁ ଗାଳ୍ପିକ ବେଶ୍ ସଫଳଭାବେ ନିଜ ଗଳ୍ପଗୁଡ଼ିକରେ ପ୍ରୟୋଗ କରିଛନ୍ତି। ମଣିଷ ଭିତରେ ଥିବା Libido(କାମଇଚ୍ଛା)ର ଦୁଇଟି ପ୍ରବୃତ୍ତି ଯଥା- 'Life Instinct' (Eros) ଜୀବନ ବୃତ୍ତି ଏବଂ 'Death Instinct' (Thanotos) ମୃତବୃତ୍ତି ମଧ୍ୟରୁ ମୃତବୃତ୍ତି ଯେଉଁଥିରେ ମଣିଷ ଭିତରର ଅଣାୟତ୍ତ ଏବଂ ଉନ୍ମାଦନା ଆଦି ପ୍ରବୃତ୍ତି ପରିଲକ୍ଷିତ ହୋଇଥାଏ। ତାହାକୁ ଗାଳ୍ପିକ ଚନ୍ଦ୍ରଶେଖର ରଥ ଚିତ୍ରିତ କରିଛନ୍ତି 'ପଞ୍ଚପୁତ୍ରର କାହାଣୀ' ଗଳ୍ପରେ। ଗାଳ୍ପିକ ଅଖିଳମୋହନ ପଟ୍ଟନାୟକଙ୍କର 'ଝଡ଼ର ଇଗଲ୍ ଓ ଧରଣୀର କୃଷ୍ଣସାର' ହେଉଛି ଏହି ଧାରାର ଅନ୍ୟତମ ସୃଷ୍ଟି। କୃଷ୍ଣସାର ଓ ଇଗଲ୍ ଭଳି ଦୁଇଟି ମାନବେତର ଚରିତ୍ର ମଧ୍ୟରେ ଲୁଚିବସିଥିବା ମଣିଷକୁ ନେଇ ଗଳ୍ପଟି ପରିକଳ୍ପିତ। ଏଥିରେ ଖାଦ୍ୟ ଓ ଖାଦକ ମଧ୍ୟରେ ପ୍ରେମ, ବନ୍ଧୁତ୍ୱ, ଆକର୍ଷଣ, ଯୌନତା(Libido) ତୁଲ୍ୟ ଜୀବନବୃତ୍ତି (Life Instinct)ମଧ୍ୟରେ ମୃତବୃତ୍ତି (Death Instinct) ଯେ ଲୁଚି ବସିଥାଏ ତାହାର ସୂଚନା ଦେଖିବାକୁ ମିଳେ। ପୁଣି କେତେକ କ୍ଷେତ୍ରରେ ଇଦ୍

(Id) ଓ ସୁପର ଇଗୋ (Super Ego) ମଧ୍ୟରେ ମଧ୍ୟସ୍ଥତା କରୁଥିବା ଇଗୋ (Ego) ସମ୍ପର୍କରେ ମଧ୍ୟ ସୂଚନା ଦେଇଛନ୍ତି ଗାଳ୍ପିକ। ଏହା ବ୍ୟତୀତ ଶ୍ରୀଯୁକ୍ତ ପଟ୍ଟନାୟକଙ୍କର 'ସିଦ୍ଧାର୍ଥର ଉପକଥା', 'ମଞ୍ଜିର କ୍ରନ୍ଦନ, 'କେତୋଟି ମୁହୂର୍ତ୍ତ', 'ଡିମିରିଫୁଲ' 'ଅକାଳ ବୋଧନ' ଏବଂ 'ରକ୍ତକଇଁ' ଆଦି ଗଳ୍ପରେ ମଧ୍ୟ ଅବଚେତନ ମନର ସ୍ୱର ପ୍ରତିଫଳିତ। ଏହିପରି ମହାପାତ୍ର ନୀଳମଣି ସାହୁଙ୍କର ଗୋଟିଏ ଦିଗରେ ମଣିଷ ଭିତରେ ଲୁଚି ବସିଥିବା ଇଦ୍ ବା ଲୋଭ ଓ ହିଂସା ତୁଲ୍ୟ ରାକ୍ଷାସୀ ଅଥବା ପଶୁତ୍ୱ ପ୍ରବୃତ୍ତିର ଭୟଙ୍କରତା। ଏବଂ ଅନ୍ୟଦିଗରେ ସେହି ମଣିଷ ଭିତରେ ସୃଷ୍ଟି ସୁପର ଇଗୋ ତୁଲ୍ୟ ଦେବତ୍ୱ ପ୍ରବୃତ୍ତିର ସୂଚନା ଦେଖିବାକୁ ମିଳେ 'ଅନ୍ଧରାତିର ସୂର୍ଯ୍ୟ' ଗଳ୍ପରେ। ବାସ୍ତବିକ ମଣିଷ ଭିତରେ ପଶୁତ୍ୱ ଭଳି ଦେବତ୍ୱ ତୁଲ୍ୟ ମାନବିକତା ମଧ୍ୟ ଲୁଚିରହିଛି। ସେହି ସୂର୍ଯ୍ୟତୁଲ୍ୟ ସୁପ୍ତ ମାନବିକତା ହିଁ ଦିନେ ପୃଥିବୀର ଅନ୍ଧକାରମୟ ଭାଗ୍ୟକୁ ପରିବର୍ତ୍ତନ କରିଦେବ। ଏହିଭଳି ଏକ ସମ୍ଭାବନା ଦେଖିବାକୁ ମିଳେ ଉକ୍ତ କୃତିରେ। ବେଳେବେଳେ ମଣିଷର ଅବଚେତନ ମଧ୍ୟରେ ଲୁଚି ବସିଥିବା ଇଦ୍ ପ୍ରବୃତ୍ତି ଅର୍ନ୍ତଭୁକ୍ତ ଉଗ୍ର କାମନା ବାସନା (Libido) ବାହାରକୁ ପରିପ୍ରକାଶ ହୋଇଯାଇଥାଏ। ଯାହା ଫଳରେ ପରବର୍ତ୍ତୀ ସମୟରେ ତାକୁ କେନ୍ଦ୍ରକରି ବ୍ୟକ୍ତି ମନରେ ସୃଷ୍ଟି ହୋଇଥିବା ଅପରାଧବୋଧ କିପରି ବ୍ୟକ୍ତିକୁ ମୃତ୍ୟୁ ପୂର୍ବରୁ ମଧ୍ୟ ମାରିଦେଇପାରେ। ତାହା ପ୍ରତିଫଳିତ ହୋଇଛି ସଚ୍ଚିଦାନନ୍ଦ ରାଉତରାୟଙ୍କର 'ପଣ୍ଡିତଙ୍କ ମୃତ୍ୟୁ' ଗଳ୍ପରେ। ପ୍ରକୃତପକ୍ଷେ ମଣିଷର ଇଦ୍ ପ୍ରବୃତ୍ତିଟି କିପରି ତାକୁ କବଳିତ କରିଦେଇପାରେ, ତାହାର ନମୂନା ଦେବାକୁ ଯାଇଁ ଗାଳ୍ପିକ ଲେଖିଛନ୍ତି- "ସେ ଗ୍ରାମବାସୀଙ୍କୁ ଶୁଣାଇ ଶୁଣାଇ କହନ୍ତି, ଏତେ ବଡ଼ ଗାଁ'ଟାରେ କେହି ଜଣେହେଲେ ତାଙ୍କୁ ରକ୍ଷା କରିପାରିଲେ ନାଇଁ; ସେଇ ସାତଗଛିଆ ନଟାରେ ବାଙ୍କ ନାଳ କୂଳରେ କିଏ ଗୋଟାଏ ତାଙ୍କୁ ମାଡ଼ି ବସିଲା। ସିଏ ଯେତେ ଡାକିଲେ କେହି ଶୁଣିଲେ ନାଇଁ, ଭେଣ୍ଡା ପୁଅଟା କ'ଣ କିଛି କଲା" (ମଶାଣିର ଫୁଲ ଓ ଅନ୍ୟାନ୍ୟ ଗଳ୍ପ- ପୃ- ୧୨୩) ଏହିପରି ଶ୍ରୀଯୁକ୍ତ ବସନ୍ତ ଶତପଥୀଙ୍କର 'କାଣୀ ଚିଆଁ', 'ଗୋଟିଏ ଆଳ', 'ଏଣ୍ଟିରୋମାଣ୍ଟିକ୍', 'ହୀରାକୁଦ୍ କରେଣ୍ଟ', 'ନଙ୍ଗୁଳି', 'ସେଇ ଝିଅଟି', 'ଅପୂଜିତା', 'ଉତ୍ତର ଚରିତ- ସରସ୍ୱତୀ କୁଣ୍ଡୁର', 'ମୁରୁକି ହସ' 'ସାମାନ୍ୟ ଅଶ୍ଳୀଳ', 'ଧର୍ମରେ ସତ କହିବି' ଆଦି ଗଳ୍ପରେ ମଧ୍ୟ ବ୍ୟକ୍ତିର ପ୍ରବୃତ୍ତିକୁ ବିଭିନ୍ନ ଦୃଷ୍ଟିକୋଣରୁ ପରୀକ୍ଷା କରାଯାଇଛି। ଗାଳ୍ପିକ ପ୍ରାଣବନ୍ଧୁ କରଙ୍କର 'ମଶା' ଏକ ଭିନ୍ନ ସ୍ୱାଦର ସୃଷ୍ଟି। ଏଥିରେ ମଶା କାମୁଡ଼ିବାକୁ କେନ୍ଦ୍ରକରି ବ୍ୟକ୍ତିର ମନସ୍ତତ୍ତ୍ୱ ଏବଂ ତା' ଭିତରେ ସୃଷ୍ଟି ହୋଇଥିବା ମୃତବୃତ୍ତି (Death instinct)କୁ ଗାଳ୍ପିକ ଚମତ୍କାରଭାବେ ଚିତ୍ରଣ କରିଛନ୍ତି। ଯୌନତାକୁ କେନ୍ଦ୍ରକରି ଉଭୟ ପୁରୁଷ ଓ ନାରୀର ଅବଚେତନ ମନ

ମଧ୍ୟରେ ଅବଦମିତ ଆଶା ମାତ୍ର ପ୍ରକାଶ କରିବାର ଅସମର୍ଥତା ଯାହାକୁ ବିଜ୍ଞାନ ଏବଂ ମନସ୍ତତ୍ତ୍ୱରେ 'Alexithymia' କୁହାଯାଏ। ତାହାର ଅବତାରଣ ଦେଖିବାକୁ ମିଳେ ଗାଳ୍ପିକ ପ୍ରାଣବନ୍ଧୁ କରଙ୍କର 'ସନ୍ଧ୍ୟା ଆସରର ଭୂତ' ଗଳ୍ପରେ। The science of Attraction : Falling in love Through The sense of smell ଅଥବା ଝାଳର ଦୁର୍ଗନ୍ଧ ପରେ ସୁଗନ୍ଧ ମନେହେବା ଭିତରେ ଗାଳ୍ପିକ ଉକ୍ତ କୃତିରେ ଅବଚେତନ ମନ ମଧ୍ୟରେ ଲୁଚିରହିଥିବା ଯୌନତାକୁ ପରିପ୍ରକାଶ କରିବାପାଇଁ ଉଦ୍ୟମ କରିଛନ୍ତି। ଗାଳ୍ପିକ ରବି ପଟ୍ଟନାୟକଙ୍କ 'ଚମ୍ପାଫୁଲ' ଗଳ୍ପରେ ମଧ୍ୟ ଏହି ଚିନ୍ତନର ପ୍ରତିଫଳନ ଦେଖିବାକୁ ମିଳେ। ଏହିପରି ଗାଳ୍ପିକ ଶ୍ରୀଯୁକ୍ତ କରଙ୍କର 'ମରୁ-ମୌସୁମୀ', 'ଷଣ୍ଢ ଲଢ଼େଇ' 'ଶେଷ ବସନ୍ତ, 'ଖାଲି ଝିଅ', 'ସଂସ୍କାର' 'କୋଠା' 'ହେମମୃଗ', 'ଝଡ଼ରାତିର ସ୍ୱପ୍ନ' ଗଳ୍ପରେ ମଧ୍ୟ ଏହି ଚେତନା ପରିଲକ୍ଷିତ। ଗାଳ୍ପିକ ରବି ପଟ୍ଟନାୟକଙ୍କ 'ପ୍ରେମ ଓ ସନ୍ୟାସ' ଏହି ଧାରାର ଏକ ଉଲ୍ଲେଖଯୋଗ୍ୟ କୃତି। ଆଫ୍ରିକାର ଗୋଟିଏ ଜାତିର ବୁଢ଼ୀଆଣୀ ଯେଉଁମାନେ ସଙ୍ଗମ ପରେ ପୁରୁଷ ବୁଢ଼ୀଆଣୀକୁ ଗିଳି ଦିଅନ୍ତି ତା'ର ଉଦାହରଣ ମାଧ୍ୟମରେ ନାରୀ ମନରେ ପ୍ରେମିକ ପୁରୁଷକୁ କେନ୍ଦ୍ରକରି ରହିଥିବା ସୂକ୍ଷ୍ମ ଭାବନାକୁ ଗାଳ୍ପିକ ପ୍ରତିଫଳିତ କରିଛନ୍ତି। ଏହା ବ୍ୟତୀତ ଫ୍ରଏଡଙ୍କ ତୁଲ୍ୟ ଏଥିରେ ନାରୀ ଓ ପୁରୁଷକୁ କେନ୍ଦ୍ରକରି Active ଓ Passive ସଂଜ୍ଞା ମଧ୍ୟ ଦେଖିବାକୁ ମିଳେ। "ବୋଧହୁଏ ସନ୍ତାନ କାମନା ନାରୀର ସହଜାତ ପ୍ରବୃତ୍ତି ନୁହେଁ ପ୍ରେମିକ ପୁରୁଷଟିକୁ ନିଜ ଗର୍ଭରେ ସମ୍ପୂର୍ଣ୍ଣ ଭାବରେ ଧାରଣ କରିବାର ପ୍ରବୃତ୍ତିର ଅନ୍ୟ ନାମ ମାତୃତ୍ୱ।" (ଗଳ୍ପ ସମଗ୍ର- ଦ୍ୱିତୀୟ ଭାଗ- ପୃ-୫୦୩) ଏହିଧାରାରେ ଗାଳ୍ପିକ ଚନ୍ଦ୍ରଶେଖର ରଥଙ୍କର 'ପୁନରୁଦ୍ଧାର' ଗଳ୍ପଟି ମଧ୍ୟ ରଚିତ। ଏଥିରେ ଗାଳ୍ପିକ 'Misogyny' (ନାରୀ ବିଦ୍ୱେଷୀ ଅଥବା ଯେଉଁ ପୁରୁଷମାନେ ଭୟଙ୍କରଭାବେ ନାରୀକୁ ଘୃଣା କରିବା ସହ ତାକୁ ସକଳ ପାପ ଓ ଅଶାନ୍ତି ଆଦିର ଆଧାରଭାବେ ଗ୍ରହଣ କରିଥାଆନ୍ତି।) ପ୍ରସଙ୍ଗକୁ ଉତ୍ଥାପିତ କରିବା ସହ ତା'ର ଗଭୀରତାକୁ ପ୍ରବେଶ କରିବାକୁ ଉଦ୍ୟମ କରିଛନ୍ତି। 'ଯା ତତେ ମାଫ୍ କଲି' ଗଳ୍ପଟି ମଧ୍ୟ ଶ୍ରୀଯୁକ୍ତ ରଥଙ୍କର ଏହି ଧାରାର ଏକ ସୃଷ୍ଟି। ମଣିଷ ଭିତରର ଏପରି ଅଣାୟତ୍ତ ପ୍ରବୃତ୍ତିକୁ ଗାଳ୍ପିକ ଉକ୍ତ କୃତିରେ ପରୀକ୍ଷଣ କରିଛନ୍ତି। ଏତଦ୍ ବ୍ୟତୀତ ଗାଳ୍ପିକଙ୍କ ଦ୍ରୋହ, ହରି ବେହେରା, ଅନ୍ତିମା, ମୁଁ ସିନା ଚିରଅପରାଧୀ ଆଦି ଏହି ଧାରାର ଅନ୍ୟତମ କୃତି। ମଣିଷ ଭିତରେ ଲୁଚି ବସିଥିବା ତା'ର ଇଦ୍ ପ୍ରବୃତ୍ତି ବିଶେଷ କରି ମୃତବୃତ୍ତି ଯାହାକୁ ପ୍ରକାରନ୍ତରେ ସେ ଅସ୍ୱୀକାର କରିଆସିଥାଏ। ଯାହାକୁ ଫ୍ରଏଡ ନାମ ଦେଇଥିଲେ Reaction Formation: Reacting in the opposite। ତାହାର ବାହ୍ୟ ପ୍ରତିଫଳନ ବା ଅନ୍ୟଭାବେ କହିଲେ ନିଜ ସହ ନିଜର ଭେଟ ବା ମୂଳ ପ୍ରବୃତ୍ତି

ସହିତ ଭେଟ ଦେଖିବାକୁ ମିଳେ ଗାଳ୍ପିକ ରବି ପଟ୍ଟନାୟକଙ୍କର 'ଭେଟଣା' ଗଳ୍ପରେ। "ଚିହ୍ନିଛୁ ମୋତେ ? ଦେଖ୍ ଭଲ କରି ଦେଖ୍। ମୁଁ ସେଠି କେମିତି ଦାରୁଭୂତମୁରାରି ପରି, ପଥର ପାଚେରୀ ପରି ନିର୍ବାକ୍ ବିସ୍ମୟରେ ଅବାକ୍ ହୋଇ ସ୍ଥାଣୁ ହୋଇ ଖାଲି ନିରୀକ୍ଷଣ କରୁଥାଏ ତାକୁ। କିଛି ସମୟ ଗଲା। ତା'ପରେ ଦେଖିଲି ସେଇ ବିମ୍ବଟିର ରଙ୍ଗ ହଠାତ୍ କଳା ପାଲଟି ଗଲା। ଆଖିଯୋଡ଼ିକ ହିଂସ୍ର ହୋଇଉଠିଲା। ଜଳୁଥାଏ ରଡନିଆଁ ପରି। ଅଦ୍ଭୁତ ଭାବରେ ଗୋଟାଏ ଖଣ୍ଡା ବି କେମିତି ତା' ହାତକୁ ଚାଲି ଆସିଥାଏ। ସେ ରେ ରେ କାର କରି ଗର୍ଜୁଥାଏ। ଖଣ୍ଡା ବୁଲାଉଥାଏ। ସାରାପୃଥିବୀକୁ ଖେଦି ଯାଉଥାଏ ସେଇ ଖଣ୍ଡାଧରି। କଚ୍ କଚ୍ ହାଣି ପକାଉଥାଏ ମଣିଷମାନଙ୍କୁ। ହୋ ହୋ ହୋଇ ହସୁଥାଏ। ଦେହସାରା ନାଲି ନାଲି ରକ୍ତ ଲାଗି ତାକୁ ଦେଖାଉଥାଏ ବିଭତ୍ସ ଅତି ଭୟଙ୍କର। କୁଢ଼େଇ ପକାଉଥାଏ ରାଶି ରାଶି ଧନରତ୍ନ, ମଣିମାଣିକ, ଟଙ୍କା ପଇସା XXXX ମୋର ବିମ୍ବଟି କିନ୍ତୁ ଉତ୍ତେଜନାରେ କ୍ରୋଧରେ ଥରି ଥରି ଅଶ୍ଳୀଳ ଗାଳିଗୁଲଜ କରି ଚାରିଆଡ଼ କମ୍ପଉଥାଏ। XXXX କୁହାଟ ଛାଡୁଥାଏ, ମୋତେ ଦେଖ୍। ଦେଖିଲୁ ମୋତେ ? କେତେ ଦେଖୁଛୁ ? ଦେଖୁଛୁ ତୋ ନିଜକୁ ତ ?" (ଗଳ୍ପ ସମଗ୍ର- ଦ୍ୱିତୀୟ ଭାଗ- ପୃ-୨୯୮-୩୦୦) ଫ୍ରଏଡଙ୍କ ମତରେ ଆମ ଭିତରେ ଏହି ଚେତନାଟି ଥାଏ ଯେ ଦିନେ ନା ଦିନେ ଆମକୁ ମରିବାକୁ ହେବ ଏବଂ ଅବଚେତନ ମନରେ ଆମେ ଚାହୁଁ ମରିବାକୁ। ଫଳରେ ଆମେ ତାକୁ ପରିପ୍ରକାଶ କରିବାପାଇଁ ଅନ୍ୟ ଲୋକଙ୍କର ସହାୟତା ନେଇଥାଉ। ଯେପରି ଅନ୍ୟପ୍ରତି ନିଷ୍କ୍ରିୟ ଆକ୍ରାମକ ପ୍ରବୃତ୍ତି ବା Passive Aggressive Tendency କୁ ଗ୍ରହଣ କରାଯାଇପାରେ। ମଣିଷ ଭିତରର ଏହିଭଳି ଏକ ପ୍ରବୃତ୍ତିର ସୂଚନା ମିଳିଥାଏ ଗାଳ୍ପିକ ରବି ପଟ୍ଟନାୟକଙ୍କର 'ଈପ୍‌ସା' ଏବଂ 'ଦୃଷ୍ଟିକୋଣ' ଗଳ୍ପରେ। ମଣିଷ ଭିତରର ଏକାକୀତ୍ୱ ଓ ନିଃସଙ୍ଗ ଭାବ ଯାହାକୁ ଅବଶ୍ୟ ଗୋଟିଏ ଦିଗରୁ ବ୍ୟକ୍ତିର ସ୍ୱାଭାବିକ ବା ମୂଳ ପ୍ରବୃତ୍ତିଭାବେ ଗ୍ରହଣ କରିଛନ୍ତି। ତାହାର ଅବତାରଣ ସହ ଫ୍ରଏଡଙ୍କ ରକ୍ଷାତ୍ମକ ପ୍ରତିକ୍ରିୟା (Defense Mechanism) ର Regression (କୌଣସି ମାନସିକ ଅଶାନ୍ତି ଫଳରେ ନିଜ ଅତୀତକୁ ଫେରିଯିବା) ଏବଂ Reaction Formation (ନିଜ ଭିତରର ଘୃଣାକୁ ପ୍ରେମରୂପେ ଉପସ୍ଥାପିତ କରିବା ଅର୍ଥାତ୍ ବିପରୀତ ବ୍ୟବହାର କରିବା) (୧୦, ୧୧)ର ନିଦର୍ଶନ ଦେଖିବାକୁ ମିଳେ ରବି ପଟ୍ଟନାୟକଙ୍କର 'ନିର୍ଜନ ଦ୍ୱୀପରେ ବିଳାପ' ଗଳ୍ପରେ। ପ୍ରତ୍ୟେକଟି ମଣିଷ ଭିତରେ ଲୁଚିବସିଥିବା ରାକ୍ଷସର ପ୍ରତିଛବି ଦେଖିବାକୁ ମିଳେ ଶ୍ରୀଯୁକ୍ତ ପଟ୍ଟନାୟକଙ୍କ ଫକବନ୍ଧ' ଗଳ୍ପରେ। ଫ୍ରଏଡଙ୍କ ଦ୍ୱାରା ପ୍ରଦତ୍ତ ତତ୍ତ୍ୱ ଯାହାକୁ Defense Machanism କୁହାଯାଏ। ତାହାର ଏକ ଅଂଶରୂପେ ବିବେଚିତ Sublimation- ଯେଉଁଥିରେ ବ୍ୟକ୍ତି

ନିଜ ଭିତରର ଅସାମାଜିକ ଇଚ୍ଛାକୁ ସାମାଜିକ ଉପାୟରେ ପରିପୂରଣ କରିଥାଏ ତାହାର ପ୍ରତିଫଳନ ଦେଖିବାକୁ ମିଳେ 'ପ୍ରିନ୍ସ ଚାର୍ମିଙ୍ଗ' ଗଳ୍ପରେ। ସାମାଜିକ ଖୋଳପା ଢାଙ୍କି ବସିଥିବା ପ୍ରତ୍ୟେକଟି ମଣିଷ ଭିତରେ ଏକ ଅସାମାଜିକ ମଣିଷ ଲୁଚି ବସିଥାଏ। ଯିଏକି ସାମାଜିକ ଆହ୍ୱାନ ବା ଇଗୋ ପ୍ରବୃତ୍ତିର ଆହ୍ୱାନକୁ ପ୍ରତ୍ୟାଖାନ କରି ନିଜକୁ ପରିପ୍ରକାଶ କରିଥାଏ। ଏହିଭଳି ଚିନ୍ତନର ପ୍ରତିଫଳନ ଘଟିଛି 'ଅସାମାଜିକର ଡାଏରୀ' ଗଳ୍ପରେ। ଏହା ବ୍ୟତୀତ ଶ୍ରୀଯୁକ୍ତ ପଟ୍ଟନାୟକଙ୍କ 'ମନର ଆଲୁଅ ଦେହର ଛାଇ' 'ପରକୀୟା','ଆତ୍ମଭୂକ୍', 'କଡ଼ି କୋମଳ, 'ତିନିଟି ସମକୈନ୍ଦ୍ରିକ ବୃତ୍ତର ଉପପାଦ୍ୟ','ଦୀର୍ଘଗଳ୍ପ ଅସତ୍ୟ ସହରରେ', 'କ୍ଷଣ ସଙ୍ଗିନୀ' 'ବଣା ବାଟୋଇର ଚମ୍ପୁ', 'ବିଦୁଷକର ନିବେଦନ', 'କପିଳାବସ୍ତୁର ପାଗଳ', 'କାପୁରୁଷ','ରାତ୍ରିର ସଙ୍ଗୀତ','ଭୀରୁ', 'ଟାଇମ୍ ବମ୍, 'ସ୍ୱପ୍ନ + କଳ୍ପନା+ ବାସ୍ତବ+ ଜୀବନ', 'କ୍ରୀତଦାସ' ଆଦି ଗଳ୍ପରେ ମନସ୍ତତ୍ତ୍ୱର ବହୁ ଗୁଢ଼ ରହସ୍ୟ ପ୍ରତିଫଳିତ। ଆଣ୍ଡିଜ୍ ପର୍ବତମାଳା ଉପରେ ଉରୁଗୁଏର ଏକ ବିମାନ ଦୁର୍ଘଟଣାରୁ ବଞ୍ଚିଯାଇଥିବା କେତେକ ଯାତ୍ରୀ ଜୀବନରକ୍ଷା ପାଇଁ ମୃତଯାତ୍ରୀଙ୍କ ମାଂସ ଭକ୍ଷଣ କରି ମନର ଭାରସାମ୍ୟ ହରାଇ ବସିଥିବା ଭଳି ବାସ୍ତବ ଘଟଣାକୁ ନେଇ ରଚିତ ହୋଇଛି ଗାଳ୍ପିକା ପ୍ରତିଭା ରାୟଙ୍କର 'ଜାଗତିକ ଗଳ୍ପ'। ମଣିଷର ଜାଗତିକ ପ୍ରବୃତ୍ତି ଓ ତା'ର ଅନ୍ନମୟ ପିଣ୍ଡ ଆଗରେ ସବୁ ଚେତନ, ବୁଦ୍ଧି, ବିବେକ, ସମ୍ପର୍କ, ପ୍ରେମ ତାହା ଅବଶ୍ୟ ପାର୍ଥିବ କି ଅପାର୍ଥିବ ଯାହାହେଉନା କାହିଁକି ସବୁକିଛି ଯେ ତୁଚ୍ଛ ତାହାକୁ ଗାଳ୍ପିକା ବେଶ୍ ଚମତ୍କାରଭାବେ ପ୍ରତିଫଳିତ କରିଛନ୍ତି ଉକ୍ତ କୃତିରେ।

ଏହି ଚେତନା ବ୍ୟତୀତ ଏହି ବିଭାଗରେ ମନସ୍ତତ୍ତ୍ୱର ଅନ୍ୟ କେତେକ ଦିଗକୁ ମଧ୍ୟ ଆଲୋଚନା କରାଯାଇପାରେ। ଗାଳ୍ପିକ ସଚ୍ଚିଦାନନ୍ଦ ରାଉତରାୟଙ୍କର ମାଙ୍କଡ, ପଣ୍ଡିତଙ୍କ ମୃତ୍ୟୁ, ସୂର୍ଯଙ୍କ ସପ୍ତାଶ୍ୱ, ପାପୀ ଆଦି ଗଳ୍ପଗୁଡ଼ିକ ଫ୍ରଏଡଙ୍କର 'Interpretation of Dreams' ଦୃଷ୍ଟିକୋଣରୁ ଗୁରୁତ୍ୱପୂର୍ଣ୍ଣ। ମଣିଷ ନିଜର ଅବଚେତନ ମନ ମଧ୍ୟରେ ଲୁଚାଇ ରଖିଥିବା ଅନେକ ପ୍ରସଙ୍ଗ ଏପରିକି ଅପରାଧବୋଧ କିପରି ସମୟକ୍ରମେ ସ୍ୱପ୍ନ ମାଧ୍ୟମରେ ବାହାରକୁ ପ୍ରତିଫଳିତ ହୋଇପାରେ ତାହାକୁ ଗାଳ୍ପିକ ବେଶ୍ ଚମତ୍କାରଭାବେ ପ୍ରତିଫଳିତ କରିଛନ୍ତି। ଗାଳ୍ପିକ ପ୍ରାଣବନ୍ଧୁ କରଙ୍କର 'ବଣଭାଲୁ ଓ ଛାଡ଼ପତ୍ର' ଗଳ୍ପରେ ମଧ୍ୟ ଏହାର ପ୍ରତିଫଳନ ପରିଲକ୍ଷିତ । ମାତ୍ର ମଣିଷର ଏହି ଅବଚେତନ ମନ ଭିତରେ ଅବଦମିତ ଅନେକ ଆଶା ଓ ଆକାଂକ୍ଷା ଯାହାର ଫଳ ସ୍ୱରୂପ ସୃଷ୍ଟି ସ୍ୱପ୍ନ। ଏହାକୁ ନେଇ ସମ୍ପ୍ରତି ଚାଲିଥିବା ଅନେକ ଗବେଷଣା ବା ଅବଚେତନ ମନର ଗଭୀରତାକୁ ଉନ୍ମୋଚିତ କରିବା ବା ମାପିବାପାଇଁ ଚାଲିଥିବା ଅନୁସନ୍ଧାନ ଯେ

ପ୍ରକୃତରେ କେତେ ସଫଳ ତା' ପ୍ରତି ପ୍ରଶ୍ନବାଚୀ ଦେଖିବାକୁ ମିଳେ ମହାପାତ୍ର ନୀଳମଣି ସାହୁଙ୍କର 'ଧରିତ୍ରୀର ସ୍ୱପ୍ନ' ଗଳ୍ପରେ। ଏତଦ୍ ବ୍ୟତୀତ ବହୁ ଆଲୋଚକ ମାନଙ୍କ ଭଳି ଗାଳ୍ପିକ ମଧ୍ୟ ଏଥିରେ ଫ୍ରଏଡଙ୍କର Psycho sexual development of human body ତତ୍ତ୍ୱ। ଅର୍ଥାତ୍ ମଣିଷର ବିକାଶକୁ ଯୌନତା ମଧ୍ୟଦେଇ ବୁଝିବା ପ୍ରସଙ୍ଗକୁ ବିରୋଧ କରିଥିବା ମନେହୁଏ। ନାୟକ ଚକ୍ରପାଣି ବାବୁଙ୍କର ମନସ୍ତାତ୍ତ୍ୱିକ ବିଶ୍ଳେଷଣ ଦେଖିବାକୁ ମିଳେ ଗାଳ୍ପିକ ଗୋପୀନାଥ ମହାନ୍ତିଙ୍କର 'ଚକ୍ରପାଣି' ଗଳ୍ପରେ। ଏହିପରି 'ଛାଇଆଲୁଅ' ଗଳ୍ପରେ ମଧ୍ୟ ଗାଳ୍ପିକ ଉପେନ୍ଦ୍ରର ପାଗଳାମୀ ମଧ୍ୟରେ ତା'ର ମନସ୍ତତ୍ତ୍ୱକୁ ବୁଝିବାକୁ ଚେଷ୍ଟା କରିଛନ୍ତି। ଗାଳ୍ପିକ ତାଙ୍କର ଅନ୍ୟତମ ଗଳ୍ପ 'ଦୋଳଗୋବିନ୍ଦ'ରେ ଏକ ଗୋଷ୍ଠୀ ତଥା ଜାତିର ମନସ୍ତତ୍ତ୍ୱକୁ ବିଶ୍ଳେଷଣ କରିବାପାଇଁ ଉଦ୍ୟମ କରିଛନ୍ତି। 'ଢ଼ଁ' ଗଳ୍ପରେ ଗୋଟିଏ ନାରୀକୁ ଯୌନକ୍ରୀଡ଼ାରେ ଲିପ୍ତଥିବା ଦେଖି ଅନ୍ୟନାରୀ ମନରେ କିପରି ହିଂସା ଓ ଇର୍ଷା ସୃଷ୍ଟି ହୋଇଛି ତାହାକୁ ଗାଳ୍ପିକ ପ୍ରତିଫଳିତ କରିଛନ୍ତି। ଏହି ଦୃଷ୍ଟିକୋଣରୁ ମଧ୍ୟ ଗାଳ୍ପିକ ନାରୀର ମନସ୍ତତ୍ତ୍ୱକୁ ବିଶ୍ଳେଷଣ କରିଛନ୍ତି। ଏହି ପୃଷ୍ଠଭୂମିରେ ଗାଳ୍ପିକଙ୍କର 'ସେ', 'କାଠଚମ୍ପା', 'ଟାଉନ୍‌ବସ୍', 'ଲାଇସନ', 'ତିନିକାଳ' ଆଦି ଗଳ୍ପ ମଧ୍ୟ ରଚିତ ହୋଇଛି। କ୍ଲେପ୍‌ଟୋମେନିଆ (Kleptomania) ହେଉଛି ମଣିଷ ଭିତରର ଏକ ଏଭଳି ପ୍ରବୃତ୍ତି ଯେଉଁଥିରେ ମଣିଷ ମନରେ କୌଣସି ଏକ ବସ୍ତୁକୁ ଚୋରି କରିବାପାଇଁ ଭୀଷଣ ଇଚ୍ଛା ସୃଷ୍ଟି ହୋଇଥାଏ। ଯାହାକୁ ସେ ଚାହିଁ ମଧ୍ୟ ଅଟକାଇ ପାରିନଥାଏ। ଏଥିରେ ମଣିଷ ଏହିଭଳି ଜିନିଷର ଚୋରି କରିଥାଏ ଯାହା ସାଧାରଣତଃ ମୂଲ୍ୟହୀନ ଅଥବା ଅନାବଶ୍ୟକ ହୋଇଥାଏ। ଏହିଭଳି ମଣିଷ ଭିତରର ଏକ ପ୍ରବୃତ୍ତିକୁ ଗାଳ୍ପିକ ରବି ପଟ୍ଟନାୟକ ଚିତ୍ରିତ କରିଛନ୍ତି 'କଲମ' ଗଳ୍ପରେ। ମନସ୍ତତ୍ତ୍ୱବିତ୍ ସିଗମଣ୍ଡ ଫ୍ରଏଡ ଏକ ମତପ୍ରକାଶ କରିଥିଲେ ଯେ, ନାରୀମାନଙ୍କ ମଧ୍ୟରେ ପୁରୁଷର ଯୌନାଙ୍ଗକୁ ନେଇ ହୀନମନ୍ୟତା(Inferiority) ରହିଥାଏ। ଯାହାକୁ ଜଣେ ନାରୀ ମନସ୍ତାତ୍ତ୍ୱିକ Karen Horney ଦୃଢ଼ଭାବେ ବିରୋଧ କରିଥିଲେ। ତାଙ୍କ ମତରେ ନାରୀ ଲିଙ୍ଗକୁ ନେଇ ନିଜକୁ ନିଚ ଓ ପୁରୁଷକୁ ଉଚ୍ଚ ଭାବିନଥାଏ। କାରଣ ନାରୀକୁ ଏହି ଜୈବିକ (Biological) ପ୍ରସଙ୍ଗ ଯେତେ ପ୍ରଭାବିତ କରିନଥାଏ, ସେତେ ପ୍ରଭାବିତ କରିଥାଏ ସାମାଜିକ ଓ ସାଂସ୍କୃତିକ ପ୍ରସଙ୍ଗ। ଏହି ଲିଙ୍ଗଗତ ଭେଦଭାବକୁ ଗାଳ୍ପିକା ପ୍ରତିଭା ରାୟ ବେଶ୍ ଚମତ୍କାରଭାବେ ପ୍ରତିଫଳିତ କରିଛନ୍ତି ତାଙ୍କ 'ପୁଂଲିଙ୍ଗ' ଗଳ୍ପରେ। ଆତ୍ମଜ୍ଞାନସ୍ୱରୂପ ଜୀବନର ସତ୍ୟତା ପ୍ରତିପାଦିତ ହୋଇଛି ଜଗନ୍ନାଥ ପ୍ରସାଦ ଦାସଙ୍କ 'ଘର' ଗଳ୍ପରେ। ଭାବନାକୁ ପରିପ୍ରକାଶ କରିବା ଜନିତ ଅସମର୍ଥତା ଯାହାକୁ ମନୋବିଜ୍ଞାନରେ 'Alexithymia କୁହାଯାଏ। ଏହାକୁ

କେନ୍ଦ୍ରକରି ସୃଷ୍ଟିହୋଇଥିବା ଅସହାୟତାର ଚିତ୍ରଣ ଦେଖିବାକୁ ମିଳେ ତାଙ୍କର 'ପିକ୍‌ନିକ', ଗଳ୍ପରେ। ଏହିପରି ଗାଳ୍ପିକଙ୍କର 'ଦିନଚର୍ଯ୍ୟା' ଗଳ୍ପଟି ମଧ୍ୟ ଏକ ଭିନ୍ନସ୍ୱାଦର ସୃଷ୍ଟି। ଏଥିରେ ଗାଳ୍ପିକ ଆଜିର ଆଧୁନିକ ମଣିଷ ଭିତରେ ସୃଷ୍ଟି ହୋଇଥିବା ନିଃସଙ୍ଗତା ଏବଂ ଏକାକୀତ୍ୱ ଭାବ ଯାହାକୁ ମନସ୍ତତ୍ତ୍ୱରେ 'Anhedonia' କୁହାଯାଏ। ତାହାକୁ ପ୍ରତିଫଳିତ କରିଛନ୍ତି। ଆଧୁନିକ ମଣିଷ କ୍ଷେତ୍ରରେ ସାମ୍ପ୍ରତିକ ସମୟରେ ଚାପ ବା Stress ଏକ ସାଧାରଣ ପ୍ରସଙ୍ଗ। ଏହା ପୁଣି ବିଭିନ୍ନ ଧରଣର ହୋଇପାରେ। ମାତ୍ର ଶ୍ରୀଯୁକ୍ତ ଦାସଙ୍କର 'ଚିଠି' ଗଳ୍ପରେ ମନୋବୈଜ୍ଞାନିକ ଚାପ (Psychological Stress) ସମ୍ପର୍କିତ ଆଲୋଚନା ଦେଖିବାକୁ ମିଳେ। ଦୀର୍ଘ ଅପେକ୍ଷା ମାତ୍ର ବାସ୍ତବତାକୁ ସମ୍ମୁଖୀନ କରିବା ଜନିତ ଭୟ ଏବଂ ଅସମର୍ଥତା ଭଳି ମଣିଷର ମାନସିକତାକୁ ଗାଳ୍ପିକ 'ସ୍ୱାତୀ ଆସିବ' ଗଳ୍ପରେ ଚିତ୍ରଣ କରିଛନ୍ତି। ମନସ୍ତତ୍ତ୍ୱ ଦୃଷ୍ଟିରୁ ଗାଳ୍ପିକ ଏଥିରେ ମଣିଷ ଭିତରେ ଥିବା 'ଶୃଙ୍ଗାରଜନିତ ଭୟ' (Genophobia) ଏବଂ 'ବିଶ୍ୱାସଜନିତ ଭୟ' (Pistanthrophobia) ସମ୍ପର୍କରେ ସୂଚନା ଦେଇଥିବା ମନେହୁଏ। ରାମକୃଷ୍ଣ ପରମହଂସ ଯେତେବେଳେ ସ୍ୱାମୀ ବିବେକାନନ୍ଦଙ୍କୁ ଛୁଉଁଥିଲେ ସେତେବେଳେ ସେ ଅଚେତ ହୋଇଯାଉଥିଲେ। କାରଣ ଉଭୟଙ୍କ ଭିତରେ ଥିବା ସୁପର ଇଗୋ ପ୍ରବୃତ୍ତି ମିଶି ଯାଉଥିଲା। ଠିକ୍ ଏହିପରି ମନସ୍ତତ୍ତ୍ୱବିତ୍ ସିଗ୍‌ମଣ୍ଡ ଫ୍ରଏଡ ଯେତେବେଳେ ବୌଦ୍ଧିକ ପରିବେଶରେ ରହୁଥିଲେ ସେତେବେଳେ ସେ ଅଚେତ ହୋଇଯାଉଥିଲେ। କାରଣ ବୌଦ୍ଧିକତା ସହିତ ବୌଦ୍ଧିକତା ମିଶିଯାଉଥିଲା। ଏହିପରି ପ୍ରସଙ୍ଗର ସୂକ୍ଷ୍ମ ଆଭାଷ ରହିଛି ଶ୍ରୀଯୁକ୍ତ ଶାନ୍ତନୁ କୁମାର ଆଚାର୍ଯ୍ୟଙ୍କର 'ପିତୃଋଣ' ଗଳ୍ପରେ। ଯାହାକୁ ଗାଳ୍ପିକ ବୀର ସାଅଁତରା ଚରିତ୍ରଟିର ପ୍ରବୃତ୍ତିଗତ ପରିବର୍ତ୍ତନ ମାଧ୍ୟମରେ ଦେଖାଇଛନ୍ତି।

ବିଶିଷ୍ଟ ମନସ୍ତତ୍ତ୍ୱବିତ୍ ଉଇଲିୟମ ଜେମସ୍‌ଙ୍କ ଦ୍ୱାରା ପ୍ରଦତ୍ତ ଚେତନା ପ୍ରବାହ (Stream of Consciousness)ର ଧାରା ବହୁ ଗଳ୍ପରେ ପରିଲକ୍ଷିତ। ପ୍ରତିଭା ରାୟଙ୍କର 'ହାତବାକ୍ସ', 'ଆନନ୍ଦାଶ୍ରୁ', 'ତୀର୍ଥରହସ୍ୟ', 'ଭୋକ ', 'ଦିଗନିର୍ଣ୍ଣୟ', 'କେତକୀ ବନ', 'ପାଦତଳେ ସ୍ଥାନଦିଅ'। 'ଅସ୍ତରାଗର ଅଶ୍ରୁ', 'ପ୍ରେମ ଓ ମାତୃତ୍ୱ', 'ପୂର୍ଣ୍ଣଗର୍ଭା', 'ଅଭିନେତା' 'ରୋଗ' 'ବାଘ', 'ଅକୁହାକଥା', 'ବୋଉ ବାଣ୍ଟ', 'ଦୁଶ୍ଚରିତ୍ର', 'ପ୍ରେମଯୋଗ', 'ଭିଡ଼', 'ପିଛିଲା ତାରିଖ', 'ବେଯୁବାନ', 'ଫଳନ୍ତି ଗଛ', 'ଦାୟ', 'ମର୍ଦ୍ଦ', 'ମଣିଷ', 'ଝିଅ', 'ରୁଦ୍ଧାବତାର', 'ବିପ୍ରଲମ୍ଭ' 'ମନୁଷ୍ୟର ସ୍ୱର' ଚନ୍ଦ୍ରଶେଖର ରଥଙ୍କର 'ବାହାର ଲୋକ','ଏତେ ପାଖରେ ସମୁଦ୍ର', 'ପୁତ୍ରଲାଭ' 'ଦାୟାଦ', 'ଛାୟା ପୁରୁଷ' ରବି ପଟ୍ଟନାୟକଙ୍କର 'କେନ୍ଦ୍ର', 'ନଉକା-ନାୟିକା' 'ପାଉଁଶ ତଳର ନିଆଁ, 'ସୁରୁଚି ଓ ସୁନୀତି', 'ଦୁଇ ପ୍ରେମିକା', 'କୁମାରୀ ବଧୂ',

'ଅପରାଜେୟ', 'ସାକ୍ଷାତ୍କାର', 'ନିର୍ବାସିତ ରାଜପୁତ୍ର' ଆଦି ଗଳ୍ପ। ମହାପାତ୍ର ନୀଳମଣି ସାହୁଙ୍କର 'ନଦୀ ଓ ନାରୀ','ଦୁଇ ଶୂନେ ଶୂନ', 'ଶବଯାତ୍ରାର ଶେଷଦୃଶ୍ୟ' 'ମୀନକେତନ ବାବୁ ଓ ଜଳବାୟୁ', 'ସୁଚରିତାସୁ', 'ଲୀଳାନିଧି ବାବୁ ଓ ଗୋଟିଏ ନାରୀ','ଝରା ଶିଉଳୀର କାହାଣୀ', 'ଭାରତମାତା ଜଗତିଆର- ହୁସିଆର ଭାଇ ହୁସିଆର', 'ହଇରେ ଫୁଲଗଛ! କାହିଁକି ମଲୁ?', 'ମମ ମାୟା ଦୂରତ୍ୟୟା...' 'ଉପକାରୀ', 'ଚାରି ଶଠ କଥା', 'ନିବେଦିତାର ନୈଶାଭିସାର, 'ଅହଲ୍ୟା ଦେବୀଙ୍କ ପ୍ରେମ ସମାଧି', 'ଶ୍ରୀମତୀ ରାୟ ସିଂହ', 'ଡକ୍ଟର ନୀହାରିକା ଦାସ ସମୀପେଷୁ', 'ଲକ୍ଷେ ଟଙ୍କାର ଛାତି', 'ଏକ ଅଭିଶପ୍ତ ସକାଳର ସମାଜସେବୀ' 'ସହଯାତ୍ରିଣୀର ଦୁଃଖ', 'ରାଧାକାନ୍ତ ମଠ ବେଢ଼ାର ଅଦୃଶ୍ୟ ଯାଦୁକର' ଗାଳ୍ପିକା ସୁସ୍ମିତା ବାଗଚୀଙ୍କର 'ନିଷିଦ୍ଧ ନୀଡ଼', 'ମିତ୍ରା, 'ଚିଠି', 'ପଥଟିଏ, ପ୍ରାନ୍ତଟିଏ','ଶିଉଳି','ସଳିତା', 'ଅନୁଚ୍ଚାରିତ' 'ଏଚ.ଏଚସି ଓରଫ୍ ହଜ୍‌ବ୍ୟାଣ୍ଡ ହେଟରସ କ୍ଲବ', 'ପ୍ରତୀକ୍ଷା' , 'ବିଚାର' , 'ତୁଳନା, 'ସେଇ ଜଣକ' 'ହାଉସ୍ ହାଉସ୍ ଖେଳ' ଆଦି ଗଳ୍ପ ଏହି ଦୃଷ୍ଟିକୋଣରୁ ବେଶ୍ ଗୁରୁତ୍ୱପୂର୍ଣ୍ଣ।

ବିକାଶମୂଳକ ମନୋବିଜ୍ଞାନ (Developmental Psychology)

ଏହି ବିଭାଗରେ ଉଭୟ ଫ୍ରଏଡ ଏବଂ ଉତ୍ତର ଫ୍ରଏଡୀୟ ଚିନ୍ତାନାୟକମାନଙ୍କୁ ଗୁରୁତ୍ୱ ଦିଆଯିବା ସହିତ ଶିଶୁର ବିକାଶ ଓ ତାହାର ମନସ୍ତତ୍ତ୍ୱକୁ ଗୁରୁତ୍ୱ ଦିଆଯାଇ ଲେଖାହୋଇଥିବା ଗଳ୍ପଗୁଡ଼ିକୁ ଚିତ୍ରଣ କରାଯାଇଛି।

ଉତ୍ତର ଫ୍ରଏଡୀୟ ମନସ୍ତତ୍ତ୍ୱବିତ୍ ଏରିକ୍ ଏରିକ୍‌ସନ୍‌ଙ୍କ ଦ୍ୱାରା ପ୍ରଦତ୍ତ ବ୍ୟକ୍ତିତ୍ୱ ଆଦିରୂପ 'Persona Archetype' ହେଉଛି ଏକ ପ୍ରସିଦ୍ଧ ଚିନ୍ତନ। ଯାହା ସାମ୍ପ୍ରତିକ ମଣିଷମାନଙ୍କର ଚେତନ ଏବଂ ଅବଚେତନ ମନଗତ ପାର୍ଥକ୍ୟକୁ ଚିତ୍ରିତ କରିଥାଏ। ଗାଳ୍ପିକ ଅଖିଳମୋହନ ପଟ୍ଟନାୟକଙ୍କର 'ଅହଲ୍ୟାର ଇତିବୃତ୍ତି' ଗଳ୍ପଟିକୁ ଏହି ଚିନ୍ତନର ଏକ ସଫଳ ପ୍ରତିଫଳନଭାବେ ଗ୍ରହଣ କରାଯାଇପାରେ। ନାରୀର ସୌନ୍ଦର୍ଯ୍ୟର ମୁଖାତଳେ ଲୁଚିରହିଥିବା ତା'ର ହିଂସ୍ର ପ୍ରବୃତ୍ତି ତଥା ଛଳନାକୁ ଗାଳ୍ପିକ ଏଥିରେ ପ୍ରତିଫଳିତ କରିଛନ୍ତି। ଏତଦ୍‌ବ୍ୟତୀତ ତାଙ୍କର 'ହଂସ ସଙ୍ଗୀତ' ଗଳ୍ପଟି ମଧ୍ୟ ଏହି ଦୃଷ୍ଟିକୋଣରୁ ଆଲୋଚ୍ୟ। ଶ୍ରୀଯୁକ୍ତ ପଟ୍ଟନାୟକଙ୍କର 'ଗ୍ରୀନ୍‌ରୁମ୍' ଗଳ୍ପଟି ମଧ୍ୟ ଏହି ଦୃଷ୍ଟିକୋଣରୁ ବିଚାର୍ଯ୍ୟ। ବାହାରକୁ ହସୁଥିବା ମଣିଷ ଭିତରର ଅକଥନୀୟ ପୀଡ଼ା ବା ଅନ୍ୟଭାବେ କହିଲେ ଅନ୍ତରର ଯନ୍ତ୍ରଣାକୁ ଲୁଚେଇବା ପାଇଁ ହସ ହିଁ ମହୋଷଧି ଭଳି ଚିନ୍ତନର ପ୍ରତିଫଳନ ଘଟିଛି ମହାପାତ୍ର ନୀଳମଣି ସାହୁଙ୍କର 'ସୁମିତ୍ରାର ହସ' ଗଳ୍ପରେ। ଉକ୍ତ କୃତିରେ ସୁମିତ୍ରା ନିଜ ଭିତରର ଅସହାୟତା ଓ ଅକଥନୀୟ ଯନ୍ତ୍ରଣାର ବୀପରୀତ

ବ୍ୟବହାର କରିବା ଦୃଷ୍ଟିରୁ ଉକ୍ତ କୃତିକୁ ମନସ୍ତତ୍ତ୍ୱବିତ୍ ଫ୍ରଏଡଙ୍କର Psychodynamic Theory ର Reaction Formation: Reacting in the Opposite ଦୃଷ୍ଟିକୋଣରୁ ମଧ୍ୟ ବିଚାର କରାଯାଇପାରେ। ସଂସାର ନାମକ ରଙ୍ଗମଞ୍ଚରେ ଅଭିନୟ କରିଚାଲିଥିବା ମଣିଷର ଅସହାୟତାର ଏକ ପ୍ରକୃଷ୍ଟସ୍ୱରୂପ ହେଉଛି ଗାଳ୍ପିକ ଗୌରହରି ଦାସଙ୍କର 'ପ୍ରୟୋଜନ' ଓ 'ସଂଳାପ ଭୁଲିଥିବା ନାୟକଟିର ଅସହାୟତାରେ' ଗଳ୍ପ। ମଣିଷ ଭିତରର ଅନେକ ପ୍ରବୃତ୍ତି କିପରି ରକ୍ତଗତ ବା Genetically ମଣିଷକୁ ମିଳିଥାଏ। ଯାହାକୁ ଉତ୍ତର ମନସ୍ତତ୍ତ୍ୱବିତ୍ କାର୍ଲ ଜଙ୍ଗ୍ Collective Unconciousness ନାମ ଦେଇଥିଲେ। ତାହାର ଚିତ୍ରଣ ଦେଖିବାକୁ ମିଳେ ପ୍ରତିଭା ରାୟଙ୍କର 'ପ୍ରାରବ୍ଧ' ଗଳ୍ପରେ। ଏହି ଦୃଷ୍ଟିକୋଣରୁ ରବି ପଟ୍ଟନାୟକଙ୍କର 'ପୂର୍ଣ୍ଣାହୂତି' ଗଳ୍ପ ମଧ୍ୟ ବିଚାର୍ଯ୍ୟ। ଶ୍ରୀଯୁକ୍ତ ପଟ୍ଟନାୟକଙ୍କର 'ଜାରାପୁରୁଷ' ଗଳ୍ପରେ ମଧ୍ୟ ଏହି ରକ୍ତ ବା ଜିନ୍‌ର ପ୍ରସଙ୍ଗ ଦେଖିବାକୁ ମିଳେ। ପ୍ରକୃତରେ ବିବେଚନା କରିବାକୁ ଗଲେ ଜିନ୍ ମାଧ୍ୟମରେ ମଣିଷ ତା'ର ପୂର୍ବ ପୁରୁଷଠାରୁ ଅନେକଗୁଡ଼ିଏ ପ୍ରବୃତ୍ତି ଉପହାରସଦୃଶ ପାଇଥାଏ। ସମୟ ବଦଳେ ଓ ତା' ସହିତ ତାଳ ଦେଇ ବଦଳିଯାଏ ବ୍ୟକ୍ତିରସ୍ୱରୂପ। ମାତ୍ର ରକ୍ତ ଭିତରେ ଲୁଚିରହିଥିବା ପ୍ରବୃତ୍ତି ନିଜକୁ ପରିପ୍ରକାଶ କରିବାପାଇଁ ବାଟ ଖୋଜେ। ତେଣୁ ଧର୍ମ, ପୁରାଣର ଦ୍ୱାହି ଦେଇ ମଣିଷ ନିଜ ଭିତରର ଏହି ଜୈବିକ ପ୍ରବୃତ୍ତିକୁ ଯେତେ ଦମନ କରିବାକୁ ଉଦ୍ୟମ କଲେ ମଧ୍ୟ ଏହାର ମୃତ୍ୟୁ ନାହିଁ। ତେଣୁ ଯେଉଁଟି ଭଗବାନକୃତ ତାକୁ ମଣିଷଗଢ଼ା ସମାଜଦ୍ୱାରା ଭାଙ୍ଗିପାରିବା ଅଥବା ଦମନ କରିପାରିବା ଯେ ଅସମ୍ଭବ ତାହାର ବାର୍ତ୍ତା ରହିଛି ରବି ପଟ୍ଟନାୟକଙ୍କର 'ତକ୍ଷକ' ଗଳ୍ପରେ। ଏହା ବ୍ୟତୀତ ବୈଜ୍ଞାନିକ ଦୃଷ୍ଟିକୋଣରୁ ବା ନିଉଟନଙ୍କର ତୃତୀୟ ନିୟମ (Action Reaction) ଅନୁସାରେ ବିବେଚନା କଲେ ଯେଉଁ ବସ୍ତୁକୁ ଯେତେ ଦମନ କରାଯାଏ ସେ ସେତେ ଉର୍ଦ୍ଧ୍ୱକୁ ଉତ୍ତୋଳିତ ହୁଏ। ତେଣୁ ମଣିଷ ମଧ୍ୟ ଯଦି ଶୃଙ୍ଗାର ଓ କାମ ପ୍ରବୃତ୍ତିକୁ ସ୍ୱାଭାବିକଭାବେ ଗ୍ରହଣ କରିନେବ ସମ୍ପ୍ରତି ଦେଖାଯାଉଥିବା ଉଚ୍ଛୃଙ୍ଖଳାରୁ ସେ ମୁକ୍ତିପାଇପାରିବ ଭଳି ଇଙ୍ଗୀତ ମଧ୍ୟ ଉକ୍ତ କୃତିରେ ଲକ୍ଷଣୀୟ। ଏତଦ୍‌ବ୍ୟତୀତ ଶ୍ରୀଯୁକ୍ତ ପଟ୍ଟନାୟକଙ୍କର 'ସ୍ୱାଧୀନତାର ଶେଷ ସହୀଦ', 'ଶିକୁଳି', 'ନୂଆ ବାଟ', 'ସନ୍ଧି', 'ଗ୍ରେଣ୍ଡ ମାଷ୍ଟର', 'ଅଚିହ୍ନା ମଣିଷ' ଆଦି ଗଳ୍ପଗୁଡ଼ିକ ଏହି ଦୃଷ୍ଟିକୋଣରୁ ବିଚାର୍ଯ୍ୟ। ଶାନ୍ତନୁ କୁମାର ଆଚାର୍ଯ୍ୟଙ୍କର 'ମାଇଙ୍କ ମ୍ୟାପ' ଗଳ୍ପଟି ମଧ୍ୟ ଏହି ଦୃଷ୍ଟିକୋଣରୁ ବେଶ୍ ଗୁରୁତ୍ୱପୂର୍ଣ୍ଣ।

ଫ୍ରଏଡୀୟ ଏବଂ ଉତ୍ତର- ଫ୍ରଏଡୀୟ ଶିଶୁ ମନସ୍ତତ୍ତ୍ୱ

ବୟସର ବୃଦ୍ଧି ସହିତ ଶିଶୁର ଚେତନାର ବିକାଶ କିପରି ହୋଇଥାଏ ଅଥବା

Child Development ତତ୍ତ୍ୱକୁ ଓଡ଼ିଆ ସାହିତ୍ୟରେ ବହୁ ଗାଳ୍ପିକ ନିଜ କୃତିଗୁଡ଼ିକରେ ବେଶ୍ ଚମତ୍କାରଭାବେ ପ୍ରତିଫଳିତ କରିଛନ୍ତି । ଅବଶ୍ୟ ଏହି ଦୃଷ୍ଟିକୋଣରୁ ଏହି ଗାଳ୍ପିକଙ୍କ ଉପରେ ପଡ଼ିଥିବା କେତେକ ମନସ୍ତତ୍ତ୍ୱବିତ୍ ଯେପରି ସିଗ୍‌ମଣ୍ଡ ଫ୍ରଏଡ, ଉତ୍ତର ମନସ୍ତତ୍ତ୍ୱବିତ୍ ଏରିକ୍ ଏରିକ୍‌ସନ୍, ଜିନ୍ ପିଏଜେ, ଡାଏନା ବାଉମରେଣ୍ଡ ଏବଂ ମେସ୍‌ଲୋ ଆଦିଙ୍କ ପ୍ରଭାବକୁ ଅସ୍ୱୀକାର କରାଯାଇନପାରେ । ଓଡ଼ିଆ ସାହିତ୍ୟରେ ଶିଶୁ ମନସ୍ତତ୍ତ୍ୱବିତ୍‌ଭାବେ ସାହିତ୍ୟିକ ମନୋଜ ଦାସଙ୍କୁ ବିଶେଷ ଗୁରୁତ୍ୱ ଦିଆଗଲେ ହେଁ, ସୁରେନ୍ଦ୍ର ମହାନ୍ତିଙ୍କୁ କେନ୍ଦ୍ରକରି ଏହି ଅବହେଳିତ ଦିଗଟି କିନ୍ତୁ ବେଶ୍ ସୁଦୃଢ଼ । ଅନେକ କ୍ଷେତ୍ରରେ ନବଜାତକକୁ କେନ୍ଦ୍ରକରି ପିତାମାତାଙ୍କ ପ୍ରେମରୁ ବଞ୍ଚିତ ଶିଶୁ ମଧ୍ୟରେ ସୃଷ୍ଟି ବିକୃତି ଯାହାକୁ ମନସ୍ତତ୍ତ୍ୱବିତ୍ ଆଲଫ୍ରେଡ ଏଡଲର ତାଙ୍କର 'Birth Order Theory' ରେ 'Oldest Child Syndrome' ବୋଲି ଚିତ୍ରଣ କରିଛନ୍ତି ।(୧ ୨) ତାହାର ନିଦର୍ଶନ ଦେଖିବାକୁ ମିଳେ 'ଜୀବନ-ପ୍ରଭାତ' ଗଳ୍ପରେ । ଗାଳ୍ପିକା ବସନ୍ତ କୁମାରୀ ପଟ୍ଟନାୟକଙ୍କର 'ଭାଇ' ଗଳ୍ପରେ ମଧ୍ୟ ଏହାର ପ୍ରତିଫଳନ ପରିଲକ୍ଷିତ । ଏହି ଚରଣର ଏକ ବିକୃତିଭାବେ ଗ୍ରହଣୀୟ ଶିଶୁ ମଧ୍ୟରେ ସୃଷ୍ଟି ଆକ୍ରମଣଶୀଳ ପ୍ରବୃତ୍ତି ଯାହାକୁ ମନସ୍ତତ୍ତ୍ୱରେ Conduct Disorder କୁହାଯାଏ ତାହାର ନିଦର୍ଶନ ମଧ୍ୟ ଉକ୍ତ କୃତିରେ ପରିଲକ୍ଷିତ । ଏତଦ୍‌ବ୍ୟତୀତ 'ଜୀବନ-ପ୍ରଭାତ' ଗଳ୍ପର ଅନ୍ୟକେତେକ ପଙ୍‌କ୍ତିକୁ ବିବେଚନା କଲେ ଏଥିରେ ଗାଳ୍ପିକ ମନସ୍ତତ୍ତ୍ୱବିତ୍ ଫ୍ରଏଡଙ୍କର 'Psychosexual Stages' ରେ ବର୍ଣ୍ଣନା କରିଥିବା ତୃତୀୟ ଚରଣ ଯାହାକୁ Phallic Stage କୁହାଯାଏ । ଏହି ଚରଣର ଦୁଇଟି ପର୍ଯ୍ୟାୟ ଯଥା- Oedipus ଏବଂ Electra Complex ମଧ୍ୟରୁ Oedipus Complex ଯାହାକି ଶିଶୁପୁତ୍ର ମଧ୍ୟରେ ଦେଖିବାକୁ ମିଳେ । ଯେଉଁଥିରେ ଶିଶୁପୁତ୍ର ମା'ର ଭଲପାଇବାକୁ କେନ୍ଦ୍ରକରି ପିତାକୁ ନିଜର ପ୍ରତିଦ୍ୱନ୍ଦ୍ୱୀ ମନେକରେ ତାହାର ଚିତ୍ରଣ ଦେଖିବାକୁ ମିଳେ । John Bowlbyଙ୍କର ଶିଶୁଙ୍କୁ କେନ୍ଦ୍ରକରି ପ୍ରଦତ୍ତ(Attachment Theory) ଏତଦ୍‌ବ୍ୟତୀତ ଉକ୍ତ କୃତିକୁ Jean Piaget ଙ୍କର Cognitive Development ଦୃଷ୍ଟିରୁ ମଧ୍ୟ ବିଚାର କରାଯାଇପାରେ । ବସନ୍ତ କୁମାରୀ ପଟ୍ଟନାୟକଙ୍କର 'ଭରଣା' ଗଳ୍ପଟି ମଧ୍ୟ ପିଆଜେଙ୍କର ତତ୍ତ୍ୱଦୃଷ୍ଟିରୁ ବିଚାର୍ଯ୍ୟ । ଏଥିରେ Pre operational ଚରଣର ପ୍ରୟୋଗ ପରିଲକ୍ଷିତ । ଏହି ଦୃଷ୍ଟିକୋଣରୁ ଗାଳ୍ପିକା ଶକୁନ୍ତଳା ପଣ୍ଡାଙ୍କର 'ପାହାଚ' ଏକ ଉଲ୍ଲେଖଯୋଗ୍ୟ କୃତି । ଶ୍ରୀଯୁକ୍ତ ମହାନ୍ତିଙ୍କ ପରି ଉକ୍ତ କୃତିରେ ଗାଳ୍ପିକା Oedipus Complexକୁ ଚିତ୍ରଣ କରିଛନ୍ତି । "ପାଦ ସ୍ଥିର ହେଲା ରାଜୁର । ନା, ଜମାରୁ ଯିବ ନାହିଁ, ତଥାପି ଅପେକ୍ଷା କରିଥାଏ ଟିକିଏ ବାପା ସେଠାରୁ ପଳାନ୍ତେ କି । ସେ ମା'ଙ୍କ ପାଖକୁ ଦୌଡ଼ି ଯାଆନ୍ତା । ସେ ଦେଖିଲା, ଝରକା ପାଖଦେଇ ମେଞ୍ଚାଏ ଚନ୍ଦ୍ରାଲୋକ

ଠିକ୍ ମା', ବାପାଙ୍କ ଉପରେ ପଡ଼ିଛି। ବାପା ତ ବଡ଼ ପିଲା। ସେ କାହିଁକି ମା' ପାଖରେ ଇମିତି ଲାଗି କରି ବସିଛନ୍ତି ? ବାଃରେ, ହସି ହସି କ'ଣ ଇମିତି ମଜାକଥା କହୁଛନ୍ତି ଯେ ମା' ବି ଖୁବ୍ ହସି ପକାଉଛନ୍ତି। ବାପାମାନେ କ'ଣ ହସନ୍ତି ? ? ? ରାଜୁ ଗମ୍ଭୀର ହେଲା। ପୁଣି ଭାବିଲା ବାପାଙ୍କୁ ସେ ଡରିବ କାହିଁକି ? ନା,- ସେ ଦୌଡ଼ି ଦୌଡ଼ି ଯିବ। ବାପାଙ୍କୁ ଠେଲି ଦେଇ ମା' ପାଖରେ ବସିବ। ଓହୋ, ବଡ଼ ପିଲାମାନେ ବସନ୍ତି ନାହିଁ ଖାଲି...." (ସୂର୍ଯ୍ୟଶିଖା-ପୃ-୧୧୮) ଏହାବ୍ୟତୀତ ଉକ୍ତ କୃତିରେ କିଛିମାତ୍ରାରେ ଚତୁର୍ଥ ପର୍ଯ୍ୟାୟ ଯାହାକୁ Latency Stage କୁହାଯାଏ ତାହାର ସୂଚନା ଗାଳ୍ପିକା ପ୍ରଦାନ କରିଛନ୍ତି। ଗାଳ୍ପିକ ମହାପାତ୍ର ନୀଳମଣି ସାହୁଙ୍କର 'ଅପରାଧୀ' ବାସ୍ତବିକ ଏକ ଉଚ୍ଚକୋଟୀର ସୃଷ୍ଟି। ଉକ୍ତ କୃତିର ପ୍ରାରମ୍ଭରେ ପୁରୁଷ ମନରେ ନାରୀ ପ୍ରତି ଘୃଣା (Mi-sogynist) ଭଳି ପ୍ରସଙ୍ଗକୁ ସଙ୍କେତ କରୁଥିବା ମନେହେଲେ ହେଁ, ପ୍ରକୃତରେ ଗାଳ୍ପିକ ଏଥିରେ ମନସ୍ତତ୍ତ୍ୱର ଆହୁରି ଗଭୀରତାକୁ ପ୍ରବେଶ କରିବାକୁ ଉଦ୍ୟମ କରିଛନ୍ତି। ପ୍ରକୃତରେ ଏଥିରେ ଚରିତ୍ର ମନରେ ନାରୀ ପ୍ରତି ବିଦ୍ୱେଷ 'ମା'କୁ କେନ୍ଦ୍ରକରି ସୃଷ୍ଟି ହୋଇଛି। ମୁଖ୍ୟତଃ ଏଥିରେ Phallic Stageରେ ଘଟିଥିବା ତ୍ରୁଟି ହେତୁ ବିକାଶରେ ଆସିଥିବା ପରିବର୍ତ୍ତନ ଯାହାକୁ Un resolved Oedipus complex କୁହାଯାଏ। ତାହାକୁ ଗାଳ୍ପିକ ଉକ୍ତ କୃତିରେ ଗୁରୁତ୍ୱ ଦେଇଛନ୍ତି। ସାଧାରଣତଃ ମା' ମନରେ ପିତା ପ୍ରତି ଯେଉଁ ପ୍ରେମ ଓ ସମ୍ମାନ ରହିଛି ତା'ର ଅଧିକାରୀ ହେବାକୁ ଚାହୁଁଥିବା ପୁତ୍ର ତାହା ନ ପାଇବା ଫଳରେ ନିଜ ଅଜାଣତରେ ସେ ଅନ୍ୟ ନାରୀମାନଙ୍କ ପାଖରେ ତା'ର ଦାବି କରିଛି। ଫଳରେ ଅନ୍ୟ ନାରୀଙ୍କ ନିକଟରେ ତା'ର ଶୃଙ୍ଗାର ପ୍ରେମର ଦାବି ନାରୀମାନଙ୍କୁ ବାତ୍ସଲ୍ୟ ପ୍ରେମର ଦାବି ମନେ ହୋଇଛି। ଗାଳ୍ପିକା ସରୋଜିନୀ ସାହୁଙ୍କର 'ସୁଖର ମୁହାଁମୁହିଁ' ଗଳ୍ପରେ ମଧ୍ୟ ଏହି ଚରଣର ତ୍ରୁଟି ଏବଂ ସେଥିରୁ ସୃଷ୍ଟି ପରିଣାମ ସମ୍ପର୍କରେ ଆଲୋଚନା କରାଯାଇଛି। ସୁରେନ୍ଦ୍ର ମହାନ୍ତିଙ୍କର 'ନିର୍ମୂଳି ଲତାର ଫୁଲ' କୃତିକୁ ଫ୍ରଏଡଙ୍କର Psycho Sexual Stages ର ପଞ୍ଚମ ଚରଣ Genital Stage ଦୃଷ୍ଟିରୁ ମଧ୍ୟ ବିଚାର କରାଯାଇପାରେ। ଏହି ଚରଣରେ ସମସ୍ତ କାମୋଦ୍ଦୀପକ କ୍ଷେତ୍ରରୁ କାମ ଆସି କିଶୋରର ଗୁପ୍ତାଙ୍ଗରେ କେନ୍ଦ୍ରିତ ହୋଇଥାଏ। ଏହିଭାବେ ଦେଖିବାକୁ ଗଲେ ଶିଶୁ ଯେଉଁ ସ୍ଥାନରୁ ଆନନ୍ଦ ଲାଭ କରୁଥିଲା, ଯେପରି ମାତୃ ସ୍ତନ୍ୟପାନକୁ ଗ୍ରହଣ କରାଯାଇପାରେ। ତାହାପରେ Erotic Zoneରେ ପରିଣତ ହୋଇଯାଏ। ଏହାର ପ୍ରମାଣ କିଶୋରର ନିଶ, ଦାଢ଼ି ଆଦି ବିଭିନ୍ନ ସ୍ଥାନରେ ଆସୁଥିବା କେଶ ଯାହାକୁ Puberty କୁହାଯାଏରୁ ମିଳିଥାଏ। ଫ୍ରଏଡଙ୍କ ମତରେ ଯଦି କିଶୋର ବାଳକ ମଧ୍ୟରେ ଏହି ଅବସ୍ଥା ଆସିବାରେ ବିଳମ୍ବ ହୁଏ। ତେବେ ତା' ଭିତରେ ଲଜ୍ୟାପଣ ବା ନାରୀତ୍ୱ

ଗୁଣର ବିକାଶ ଘଟେ। ଏହାର ନିଦର୍ଶନ ଉକ୍ତ କୃତିରେ 'ସୁନନ୍ଦ' ଚରିତ୍ର ମଧ୍ୟରେ ଦେଖିବାକୁ ମିଳେ। ଏହାକୁ କେନ୍ଦ୍ରକରି ମଣ୍ଟୁର ସୁନନ୍ଦ ଏବଂ ସୁନନ୍ଦର ମଣ୍ଟୁ ପ୍ରତି ଆକର୍ଷଣ ମଧ୍ୟଦେଇ ଗାଳ୍ପିକ Queer Culture ବା LGBT Culture ଦ୍ୱାରା ବ୍ୟବହୃତ Gay ପରମ୍ପରା ସମ୍ପର୍କରେ ସୂଚନା ଦେଇଛନ୍ତି। Genital ଚରଣରେ କିଶୋର ମଧ୍ୟରେ କାମନାର ଉତ୍ପତ୍ତି ଏବଂ ତାହାକୁ ପରିପ୍ରକାଶ କରିବାପାଇଁ ସମଲିଙ୍ଗୀର ସହାୟତା ନେବା ପ୍ରସଙ୍ଗକୁ ଗାଳ୍ପିକ ଅତ୍ୟନ୍ତ ଗୁଢ଼ଭାବେ ଉକ୍ତ କୃତିରେ ପ୍ରତିଫଳିତ କରିଛନ୍ତି। ମାତ୍ର ସଚେତନଭାବେ ପାଠକଲେ ଗଳ୍ପର ପଙ୍କ୍ତିରୁ ଏହିଭଳି ଚିନ୍ତାଧାରାକୁ ଅନୁଭବ କରିହେବ। Genital Stage ଦୃଷ୍ଟିରୁ ସରିଜିନୀ ସାହୁଙ୍କର 'ସୁଖର ମୁହାମୁହିଁ' ଗଳ୍ପଟିକୁ ମଧ୍ୟ ବିଚାର କରାଯାଇପାରେ। ଅସ୍ତିତ୍ୱବାଦୀ ମନସ୍ତତ୍ତ୍ୱବିତ୍ ରୋଲୋ ମେଙ୍କ ଦ୍ୱାରା ପ୍ରଦତ୍ତ ବ୍ୟକ୍ତିତ୍ୱ ବିକାଶର ପ୍ରଥମ ଚରଣ ବା ସରଳତାର ଚରଣ ଏବଂ ଦ୍ୱିତୀୟ ଚରଣ ବା ବିଦ୍ରୋହୀ ଚରଣ ଏବଂ ଏଥିରେ ପରିବର୍ତ୍ତିତ ଶିଶୁର ମନସ୍ତତ୍ତ୍ୱକୁ ବସନ୍ତ କୁମାରୀ ପଟ୍ଟନାୟକ ପ୍ରତିଫଳିତ କରିଛନ୍ତି 'ଭରଣା' ଗଳ୍ପରେ। ଏରିକ୍ ଏରିକ୍ସନ୍ଙ୍କ ଦ୍ୱାରା ପ୍ରଦତ୍ତ ଏକ ପ୍ରମୁଖ ସିଦ୍ଧାନ୍ତ 'Psycho social stages of development' (ମନୋ ସାମାଜିକ ସିଦ୍ଧାନ୍ତ) ଯେଉଁଥିରେ ଏହାକୁ ସେ ଏକ ଆଜୀବନ ପ୍ରକ୍ରିୟାଭାବେ ଚିତ୍ରଣ କରିଥିଲେ। ସାଧାରଣତଃ ଯେତେବେଳେ ଆମେ ଜୀବନର ଗୋଟିଏ ଚରଣରୁ ଅନ୍ୟ ଏକ ଚରଣକୁ ଯାଉ ସେତେବେଳେ ଆମ ମନସ୍ତତ୍ତ୍ୱରେ ଏକ ବିରାଟ ପରିବର୍ତ୍ତନ ଘଟିଥାଏ। ଏହାକୁ ଏରିକ୍ସନ୍ ନାମ ଦେଇଥିଲେ। 'Identity Crisis'ବା 'Turning Point' ୧୯୫୦ ଦଶକରେ ତାଙ୍କର ଏକ ପୁସ୍ତକ 'Childhood and society'ରେ ସେ ମଣିଷର ସମଗ୍ର ଜୀବନକୁ ୮ଟି ଚରଣରେ ବିଭକ୍ତ କରିଥିଲେ। ଏଥି ମଧ୍ୟରୁ ତୃତୀୟ ଚରଣ ଯାହାକୁ 'Initiative Vs Guilt' (ପ୍ରାରମ୍ଭ ଏବଂ ସନ୍ଦେହ) ବା Later Childhood କୁହାଯାଏ। ଯାହା ମୁଖ୍ୟତଃ ୩ ବର୍ଷରୁ ୫ ବର୍ଷ ପର୍ଯ୍ୟନ୍ତ ରହିଥାଏ ତାହାର ନିଦର୍ଶନ ଦେଖିବାକୁ ମିଳେ ଶକୁନ୍ତଳା ପଣ୍ଡାଙ୍କର 'ତରଙ୍ଗ' ଗଳ୍ପରେ । ବସନ୍ତ କୁମାରୀ ପଟ୍ଟନାୟକଙ୍କର 'ଭାଇ' ଗଳ୍ପକୁ ମଧ୍ୟ ଏହି ଚରଣ ଦୃଷ୍ଟିରୁ ଆଲୋଚନା କରାଯାଇପାରେ। ଗାଳ୍ପିକା ସରୋଜିନୀ ସାହୁଙ୍କର 'ଅପହଞ୍ଚ' ଗଳ୍ପରେ ଏହି ଚରଣରେ ସୃଷ୍ଟି ତ୍ରୁଟି ଯାହାକୁ ସନ୍ଦେହ କୁହାଯାଏ ତାହାର ଚମତ୍କାର ପ୍ରତିଫଳନ ଦେଖିବାକୁ ମିଳେ। ସୁରେନ୍ଦ୍ର ମହାନ୍ତିଙ୍କର 'ନିର୍ମୂଳିଳତାର ଫୁଲ' ଗଳ୍ପ ମଧ୍ୟ ଏହି ଶିଶୁ ମନସ୍ତତ୍ତ୍ୱ ଦୃଷ୍ଟିରୁ ବିଚାର୍ଯ୍ୟ। ଏହାକୁ ଏରିକ୍ ଏରିକ୍ସନ୍ଙ୍କର Psycho Social Development Theoryର ଚତୁର୍ଥ ଚରଣ Industry vs. Inferiority ଦୃଷ୍ଟିରୁ ଆଲୋଚନା କରାଯାଇପାରେ। ଉକ୍ତ କୃତିରେ ମଣ୍ଟୁ ଚରିତ୍ର ମଧ୍ୟରେ ଅମରେନ୍ଦ୍ରର ପରିଶ୍ରମକୁ

କେନ୍ଦ୍ରକରି ସୃଷ୍ଟି ଈର୍ଷା ଏହାର ଏକ ନିଦର୍ଶନ । ବିଭୂତି ପଟ୍ଟନାୟକଙ୍କର 'ସନ୍ଧିକ୍ଷଣ' ଗଳ୍ପକୁ ମଧ୍ୟ ଏହି ଦୃଷ୍ଟିକୋଣରୁ ବିବେଚନା କରାଯାଇପାରେ। ରବି ପଟ୍ଟନାୟକଙ୍କ 'ବଦ୍‌ମାସ୍' ଗଳ୍ପରେ ମଧ୍ୟ ଏହି ଚରଣର ଆଲୋଚନା ଦେଖିବାକୁ ମିଳେ। ଏରିକ୍‌ସନ୍‌ଙ୍କର ମନୋସାମାଜିକ ସିଦ୍ଧାନ୍ତର ଷଷ୍ଠ ଚରଣ ଯାହାକୁ Intimacy ବନାମ Isolation କୁହାଯାଏ। ତାହାର ନିଦର୍ଶନ ଦେଖିବାକୁ ମିଳେ ଶ୍ରୀଯୁକ୍ତ ସୁରେନ୍ଦ୍ର ମହାନ୍ତିଙ୍କର 'ଜୟପରାଜୟ' ଗଳ୍ପରେ। (୧୩,୧୪,୫,୧୬,୧୭)

Cognitive Psychology ସଂଜ୍ଞାନାତ୍ମକ ମନୋବିଜ୍ଞାନ

ଏହି ବିଭାଗରେ ପ୍ରତିଫଳିତ ଅନେକ ଚିନ୍ତନ ମଧ୍ୟରୁ ପାରାମନସ୍ତତ୍ତ୍ୱ (Parapsychology) ଅଥବା 'Transpersonal Psychology' ହେଉଛି ଏକ ଗୁରୁତ୍ୱପୂର୍ଣ୍ଣ ଚିନ୍ତନ। (ସାଧାରଣତଃ ଏହି ଅଧ୍ୟୟନରେ ମନୁଷ୍ୟ ସହ ଘଟୁଥିବା ବହୁ ଆକସ୍ମିକ, ଅତିଭୌତିକ ଏବଂ ଅଲୌକିକ ଘଟଣାବଳୀର ଅଧ୍ୟୟନ ହୋଇଥାଏ। ଅବଶ୍ୟ ଏହି ପ୍ରସଙ୍ଗଟି ଲୋକସାହିତ୍ୟ ଭଳି ବହୁ ପ୍ରାଚୀନ ହେଲେ ମଧ୍ୟ ସାମ୍ପ୍ରତିକ ସମୟରେ ବୈଜ୍ଞାନିକ ଦୃଷ୍ଟିକୋଣରୁ ଏହାର ସତ୍ୟତା ପରୀକ୍ଷା କରାଯାଉଛି। ଏହି 'Parapsychology'ରେ 'Telepathy' (ଦୂରାନୁଭୂତି), 'Clairvoyance' (ଅର୍ନ୍ତ ଇନ୍ଦ୍ରିୟ ପ୍ରତ୍ୟକ୍ଷାନୁଭୂତି ଅଥବା ସ୍ୱଷ୍ଟ ଦୃଷ୍ଟି), 'Fore Boding' (ପୂର୍ବାଭାଷ), 'Telicynesis' (କୌଣସି ବସ୍ତୁକୁ ନ ଛୁଇଁ ତାହାକୁ ଗତିଶୀଳ କରାଇବା), 'Near Death Experience' (ମୃତ୍ୟୁ ନିକଟ ଅନୁଭୂତି), 'Out Of Body Experience' (ଆତ୍ମା ଶରୀର ତ୍ୟାଗକରିବା ଜନିତ ଅନୁଭୂତି), 'Re Birth' (ପୂର୍ନଜନ୍ମ) ଭଳି ବହୁଗୁଡ଼ିଏ ପ୍ରସଙ୍ଗର ଅଧ୍ୟୟନ ହୋଇଥାଏ। (୧୮,୧୯,୨୦) ଯାହା ବାସ୍ତବ ଜଗତରେ ଅସମ୍ଭବ ମନେହୁଏ। ସାଧାରଣତଃ ମନୁଷ୍ୟର ଚତୁର୍ପାର୍ଶ୍ୱରେ ଏକ ଅତିଭୌତିକ ଜଗତର ସ୍ଥିତି ଥିବା ମନୁଷ୍ୟ ବିଶ୍ୱାସ କରିପାରିନଥାଏ। ମାତ୍ର ଅତିଭୌତିକବାଦୀ ପୁସ୍ତକ 'ପରଲୋକବାଦ'ରେ ଲେଖାହୋଇଛି ଯେ, ଆତ୍ମା ଅଥବା ଅତିଭୌତିକ ଜଗତ ମନୁଷ୍ୟ ଜଗତ ପାଖରେ ହିଁ ଉପସ୍ଥିତ ରହିଥାଏ। ମାତ୍ର ବିଡ଼ମ୍ବନାର ବିଷୟ ହେଉଛି ଯେ, ଅତିଭୌତିକ ଜଗତର ଲୋକ କାଲ ଏବଂ ମୁକ ହୋଇଥିବାବେଳେ ଭୌତିକ ଜଗତର ଲୋକ ଅନ୍ଧ ହୋଇଥାଆନ୍ତି। ତେଣୁ ଏହି ଦୁଇଟି ଜଗତ ମଧ୍ୟରେ ସମ୍ପର୍କ ସ୍ଥାପିତ ହୋଇପାରିନଥାଏ। ଗାଳ୍ପିକ ଶାନ୍ତନୁକୁମାର ଆଚାର୍ଯ୍ୟଙ୍କର 'ସର୍ପଯାନ' ଗଳ୍ପରେ ଏହାର ପରୀକ୍ଷା ଦେଖିବାକୁ ମିଳେ। ଦୃଷ୍ଟାନ୍ତସ୍ୱରୂପ ଗଳ୍ପର କେତେକ ପଙ୍‌କ୍ତିକୁ ଆଲୋଚନା କରାଯାଇପାରେ। "ଶେଷକୁ ସେ ଟୋକା ଦିନେ ମନକୁ ମନ ଆସି ପହଞ୍ଚିଲା। ଲୋକେ ପଚାରିଲେ, କୋଉଠି ଥିଲୁ? ବଚାଳିଆ ପ୍ରମାଣ କରି ଦେଖେଇଦେଲା ଭୂତମାନେ

ତାକୁ ନେଇଗଲେ କେମିତି। କେମିତି ଅଦୃଶ୍ୟ କରିଦେଲେ ଏମିତି ଯେ ସେ ସେଇଠି ବସିଥାଏ। ତା' ପାଖରେ ଆମେମାନେ ଯା ଆସ କରୁଥାଉ, ସେ ଆମକୁ ଦେଖୁଥାଏ, ଡାକୁଥାଏ; କିନ୍ତୁ ଆମେ ତାକୁ ଦେଖି ପାରୁନଥାଉ କି ଶୁଣି ପାରୁନଥାଉ।" (ସର୍ପଯାନ-ପୃ-୬,୭) ନିମ୍ନରେ ଏହିଭଳି ପ୍ରସଙ୍ଗ ଉପରେ ଆଲୋକପାତ କରାଯାଇପାରେ।

ଗାଳ୍ପିକ ଶ୍ରୀଯୁକ୍ତ ଜଗନ୍ନାଥ ପ୍ରସାଦ ଦାସ ତାଙ୍କର 'ପ୍ରତ୍ୟାବର୍ତ୍ତନ' ଗଳ୍ପରେ 'Deja Vu' (ଦେଜାଭୁ)(୨୧,୨୨) ଅଥବା ଯାହାକୁ ଇଂରାଜୀ ଭାଷାରେ Already Seen (ପୂର୍ବରୁ ଦେଖିଥିବା) ବୋଲି କୁହାଯାଏ। ସେହିଭଳି ଏକ ଅନୁଭବର ପ୍ରସଙ୍ଗ ଉତ୍ଥାପିତ କରିଛନ୍ତି। ସାଧାରଣତଃ ମନସ୍ତତ୍ତ୍ୱରେ ଏହିଭଳି ଅନୁଭବ ସମ୍ପର୍କିତ ପ୍ରାମାଣିକତା ଏବଂ ଏହାର କାରଣକୁ ନେଇ ଏବେବି ଗବେଷଣା ଚାଲିଛି। ଏହି 'Deja Vu' ପଛରେ ଦୁଇଟି କାରଣ ଥିବା ଅନୁମାନ କରାଯାଏ। ଯେତେବେଳେ ମଣିଷ କୋଣସି ନୂତନ ଦୃଶ୍ୟକୁ ଦେଖେ ସେତେବେଳେ ତାର ମସ୍ତିଷ୍କ ତାକୁ ଚିହ୍ନିବାକୁ ଚେଷ୍ଟାକରେ। ମସ୍ତଷ୍କର ଏକ ଭାଗ ଯାହାକୁ Hippocampus କୁହାଯାଏ ତାହା ସେହି ସ୍ମୃତିକୁ ବାହାର କରିବାକୁ ଚେଷ୍ଟାକରେ।(୨୩) ଏହାସହ ସେ ଅବଚେତନମନଗତ ସ୍ମୃତିକୁ ମଧ୍ୟ ଉତ୍ତୋଳିତ କରିବାକୁ ଉଦ୍ୟମ କରେ। ଏହିଭଳି ପ୍ରକ୍ରିୟାଦ୍ୱାରା ମସ୍ତିଷ୍କରେ କିଛି ପରିବର୍ତ୍ତନ ଘଟେ। ଫଳରେ ମସ୍ତିଷ୍କ ବିଚଳିତ ହୋଇଯାଏ ଏବଂ ସେ ନୂତନ ଦୃଶ୍ୟକୁ ପୂର୍ବରୁ ଦେଖିଛି କି ନାହିଁ ତାହା ଜାଣିପାରିନଥାଏ। ସାଧାରଣତଃ ଏହିଭଳି ଅନୁଭବ୯୦ ଭାଗ ଲୋକଙ୍କୁ ହୋଇଥାଏ ଏବଂ ଏହା ବିଶେଷ ଭାବେ ୧୫ରୁ ୨୫ ବର୍ଷ ବୟସରେ ଲୋକଙ୍କୁ ହୋଇଥାଏ। ଏହା ବ୍ୟତୀତ ଏହି Deja Vuର ଅନ୍ୟ ଏକ କାରଣ ଭାବେ 'ପାରା ମନସ୍ତତ୍ତ୍ୱ' (Parapsychology) ରେ ପୂର୍ବଜନ୍ମ କଥା କୁହାଯାଇଛି। ଯେଉଁ ଜନ୍ମର କିଛି ସ୍ମୃତି ତା'ର ପରଜନ୍ମରେ ମଧ୍ୟ ରହିଥାଏ। ତେଣୁ ତାକୁ ନୂତନ ଦୃଶ୍ୟ ବି ପୂରାତନ ଭଳି ମନେହୁଏ। ଯାହାକୁ ମନସ୍ତତ୍ତ୍ୱବିତ୍ କାର୍ଲ ଜଙ୍ଗ୍ Collective Unconsciousness ନାମ ଦେଇଥିଲେ। ଶ୍ରୀଯୁକ୍ତ ଦାସ ଏହି ଗଳ୍ପଟିରେ ଦେଜାଭୁ ଭଳି ଅନୁଭବକୁ 'ମଧୁବନ' ଚରିତ୍ର ମାଧ୍ୟମରେ ପ୍ରତିଫଳିତ କରିଛନ୍ତି। ଏହାସହ ଦେଜାଭୁ ହେବା ସମୟର ଅନୁଭବ ଏବଂ ସେଥିରୁ ସୃଷ୍ଟି ଭୟକୁ ମଧ୍ୟ ଗାଳ୍ପିକ ବେଶ୍ ସିଦ୍ଧହସ୍ତତାର ସହ ପ୍ରତିଫଳିତ କରିଛନ୍ତି। "ନୂଆ ସହରରେ ଘର ଖୋଜିବାବେଳେ ବୟସ୍କା ଭଦ୍ର ମହିଳା ଆସି ଯେତେବେଳେ କବାଟ ଖୋଲିଲେ ତା'ର ମନେହେଲା ସେ ଭଦ୍ରମହିଳାଙ୍କୁ ଆଗରୁ ଜାଣିଥିଲା। ଘର ଭିତରେ ପଶିବାମାତ୍ରେ ହିଁ ସେ ଅନୁଭବ କଲା ଯେ ଏଇ ଘରଟିର ପ୍ରତିଟି କୋଠରୀ ଅନ୍ଧିକନ୍ଧି ସହତ ସେ ପୂର୍ବରୁ ସମ୍ପୂର୍ଣ୍ଣ ପରିଚିତ ଥିଲା। ଏ ଘରେ ସେ ଆଗରୁ ଚଳପ୍ରଚଳ ହୋଇଥିଲା ଅଥବା ଏହାକୁ ସେ ସ୍ୱପ୍ନରେ

ଦେଖିଥିଲା। ଭଦ୍ର ମହିଳା ତାକୁ ଘରଟି ବୁଲାଇ ଦେଖାଇବା ପୂର୍ବରୁ ମଧୁବନ ଜାଣିଥିଲା ଘରର କେଉଁ କୋଠରୀ କେଉଁଠାରେ ଏବଂ ଛୋଟ ପାହାଚ ଦେଇ ସେ ଉପର ମହଲାର ଠିକ କେଉଁ ଜାଗାରେ ପହଁଞ୍ଚିବ।" (କଥାଯାତ୍ରା- ପୃ-୧୧୩-୧୧୪) ଏତଦ୍‌ବ୍ୟତୀତ ଜଗନ୍ନାଥ ପ୍ରସାଦ ଦାସଙ୍କ 'ବାଘ' ଗଳ୍ପରେ ସ୍ୱପ୍ନର ବୈଜ୍ଞାନିକ ଅଧ୍ୟୟନ ବା 'Oneirology'ର ପ୍ରତିଫଳନ ମଧ୍ୟ ଦେଖିବାକୁ ମିଳେ। ଯେତେବେଳେ ମଣିଷ ଶୋଇଥାଏ ତା'ର ମସ୍ତିଷ୍କ ନିଦ୍ରାର ଚାରିଟି ଚରଣ ମଧ୍ୟଦେଇ ଗତିକରେ। ୧ମରୁ ୩ୟ ଚରଣ ଯାହାକୁ 'Non- Rapid eye movement' (NREM) ବା ଶୟନ କୁହାଯାଏ। ଏହା ବ୍ୟତୀତ ୪ର୍ଥ ଚରଣ ଯାହାକୁ 'Rapid eye movement' (REM) ଶୟନ କୁହାଯାଏ।(୨୪) ଏହା ମଧ୍ୟରୁ ମଣିଷ REM ଚରଣରେ ହିଁ ସ୍ୱପ୍ନ ଦେଖିଥାଏ। ଏଥିରେ ଆଖିର ବନ୍ଦ ପତା ମଧ୍ୟଦେଇ ଡୋଳା ବାଁ ଡାହାଣକୁ ହୋଇଥାଏ। ଉକ୍ତ କୃତିରେ 'ସତ୍ୟକାମ' ଚରିତ୍ର ମାଧ୍ୟମରେ ଗାଳ୍ପିକ ଏହି ଚରଣ ସମ୍ପର୍କିତ ଆଭାଷ ଦେଇଛନ୍ତି। "ଅନ୍ଧାର କୋଠରୀ, ଏୟାର କଣ୍ଡିସନର୍ ମୃଦୁଗୁଞ୍ଜନ, ନିଜ ଔଷଧର ଲୋଭନୀୟ ପରିବେଶ ଭିତରୁ ସେ ପ୍ରଥମେ ବାଁ ପାଖେ ଗଛର ଡାଳଟିଏ ଦେଖିଲା। ପତ୍ରଗହଳ ସବୁଜତା ଭିତରୁ ପକ୍ଷୀଟି ବାହାରିଲା ଏବଂ ଧୀର ମନ୍ଥର ଅଳସ ଗତିରେ ଉଡ଼ିବାକୁ ଆରମ୍ଭ କଲା। ଆଖି ବନ୍ଦ ହୋଇଯିବା ପୂର୍ବରୁ ସତ୍ୟକାମ ଡାହାଣ ପାଖକୁ ଅନାଇଲା, ଯେଉଁଠାରେ ଆଉ ଏକ ଗହଳ ସବୁଜତା ପକ୍ଷୀଟିକୁ ଅପେକ୍ଷା କରିଥିଲା।" (କଥାଯାତ୍ରା-ପୃ-୨୭୫) ଏହିପରି ଚନ୍ଦ୍ରଶେଖର ରଥଙ୍କର 'ଆଉ କାହାକୁ କହିବେ ନାହିଁ' ଗଳ୍ପରେ ମଧ୍ୟ ଏହାର ଦୃଷ୍ଟାନ୍ତ ପରିଲକ୍ଷିତ। ଗାଳ୍ପିକ ଚନ୍ଦ୍ରଶେଖର ରଥଙ୍କର 'ଏ ପାଖେ ଅସଂଖ୍ୟ ଲୋକ' ଗଳ୍ପଟି ଏକ ଭିନ୍ନ ସ୍ୱାଦର ସୃଷ୍ଟି। ଏଥିରେ ଗାଳ୍ପିକ ଗୋଟିଏ ଦିଗରେ ଅଲୌକିକତାର ସୂଚନା ଦେଇଥିବାବେଳେ ଅନ୍ୟଦିଗରେ ରଚନାତ୍ମକ ଦୃଶ୍ୟ (Creative Visualization) ଅଥବା Minds eyeର ପ୍ରୟୋଗ କରିଥିବା ଭଳି ମନେହୁଏ। ଏହାକୁ ବୈଜ୍ଞାନିକ ଲିଉଡିଗ୍ ବେଲ୍ଟମ୍ୟାନ ଯିଏ Thermodynamics ବା ତାପଗତିବିଦ୍ୟାର ମୂଳଦୂଆ ପକାଇଥିଲେ। ତାଙ୍କ ଭାଷାରେ ମାୟା ବା Illusion ମଧ୍ୟ କୁହାଯାଇପାରେ। କାରଣ ମଣିଷ ତାହା ଦେଖିବାକୁ ପାଏ ଯାହା ସେ ଦେଖିବାକୁ ଚାହୁଁଥାଏ। ମାତ୍ର ଏଥିରେ ବିଶେଷତଃ ସମୟ ସହ ଗତିଶୀଳ ମଣିଷର ବୟସ ତଥା ବଂଶ, ପରମ୍ପରା ଓ ପିଢ଼ି ସମ୍ପର୍କିତ ସୂଚନା ଦେଖିବାକୁ ମିଳେ। ଚିତ୍ର ଜୀବିତ ହୋଇ ବ୍ୟକ୍ତିକୁ ଚିତ୍ର ଭିତରକୁ ଆକର୍ଷିନେବା ଭଳି ଅଦ୍‌ଭୂତ ଘଟଣା ବର୍ଣ୍ଣିତ ହୋଇଛି ଗାଳ୍ପିକଙ୍କର 'ଛାୟା ପ୍ରବେଶ' ଗଳ୍ପରେ। ଅବଶ୍ୟ ଏହିଭଳି ଏକ କାହାଣୀ ବହୁ ପୂର୍ବରୁ ପ୍ରଚଳିତ ଥିବା ଜଣାଯାଏ। ମାତ୍ର ଉକ୍ତ କୃତି ମାଧ୍ୟମରେ ଗାଳ୍ପିକ ଗଭୀର ଅର୍ନ୍ତଚେତନାକୁ ଗୁରୁତ୍ୱ

ଦେବା ସହ ରଚନାତ୍ମକ ଦୃଶ୍ୟ (Creative Visualization)ର ପ୍ରୟୋଗ କରିଥିବା ମନେହୁଏ। ଜୀବନ ଦୁଃଖମୟ ଦର୍ଶନଟିକୁ ମାନିନେଇଥିବା ଆଧୁନିକ ମଣିଷ ଭିତରର ଅସହାୟତା, ହାହାକାର, ହୀନମାନ୍ୟତା ଏବଂ ନାହିଁ ନାହିଁ ଭାବର ନିଦର୍ଶନ ଦେଖିବାକୁ ମିଳେ ଗାଳ୍ପିକ ଗୌରହରି ଦାସଙ୍କର 'ଦିନ ପ୍ରତିଦିନ' ଗଳ୍ପରେ। ଏସବୁ ସତ୍ତ୍ୱେ ଅପ୍ରାପ୍ତିର ହାହାକାର ଭିତରୁ ମୁକ୍ତ ପାଇବା ପାଇଁ ଏହି ମଣିଷ କିନ୍ତୁ ବେଳେ ବେଳେ ସୃଷ୍ଟି କରିଥାଏ 'ରଚନାତ୍ମକ ଦୃଶ୍ୟ' 'Creative Visuarsation' ଯାହା ମାଧ୍ୟମରେ ସେ ପୂରଣ କରିବସେ ନିଜ ଭିତରର ଅତୃପ୍ତ କାମନା ଓ ବାସନାକୁ।

ମଣିଷର ଅବଚେତନ ମନ ଭିତରେ ଲୁଚି ରହିଥିବା ମୃତ୍ୟୁ ଜନିତ ଭୟ, ବଞ୍ଚିବାପାଇଁ ସଂଘର୍ଷ, ଭଗବତ୍ ବିଶ୍ୱାସ, ମୃତ୍ୟୁର ଦ୍ୱାର ଦେଶରେ ପହଞ୍ଚି ଫେରିଆସିବାର ଅନୁଭୂତି ଯାହାକୁ ଗୋଟିଏ ଦୃଷ୍ଟିକୋଣରୁ Near Death Experience (ମୃତ୍ୟୁ ନିକଟବର୍ତ୍ତୀ ଅଭିଜ୍ଞତା) ବୋଲି ମଧ୍ୟ କୁହାଯାଇପାରେ।(୨୫) ଗବେଷକମାନଙ୍କ ମତରେ ଏହା ଏକ ଗଭୀର ବ୍ୟକ୍ତିଗତ ଅଭିଜ୍ଞତା। ଯାହା ମୃତ୍ୟୁ କିମ୍ବା ଆସୁଥିବା ମୃତ୍ୟୁ ସହିତ ଜଡ଼ିତ। ଏହିପରି ଅନୁଭବରେ ଶରୀରରୁ ବିଚ୍ଛିନ୍ନତା, ଉତ୍ତୋଳନ ଭାବନା, ସମୁଦାୟ ଶାନ୍ତତା, ସୁରକ୍ଷା, ଉଷ୍ମତା ଏବଂ ସମ୍ପୂର୍ଣ୍ଣ ବିଲୋପ ହେବାର ଅଭିଜ୍ଞତା ଅନୁଭବ ହୁଏ। ଏହି ଦୃଷ୍ଟିକୋଣରୁ ଗାଳ୍ପିକ ବସନ୍ତ ଶତପଥିଙ୍କର 'ମେଜର ଅପରେସନ'୍ ଗଳ୍ପଟି ଏକ ଅସାଧରଣ କୃତି। ଗାଳ୍ପିକ ଚନ୍ଦ୍ରଶେଖର ରଥଙ୍କର 'ଯାତ୍ରୀ' ଗଳ୍ପରେ ମଧ୍ୟ ଏହାର ପ୍ରତିଫଳନ ଦେଖିବାକୁ ମିଳେ। ଏତଦ୍‌ବ୍ୟତୀତ ଗାଳ୍ପିକ ଜଗନ୍ନାଥ ପ୍ରସାଦ ଦାସଙ୍କର 'ମୁହୂର୍ତ୍ତ' ମଧ୍ୟ ଏହି ଧାରାର ଏକ ଅସାଧରଣ କୃତି। ଏଥିରେ ଗାଳ୍ପିକ 'ମୃତ୍ୟୁ ନିକଟ ଅନୁଭୂତି' (Near death experience) ରେ ହେଉଥିବା 'ଜୀବନ ସମୀକ୍ଷା' (Life riview) ଅଥବା Life Flashback ସମ୍ପର୍କରେ ଆଲୋଚନା କରିଛନ୍ତି। ଯେଉଁଥିରେ ଜଣେ ବ୍ୟକ୍ତି ଶୀଘ୍ର ବହୁତ କିଛି ଦେଖେ କିମ୍ବା ତା' ଜୀବନ ଇତିହାସର ସମୁଦାୟକୁ ଦେଖିଥାଏ। ଉକ୍ତ କୃତିରେ ଗାଳ୍ପିକ 'ସ୍ୱରାଜ' ଚରିତ୍ର ମାଧ୍ୟମରେ ମଣିଷ ଭିତରର ଏହିଭଳି ଏକ ଅନୁଭବକୁ ପ୍ରତିଫଳିତ କରିଛନ୍ତି। ଫକୀରମୋହନ ସେନାପତିଙ୍କର 'ରାଣ୍ଡିପୁଅ ଅନନ୍ତା' ଗଳ୍ପ ତୁଲ୍ୟ କପଟ କ୍ରୋଧ ଭିତରେ ସନ୍ତାନ ପ୍ରତି ମା'ର ବାତ୍ସଲ୍ୟ ଏବଂ ପ୍ରେମ । ଏହା ସହିତ ଚିରକାଳ ପାଇଁ ମା'କୁ ଛାଡ଼ି ଚାଲିଯାଇଥିବା ସନ୍ତାନ ମାଧ୍ୟମରେ ଗାଳ୍ପିକ ପ୍ରାଣବନ୍ଧୁ କର 'ମୃତ୍ୟୁନିକଟବର୍ତ୍ତୀ ଅନୁଭୂତି' (Near Death Experiance)କୁ ଦେଖାଇବା ପାଇଁ ଉଦ୍ୟମ କରିଛନ୍ତି ତାଙ୍କର ଗଳ୍ପ 'ଏ ପୃଥିବୀର ନୁହେଁ' ମାଧ୍ୟମରେ। "ବୋଉ କିଏ ଆସିଲା-ନାହିଁ, କେହି ତ ନାହିଁ ...-ହଁ ହଁ !ଏଇ କବାଟ ଜଳାବାଟ ଦେଇ କିଏ ଘରେ ପଶିଗଲା ...-ହଉ,ପଶୁ ... ତୁ ପାଟି କରନା...-

ତୁ ଯା ମୁଁ ମୁଁ ମୋ ବୋଉକୁ ଛାଡ଼ିକରି ଯିବି ନାହିଁ... XXX XX ବୋଉ ମତେ ଧ, ସେଇଟା ମୋତେ ଧରିବାକୁ ଆସୁଛି...କଣ୍ଠେଇ? ନାଇଁ,! ରଇଥା ରଇଥା ... ଏଁ! ବୋ...ଉ!... ମୁଁ- ଯା...ଉ...ଚି...ତୁ, ଉଃ! ହେକ୍... (କା...ନ୍ଦି) ...ହେକ୍ ... ହେକ୍... ହେକ୍... ହେକ୍...ନୀଳା !... ନୀଳା ! ଆ-ଆ... ନୀଳା! ଆ ଆ ଆ ମୋ ଧନରେ !??? ନୀଳା-..." (ପ୍ରାଣବନ୍ଧୁକର-ଗ୍ରନ୍ଥାବଳୀ - ପୃ-୧୧୭-୧୧୮) ପିତାମାତାଙ୍କର ସମର୍ପଣ ସଙ୍ଗକୁ ସନ୍ତାନର ସ୍ୱାର୍ଥପରତା ଓ ହୀନମନ୍ୟତାର ସୂଚନା ଦେଖିବାକୁ ମିଳେ ଗୌରହରି ଦାସଙ୍କ 'ବୁଢ଼ାଲୋକଟି ଶୋଇଛି' ଗଳ୍ପରେ। ଉକ୍ତ କୃତିରେ ଗାଳ୍ପିକ ମୃତ୍ୟୁ ନିକଟବର୍ତ୍ତୀ ଅନୁଭୂତି (Near Death Experience) ସମ୍ପର୍କରେ ମଧ୍ୟ ସୂଚନା ଦେଇଛନ୍ତି। ସୁରେନ୍ଦ୍ର ମହାନ୍ତିଙ୍କର ପିତା ତଥା ମଗଧର ରାଜା ବିମ୍ବିସାର ଓ ପିତୃହନ୍ତା ପୁତ୍ର ଅଜାତଶତ୍ରୁଙ୍କୁ କେନ୍ଦ୍ରକରି ରଚିତ ହୋଇଛି ଗାଳ୍ପିକଙ୍କର ପିତା ଓ ପୁତ୍ର ଗଳ୍ପ। ଏଥିରେ ଗାଳ୍ପିକ ସଂସାରର ନିରାଟ ବାସ୍ତବତା ଏବଂ ମଣିଷ ଭିତରେ ଥିବା କାମନାର ପରିଣାମକୁ ଚିତ୍ରଣ କରିଛନ୍ତି। ଏତଦ୍ ବ୍ୟତୀତ ଗଳ୍ପର କେତେକ ପଙ୍କ୍ତି ବୌଦ୍ଧ ଦର୍ଶନକୁ କେନ୍ଦ୍ରକରି ମହାଶୂନ୍ୟତାର ସଂଜ୍ଞାକୁ ପ୍ରତିଫଳିତ କରୁଥିଲେ ହେଁ, ସମ୍ପ୍ରତି ମନସ୍ତତ୍ତ୍ୱ ଦିଗରୁ ତାହାକୁ ମୃତ୍ୟୁ ନିକଟବର୍ତ୍ତୀ ଅନୁଭୂତି କହିବା ବିଶେଷ ଯଥାର୍ଥ ମନେହୁଏ। ଗାଳ୍ପିକ ମହାପାତ୍ର ନୀଳମଣି ସାହୁ 'କପୋତ ପକ୍ଷୀ ଗୁରୁ ମୋର' ଗଳ୍ପରେ ଉଭୟ ମୃତ୍ୟୁ ନିକଟବର୍ତ୍ତୀ ଅନୁଭୂତି (Near Death Experience) ଓ ଶରୀର ତ୍ୟାଗ ଜନିତ ଅନୁଭୂତି (Out of Body Experience)ର ପ୍ରତିଫଳନ ଦେଖିବାକୁ ମିଳେ। ଯାହା ଏହି ପାରା ମନସ୍ତତ୍ତ୍ୱ (Para Psychology) ବିଭାଗର ଅନ୍ୟତମ ଗବେଷଣା ସାପେକ୍ଷ ବିଷୟ ।ଏହା ଅବଶ୍ୟ ମୃତ୍ୟୁର ଦ୍ୱାର ଦେଶକୁ ଯାଇ ଫେରିଆସିଥିବା ମଣିଷର ଏକ ଅନୁଭବ। ଏହାର ଆଭାସ ଦେଖିବାକୁ ମିଳେ ଶାନ୍ତନୁ କୁମାର ଆଚାର୍ଯ୍ୟଙ୍କ 'ସର୍ପଯାନ' ଗଳ୍ପରେ। "କଥାଟା ହେଲା—ସାପ ଉପରେ ସବାର ହବାକ୍ଷଣି ହଠାତ୍ ତା' ଦେହରୁ ସବୁତକ ଓଜନ କୁଆଡ଼େ ଚାଲିଗଲା ଆଉ ସାଙ୍ଗେ ତାକୁ ଲାଗିଲା ଯେମିତିକି ସେ ଭାସୁଛି ଶୂନ୍ୟରେ ମହାଶୂନ୍ୟରେ।" (ସର୍ପଯାନ-ପୃ-୭) ଗାଳ୍ପିକ ମହାପାତ୍ର ନୀଳମଣି ସାହୁଙ୍କର 'ଗତଥର ମୁଁ ମଲାପରେ' ଗଳ୍ପରେ ମଧ୍ୟ ଏହିଭଳି ଏକ ପ୍ରସଙ୍ଗର ପ୍ରତିଫଳନ ଦେଖିବାକୁ ମିଳେ।

ଏହି ପାରା ମନସ୍ତତ୍ତ୍ୱ ବିଭାଗର ଅନ୍ୟ ଏକ ବିଭାଗ ବା ଅନ୍ୟଭାବେ କହିଲେ ଗୁରୁତ୍ୱପୂର୍ଣ୍ଣ ବିଭାଗ ହେଉଛି ଅତିଭୌତିକ ପ୍ରସଙ୍ଗ (ଭୂତ, ପ୍ରେତ, ଡାହାଣୀ)। ପୂର୍ବେ ଆଲୋଚିତ ପାରା ମନସ୍ତତ୍ତ୍ୱ ସମ୍ପର୍କିତ ପ୍ରସଙ୍ଗ ସାଧାରଣତଃ ସାମାଜିକ ସ୍ତରରେ ବିଶେଷ ଆଲୋଚିତ ନ ହେଲେ ହେଁ, ଉକ୍ତ ପ୍ରସଙ୍ଗଟି କିନ୍ତୁ ସାମାଜିକ ଜୀବନରେ ବେଶ୍

ପ୍ରଭାବ ସୃଷ୍ଟି କରିଥାଏ। ମାତ୍ର ବିଜ୍ଞାନ ଏବଂ ମନସ୍ତତ୍ତ୍ୱରେ ଏହିଭଳି ଅଲୌକିକ ପ୍ରସଙ୍ଗକୁ ଦେଖିବା ଅଥବା ଅନୁଭବ କରିବା ତାହା ଜଣେ ଅଥବା ଅନେକ ବ୍ୟକ୍ତି ମଧ୍ୟ ହୋଇପାରନ୍ତି। ଏହାକୁ ଏକ ମାନସିକ ବିକୃତିଭାବେ ଗ୍ରହଣ କରାଯାଏ। ଯାହାକୁ SDD ବା Shared Delusional Disorder କୁହାଯାଏ। ଏହାର ବୈଜ୍ଞାନିକ ଚିନ୍ତନ ନ ହେଲେ ହେଁ, ସାମାଜିକ ରୂପ ବା ବିଶ୍ୱାସର ପ୍ରତିଫଳନ ଅନେକ ଓଡ଼ିଆ ଗଳ୍ପରେ ଦେଖିବାକୁ ମିଳେ। ନାରୀର ପ୍ରତାରଣା ତଥା ଛଳନା ଓ ବିଶ୍ୱାସଘାତକତା ଫଳରେ ପୁରୁଷର ଅବଚେତନ ମନ ମଧ୍ୟରେ ସୃଷ୍ଟିହୋଇଥିବା ଅସହାୟତା ଓ ଯନ୍ତ୍ରଣା ଏବଂ ଏହାର ଫଳସ୍ୱରୂପ ମୃତ୍ୟୁ ଏବଂ ମୃତ୍ୟୁପର ଅତୃପ୍ତ ଅତ୍ମାର ଯନ୍ତ୍ରଣାମୟ କାହାଣୀକୁ ନେଇ ଅଖିଳମୋହନ ପଟ୍ଟନାୟକ ରଚନା କରିଛନ୍ତି 'ରୁବିର ରୁବାଇୟାତ' ଗଳ୍ପ। ଏହି ଶୈଳିରେ ରଚିତ ହୋଇଛି ଗାଳ୍ପିକଙ୍କର ଅନ୍ୟତମ ସୃଷ୍ଟି 'ପ୍ଲାନଚେଟ୍ ଓ ପରଲୋକ'। OUIJA (WEE-JE) BORD ମାଧ୍ୟମରେ ଭୂତ ଡାକିବା ଏବଂ ହାତ ଆପେ ଆପେ ବୋର୍ଡର ଗୋଟିଏ ସ୍ଥାନରୁ ଆଉ ଗୋଟିଏ ସ୍ଥାନକୁ ଯିବା ବାସ୍ତବିକ ଅତିଭୌତିକ ମନେହେଲେ ହେଁ, ଏହା ପଛରେ ପ୍ରକୃତରେ ଅବଚେତନ ଗତ ଶରୀରର ଦୋଳନ ବା Ideomotor Effect ଭଳି ମନସ୍ତାତ୍ତ୍ୱିକ କାରଣ ଦାୟୀ ହୋଇଥାଏ। ଯାହା ବାହ୍ୟତଃ ଅତିଭୌତିକ ମନେହୁଏ। ଏହି ବାହ୍ୟରୂପକୁ ଗାଳ୍ପିକ ଶ୍ରୀଯୁକ୍ତ ପଟ୍ଟନାୟକ ଏହି କୃତିରେ ପ୍ରତିଫଳିତ କରିଛନ୍ତି। ସନ୍ତାନ ପ୍ରତି ଏକ ଅଶରୀରୀର ବାଲତ୍ସଲ୍ୟତାକୁ ନେଇ ରଚିତ ହୋଇଛି ଅଖିଳମୋହନ ପଟ୍ଟନାୟକଙ୍କର 'ଶେଷ ଆବିଷ୍କାର' ଗଳ୍ପ। ମନସ୍ତାତ୍ତ୍ୱିକ କାରଣରୂପେ ବିଚାରକଲେ ଉକ୍ତ ଗଳ୍ପ ପଛରେ SDD ବା Shared Delusional Disorder ଭଳି କାରଣ ଥିବା ମନେହୁଏ। କାରଣ ଉକ୍ତ କୃତିରେ ଅଶରୀରୀ ଜନିତ ଅନୁଭବ କେବଳ ଜଣେ ନୁହେଁ ଅନେକ ବ୍ୟକ୍ତିଙ୍କର ଥିବା ଜଣାଯାଏ। ଚନ୍ଦ୍ରଶେଖର ରଥଙ୍କର ମୃତ୍ୟୁ ପରେ ମଧ୍ୟ ମୃତବ୍ୟକ୍ତିର ସ୍ଥିତି ସମ୍ପର୍କିତ ଅଲୌକିକ ଘଟଣାର ନିଦର୍ଶନ ଦେଖିବାକୁ ମିଳେ 'ପ୍ରାରବ୍ଧ' ଗଳ୍ପରେ। ନାରୀର ଅବଚେତନ ମନରେ ପୁରୁଷ ପ୍ରତି ଥିବା ଆକର୍ଷଣ ବା ଅନ୍ୟ ଭାବରେ କହିଲେ Libido (ଶୃଙ୍ଗାର/କାମ) ପ୍ରବୃତ୍ତି ମୃତ୍ୟୁପରେ ମଧ୍ୟ ବଳବତ୍ତର ରହିବା ଯାହାକୁ ପ୍ରେତ ସଙ୍ଗମ ବୋଲି କୁହାଯାଏ। ତାହାକୁ ଗାଳ୍ପିକ ପ୍ରତିଫଳିତ କରିଛନ୍ତି 'ନ ହନ୍ୟତେ' ଗଳ୍ପରେ। ଏହାବ୍ୟତୀତ ମନ୍ତ୍ରତନ୍ତ୍ର, ଗୁଣିଗାରେଡ଼ି ଏବଂ ମୃତ୍ୟୁପରେ ମଧ୍ୟ ପ୍ରତିଶୋଧ ନେବାର ପ୍ରବଣତା ଆଦି ଅତିଭୌତିକ ପ୍ରସଙ୍ଗକୁ ଗାଳ୍ପିକ ପ୍ରତିଫଳିତ କରିଛନ୍ତି ଉକ୍ତ କୃତିରେ। 'ପ୍ରହରୀ', 'ସ୍ୱପ୍ନ-ବାହକ', 'କୁର୍ବାନ୍ ଖାଁ' ଗଳ୍ପରେ ମଧ୍ୟ ଏହାର ପ୍ରତିଫଳନ ଦେଖିବାକୁ ମିଳେ। ଲୋକପ୍ରିୟ ସଂସ୍କୃତିର ଅନ୍ତର୍ଭୁକ୍ତ ଡାକିନୀ ବା ଡାହାଣୀ

ସମ୍ପ୍ରଦାୟମାନଙ୍କ ସମ୍ପର୍କରେ ଆଲୋଚନା କରାଯାଇଛି ଗାଳ୍ପିକ ଜଗନ୍ନାଥ ପ୍ରସାଦ ଦାସଙ୍କର 'ଜଣା ଅଜଣା' ଗଳ୍ପରେ। ଏହିପରି ଅତିଭୌତିକ ବା ଭୂତପ୍ରେତ ପ୍ରସଙ୍ଗ ଉପରେ ଆଧାରିତ ଶାନ୍ତନୁ ଆଚାର୍ଯ୍ୟଙ୍କର 'ବୃକ୍ଷସାକ୍ଷୀ' ଏକ ଉଲ୍ଲେଖଯୋଗ୍ୟ କୃତି। ଏହି ଗାଳ୍ପିକଙ୍କର 'ଚଳନ୍ତି ଠାକୁର' ଗଳ୍ପଟି ମଧ୍ୟ ଏକ ଉଲ୍ଲେଖଯୋଗ୍ୟ ଇନ୍ଦ୍ରିୟୋତ୍ତର (Metaphysical) ଚେତନା ଯୁକ୍ତ କୃତି। ମାତ୍ର ଏହାକୁ ପାରାମନସ୍ତାତ୍ତ୍ୱିକ ଦିଗରୁ ମଧ୍ୟ ବିବେଚନା କରାଯାଇପାରେ। ଏଥିରେ Clairvoyance ଏବଂ Telicynesis ଭଳି ପ୍ରସଙ୍ଗର ଅବତାରଣା ଦେଖିବାକୁ ମିଳେ। ଏହି କ୍ରମରେ ପୂର୍ବଜନ୍ମ (Re Birth) ପ୍ରସଙ୍ଗର ବର୍ଣ୍ଣନା ଶ୍ରୀଯୁକ୍ତ ଚନ୍ଦ୍ରଶେଖର ରଥଙ୍କର 'ଯଦି ସେ ଈଶ୍ୱର ନୁହେଁ', 'ଘାଟ' 'ଘାଟ ମହାସୁଲ' 'ସେ ପାଖ ଲୋକ' ଗଳ୍ପ ଆଦିରେ ଦେଖିବାକୁ ମିଳେ। ଏହିପରି ପାରା ମନସ୍ତତ୍ତ୍ୱ ବିଭାଗର ଅନ୍ୟତମ ଗବେଷଣା ସାପେକ୍ଷ ବିଷୟ Precognition ବା ଭବିଷ୍ୟତ ଦୃଷ୍ଟିକୁ କେନ୍ଦ୍ରକରି ରଚିତ ହୋଇଛି ଗାଳ୍ପିକ ଚନ୍ଦ୍ରଶେଖର ରଥଙ୍କର 'କିଛି ପ୍ରମାଣ ନାହିଁ' ଗଳ୍ପ। ଗାଳ୍ପିକ ଗୌରହରି ଦାସଙ୍କର 'କୁଆଡ଼େ ଯିବି' ଗଳ୍ପରେ ଦୂରାନୁଭୂତି (Telepathy) ପ୍ରସଙ୍ଗର ପ୍ରତିଫଳନ ଦେଖିବାକୁ ମିଳେ।

ଏହି ମନସ୍ତତ୍ତ୍ୱ ପ୍ରସଙ୍ଗ ନିଜ ନାମ ଭଳି ଏତେ ବିରାଟ ଯେ ତାକୁ ଏକ ସଂକ୍ଷିପ୍ତ ପ୍ରବନ୍ଧ ମାଧ୍ୟମରେ ପ୍ରତିଫଳିତ କରିବା ବାସ୍ତବିକ ଅସମ୍ଭବ। ଓଡ଼ିଆ ଗଳ୍ପ ସାହିତ୍ୟର ବିସ୍ତୀର୍ଣ୍ଣତା ଏ କ୍ଷେତ୍ରରେ ଆଉ ଏକ ପ୍ରତିବନ୍ଧକ କହିଲେ ଅତ୍ୟୁକ୍ତି ହେବନାହିଁ। ସେମିତି ବି ଦେଖିବାକୁ ଗଲେ ପ୍ରତ୍ୟେକଟି କୃତିକୁ ଭିନ୍ନଭାବେ ବିବେଚନା କରି ତା' ମଧ୍ୟରୁ ମନସ୍ତତ୍ତ୍ୱର ଅନୁସନ୍ଧାନ ଅସମ୍ଭବ ନୁହେଁ। ମାତ୍ର ଉକ୍ତ କୃତିରେ କେବଳ ସଚେତନଭାବେ ଏହି ଦିଗଟିକୁ ପ୍ରୟୋଗ କରିଥିବା କେତେକ ଗାଳ୍ପିକ ଏବଂ ଗଳ୍ପକୁ ଗୁରୁତ୍ୱ ଦିଆଯାଇଛି। ପ୍ରବନ୍ଧକୁ ସଂକ୍ଷିପ୍ତ କରିବାକୁ ଯାଇଁ ଅନେକ ଗାଳ୍ପିକ ଓ ଗଳ୍ପକୁ ମଧ୍ୟ ବାଦ୍ ଦେବାକୁ ପଡ଼ିଛି। ତେଣୁ ଉକ୍ତ ଆଲୋଚନା ମନସ୍ତତ୍ତ୍ୱ ସମ୍ପର୍କିତ ବିଶେଷ କରି ଓଡ଼ିଆ ଗଳ୍ପ ସାହିତ୍ୟରେ ମନସ୍ତତ୍ତ୍ୱର ପ୍ରୟୋଗ ସମ୍ପର୍କିତ ଏକ ଏପରି ଆଲୋଚନା ଯାହା ୧ ପ୍ରତିଶତକୁ ମଧ୍ୟ ସ୍ପର୍ଶ କରିବାକୁ ଅକ୍ଷମ।

ସଂକେତ ସୂଚୀ:

- The Penguin Dictionary of Literary Terms and Literary Theory Third Edition (1991) J.A. Cuddon, Ed. p. 709.
- A Handbook to Literature Fourth Edition (1980), C. Hugh Holman, Ed., pp. 357–358

- https://www.unibo.it/en/news-and-events/notice-board/does-the-human-brain-resemble-the-universe
- https://www.verywellmind.com/psychology-schools-of-thought-2795247
- Geraskou, Emil Asenov (November 1, 1994) " The Internal Condition and the un Conscious Source of Activity" Journal of Psychology 128 (6): 625-634.
- 2-Geraskou, Emil Asenov (November 1, 1994) " The Internal Condition and the un Conscious Source of Activity" Journal of Psychology 128 (6): 625-634.
- 3-Kendra Cherry, Freud's Theories of Life and Death Instincts, on April 04,2020.
- 4-Jung, C.G ([1959] 1969). The Archetypes and the Collective UnconScious, Collected Works, Volume 9, part 1, Princeton, N.J: Princeton University Press. ISBN 0-691-01833-2. Par.259.
- Masson (ed.) (1985), p. 187; Jones, E. (1953). *Sigmund Freud: Life and Work*. Volume 1. London: Hogarth Press, p. 289; Clark, R. W. (1980). *Freud: The Man and the Cause*. Jonathan Cape, p. 156.
- Hall-Flavin, M.D., Daniel K. "What is passive-aggressive behavior? What are some of the signs?". Mayo Clinic. Retrieved 21 November 2020.
- Defense+Mechanisms at the U.S. National Library of Medicine Medical Subject Headings (MeSH)
- *Rodgers, JL; Cleveland, HH; Van Den Oord, E; Rowe, DC (2000). "Resolving the debate over birth order, family size, and intelligence". The American Psychologist. 55 (6): 599–612.* doi:10.1037/0003-066X.55.6.599. PMID 10892201
- Jump up to:a b *Rohrer, Julia M.; Egloff, Boris; Schmukle, Stefan C. (2015-11-17). "Examining the effects of birth order on personality". Proceedings of the National Academy of Sciences. 112 (46): 14224–14229.* Bibcode: 2015PNAS. 11214224R. doi:10.1073/pnas.1506451112. ISSN 0027-8424. PMC 4655522. PMID 26483461
- "Freud and the Psychodynamic Perspective | Introduction to Psychology". *courses.lumenlearning.com. Retrieved 2020-12-08.*
- "Introduction to Sigmund Freud, Module on Psychosexual Development". *Cla.purdue.edu. Archived from* the original *on 2012-12-11. Retrieved 2013-08-01*

- Sellers, P. Douglas; Machluf, Karin; Bjorklund, David F. (2018), "The Development of Evolutionarily Adaptive Individual Differences: Children as Active Participants in Their Current and Future Survival", *The SAGE Handbook of Personality and Individual Differences: Volume II: Ori gins of Personality and Individual Differences*, London: SAGE Publications Ltd, pp. 203–217, doi:10.4135/9781526451200.n12, ISBN 978-1-5264-4518-6, retrieved 2020-10-14
- Bronfenbrenner, Urie (2000), "Ecological systems theory.", *Encyclopedia of Psychology, Vol. 3.*, Washington: American Psychological Association, pp. 129–133, doi:10.1037/10518-046, ISBN 1-55798-652-5, retrieved 2020-10-07
- Rodgers, JL; Reber, Arthur; Alcock, James (2019). "Why Parapsychological Claims cannot be true". Skeptical Inquirer. 43(4):8-10.
- Gross, Paul R ; Levitt, Norman; Lewis, Martin W. (1996). The Flight from Science and Reason.p.565. ISBN 978-0801856761.
- Friedlander, Michael W. (1998). At the Fringes of Science. Boulder, Colorado: Westview Press. P.119. ISBN 978-0-8133-2200-
- Ab Brown, A.S. (2003). " A Review of the Deja Vu Experience". Psychological Bulletin. 129 (3): 394-413.
- "Deja Vu?- Witchipedia". www. Witchipedia.com. Archived from the original on 2019- 11- 08. Retrieved October 16, 2019.
- Anand KS. 2012. Hippocampus in health and sisease. An overview. Annals of Indian Academy of Neurology.https://www.ncbi.nlm.nih.gov/pmc/articles/PMC3548359/
- ab Takeuchi, T.; Miyasita, A.; Inugami, M.; Yamamoto, Y. (2001). " Intrinsic dreams are not produced without REM sleep mechanisms: evidence through elicitation of sleep onset REM periods". Journal of Sleep Research. 10 (1): 43-52.
- ab Sleutjes, A; Moreira- Almeida, A; Greyson, B (2014). " Almost 40 years investigating near death experiences: an overview of mainstream scientific journal ". J. Nerv. Ment. Dis. 202 (11): 833-6.

ପ୍ରତିଭା ରାୟଙ୍କ ଗଳ୍ପରେ ନାରୀବାଦର ପ୍ରତିଫଳନ

ଓଡ଼ିଆ କଥା ସାହିତ୍ୟ ଜଗତରେ ଶ୍ରୀମତୀ ପ୍ରତିଭା ରାୟ ହେଉଛନ୍ତି ଏକ ଅମଳିନ ସ୍ୱର। କାବ୍ୟ ରଚନାରୁ ନିଜ ସାହିତ୍ୟିକ ଜୀବନର ପ୍ରାରମ୍ଭ କରିଥିଲେ ହେଁ, ଓଡ଼ିଆ କଥା ସାହିତ୍ୟ ବିଶେଷ କରି ଗଳ୍ପ ସାହିତ୍ୟକୁ ସେ ପ୍ରଦାନ କରିଛନ୍ତି ଏକ ସ୍ୱତନ୍ତ୍ର ପରିଚୟ। ସାମ୍ପ୍ରତିକ ସମାଜର ବିଭିନ୍ନ ସମସ୍ୟା ତାହା ଚାଷୀ ଆତ୍ମହତ୍ୟା ହେଉ କି ଆତଙ୍କବାଦୀ ସମସ୍ୟା ପୁଣି ନାରୀପ୍ରତି ସମାଜରେ ଅବିଚାର ହେଉ କି ମଣିଷ ମଣିଷର ମାଂସ ଖାଇବା ପ୍ରସଙ୍ଗ। ପ୍ରତ୍ୟେକଟି ବିଷୟକୁ ସେ ଅତ୍ୟନ୍ତ ଗଭୀରତାର ସହ ଅନୁଧ୍ୟାନ କରିବା ସହ ତା' ପଛର ମନସ୍ତାତ୍ତ୍ୱିକ କାରଣକୁ ମଧ୍ୟ ପ୍ରତିଫଳନ କରିଛନ୍ତି। ତେଣୁ ତାଙ୍କ ଗଳ୍ପଗୁଡ଼ିକ କେବଳ ସମସ୍ୟା ନୁହେଁ ସମାଧାନର ସ୍ୱର ମଧ୍ୟ ବହନ କରିଥାଏ। ଏହି ଦୃଷ୍ଟିରୁ ତାଙ୍କଦ୍ୱାରା ରଚିତ ଅନେକ ଗଳ୍ପ କେତୋଟି ସଂକଳନ ସାମାନ୍ୟ କଥନ, ଗଙ୍ଗଶିଉଳି, ଅସମାପ୍ତ, ଐକତାନ, ଅନାବନା, ହାତବାକ୍ସ, ଘାସ ଓ ଆକାଶ, ଚନ୍ଦ୍ରଭାଗା ଓ ଚନ୍ଦ୍ରକଳା, ଇତିବୃତ୍ତକ, ହରିତପତ୍ର, ପୃଥକ୍ ଈଶ୍ୱର, ଭଗବାଁର ଦେଶ, ମନୁଷ୍ୟ ସ୍ୱର, ଷଷ୍ଠସତୀ, ଶୋଷ, ଉଲ୍ଲଂଘନ, ନିବେଦନମିଦମ୍, ଗାନ୍ଧୀଙ୍କ ଗାଁ, ଝୋଟିପକା କାନ୍ଥ, ହସ୍ତାକ୍ଷର ଖାତାରେ ପ୍ରେମ, ଶୈଳଶାୟିନୀ ଇତ୍ୟାଦୀରେ ପ୍ରକାଶିତ। ଏ ସବୁ ଚିନ୍ତନ ସତ୍ତ୍ୱେ ସେ ନାରୀର ପ୍ରତ୍ୟେକଟି ସମସ୍ୟାକୁ ଯେପରି ପ୍ରତିଫଳିତ କରିଛନ୍ତି ତାହା ବାସ୍ତବିକ ଅସାଧରଣ।

ନାରୀ ସ୍ୱାଧୀନତା ଓ ସ୍ୱାଭିମାନ ଜନିତ ଏକ ଆଦର୍ଶ ଓ ଆନ୍ଦୋଳନ ଆଜି ନାରୀବାଦ ନାମରେ ନାମିତ। ଯାହାର ପୃଷ୍ଠଭୂମିରେ କେବଳ ନାରୀ ନୁହେଁ ଅନେକ ପୁରୁଷଙ୍କର ମଧ୍ୟ ଗୁରୁତ୍ୱପୂର୍ଣ୍ଣ ଭୂମିକା ରହିଛି। ରଢ଼ିବାଦୀ ସମାଜ ଦୃଷ୍ଟିରେ ନାରୀ ହେଉଛି

ପ୍ରକୃତିଗତ ଦୁର୍ବଳ ଏବଂ ବିବେକହୀନ। ତେଣୁ ତାକୁ ସର୍ବଦା ପୁରୁଷର ଯତ୍ନରେ ରହିବା ଉଚିତ। ଆଉ ସେହି ପୁରୁଷ ତା'ର ପିତା ଅଥବା ସ୍ୱାମୀ ଅଥବା ପୁତ୍ର ଯେକେହି ହେଉନା କାହିଁକି, ସମାଜର ଏହିଭଳି ଚିନ୍ତନ ବିରୁଦ୍ଧରେ ଏକ ପ୍ରତିକ୍ରିୟା ହେଉଛି ନାରୀବାଦ। ନାରୀ ସ୍ୱାଧୀନତାଜନିତ ଏହି ଆନ୍ଦୋଳନ ଆଜି ତା'ର ଚତୁର୍ଥ ଚରଣରେ ପହଞ୍ଚିବା ସତ୍ତ୍ୱେ ଏବେବି ନାରୀ ମୁକ୍ତଆକାଶର ବିହଙ୍ଗ ହୋଇପାରିନାହିଁ। ଏବେବି ସମାଜରୂପୀ ନଟୀ ଗୁଡ଼ୀ ରୂପୀ ନାରୀର ପଥକୁ ରୁଦ୍ଧ କରିଚାଲିଛି। ଓଡ଼ିଆ ସାହିତ୍ୟରେ ବିଶେଷ କରି ଗଳ୍ପ ସାହିତ୍ୟରେ ଏହି ନାରୀବାଦର ବିଭିନ୍ନ ତରଙ୍ଗ ଓ ଚିନ୍ତନର ସଫଳ ପ୍ରୟୋଗ ଦେଖିବାକୁ ମିଳେ। ଏପରିକି ପାଶ୍ଚାତ୍ୟ ସାହିତ୍ୟ ସ୍ତରରେ ଯେତେବେଳେ ନାରୀବାଦର ପ୍ରାରମ୍ଭ ଘଟିନଥିଲା ସେତେବେଳେ ଓଡ଼ିଆ ଗଦ୍ୟସାହିତ୍ୟର ପିତା ଫକୀରମୋହନ ସେନାପତି ଜଣେ ପୁରୁଷ ହେବାସତ୍ତ୍ୱେ ତାଙ୍କ ଗଳ୍ପ ଏପରିକି ଉପନ୍ୟାସରେ ମଧ୍ୟ ନାରୀ ସ୍ୱାଧୀନତା, ଶିକ୍ଷା ଓ ମୁକ୍ତିର ବାର୍ତ୍ତା ପ୍ରଚାର କରିଥିଲେ। ଏହି ଦୃଷ୍ଟିକୋଣରୁ ବିଚାର କଲେ ଓଡ଼ିଆ ସାହିତ୍ୟର ପ୍ରଥମ ନାରୀବାଦୀ ଲେଖକ ଜଣେ ନାରୀ ନୁହେଁ ପୁରୁଷ ଥିଲେ। ଏବଂ ଏହା ଯେ ଓଡ଼ିଶା ଓ ଓଡ଼ିଆ ସାହିତ୍ୟ ପାଇଁ ଏକ ଗର୍ବ ଓ ଗୌରବର ପ୍ରସଙ୍ଗ କହିବା ଅତ୍ୟୁକ୍ତି ହେବନାହିଁ। ଏହି ଫକୀରମୋହନ ସେନାପତିଙ୍କର ପରବର୍ତ୍ତୀ ବଂଶଧରଭାବେ ଯିଏ ଏହି ସ୍ୱରକୁ ଆହୁରି ଶାଣିତ ଓ ବର୍ଦ୍ଧିତ କରିଛନ୍ତି ସେ ହେଉଛନ୍ତି କଥାକାର ଶ୍ରୀମତୀ ପ୍ରତିଭା ରାୟ। ବିଶେଷକରି ଶ୍ରୀମତୀ ରାୟଙ୍କର ଗଳ୍ପଗୁଡ଼ିକରେ ଏହି ନାରୀବାଦର ସ୍ୱର ଯେ ଅତ୍ୟନ୍ତ ଜୀବନ୍ତ କହିବା ଅତ୍ୟୁକ୍ତି ହେବନାହିଁ। ଅଦର୍ଶ ଦୃଷ୍ଟିରୁ ବିଚାର କଲେ ଶ୍ରୀମତୀ ରାୟଙ୍କୁ ଜଣେ କଟ୍ଟରପନ୍ଥୀ ନାରୀବାଦୀ(Radical Feminist)ଭାବେ ଗ୍ରହଣ କରାଯାଇପାରେ। ମାତ୍ର ସେ ତାଙ୍କ ଗଳ୍ପଗଡ଼ିକରେ ନାରୀବାଦର ପ୍ରତ୍ୟେକଟି ଚିନ୍ତନର ସଫଳ ପ୍ରୟୋଗ କରିଛନ୍ତି। ଏହି ଦୃଷ୍ଟିକୋଣରୁ ଗାଳ୍ପିକାଙ୍କ ଦ୍ୱାରା ରଚିତ କେତେକ ସଫଳ କୃତି ହେଉଛି 'ଉଲ୍ଲଂଘନ', 'ରାତ୍ରି ଶେଷର ଅତିଥି', 'ନିଆଁ', 'ଫେରାର୍', 'ଦୁହିତା', 'ଅମୋକ୍ଷ', 'ସ୍ପର୍ଶ', 'ବୀଜମନ୍ତ୍ର', 'ଖୁଡ଼ୀ', 'ରଙ୍ଗ', 'ବିଦେଶୀ', 'ଇତିବୃତ୍ତକ', 'ଶୈଳଶାୟିନୀ', 'ନିବେଦନମିଦମ୍', 'ହେତୁ', 'ଶାପ୍ୟ', 'ମୂଷି', 'ଗୋପନପତ୍ର', 'ଶୁଭସଂନ୍ଧ୍ୟା', 'କନ୍ୟାଦାନ', 'ମିଛ ଈଶ୍ୱର', 'ମାତୃଦାନ', 'ଉତ୍କ୍ରାନ୍ତି', 'ଅମୂର୍ତ୍ତ' ଇତ୍ୟାଦି।

ନାରୀବାଦର ପ୍ରଥମ ତରଙ୍ଗ (First Wave of Feminism)

ଶିଶୁ ଓ ଦାସମାନଙ୍କ ଭଳି ଦ୍ୱିତୀୟ ନାଗରିକଭାବେ ବିବେଚିତ ନାରୀ ନିଜର ସାମାଜିକ ଓ ରାଜନୈତିକ ଅଧିକାର ପାଇଁ କରିଥିବା ବିଦ୍ରୋହ ନାରୀବାଦର ପ୍ରଥମ ତରଙ୍ଗ ବା First Wave of Feminism ନାମରେ ନାମିତ।(୧,୨) ମୁଖ୍ୟତଃ ଏହି

ଆନ୍ଦୋଳନ ପଛର ଉଦ୍ଦେଶ୍ୟ ଥିଲା ଲିଙ୍ଗ ଭିତ୍ତିରେ ନାରୀ ଓ ପୁରୁଷଙ୍କୁ କେନ୍ଦ୍ରକରି ହେଉଥିବା ଭେଦଭାବକୁ ଦୂରକରିବା ସହ ଦେଶର ଏକ ନାଗରିକଭାବେ ଭୋଟ୍ ଦାନ ଅଧିକାର ପ୍ରାପ୍ତ କରିବା। ସମାଜରେ ପୁରୁଷମାନଙ୍କର ଯେଉଁ ଚିନ୍ତାଧାରା ଥିଲା ଯେ, ନାରୀମାନଙ୍କୁ ଭୋଟ୍ ଦେବାର ଆବଶ୍ୟକତା କ'ଣ ରହିଛି ? କାରଣ ତାଙ୍କର ଇଚ୍ଛା ଓ ଆଗ୍ରହ ଆମଦ୍ୱାରା ପ୍ରତିଫଳିତ ହେଉଛି। ଏହିଭଳି ଚିନ୍ତାଧାରାକୁ ନାରୀବାଦର ପ୍ରଥମ ତରଙ୍ଗରେ ଆକ୍ଷେପ କରାଯାଇଥିଲା। ପ୍ରତିଭା ରାୟଙ୍କର କେତେକ ଗଳ୍ପରେ ଏହିପରି ସମାଜରେ ନାରୀକୁ କେନ୍ଦ୍ରକରି ଲିଙ୍ଗ ଭିତ୍ତିରେ ହେଉଥିବା ଭେଦଭାବର ନିଦର୍ଶନ ଦେଖିବାକୁ ମିଳିବାବେଳେ, କେତେକ କ୍ଷେତ୍ରରେ ଏହା ବିରୁଦ୍ଧରେ ସ୍ୱର ଶୁଣିବାକୁ ମିଳେ। ନାରୀର ସତୀତ୍ୱ ଯେଉଁଠି ମାଟି ହାଣ୍ଡି ପୁରୁଷର ସେଇଠି ପିତଳ ଗରା। ଏହିପରି ନାରୀ ପୁରୁଷ ନିର୍ବିଶେଷରେ ସତୀତ୍ୱକୁ କେନ୍ଦ୍ରକରି ସମାଜ ସୃଷ୍ଟି କରିଥିବା ପୃଥକ୍ ସଂଜ୍ଞାକୁ ଗାଳ୍ପିକା ଆକ୍ଷେପ କରିଛନ୍ତି 'ରାତ୍ରୀ ଶେଷର ଅତିଥି' ଗଳ୍ପରେ। ବିଶେଷ କରି ଗାଳ୍ପିକା ଏଥିରେ ସମାଜର ନିୟମ ପାଖରେ ବନ୍ଧା ଏକ ନାରୀର ଅସହାୟତାକୁ ବେଶ୍ ସିଦ୍ଧହସ୍ତତାର ସହ ଚିତ୍ରଣ କରିଛନ୍ତି। "ଶୁଭଶ୍ରୀ ନିର୍ବାକଭାବେ ଛିଡ଼ା ହୋଇଥିଲା। ଭାବୁଥିଲା ଏହି ହତାଶ୍ ପ୍ରେମିକ, ବିପଥଗାମୀ ସ୍ୱାମୀର ଫେରିବା ବାଟକୁ ସତୀସାଧ୍ୱୀ ପତ୍ନୀ ଚାହିଁ ବସିଛି। ଶ୍ରୀକାନ୍ତ ଫେରିଯାଇ ପୁଣିଥରେ ସ୍ୱାମୀ ଦେବତା ଭାବରେ ପୂଜା ପାଇବେ। ମାତ୍ର ଶୁଭଶ୍ରୀ ପାଇଁ ତ ସବୁ ରାସ୍ତା ବନ୍ଦ। ଯାହାଙ୍କୁ ପାଇଲା ନାହିଁ ବୋଲି ସେ ଆଉ କାହାରି ହୋଇପାରିଲା ନାହିଁ, ତାଙ୍କ ପାଖରେ ସେ ଆଜି ନର୍କର କୀଟ, କାରଣ ସେ ନାରୀ।" (କଲେଜ ଗପ-ପୃ-୫୦) ଏହି ସମାଜ ବା ଅନ୍ୟଭାବେ କହିଲେ ପୁରୁଷ ସମାଜଦ୍ୱାରା ସୃଷ୍ଟି ଶବ୍ଦକୋଷରେ 'ବିଧବା'ର ପୁଲିଙ୍ଗ ଶବ୍ଦ ସୃଷ୍ଟିର ଆବଶ୍ୟକତା ମନେକରାଯାଇନି। କାରଣ ପୁରୁଷର ସ୍ତ୍ରୀ ମରିଯିବାପରେ ତା ପାଇଁ କିଛି ନୀତିନିୟମର ଆବଶ୍ୟକତା ନ ଥାଏ। ଏପରିକି ସ୍ତ୍ରୀ ମରିବାର ପରଦିନ ମଧ୍ୟ ସେ ଦ୍ୱିତୀୟ ବିବାହ କରିବା ପାଇଁ ଯୋଗ୍ୟ ବିବେଚିତ ହୋଇଥାଏ। କାରଣ ସେ ପୁରୁଷ। ଭୋଜନ ଓ ଶୟନ ଭଳି ଶୃଙ୍ଗାରଜନିତ ଜୈବିକ ପ୍ରବୃତ୍ତି ମଧ୍ୟ ତାହାର ରହିଛି। ମାତ୍ର ନାରୀ ଯେ ଜୀବଜଗତର ଏକ ଅଂଶ ତାହା ପୁରୁଷ ସମାଜଦ୍ୱାରା ଅଗ୍ରହଣୀୟ। ତେଣୁ କାଠ ପଥରର ଯେପରି କୌଣସି ଯୈବିକ ପ୍ରବୃତ୍ତି ନ ଥାଏ। ସେହିପରି ପୁରୁଷର ମତରେ ନାରୀ ମଧ୍ୟ ଜୈବିକ ପ୍ରବୃତ୍ତି ବିହିନ। ସମାଜରେ ଲିଙ୍ଗଭିତ୍ତିରେ ହେଉଥିବା ଏହିଭଳି ଭେଦଭାବ ଓ ତାହାର ଶିକାର ହୋଇଥିବା ଏକ ବିଧବା ନାରୀର ଯନ୍ତ୍ରଣା ପ୍ରତିଫଳିତ ହୋଇଛି ଗାଳ୍ପିକାଙ୍କର 'ଅମୋକ୍ଷ' ଗଳ୍ପରେ। ଇହକାଳ ଓ ପରକାଳ ନାମରେ ସମାଜ ଏକ ନାରୀଠାରୁ ତା'ର ସମସ୍ତ କମନା, ବାସନା, ଇଚ୍ଛା ଓ ଅଭିଳାଷା କିପରି ଲୁଣ୍ଠନ କରିନେଇଥାଏ ତାହାକୁ ଗାଳ୍ପିକା ବେଶ୍ ଜୀବନ୍ତଭାବେ ପ୍ରତିଫଳିତ କରିଛନ୍ତି ଉକ୍ତ

କୃତିରେ। "ପାଟ-ପତନୀ ରଙ୍ଗ-ବେରଙ୍ଗ ଶାଢ଼ିର ମୋହ ଛାଡ଼ିଲେ। ଶେଷକୁ ତାଙ୍କୁ ବାରଣ ହୋଲା ମାଛ, ମାଂସ, ପିଆଜ, ରସୁଣ, ପୋଇ, ଲାଉ, କୋବି ଇତ୍ୟାଦି ଅନେକ ପ୍ରିୟ ଖାଦ୍ୟ । ତାଙ୍କୁ ପାଳିବାକୁ ହେଲା ବର୍ଷକ ଚବିଶ ନିର୍ଜଳା ଏକାଦଶୀ XXXX ଉର୍ମିଳ ଘନକୃଷ୍ଣ କେଶରାଶିକୁ ଭୁକୁଟି ବାବାଙ୍କଠୁ ଦୀକ୍ଷା ନେବାପରେ କାଟି ଛୋଟ କରିଦିଆଗଲା XXXX କେଉଁ ଅପ୍ରାଧରେ ସ୍ୱାମୀଶୋକ ଉପରେ ସମାଜର ଏହି କଠୋର ଶାସ୍ତି ବିଧାନ XXXX ମୁଁ ମାଛ ଖାଇବି–ମାଉଁସ ଖାଇବି.....ମୋ ଆତ୍ମା ଡାକୁଛି ଦିଅ-ଦିଅ ....XXXX ଦିଅ ମତେ ପିନ୍ଧାଇ ଶଙ୍ଖା-ସିନ୍ଦୁର ପାଟପତନୀ...ଗହଣାଗାଣ୍ଠି, ଯାହା ଛଡ଼େଇ ନେଇଥିଲ, ଦିନେ, ମୋର କିଛି ଅପ୍ରାଧ ନ ଥାଇ । ଶୁଣ ସମସ୍ତେ, ମୋର ଶେଷଇଚ୍ଛା– ମୁଁ ବାହାହେବି ମାଆ ହେବି ... ସଂସାର ସୁଖ ଭୋଗିବି, ଯେଉଁଥିରୁ ବଞ୍ଚିତ କରିଛ ମୋତେ ମିଳିମିଶି ଜଣ ଜଣ କରି" (ମୋକ୍ଷ -ପୃ-୮-୧୭) ଉକ୍ତ କୃତିରେ ଗାଳ୍ପିକା ପ୍ରେତ ପ୍ରସଙ୍ଗ ଉତ୍‌ଥାପିତ କରିଥିଲେ ହେଁ, ପ୍ରକୃତ ପକ୍ଷେ ସେ ପ୍ରେତ କୌଣସି ପ୍ରେତଆତ୍ମା ନୁହେଁ। ତାହା ହେଉଛି ଏକ ଅସହାୟ ନାରୀର ଅବଚେତନ ମନ ଭିତରେ ଅବଦମିତ କାମନା ଜନିତ ପ୍ରେତ। ଯାହାକୁ ଫ୍ରଏଡ ନାମ ଦେଇଥିଲେ Libido (୩)ଏବଂ ଯାହା ମଣିଷର ଇଦ୍ (Id) (୪) ପ୍ରବୃତ୍ତିର ଏକ ଅଂଶ। ତାହା ପୁରୁଷ ସମାଜର କଟୁ ନିୟମର ଚାପତଳେ ଚାପିହୋଇ ରହିଯାଇଛି ଏବଂ ମୃତ୍ୟୁ ନିକଟବର୍ତ୍ତୀ ସମୟରେ ନିଜକୁ ପରିପ୍ରକାଶ କରିବାକୁ ଉଦ୍ୟମ କରୁଛି। ଓଡ଼ିଆ ପ୍ରଗତିବାଦୀ କବିଙ୍କର 'ମଶାଣିର ଫୁଲ' ଗଳ୍ପରେ ଯେଉଁ ବାର୍ତ୍ତା ଲୁଚି ରହିଛି ତାହାର ପ୍ରକାଶିତ ରୂପଭାବେ ଉକ୍ତ କୃତିକୁ ଗ୍ରହଣ କରାଯାଇପାରେ। ଯେଉଁ ନାରୀ ଦିନେ ନିସ୍ୱାର୍ଥପରଭାବେ ନିଜ ଜୀବନକୁ ଅନ୍ୟମାନଙ୍କ ପାଇଁ ଉତ୍ସର୍ଗ କରିଦିଏ। ଦିନେ ସେହି ନାରୀ କିପରି ଅନ୍ୟମାନଙ୍କ ପାଇଁ ଅପାଙ୍‌କ୍ତେୟ ହୋଇପଡ଼େ ତାହାର ନିଦର୍ଶନ ଦେଖିବାକୁ ମିଳେ ଗାଳ୍ପିକାଙ୍କର 'ଖୁଡ଼ୀ' ଗଳ୍ପରେ। ଏହାବ୍ୟତୀତ ପ୍ରଥମ ନାରୀବାଦୀ ଚିନ୍ତାଚେତନା ଦୃଷ୍ଟିରୁ ଗାଳ୍ପିକାଙ୍କର 'ରଙ୍ଗ' ମଧ୍ୟ ଏକ ପ୍ରତ୍ୟକ୍ଷ ଅନୁଭୂତି ସମ୍ବଳିତ ସଫଳ ସୃଷ୍ଟି। ଏଥିରେ ଗାଳ୍ପିକା ମନୁବାଦୀ ସମାଜ ଦୃଷ୍ଟିରେ ଦ୍ୱିତୀୟ ନାଗରୀକଭାବେ ପରିଗଣିତ ନାରୀର ଆତ୍ମନିର୍ଭରଶୀଳତା, ଆତ୍ମସ୍ୱାଭିମାନ ପ୍ରସଙ୍ଗକୁ ଉତ୍‌ଥାପିତ କରିଛନ୍ତି। ଯୁଗ ଯୁଗ ଧରି ଯେଉଁ ନାରୀ ସମାଜଦ୍ୱାରା ଅତ୍ୟାଚାରିତ ହୋଇ ଆତ୍ମହତ୍ୟା କରିଆସୁଥିଲା। ସେହି ନାରୀ କିପରି ନିଜର ଅଧିକାର, ନିଜର ସୁଖ, ପ୍ରେମ ଓ ପ୍ରତାରଣା ପାଇଁ ଲଢ଼ିଛି। ତାହାକୁ ଗାଳ୍ପିକା ବେଶ୍ ଜୀବନ୍ତଭାବେ ଉକ୍ତ କୃତିରେ ପ୍ରତିଫଳିତ କରିଛନ୍ତି। "ରଙ୍ଗ ପ୍ରେତିନୀ ଭଳି ଦାନ୍ତ କାଢ଼ି ଖତେଇ ହେଲାମତି ଜବାବ ଦେଲା- ପର ଝିଅର ରାଣ୍ଡ ବେଶ, ମରଣ, ଦୁର୍ନାମ, ଚିରାଫଟା ଲୁଗା ତଳର ମାଉଁସ, କୋରଡ଼ ଆଖି ତଳର ଲୁହ ଭାରି ସୁଆଦ ଲାଗେ ତମକୁ ସବୁ। ରଙ୍ଗର ମରଣ ହୋଇଥିଲେ ତମକୁ ବଡ଼ ସୁଖ ମିଳିଥାନ୍ତା ପରା ! ଏ

ଗାଁ'ରେ ତମେ ମତେ ରାଣ୍ଡକରି ନିରାମିଷ ରଖେଇ ଦେଇଥାନ୍ତ ନା ଅହିଅ କରି କାଚଖଡୁ ରଖେଇ ଦେଇଥାନ୍ତ ?" (ମନୁଷ୍ୟର ସ୍ୱର-ପୃ-୧୩୮) Mary Wollstone Craftଙ୍କ 'A Vindication of the right of women: with strictures on political and moral subjects' ପୁସ୍ତକ ଭଳି ଗାଳ୍ପିକା ଉକ୍ତ କୃତିରେ ନାରୀର ଅଧିକାର ଉପରେ ଗୁରୁତ୍ୱାରୋପ କରିଛନ୍ତି। ନାରୀବାଦକୁ କେନ୍ଦ୍ରକରି ବୌଦ୍ଧଧର୍ମ ଦର୍ଶନ ପ୍ରତି ଏକ ପ୍ରଶ୍ନବାଚୀ ସୃଷ୍ଟି ହୋଇଛି ଗାଳ୍ପିକାଙ୍କର 'ଇତିବୃତ୍ତକ' ଗଳ୍ପରେ। ସମଗ୍ର ସଂସାର ଯେଉଁଠି ନାରୀ ପ୍ରତି ଅବିଚାର କରିଆସିଛି ସେଠି ବୌଦ୍ଧଧର୍ମ ଦର୍ଶନରେ ନାରୀର ସ୍ଥାନ କିପରି ସୁରକ୍ଷିତ ହୋଇପାରେ। ତେଣୁ ଧର୍ମର ପତନପାଇଁ ଦାୟୀ କରାଯାଇଛି ନାରୀକୁ। ବୌଦ୍ଧଧର୍ମର ଏହିଭଳି ପୁରୁଷ କୈନ୍ଦ୍ରିକ ମାନସିକତାକୁ ଗାଳ୍ପିକା ବିରୋଧ କରିବା ସହ ପ୍ରତ୍ୟେକ ଧର୍ମରେ ଯେ ଉଦାରତା ଓ ନୈଷ୍ଠିକତାର ଆବଶ୍ୟକତା ରହିଛି ତାହାକୁ ସୂଚାଇ ଦେଇଛନ୍ତି। "ଦୁଃଖ, ଅପମାନରେ ଜର୍ଜରିତା ଯଶୋଧାରା ପ୍ରଶ୍ନ କରୁଛନ୍ତି- ହେ ଆନନ୍ଦ, ଧର୍ମର ପତନ ପାଇଁ କେବଳ କ'ଣ ନାରୀ ଦାୟୀ? ପୁରୁଷ ଯେଉଁଠି କାମନା ରହିତ, ନାରୀ କ'ଣ ସେଠାରେ କାମନା ହୋଇ ଠିଆ ହୋଇପାରେ? ଯଦି ଭିକ୍ଷୁ ସଂଘ ଭିତରେ ସ୍ଥାନ ପାଇଥିବା ସମସ୍ତ ପୁରୁଷ ଜିତେନ୍ଦ୍ରିୟ ନୁହନ୍ତି, ତେବେ ସେପରି ପୁରୁଷଙ୍କୁ ତଥାଗତ ସଂଘରେ ସ୍ଥାନ ଦେଇଛନ୍ତି କାହିଁକି? କେବଳ ସେମାନେ ପୁରୁଷ ବୋଲି।" (ଇତିବୃତ୍ତକ-ପୃ-୧୫୦) ଏତଦ୍‌ବ୍ୟତୀତ ଦୁଃଖକୁ କେନ୍ଦ୍ରକରି ବୌଦ୍ଧଧର୍ମର ଦୃଷ୍ଟିଭଙ୍ଗୀକୁ ମଧ୍ୟ ଗାଳ୍ପିକା ଏଥିରେ ଆକ୍ଷେପ କରିଛନ୍ତି। ବିଶେଷ କରି ଏଥିରେ ଗାଳ୍ପିକା ଯଶୋଧରାଙ୍କର ମନସ୍ତତ୍ତ୍ୱକୁ ବେଶ୍ ଚମତ୍କାରଭାବେ ଚିତ୍ରଣ କରିଛନ୍ତି। ଅନ୍ଧବିଶ୍ୱାସ ଓ କୁ-ସଂସ୍କାରରେ ଘାଣ୍ଟି ହେଉଥିବା ମଣିଷମାନଙ୍କ ମଧ୍ୟରେ ସଚେତନତା ଆଣିବା ଉଦ୍ଦେଶ୍ୟରେ ରଚିତ ହୋଇଛି ଗାଳ୍ପିକାଙ୍କର 'ହେତୁ' ଗଳ୍ପ। ଏହା ବ୍ୟତୀତ ଉକ୍ତ କୃତିରେ ଗାଳ୍ପିକାଙ୍କର ନାରୀବାଦୀ ଚିନ୍ତା ଚେତନାର ପ୍ରତିଫଳନ ମଧ୍ୟ ଦେଖିବାକୁ ମିଳେ। ସମାଜର ଶବ୍ଦ କୋଷରେ ଯେପରି ଅସତୀର ବିପରୀତ ଅସତ୍ୟବାନ ନାହିଁ। ସେହିପରି ଡାହାଣୀର ବିପରୀତ ଡାହାଣା ମଧ୍ୟ ନାହିଁ। ମାତ୍ର ଡାହାଣୀର ସୃଷ୍ଟି ପଛରେ ଯେ ଡାହାଣା ବିଦ୍ୟମାନ ଏବଂ ସମାଜ ଏହାକୁ ବୁଝିବା ଉଚିତ ଭଳି ବାର୍ତ୍ତା ଦେଖିବାକୁ ମିଳେ ଉକ୍ତ କୃତିରେ। ସ୍ୱାମୀ ମଦ୍ୟପ, ଚୋର, ଡାକୁ ଏପରିକି ଅନ୍ୟ ନାରୀ ପାଖରେ ନିଜକୁ ସମର୍ପଣ କରିଦେଲେ ମଧ୍ୟ ସେ ଦେବତା ତୁଲ୍ୟ। ଏହିଭଳି ସମାଜ ଗଢ଼ା ନୀତି ଓ ନିୟମ ବିରୋଧରେ ଦୃଢ଼ କୁଠାରପାତ ଦେଖିବାକୁ ମିଳେ ଗାଳ୍ପିକାଙ୍କର 'କନ୍ୟାଦାନ' ଗଳ୍ପରେ।

ନାରୀବାଦର ଦ୍ୱିତୀୟ ତରଙ୍ଗ (Second Wave of Feminism)

ଏହି ପର୍ଯ୍ୟାୟକୁ ଆଲୋଚନା କରିବା ପୂର୍ବରୁ ଏଠି ଗୋଟିଏ ପ୍ରସଙ୍ଗକୁ

ଉତ୍ଥାପିତ କରାଯାଇପାରେ ଯେ, ନାରୀବାଦର ପ୍ରଥମ ତରଙ୍ଗ ପରେ ଦ୍ୱିତୀୟ ତରଙ୍ଗର ଆବଶ୍ୟକତା କାହିଁକି ପଡ଼ିଲା ? ପ୍ରଥମ ନାରୀବାଦୀଙ୍କର ଧାରଣା ଥିଲା ଯେ ଯଦି ସେମାନଙ୍କୁ ଲିଙ୍ଗ ଭିତ୍ତିରେ ରାଜନୈତିକ ସମାନତା ମିଳିଯିବ ତେବେ ତା' ସହିତ ସାମାଜିକ, ଅର୍ଥନୈତିକ ଏବଂ ଶିକ୍ଷାଗତ ସମାନତା ମଧ୍ୟ ମିଳିଯିବ। ମାତ୍ର ନାରୀମାନଙ୍କର ଏହି ପ୍ରକାର ପରିକଳ୍ପନା ଭୁଲ୍ ପ୍ରମାଣିତ ହେଲା। ଯାହା ବିରୁଦ୍ଧରେ ନାରୀବାଦର ଏହି ଦ୍ୱିତୀୟ ତରଙ୍ଗ କ୍ରିୟାଶୀଳ ଥିଲା। ଏହ ପୁନଶ୍ଚ ଦୁଇ ଭାଗରେ ବିଭକ୍ତ ଯଥା- ଉଦାରପନ୍ଥୀ ନାରୀବାଦ (Libaral Feminism) (୫)ଏବଂ କଟ୍ଟରପନ୍ଥୀ ନାରୀବାଦ (Radical Feminism) (୬)। ମାତ୍ର ପ୍ରକୃତରେ ନାରୀବାଦର ଦ୍ୱିତୀୟ ତରଙ୍ଗ କହିଲେ କଟ୍ଟରପନ୍ଥୀ ନାରୀବାଦକୁ ହିଁ ବୁଝାଏ କାରଣ ଉଦାରପନ୍ଥୀ ନାରୀବାଦ ନାରୀବାଦର ପ୍ରଥମ ତରଙ୍ଗର ଏକ ବର୍ଦ୍ଧିତ ରୂପ ଥିଲା।

ଉଦାରପନ୍ଥୀ ନାରୀବାଦ

ଅବଶ୍ୟ ଉଦାରପନ୍ଥୀ ନାରୀବାଦରେ କିଛି ନୂତନ ଚିନ୍ତନ ମଧ୍ୟ ଦେଖିବାକୁ ମିଳିଥିଲା। ଏହି ନାରୀବାଦୀମାନେ ନାରୀର ଅସ୍ତିତ୍ୱ ପ୍ରସଙ୍ଗ ଉତ୍ଥାପିତ କରିଥିଲେ। ଗୃହବନ୍ଦୀ ଜୀବନ ବଞ୍ଚୁଥିବା ନାରୀର ମଧ୍ୟ ଏକ ସ୍ୱତନ୍ତ୍ର ଅସ୍ତିତ୍ୱ ରହିଛି ଏବଂ ସେ କେବଳ କାହାର ମା', ସ୍ତ୍ରୀ ଓ ଝିଅ ନୁହେଁ ଭଳି ଚିନ୍ତନକୁ ଏମାନେ ପ୍ରତିଫଳନ କରିଥିଲେ। ଏହାର ଚମତ୍କାର ପ୍ରତିଫଳନ ଶ୍ରୀମତୀ ରାୟଙ୍କର କେତେକ ଗଳ୍ପରେ ମଧ୍ୟ ଦେଖିବାକୁ ମିଳେ। ପ୍ରକୃତରେ ଦେଖିବାକୁ ଗଲେ ଆଜିବି ସମାଜରେ ନାରୀ ଅସ୍ତିତ୍ୱହୀନ। ସମାଜ ତାକୁ ଯେମିତି ଚାହିଁଛି ସେହି ରୂପରେ ସଜେଇଛି। ନାଥ ପରମ୍ପରାରେ ଗୋରକ୍ଷନାଥ ସର୍ବଶ୍ରେଷ୍ଠ ପ୍ରତିପାଦିତ କାରଣ ସେ ଶିଶ୍ୟ ହୋଇ ଗୁରୁଙ୍କୁ ଶିକ୍ଷା ଦେଇଥିଲେ। ଯେତେବେଳେ ସେ ବଜ୍ରଜାନୀମାନଙ୍କର ପ୍ରଭାବରେ ଆସି କାମିନୀର ମାୟାରେ ପଡ଼ିଥିଲେ। ସେ ଗୁରୁଙ୍କୁ ଶିକ୍ଷା ଦେବାକୁ ଯାଇଁ କହିଥିଲେ ନାରୀର ସଙ୍ଗଲାଭ କରିବା ଅନୁଚିତ। ସେ ପରମାଦା ସେ ଦିନସାରା ନିଜ ରୂପଲାବଣ୍ୟଦ୍ୱାରା ପୁରୁଷକୁ ପ୍ରଭାବିତ କରେ ଓ ତା' ମନରେ କାମ ଉଦ୍ରେକ କରେ। ସେଥିପାଇଁ ସେ କାମିନୀ। ଏହାପରେ ରାତ୍ରି ସମୟରେ ତା'ର ସମଗ୍ର ଅମୃତ ରସ ଶୋଷଣକରେ। ଯାହାର ଅମୃତ ରସ ନଷ୍ଟ ହୁଏ ତାଙ୍କ ମୁଖ ମଳିନ ହେବା ସହ ସେମାନେ ବୃଦ୍ଧ ହୋଇଯାଆନ୍ତି। ତାଙ୍କର ଆୟୁ ସେତେ କ୍ଷୀଣ ହେବ ସେମାନେ ଯେତେ ନାରୀ ସହ ସମ୍ଭୋଗ କରିବେ। ଆମର ନିଶ୍ଚିତ ପ୍ରାଣ ଦୁଇଟି ଜିନିଷରେ କ୍ଷୟ ହୁଏ ଗୋଟିଏ କାମ ଓ ଅନ୍ୟଟି କ୍ରୋଧ। ତେଣୁ ନାରୀ ହେଉଛି ସର୍ବନାଶର ପଥ। ବୌଦ୍ଧ ମୂଳ ସମ୍ପ୍ରଦାୟ ଯାହାଙ୍କୁ ଥେରବାଦୀ (Tharavada) ବା ହୀନଯାନୀ କୁହାଯାଏ। ସେମାନେ ମଧ୍ୟ

ନାରୀଙ୍କୁ କେନ୍ଦ୍ରକରି ଏହିଭଳି ମତ ପ୍ରଦାନ କରିଥିଲେ। ହିନ୍ଦୀ କବି କବିର ମଧ୍ୟ ନାରୀକୁ ମହାଠକ (ନାରୀ ତୁ ମହାଠଗ୍) କହିବା ସହ ଗର୍ଭବତୀ ନାରୀର ଛାୟା ପଡ଼ିଲେ ଯେପରି ସାପ ଅନ୍ଧ ହୋଇଯାଏ ସେହିପରି ସାଧୁସନ୍ଥ ଯେ ନାରୀ ସଙ୍ଗ କରେ ତାଙ୍କର ଆତ୍ମା ଅନ୍ଧ ହୋଇଯାଏ ବୋଲି ବକ୍ତବ୍ୟ ଦେଇଛନ୍ତି। ସମଗ୍ର ବିଶ୍ୱରେ ନାରୀକୁ କେନ୍ଦ୍ରକରି ଏହିଭଳି ବକ୍ତବ୍ୟର ଅଭାବନାହିଁ ଯାହା ପୁରୁଷ କ୍ଷେତ୍ରରେ ବିରଳ। ଏହିପରି ବୃଦ୍ଧବସ୍ଥାରେ ଏପରିକି ୫୩ ବର୍ଷ ବୟସରେ ନିଜର ସଂଯମତା ହରାଇବା ପାଇଁ କବିବର ରାଧାନାଥ ରାୟ ଦାୟୀ କରିଛନ୍ତି ଏହିପରି ଏକ କାମିନୀକୁ। ଯେଉଁ କାମିନୀମାନେ ଯୁଗଯୁଗରୁ ଏପରିକି ଶାସ୍ତ୍ରପୁରାଣ ଯୁଗରୁ ପୁରୁଷର ଅମୃତ ଶୋଷଣ କରିଆସୁଛନ୍ତି। ସେହି କାମିନୀମାନଙ୍କର ମଧ୍ୟରୁ ଏକ କାମିନୀର ବାର୍ତ୍ତା ହେଉଛି 'ନିବେଦନମିଦମ୍' ଗଳ୍ପ। ଯୁଗଯୁଗରୁ ନାରୀମାନଙ୍କ ପ୍ରତି ହେଉଥିବା ଅବିଚାରର ବାର୍ତ୍ତା ଏକ ନାରୀ ଶଶରୀରେ ଦେଇପାରିବା ସମ୍ଭବ ନୁହେଁ, ତେଣୁ ଗାଳ୍ପିକା ଏଠାରେ ସାହାଯ୍ୟ ନେଇଛନ୍ତି ଏକ ଅଶରୀରୀର ଯିଏକି ଏହିଭଳି ଏକ ଅବିଚାର ବିରୁଦ୍ଧରେ ସ୍ୱର ଉତ୍ତୋଳନ କରିଛି। "ଆପଣଙ୍କ ପରି ମୁଁ ଯଦି ମୋର ପାପକୁ ପ୍ରାଚାର କରିଥାଆନ୍ତି ତେବେ ସମାଜ ମତେ ନିଆଁପାଣି ବାସନ୍ଦ କରିଥାନ୍ତା। ନିର୍ଲଜ ଓ କଳଙ୍କିନୀ ଆଖ୍ୟା ଦେଇଥାନ୍ତା। କେହି ଜଣେ ହେଲେ ମୋର ପାପ ପ୍ରକାଶକୁ ସ୍ପଷ୍ଟବାଦିତା ବୋଲି କହିନଥାନ୍ତା, କହିଥାନ୍ତା ଚୋର ମୁହଁ ଟାଣ। ++++ ଅଶରୀରୀର ସାକ୍ଷୀ ପ୍ରମାଣ କଣ ଯୋଗ୍ୟ ହୋଇଥାନ୍ତା ? ଭୟ ହେଉଥିଲା କି, କାଳେ ଆପଣଙ୍କ କୃତ ପାର୍ବତୀ କାବ୍ୟର କୌଶଲ୍ୟାର ଅଶରୀରୀ ଆତ୍ମା ଭଳି ମୁଁ ଛାୟାରୂପ ନେଇ ଆପଣଙ୍କର ପତ୍ନୀ ତଥା ମୋର ମାତୃସ୍ଥାନୀୟା, ପରମ ପୂଜନୀୟାଙ୍କ ସମ୍ମୁଖରେ ଉଭାହୋଇ ଆମ ଭିତରେ ଯାହା ଘଟିଯାଇଥିଲା ତା'ର ବର୍ଣ୍ଣନା କରିବି। ପିତୃପ୍ରତିମ ଗୁରୁଙ୍କ ଦ୍ୱାରା ମୋର ଚରିତ୍ର ଭ୍ରଷ୍ଟ ହେଲା ଓ ଆତ୍ମଘାତିନୀ ହେବାକୁ ବାଧ୍ୟ ହେଲି ବୋଲି ପ୍ରକାଶ କରିଦେବି ବୋଲି କ'ଣ ସତକୁ ସତ ଭୟ ପାଇଲେ ? ଗଙ୍ଗେଶ୍ୱରଙ୍କ ଦ୍ୱାରା କନ୍ୟା ଭ୍ରଷ୍ଟ କରାଇବାର କାହାଣୀକୁ ଆପଣ ହୁଗୁଳୀରେ ପୁନରାବୃତ୍ତି କଲେ ବୋଲି ମୁଁ କ'ଣ ପୂଣ୍ୟଶୀଳା ନାରୀ ସମ୍ମୁଖରେ ପ୍ରକାଶ କରିପାରିଥାନ୍ତି।" (ନିବେଦନ ମିଦମ୍-ପୃ-୨୧୬-୨୧୭) ଧର୍ମକୁ କେନ୍ଦ୍ରକରି ପୃଥିବୀର ସଂକଟାପନ୍ନ ଅବସ୍ଥା ସହ ସମାଜ ନାରୀ ପୁରୁଷକୁ କେନ୍ଦ୍ରକରି ଗଢ଼ିଥିବା ଭିନ୍ନଭିନ୍ନ ନିୟମକୁ ଆକ୍ଷେପ କରିବା ଭିତରେ ନାରୀ ଜାଗରଣ ପ୍ରସଙ୍ଗକୁ ଉପଲବ୍ଧି କରିହୁଏ 'ଶୈଳଶାୟିନୀ' ଗଳ୍ପରୁ। ଏହାବ୍ୟତୀତ ସମୁଦ୍ର ଟାପୁ ଭିତରେ ସରଳ ଜୀବନ ବଞ୍ଚୁଥିବା ଲୋକଙ୍କ ଉପରେ କ୍ରମେ ବାହ୍ୟ ଆଧୁନିକିକରଣର ପ୍ରଭାବ ସହିତ କୁ-ପ୍ରଭାବକୁ ମଧ୍ୟ ଗାଳ୍ପିକା ଏଥିରେ ଚିତ୍ରିତ କରିବାପାଇଁ ଉଦ୍ୟମ କରିଛନ୍ତି।

ଗାଙ୍ଗିକାଙ୍କର 'ସନ୍ୟାସ' ଏକ ଭିନ୍ନ ସ୍ୱାଦର ସୃଷ୍ଟି। ଏଥିରେ ଗାଙ୍ଗିକା ମଣିଷ ଜୀବନରେ ପ୍ରକୃତ ପକ୍ଷେ ମୋକ୍ଷର ସଂଜ୍ଞାକୁ ଦେଖାଇବାପାଇଁ ଉଦ୍ୟମ କରିବା ସହ ନାରୀର ଅସ୍ତିତ୍ୱ ଅନେକ ସାମାଜିକ ଭୂମିକାରେ କିପରି ଲୁପ୍ତ ହୋଇଯାଏ ତାହାକୁ ମଧ୍ୟ ବେଶ୍ ଚମତ୍କାରଭାବେ ପ୍ରତିଫଳିତ କରିଛନ୍ତି। "ମାଳତୀ ନିଜକୁ ବିଲୁପ୍ତ କରି ଦେଇଛନ୍ତି ନିଜର ଆଠ ଆଠଟି ସନ୍ତାନଙ୍କ ଭିତରେ। ମାଳତୀ ଆଉ ନିଜ ଭିତରେ ନାହାନ୍ତି। ସେ ନିଜଠୁ ମୁକ୍ତ ହୋଇଯାଇଛନ୍ତି। ବାପା ସନ୍ୟାସ ନେବା ପରଠୁ ମାଳତୀ ଆଉ ନିଜ ମୁହଁ କେବେ ଦେଖିନାହାନ୍ତି। ଯେତେବେଳେ ଅଭ୍ୟାସ ବଶତଃ ସିନ୍ଦୁର ପିନ୍ଧିବାବେଳେ ନିଜ ମୁହଁ ଦେଖିଛନ୍ତି। ଦେଖିଛନ୍ତି ମୁନାର ରୋଗ, ବୁବୁର ଗଣିତରେ ଦୁର୍ବଳତା, ମାନିର ବରପାତ୍ରର ଡିମାଣ୍ଡ, ଶିବୁର ହଷ୍ଟେଲ ଖର୍ଚ୍ଚ, ରଞ୍ଜୁର ଟ୍ୟୁସନ ଫି.....। ପ୍ରତିଦିନ ପ୍ରତିମୁହୂର୍ତ୍ତରେ ମାଳତୀ ନିଜଠୁ ମୁକ୍ତ ହୋଇ ଅନ୍ୟଠି ବିଲୁପ୍ତ କରି ଦେଇଛନ୍ତି ନିଜକୁ। ଯାଠୁ ବଡ଼ ମୁକ୍ତି କ'ଣ ମୋକ୍ଷ" (ଷଷ୍ଠସତୀ-ପୃ-୧୩୧) ଏହା ମଧ୍ୟ ଦେଇ ଗୋଟିଏ ଦିଗରେ ପୁରୁଷର ସ୍ୱାର୍ଥପରତା ଓ ଅନ୍ୟ ଦିଗରେ ନାରୀର ତ୍ୟାଗକୁ ଉପଲବ୍ଧି କରିହୁଏ। ମଣିଷର ଅବଚେତନ ମନ ମଧ୍ୟରେ ବହୁ ଆଶା ଅବଦମିତ ହୋଇ ରହିଥାଏ । ସମୟେ ସମୟେ ସେହି ଆଶା ବାହାରକୁ ବାହାରିବାର ପଥ ଖୋଜୁଥାଏ। ଯାହା କେତେବେଳେ ସ୍ପୃହଣୀୟ ତ କେତେବେଳେ ଅସ୍ପୃହଣୀୟ ମନେହୋଇଥାଏ। ହେଲେ ନାରୀ କ୍ଷେତ୍ରରେ ସବୁ ସ୍ପୃହଣୀୟ ସମାଜ ଆଖିରେ ଅସ୍ପୃହଣୀୟ ମନେହୋଇଥାଏ। ସର୍ବଂସଂହା ଧରିତ୍ରୀ ପରି ଏହି ନାରୀ ମଧ ଅନ୍ୟର ସମ୍ମାନ ରକ୍ଷାକରିବାକୁ ଯାଇଁ ନିଜକୁ ନିଜେ ଦୋଷୀ ପର୍ଯ୍ୟାୟରେ ସ୍ଥାନିତ କରିବାରେ ପ୍ରଶ୍ଚାତ୍ପଦ ହୋଇନଥାଏ। ଲିଙ୍ଗ ଭିତ୍ତିରେ ସମାଜରେ ରହିଥିବା ଏହିଭଳି ଭେଦଭାବର ନିଦର୍ଶନ ଦେଖିବାକୁ ମିଳେ ଗାଙ୍ଗିକାଙ୍କର 'ଉଲ୍ଲଂଘନ' ଗଳ୍ପରେ।

କଟ୍ଟରପନ୍ଥୀ ନାରୀବାଦ

କଟ୍ଟରପନ୍ଥୀ ନାରୀବାଦୀମାନଙ୍କ ମତରେ ବାହ୍ୟ ପ୍ରତିବନ୍ଧକକୁ ଆଇନ୍ କାନୁନ୍ ପାସ୍ କରି ଭାଙ୍ଗିଦେବା ସମ୍ଭବ। ମାତ୍ର ଅର୍ନ୍ତନିହିତ ପ୍ରତିବନ୍ଧକ ବା ଲୋକଙ୍କର ମସ୍ତିଷ୍କରେ ନାରୀକୁ କେନ୍ଦ୍ରକରି ଥିବା ହୀନ ଭାବନାକୁ ଦୂରକରିବା ଅସମ୍ଭବ। ନାରୀମାନଙ୍କର ସମସ୍ୟା ଯେତେ ଉପରକୁ ଦେଖାଯାଉଛି ତାହାର ଗଭୀରତା ଆହୁରି ଅଧିକ ରହିଛି। ତେଣୁ ମହିଳାଙ୍କର ଯେଉଁ ସମସ୍ୟା ରହିଛି ତାହା କେବଳ ନୀତିନିୟମ ଏବଂ ଆଇନ୍ କାନୁନ୍ ବନାଇବା ଦ୍ୱାରା ସମାଧାନ କରାଯାଇ ପାରିବନାହିଁ। ଏଥିପାଇଁ ଆବଶ୍ୟକତା ରହିଛି ଏକ କ୍ରାନ୍ତିର। ସାଧାରଣତଃ ସମାଜରେ ଯେଉଁବି ନୀତିନିୟମ ରହିଛି ତାହା ପୁରୁଷ ପ୍ରଧାନ ସମାଜରେ ପୁରୁଷମାନଙ୍କର ସ୍ୱାର୍ଥକୁ କେନ୍ଦ୍ରକରି ବା ଦୃଷ୍ଟିରେ ରଖି ଗଠିତ

ହୋଇଛି। ତେଣୁ ଏହିଭଳି ସମାଜରେ ନାରୀ ନିଜର କଥାକୁ ପ୍ରକାଶ କରିବା ଅସମ୍ଭବ। କାରଣ ଏଠି ଯେଉଁ ଭାଷାରେ ନାରୀ ନିଜର ଭାବନା ବା ଅଭିବ୍ୟକ୍ତିକୁ ପ୍ରକାଶ କରିବ ତାର ଭାଷା ବା ଅନ୍ୟଭାବେ କହିଲେ ଶବ୍ଦକୋଷ ମଧ୍ୟ ପୁରୁଷଦ୍ୱାରା ସୃଷ୍ଟି। ଶ୍ରୀମତୀ ପ୍ରତିଭା ରାୟଙ୍କର ଗଳ୍ପଗୁଡ଼ିକରେ ଏହି ଚିନ୍ତନର ପ୍ରତିଫଳନ ପ୍ରଖର କହିଲେ ଅତ୍ୟୁକ୍ତି ହେବନାହିଁ। ସମାଜରେ ଆଜି ନାରୀ କେବଳ ଶାରୀରିକ ସ୍ତରରେ ନୁହେଁ ମାନସିକ ସ୍ତରରେ ମଧ୍ୟ ଧର୍ଷିତା ଭଳି ପ୍ରସଙ୍ଗକୁ ଗାଳ୍ପିକା ବେଶ୍ ସିଦ୍ଧହସ୍ତତାର ସହ ପ୍ରତିଫଳିତ କରିଛନ୍ତି 'ଫେରାର୍' ଗଳ୍ପରେ। "ସୁରେଖା ଭାବିଭାବି ବିମୂଢ଼ ହୋଇଯାଏ। ପାପକାର୍ଯ୍ୟ ଘଟାଇଛନ୍ତି ପାଷାଣ୍ଡମାନେ, କଳଙ୍କ ସୁରେଖାର! ଏ କି ପ୍ରକାର ସମାଜ- କି ପ୍ରକାର ସମାଜନୀତି, କି ପ୍ରକାର ସଂସ୍କାର? ଏ ସଂସ୍କାରର ଚେର ଏତେ ଗହୀରକୁ ଯାଇଛି ଯେ, ସୁରେଖା ଏକା ଏକା ତା'ର ମୂଳୋତ୍ପାଟନ କରିବା ସମ୍ଭବ ନୁହେଁ। ତେବେ ସୁରେଖା କରିବ କଣ?" (ଷଷ୍ଠସତୀ-ପୃ-୬୮) ଏହି କଟ୍ଟରପନ୍ଥୀ ନାରୀବାଦ ଦୃଷ୍ଟିରୁ ଗାଳ୍ପିକାଙ୍କର 'ସ୍ପର୍ଶ' ମଧ୍ୟ ଏକ ଅସାଧାରଣ କୃତି। ଏଥିରେ ଗାଳ୍ପିକା ପୁରୁଷତ୍ୱର ଅହଂକାର, ସ୍ୱାଭିମାନ ଓ ସନ୍ଦେହ ନାରୀ ଜୀବନକୁ କିପରି ଦୁର୍ବିସହ କରିତୋଳେ ତାହାକୁ ଚିତ୍ରଣ କରିବା ସହ, ପ୍ରେମର ପ୍ରକୃତ ସଂଜ୍ଞାକୁ ପ୍ରତିଫଳିତ କରିଛନ୍ତି। ସମାଜ ନାରୀ ଓ ପୁରୁଷକୁ କେନ୍ଦ୍ରକରି ଗଢ଼ିଥିବା ଭିନ୍ନ ଭିନ୍ନ ନିୟମକୁ ଗାଳ୍ପିକା ଆକ୍ଷେପ କରିଛନ୍ତି 'ବୀଜମନ୍ତ୍ର' ଗଳ୍ପରେ। ଏହାସହ ଗାଳ୍ପିକା ଉକ୍ତ କୃତିରେ ପାପ ଓ ପୂଣ୍ୟର ପ୍ରକୃତ ସଂଜ୍ଞା ମଧ୍ୟ ପ୍ରଦାନ କରିବାପାଇଁ ଉଦ୍ୟମ କରିଛନ୍ତି। ପ୍ରକୃତପକ୍ଷେ ବିଚାର କଲେ ସମାଜରେ କୌଣସି ମଣିଷ ଶତପ୍ରତିଶତ ପାପୀ ଅଥବା ପୂଣ୍ୟାତ୍ମା ନୁହଁନ୍ତି ଯେଉଁ ମତ ପ୍ରଦାନ କରିଥିଲେ ଅସ୍ତିତ୍ୱବାଦୀମାନେ। ଯେଉଁ ମଣିଷ ନିଜକୁ ବାହାରେ ଧୋବ ଧଉଳିଆ ଦେଖେଇ ହୁଏ ତା'ର ଅବଚେତନ ମନ ଭିତରେ ଲୁଚିବସିଥିବା ପାପକୁ କିନ୍ତୁ ସେ ଭଲ ଭାବରେ ଜାଣିଥାଏ। "ସାପର ପିଠି ପେଟ ପରି ମନର କଳାଧଳା ଦୁଇଟି ରଙ୍ଗ- ମନ ପୁଣି କାତି ଛାଡ଼ିବ- ନୂଆ ରୂପ ନେବ- ଏତେ ଦିନର ଘନିଷ୍ଠ ଆପଣା ଦିହର ପୁରୁଣା କାତିକୁ ଛି କରିଦେବ ନିମିଷକେ। ମନର ଫଣା ଅଛି- ଫଁ ଫଁ ଚୋଟ ମାରିବ- ବିଷ ବି ଶୋଷ ନେଇପାରିବ। ସାପପରି ଭୟଙ୍କର ଆଉ ଅବିଶ୍ୱାସୀ ମଣିଷ ମନର ଗୋଟାଏ ଗୁମ୍ଫା ଅଛି। ତାରି ଭିତରେ ଚକାମାଡ଼ି ପାପୀ ମନ ଶୋଇଥିବ। ମଣିଷ ତା' ବାଟରେ ଚାଲୁଥିବ। କେତେବେଳେ ସେ ଗୁମ୍ଫାରୁ ବାହାରି ତମକୁ ମଡ଼ା ଅମଡ଼ା ଦେଖେଇବ, ସେ କଥା ଇଶ୍ୱରଙ୍କୁ ଜଣାଥିଲେ ଥିବ ମଣିଷକୁ ଅଜଣା।" (ମୋକ୍ଷ-ପୃ-୨୭୯) ଏହି ଦୃଷ୍ଟିକୋଣରୁ ଗାଳ୍ପିକାଙ୍କର 'ବିଦେଶୀ' ମଧ୍ୟ ଏକ ଅସାଧରଣ କୃତି। ସମାଜ ଓ ସଭ୍ୟତାର ଅନେକ ପରିବର୍ତ୍ତନ ସତ୍ତ୍ୱେ ନାରୀକୁ କେନ୍ଦ୍ରକରି ସାମାଜିକ ଦୃଷ୍ଟିଭଙ୍ଗୀ ବା Mind set

ଯେପରି ଅପରିବର୍ତ୍ତନୀୟ। ଠିକ୍ ସେହିପରି ସମ୍ପ୍ରତି ଶିକ୍ଷା, ସଭ୍ୟତା ଓ ପ୍ରଗତୀର ଖୋଳପା ମଡ଼ାଇ ବସିରହିଥିବା ନାରୀଟି ମଧ୍ୟ ଅପରିବର୍ତ୍ତନୀୟ ଭଳି ମନ୍ତବ୍ୟକୁ ଗାଳ୍ପିକା ବେଶ୍ ସୁନ୍ଦରଭାବେ ପ୍ରତିଫଳିତ କରିଛନ୍ତି ଉକ୍ତ କୃତିରେ। "ଯେଉଁ ନାରୀ ଆଜି ନିଜର ଅଧିକାର, ଶିକ୍ଷା ଓ ପ୍ରଗତି ଆଦି ପାଇଁ ଲଢ଼ିଚାଲିଛି ପ୍ରକୃତ ପକ୍ଷେ ବିଚାର କଲେ ଆଜିବି ସେ ନିଜକୁ ପାରମ୍ପରିକତାରୁ ମୁକ୍ତ କରିପାରିନି। ପୁରୁଷ ପୋଷାକ ପିନ୍ଧି ରାସ୍ତାରେ ଅବାଧରେ ବୁଲୁଥିବା ଝିଅମାନେ ଦ୍ରୌପଦୀ ନୁହନ୍ତି, ସୀତା ପାର୍ବତୀଙ୍କ ପଥ ଏବେବି ଅନୁସରଣ କରନ୍ତି, ଏକଥା ମୁଁ ବରଦାସ୍ତ କରିପାରୁନାହିଁ।"(ଚନ୍ଦ୍ରଭାଗା ଓ ଚନ୍ଦ୍ରକଳା- ପୃ- ୨୪) ଭଗବାନଙ୍କ ହାତଗଢ଼ା ଏହି ସୁନ୍ଦର ସୃଷ୍ଟିରେ ଅସୁନ୍ଦର ହେବା ସତେ ଯେପରି ଏକ ଅଭିଶାପ। ତାହା ଯଦି ପୁଣୀ ନାରୀର ଭାଗ୍ୟରେଖା ହୁଏ ତେବେ ତାହା ହୁଏ ନାରୀ ଜୀବନର ସବୁଠାରୁ ବଡ଼ କଳଙ୍କ। ଏହିପରି ଏକ ନାରୀର ଅସହାୟତା ଓ ଯନ୍ତ୍ରଣାର ଚିତ୍ର ଦେଖିବାକୁ ମିଳେ ଗାଳ୍ପିକାଙ୍କର 'ମୂଷି' ଗଳ୍ପରେ। ଏଥିରେ ଗାଳ୍ପିକା ପ୍ରସଙ୍ଗକ୍ରମେ 'Surrogacy Mother' ପ୍ରସଙ୍ଗ ମଧ୍ୟ ଉତ୍‌ଥାପିତ କରିଥିବା ମନେହୁଏ। "ତା' ବରର ବିଚାରରେ ମୂଷିର ଉଦରକୁ ଦିନ କେଇଟା ପାଇଁ ଭଡ଼ାରେ ନେଇଥିଲା ତା' କୁଳରକ୍ଷା ପାଇଁ। ତେଣୁ ମୂଷି ନିଜକୁ ମା' ଭାବି ବୃଥାରେ ଅନର୍ଥ କରିବା ଠିକ୍ ନୁହେଁ। ମୂଷି ଯେ ତା' ଯୋଗୁଁ ମଥାରେ ସିନ୍ଦୁର ଠୋପା ପିନ୍ଧୁଛି- ଗର୍ଭରୁ ପୁଅ ଜନ୍ମ କରିଛି, ସେଇ ତା'ର ନାରୀ ଜନ୍ମର ସାର୍ଥକତା। ଅଧିକ ଆଶା କରିବା ମୂଷି ପାଇଁ କାଳ। ମୂଷି କିନ୍ତୁ ଉଦିଆର ମା' ଛଡ଼ା ଆଉ କିଛି ନ ଥିଲା।" (ମନୁଷ୍ୟର ସ୍ୱର- ପୃ- ୪୬) ଗଳ୍ପର ଏହିଭଳି ପଙ୍‌କ୍ତିରୁ ସ୍ୱାମୀର ପ୍ରେମ ଆଶା କରୁଥିବା ଏକ ଅସୁନ୍ଦର ନାରୀର ଅସହାୟତା ଦୃଷ୍ଟିକୁ ଆସିନଥାଏ। ଦୃଷ୍ଟିକୁ ଆସିଥାଏ ଏକ ମା'ର ଅସହାୟତା। ମନସ୍ତତ୍ତ୍ୱବିତ୍ ସିଗମଣ୍ଡ ଫ୍ରଏଡ ଏକ ମତ ପ୍ରକାଶ କରିଥିଲେ ଯେ, ନାରୀମାନଙ୍କ ମଧ୍ୟରେ ପୁରୁଷର ଯୌନାଙ୍ଗକୁ ନେଇ ହୀନମାନ୍ୟତା (Inferiority) ରହିଥାଏ। ଯାହାକୁ ଜଣେ ନାରୀ ମନସ୍ତାତ୍ତ୍ୱିକ Karen Horney ଦୃଢ଼ଭାବେ ବିରୋଧ କରିଥିଲେ। ତାଙ୍କ ମତରେ ନାରୀ ଲିଙ୍ଗକୁ ନେଇ ନିଜକୁ ନିଚ ଓ ପୁରୁଷକୁ ଉଚ୍ଚ ଭାବିନଥାଏ। କାରଣ ନାରୀକୁ ଏହି ଜୈବିକ (Biological) ପ୍ରସଙ୍ଗ ଯେତେ ପ୍ରଭାବିତ କରିନଥାଏ। ସେତେ ପ୍ରଭାବିତ କରିଥାଏ ସାମାଜିକ ଓ ସାଂସ୍କୃତିକ ପ୍ରସଙ୍ଗ। କାରଣ ସମାଜ ହିଁ ପୁରୁଷ ଓ ନାରୀକୁ ଲିଙ୍ଗ ଭିତ୍ତିରେ ଉଚ୍ଚ ନୀଚ କରିଆସିଛି। ଏହି ଲିଙ୍ଗଗତ ଭେଦଭାବକୁ ଗାଳ୍ପିକା ବେଶ୍ ଚମତ୍କାରଭାବେ ପ୍ରତିଫଳିତ କରିଛନ୍ତି ତାଙ୍କ 'ପୁଂଲିଙ୍ଗ' ଗଳ୍ପରେ। ନାରୀବାଦର ପ୍ରଥମ ତରଙ୍ଗରେ ଯେପରି ଲିଙ୍ଗ ଭିତ୍ତିରେ ସମାଜରେ ହେଉଥିବା ଭେଦଭାବ ବିରୁଦ୍ଧରେ ସ୍ୱର ଉତ୍ତୋଳନ କରାଯାଇଥିଲା। ସେହିପରି ଗାଳ୍ପିକା ମଧ୍ୟ

ଏହା ବିରୁଦ୍ଧରେ ସ୍ୱର ଉତ୍ତୋଳନ କରିବା ସହ, ସମାଜରେ ଏକ ସଂସ୍କାର ଆଣିବାପାଇଁ ଉଦ୍ୟମ କରିଛନ୍ତି। ଏତଦ୍‌ବ୍ୟତୀତ ନାରୀ ଯେ ବସ୍ତୁସର୍ବସ୍ୱ ନୁହେଁ ଏବଂ ତା'ର ବି ମନ ଓ ପ୍ରାଣ ଅଛି ତାହା ପ୍ରମାଣ କରିବା ସହ ସମାଜରେ ନାରୀକୁ କେନ୍ଦ୍ରକରି ମନୁଙ୍କ ତୁଲ୍ୟ ଗଢ଼ିଉଠିଥିବା ରଢ଼ିବାଦୀ ଚିନ୍ତାଧାରାକୁ ବିରୋଧ କରିଛନ୍ତି। "ଏମାନଙ୍କ ପାଇଁ କାଠ, ପଥର, ବୁଢ଼ା, ହଡ଼ା, ରାକ୍ଷାସ, ପଶୁ, ଦେବତା, ଯିଏବି ହେଉ, ଖାଲି ପୁଂଲିଙ୍ଗ ହେଲେ ସ୍ୱାମୀ ହେବାପାଇଁ ବାଧା ନ ଥାଏ, ଯାହାକୁ ଆଶ୍ରା କରି ମଥାରେ ସିନ୍ଦୁର, ହାତରେ ଶଙ୍ଖା ପିନ୍ଧି ଅହ୍ୟ ସୁଲକ୍ଷଣୀ ବୋଲାଇ ପାରିବେ। ତେଲରେ ହେଉ, ଘିଅରେ ହେଉ, ଲୁହରେ ହେଉ, ଏପରିକି ନିଜ ଲୁହରେ ଗୋଳା ସିନ୍ଦୁର ବି, ସମାଜ ସ୍ୱୀକୃତ ହେଲେ ସମାଜରେ ଗୋଟାଏ ସମ୍ମାନଜନକ ଥାନ ମିଳିଯାଏ। ଦାନବ ହେଉ କି ପଶୁ ହେଉ, ପୁଂଲିଙ୍ଗ ହେଲେ ଇ ନାରୀର ହୋଇପାରେ ତ୍ରାଣକର୍ତ୍ତା। ++++ ସ୍ତ୍ରୀ ଲିଙ୍ଗ ବାଚକ ଜାତିଟି ପଘାରେ ବନ୍ଧା ଗାଈ। ଟାଣି ଆଣି ଯାହାକୁ ଖୁଣ୍ଟରେ ବାନ୍ଧିଦେଲେ ବି ଚଳିବ। ପାଟିବୁଜି ମାଇପ ହେବ, ବାଛୁରି ପକେଇବ, ମା' ହେବ, ସେତିକି ସ୍ତ୍ରୀ ଜନ୍ମର ସାର୍ଥକତା। ଆଉ ଲୋଡ଼ା କ'ଣ? ହମ୍ବା ରଡ଼ି ଦେଇ ପ୍ରତିବାଦ କଲେ ବି ଶୁଣୁଛି କିଏ? ସ୍ତ୍ରୀ ବେକର ପଘା ତ ସମାଜ ହାତରେ। ସ୍ତ୍ରୀ ଜାତିଟା କ'ଣ ସମାଜ ଠୁଁ ବଡ଼ ନା ବଳୀୟାନ, ଯେ ତା' ପ୍ରାଣର ଭାଷା କାହାକୁ ଶୁଭିବ! ଶୁଭିଲେ ବି ଖାତିରି କରୁଛି କିଏ?" (ପୁଲିଙ୍ଗ-ପୃ-୨୦୭)

ଏହି କଟ୍ଟରପନ୍ଥୀ ନାରୀବାଦରେ ଚିନ୍ତାଚେତନା ଗତ ପାର୍ଥକ୍ୟ ଯୋଗୁଁ କାଳକ୍ରମେ ଅନେକ ଶାଖାର ଉତ୍ପତ୍ତି ଘଟିଛି। ଦୃଷ୍ଟାନ୍ତସ୍ୱରୂପ ସମାଜବାଦୀ, ମାର୍କସବାଦୀ, ସାଂସ୍କୃତିକ ଏବଂ ପରିସଂସ୍ଥୀୟ ନାରୀବାଦ ଆଦିକୁ ଗ୍ରହଣ କରାଯାଇପାରେ। ମାତ୍ର ଏହା ମଧ୍ୟରୁ ଶ୍ରୀମତୀ ରାୟଙ୍କର ଗଳ୍ପଗୁଡ଼ିକରେ ସାଂସ୍କୃତିକ ଏବଂ ପରିସଂସ୍ଥୀୟ ନାରୀବାଦର ପ୍ରତିଫଳନ ଯେ ଅଧିକା କହିବା ଅତ୍ୟୁକ୍ତି ହେବନାହିଁ।

ସାଂସ୍କୃତିକ ନାରୀବାଦ (Cultural Feminism)

ଏହି ନାରୀବାଦୀମାନଙ୍କ ମତରେ ନାରୀର ଯେଉଁ ପ୍ରକୃତି ରହିଛି ତାହା ପୁରୁଷଠାରୁ ଭିନ୍ନ ଏପରିକି ଶ୍ରେଷ୍ଠ ମଧ୍ୟ। ତେଣୁ ନାରୀ ନିଜର ଏହି ଗୁଣାବଳୀକୁ ଚିହ୍ନିବା ସହ ତାକୁ ଆହୁରି ବର୍ଦ୍ଧିତ କରିବା ଉଚିତ।(୭) ନାରୀର ଯେଉଁ ଗୁଣାବଳୀ ରହିଛି ତାକୁ ପ୍ରାଥମିକତା ଦିଆଯିବା ଉଚିତ। ଏମାନଙ୍କ ମତରେ ସମାଜରେ ଦୁଇ ପ୍ରକାର ସଂସ୍କୃତି ରହିଛି ଯଥା- ଦୃଶ୍ୟଶୀଳ ସଂସ୍କୃତି ଏବଂ ଅଦୃଶ୍ୟ ସଂସ୍କୃତି। ଏହି ଦୃଶ୍ୟଶୀଳ ସଂସ୍କୃତି ହେଉଛି ପୁରୁଷ ସଂସ୍କୃତି ଏବଂ ଏହି ଯେଉଁ ପୁରୁଷ ସଂସ୍କୃତି ରହିଛି ତାହାହିଁ ସମାଜକୁ ଶାସନ କରିଥାଏ। ଅନ୍ୟ ପକ୍ଷରେ ଅଦୃଶ୍ୟ ସଂସ୍କୃତି ହେଉଛି ନାରୀର। ତେଣୁ

ଆବଶ୍ୟକତା ରହିଛି ପୁରୁଷ ସଂସ୍କୃତିକୁ ବାଦ୍ ଦେଇ ନାରୀ ସଂସ୍କୃତିକୁ ଆଣିବାକୁ। ତେଣୁ ପୁରୁଷର ଶବ୍ଦକୋଷରେ ନାରୀପାଇଁ ବ୍ୟବହୃତ ଦୁଇଟି ଶବ୍ଦ ଯଥା- ଅବଳା ଓ ଦୁର୍ବଳା କେବଳ ନାରୀର ପରିଚୟ ନୁହେଁ। ସେ ମଧ୍ୟ ଶ୍ରେଷ୍ଠଗୁଣରେ ମହିମାନ୍ୱିତ ଭଳି ଚିନ୍ତନର ପ୍ରତିଫଳନ ଶ୍ରୀମତୀ ରାୟଙ୍କର କେତେକ ଗଳ୍ପରେ ଦେଖିବାକୁ ମିଳେ। ସମ୍ପ୍ରତି ନାରୀ ନିର୍ଯ୍ୟାତନା ପ୍ରତି ଆକ୍ଷେପୋକ୍ତି ସହିତ ଏହା ବିରୁଦ୍ଧରେ ସ୍ୱର ଶୁଣିବାକୁ ମିଳେ ଗାଳ୍ପିକାଙ୍କର 'ନିଆଁ' ଗଳ୍ପରେ। "ଘରଦ୍ୱାର, ବସ୍ ଟ୍ରେନ, ଜଳାଇଲେ ଜେଲ ଅଛି– ସ୍ତ୍ରୀକୁ ଜଳାଇଲେ ଲୋକ ନିରପରାଧ ଖଲାସ ହୋଇଯାଉଛି। ଝିଅଟି ଉତ୍ତେଜିତ ସ୍ୱରରେ ପ୍ରଶ୍ନକଲା ++++ ହଁ ଯିଏ ଜଳେ ତା'ରି ସବୁ ଦୋଷ ++++ ତେବେ ନିଆଁର କିଛି ଦୋଷ ନାହିଁ? ଝିଅଟି ପ୍ରଶ୍ନକଲା।

ନା।

ମୁଁ ତେବେ ନିଆଁ ହେବି ମା'- ନିଆଁ!" (କଲେଜ ଗପ -ପୃ-୧୧୪) ନାରୀ ନିଜ ଭିତରର ସ୍ୱାଭିମାନକୁ କିପରି ଆଦର୍ଶରେ ପରିଣତ କରିଦେଇପାରେ ତାହାର ନିଦର୍ଶନ ଦେଖିବାକୁ ମିଳେ ଗାଳ୍ପିକାଙ୍କର 'ଶୁଭ ସଂଧ୍ୟା' ଗଳ୍ପରେ। ଗୋଟିଏ ଦିଗରେ ପୁରୁଷର ସ୍ୱାର୍ଥପରତା କେବଳ ପୁରୁଷ ନୁହେଁ ନାରୀକୁ ଯେ ଅନ୍ଧ କରିଦେଇପାରେ ତାହାର ନିଦର୍ଶନ ରହିଛି 'ମିଛ ଈଶ୍ୱର' ଗଳ୍ପରେ। ଏଥିରେ ଗାଳ୍ପିକା ପୁରୁଷକୁ ଈଶ୍ୱର ମଣି ଏକ ଦୟନୀୟ ଜୀବନ ବଞ୍ଚୁଥିବା ନାରୀମାନଙ୍କ କ୍ଷେତ୍ରରେ ସଚେତନତା ଆଣିବାପାଇଁ ଉଦ୍ୟମ କରିଛନ୍ତି। ଏହି ଦୃଷ୍ଟିକୋଣରୁ ଗାଳ୍ପିକାଙ୍କର 'ଉତ୍କ୍ରାନ୍ତି' ମଧ୍ୟ ଏକ ଅସାଧରଣ କୃତି। ନିଜର ସ୍ୱାର୍ଥ ଏବଂ ପୁରୁଷତ୍ୱର ଅହଂ ଭାବନାରେ ଯେଉଁ ପୁରୁଷ ନାରୀକୁ ରଣଗ୍ରସ୍ତ କରିଦେଇଛି। ସେହି ନାରୀ ପ୍ରକୃତ ପକ୍ଷେ ନିଜ ଅଧିକାର ସଂପର୍କରେ ସଚେତନ ହେବା ସହ ନିଜକୁ ଓ ନିଜ ଆତ୍ମାକୁ ଚିହ୍ନିବା ଉଚିତ ଭଳି ବାର୍ତ୍ତାର ପ୍ରତିଫଳନ ଦେଖିବାକୁ ମିଳେ ଉକ୍ତ କୃତିରେ। "ଗୁଡ଼ାଏ କଲଚରାଲ୍ କସ୍‌ମେଟିକ୍ସ, ଆମ ଭାବନାକୁ ପଙ୍ଗୁ କରିଦେଉଛି। ଆମେ ସଂସ୍କାର ନୁହେଁ, କୁ ସଂସ୍କାର ଜାଲରେ ବନ୍ଦୀ। ନାରୀ ଯେ ପର୍ଯ୍ୟନ୍ତ ଶାଢ଼ି, ଗହଣା, ସିନ୍ଦୁର, ଶଙ୍ଖାଠାରୁ ନିଜକୁ ମୁକ୍ତ କରିନପାରିଛି, ତାକୁ କୌଣସି ଆଇନ, କୌଣସି ଇଜମ୍ ମୁକ୍ତ କରିପାରିବ ନାହିଁ।" (ଶୈଳଶାୟିନୀ-ପୃ-୧୧୭) ଗଳ୍ପର ଏହିଭଳି ପଙ୍‌କ୍ତି ଗାଳ୍ପିକାଙ୍କର ସାଂସ୍କୃତିକ ନାରୀବାଦୀ ଦୃଷ୍ଟିଭଙ୍ଗୀକୁ ସ୍ପଷ୍ଟ କରିଥାଏ। ଏହା ବ୍ୟତୀତ ଯେଉଁ ରଢ଼ୀବାଦୀ ସମାଜ ପରମ୍ପରା ଏବଂ ନୀତିନିୟମର ଅଳଙ୍କାରରେ ସଜାଇ ନାରୀର ଜୀବନଟିକୁ ଭାରାକ୍ରାନ୍ତ କରିଦେଇଛି ସେହି ସମାଜରେ ଏକ ସଚେତନତା ଆଣିବା ସହ, ଏକ ପରିବର୍ତ୍ତନର ସମ୍ଭାବନା ମଧ୍ୟ ଦେଇଛନ୍ତି ଗାଳ୍ପିକା। "ନାରୀକୁ ଶାଢ଼ି, ଗହଣା, ପ୍ରସାଧନରେ ସଜାଇ, ତାକୁ

ଭୋଗ୍ୟ କରିବାପାଇଁ ଆମେ ପୁରୁଷମାନେ ତା'ର ବାହ୍ୟ ରୂପରେ ମୁଗ୍ଧ ହୋଇ ରହୁ ଏବଂ ଏକ ଛଳଜୀବନ ବଞ୍ଚିରହୁ ନାରୀର ଅନ୍ତଃରୂପ ଆମଠାରୁ ଅଦୃଶ ରହିଯାଏ।" (ଶୈଳଶାୟିନୀ-ପୃ-୧୧୮) କିଛି ଘଟଣା ପୁରୁଷର ମନସ୍ତତ୍ତ୍ୱରେ ଏପରି ପ୍ରଭାବ ପକାଇଥାଏ ଯେ, ଘଡ଼ିକରେ ସେ ମଣିଷରୁ ରାକ୍ଷାସ ସ୍ତରକୁ ଓହ୍ଲେଇ ଆସେ ଏବଂ ନିଜର ପାଶବିକତାକୁ ପ୍ରମାଣିତ କରିବାପାଇଁ ନାରୀକୁ ରକ୍ତାକ୍ତ କରିବାର ପନ୍ଥା ଖୋଜେ। ମାତ୍ର ନାରୀ ଯେ କେବଳ ରକ୍ତାକ୍ତ ହେବାକୁ ନୁହେଁ ରକ୍ତାକ୍ତ କରିବାପାଇଁ ମଧ୍ୟ ସମର୍ଥ ତାହା ନାରୀ ବୁଝିବା ଉଚିତ। ଏହିଭଳି ସାଂସ୍କୃତିକ ନାରୀବାଦୀ ଚିନ୍ତନକୁ ଗାଳ୍ପିକା ପ୍ରତିଫଳିତ କରିଛନ୍ତି 'ଅମୂର୍ତ୍ତ' ଗଳ୍ପରେ। ଏହା ବ୍ୟତୀତ ଗାଳ୍ପକା ଏଥିରେ ନାରୀ ପୁରୁଷ ଭିତରର ସମ୍ପର୍କକୁ ମନସ୍ତାତ୍ତ୍ୱିକ ଦିଗରୁ ମଧ୍ୟ ବିବେଚନା କରିବାପାଇଁ ଉଦ୍ୟମ କରିଛନ୍ତି। ଜୀବନରେ କର୍ମ ହିଁ ମୋକ୍ଷର ପ୍ରକୃତ ସଂଜ୍ଞାଭଳି ଚିନ୍ତନର ପ୍ରତିଫଳନ ଘଟିଛି ଗାଳ୍ପିକାଙ୍କର 'ଷଷ୍ଠସତୀ' ଗଳ୍ପରେ। କର୍ମତତ୍ପର ଗଣିକାଟିଏବି ସାଧୁ ଅପେକ୍ଷା ଅଧିକ ସତୀ ହୋଇପାରେ ଏବଂ ମୋକ୍ଷ ଲାଭ କରିପାରେ ଭଳି ଚିନ୍ତନ ଉକ୍ତ କୃତିକୁ ଅସାଧରଣ କରି ତୋଳିଛି।

ପରିସଂସ୍ଥୀୟ ନାରୀବାଦ (Eco Feminism)

ନାରୀବାଦର ଏହି ଚିନ୍ତନ ଏକ ପରିକଳ୍ପନା ଉପରେ ଆଧାରିତ। ଏହି ନାରୀବାଦୀମାନଙ୍କ ମତରେ ନାରୀ ପ୍ରକୃତି ସହିତ ଗଭୀରଭାବେ ସମ୍ପୃକ୍ତ କାରଣ ନାରୀ ଓ ପ୍ରକୃତି ଭିତରେ କିଛି ଗୁଣାବଳୀ ଗତ ସାମଞ୍ଜସ୍ୟ ରହିଛି। ଯେପରି ପ୍ରଜନନ ଓ ଲାଳନ ପାଳନ କ୍ଷମତାକୁ ଗ୍ରହଣ କରାଯାଇପାରେ। ପ୍ରକୃତି ଯେପରି ସମଗ୍ର ବିଶ୍ୱର ଲାଳନ ପାଳନ କରିଥାଏ ନାରୀ ସେହିପରି ନିଜ ପରିବାରର।(୮) ତେଣୁ ନାରୀ କେବେହେଲେ ପ୍ରକୃତିକୁ ଏକ ବସ୍ତୁରୂପେ ଦେଖିନଥାଏ। ମାତ୍ର ପୁରୁଷ ଓ ପ୍ରକୃତି ଭିତରେ ଯେହେତୁ ଗୁଣାବଳୀ ଗତ ପାର୍ଥକ୍ୟ ରହିଥାଏ ତେଣୁ ସେ ପ୍ରକୃତିକୁ ଯେପରି ଏକ ବସ୍ତୁଭାବେ ପରିକଳ୍ପନା କରିଥାଏ ସେହିପରି ନାରୀକୁ ମଧ୍ୟ। ତେଣୁ ଉଭୟଙ୍କୁ ଶୋଷଣ କରିବାର ମାନସିକତା ତା' ପାଖରେ ରହିଛି। ନାରୀବାଦକୁ କେନ୍ଦ୍ରକରି ଏହିଭଳି ଚିନ୍ତନର ପ୍ରତିଫଳନ ଗାଳ୍ପିକାଙ୍କର କେତେକ କୃତିରେ ଦେଖିବାକୁ ମିଳେ। ସମାଜ ଆଜି ନାରୀକୁ କିପରି ଏକ ବସ୍ତୁରେ ପରିଣତ କରିଦେଇଛି ତାହାର ନିଦର୍ଶନ ଦେଖିବାକୁ ମିଳେ 'ଦୁହିତା' ଗଳ୍ପରେ। "ପାଣ୍ଡବ ଓ କୌରବ ସମ୍ପତ୍ତି ବିବାଦରୁ ଦ୍ରୌପଦୀ ହିଁ ବିବସନା ହୁଏ ରାଜସଭାରେ। ରାମ ରାବଣ ବିବାଦରେ ସୂର୍ପଣଖାର ନାସା ଛେଦନ ହୁଏ। ସୀତା ହୁଅନ୍ତି ଅଶୋକ ବନରେ ବନ୍ଦିନୀ। ପୁରୁଷ ପୁରୁଷ ମଧ୍ୟ ଶତ୍ରୁତାର ପରିଣତି ହୁଏ ପତ୍ନୀହରଣ କନ୍ୟାଧର୍ଷଣ!" (ଉଲ୍ଲଂଘନ - ପୃ-୧୩୫) ଏହାବ୍ୟତୀତ ଗଳ୍ପର

ଅନ୍ୟ କେତେକ ପଙ୍କ୍ତି "ତେଣୁ ଝିଅ ଆଜି ଯଦି ଭଗବାନ୍ ବିଷ୍ଣୁ ଯୋଗନିଦ୍ରାରେ ଅଭିଭୂତ, ଯଦି ଆଜି ମହାକାଳ ନିଦ୍ରିତ ଏବଂ ଭୂମିଶାୟୀ ତେବେ ଆଦ୍ୟାଶକ୍ତିଙ୍କର ଗୋଟିଏ ସ୍ଫୁଲିଙ୍ଗ ଯଦି ତୋ ଭିତରେ ଅଛି ସେତିକିରେ ମହାକାଳଙ୍କୁ ଜାଗ୍ରତ କରିପାରିବାର କ୍ଷମତା ତୋର ଅଛି। ଦାନବକୁଳ ଧ୍ୱଂସ କରିବାର ଶକ୍ତି ତୋ ଭିତରେ ଜଳୁଛି।"(ଉଲ୍ଲଂଘନ- ପୃ- ୧୩୮)ରୁ 'ସାଂସ୍କୃତିକ ନାରୀବାଦ'(Cultural Feminism)କୁ ଏହା ପ୍ରତିଫଳିତ କରୁଛି । ନାରୀବାଦର ଏହିଭଳି ଅନେକ ଚିନ୍ତନର ପ୍ରତିଫଳନ ସତ୍ତ୍ୱେ ମାତୃତ୍ୱକୁ ନାରୀର ସ୍ୱୟଂସମ୍ପୂର୍ଣ୍ଣ ସ୍ୱରୂପ ଭାବେ ଗଳ୍ପିକା ପ୍ରତିଫଳିତ କରିଛନ୍ତି। ଜନ୍ମଠାରୁ ମୃତ୍ୟୁ ପର୍ଯ୍ୟନ୍ତ ନାରୀକୁ ହିଁ ପ୍ରତି କ୍ଷେତ୍ରରେ ସାଲିସ୍ କରିବାକୁ ପଡ଼ିଥାଏ। କେତେବେଳେ ମାନ ମହତ ପାଇଁ ପେଟର ଭୋକକୁ ତ କେତେବେଳେ ମନର ଭୋକକୁ ମାରିବାକୁ ହୋଇଥାଏ। ନାରୀଯେ ଜଣେ ମଣିଷ ଏବଂ ପ୍ରକୃତିର ସ୍ୱାଭାବିକ ପ୍ରକ୍ରିୟା ଅନୁସାରେ ତା'ର ମଧ୍ୟ ଯେ ଗୋଟେ ମନ ଅଛି, ତାହା କେହି ବୁଝିବାକୁ ନାରାଜ। ତେଣୁ ସେ ହେଉଛି ସର୍ବଂସୁହା ଧରିତ୍ରୀ। ସିଗ୍‌ମଣ୍ଡ ଫ୍ରଏଡଙ୍କ ତତ୍ତ୍ୱ ଅନୁସାରେ ଏହି ନାରୀର ଅବଚେତନ ମନରେ ଅବଦମିତ ଆଶାକୁ ନେଇ ରଚିତ ହୋଇଛି 'ଶାପ୍ୟ' ଗଳ୍ପ। "ଏହି ନାରୀର ମନଟା ପ୍ରାୟ କାଠଚମ୍ପା ଭଳି ନୁହେଁ କି! ଉପରକୁ ସାଦା, ଧଳା ସନ୍ୟାସିନୀ ଭଳି, ପାଖୁଡ଼ା ଭିତରକୁ ଗଭୀରେ ଚାହିଁଲେ ଲୁଚାଛପା ଶଙ୍ଖିଲା ରଙ୍ଗ। ଯେମିତି ଫୁଲ ନୁହେଁ, ମଣିଷର ମୁହଁ ଗହୀରରେ ମନ।"(ପୃ-୧୩୩) ବାସ୍ତବିକ ଗଳ୍ପିକାଙ୍କର ଏହି ସୃଷ୍ଟିଟି ନାରୀ ମନର ଏକ ବିଶ୍ଳେଷଣ କହିଲେ ଅତ୍ୟୁକ୍ତି ହେବନାହିଁ। କଟ୍ଟରପନ୍ଥୀ ନାରୀମାନେ ସାଧାରଣତଃ ଯେଉଁ ପ୍ରସଙ୍ଗ ୧୯୬୮ରେ Miss America Beauty Contest (୯)ରେ ଉତ୍‌ଥାପିତ କରିଥିଲେ ଯେ ସୌନ୍ଦର୍ଯ୍ୟ ପ୍ରତିଯୋଗିତା ନାରୀକୁ ଏକ ବସ୍ତୁ ସର୍ବସ୍ୱରେ ପରିଣତ କରିଦେଉଛି। ସେହି ପ୍ରସଙ୍ଗକୁ ଗଳ୍ପିକା 'ଗୋପନ ପତ୍ର' ଗଳ୍ପରେ ଉତ୍‌ଥାପିତ କରିଛନ୍ତି। ଗଳ୍ପିକାଙ୍କର ବିବାହପାଇଁ କନ୍ୟାଦେଖା ସମ୍ପର୍କିତ ପ୍ରହସନକୁ ଏହି ଦୃଷ୍ଟିକୋଣରୁ ଗ୍ରହଣ କରାଯାଇପାରେ। "ଚା', ଜଳଖିଆ, ପାନପ୍ଲେଟ ଧରି ବରପକ୍ଷ ସମ୍ମୁଖରେ କନ୍ୟାଟି ନିଜକୁ ପ୍ରଦର୍ଶନ କରିବା, ଚାକିରି ପ୍ରାର୍ଥୀ ଭଳି କନ୍ୟାପକ୍ଷ ତ ତିନି ଚାରିଜଣଙ୍କର ପ୍ରଶ୍ନ ସବୁର ଉତ୍ତର ଦେବା ଏବଂ ଏପରିକି ବରର ମାଆ ବା ପିଉସୀ କନ୍ୟାକୁ ଘର ଭିତରକୁ ଡାକିନେଇ ତା'ର ପାଦ, ପାଦ ଆଙ୍ଗୁଳି, ବଳାଗଣ୍ଠି ଏପରିକି ପେଣ୍ଡାରୁ ଶାଢ଼ିଟେକି ତନଖି କରୁଥିଲେ। ବେଣୀ ଖୋଲି ଦେଖୁଥିଲେ କନ୍ୟା କେଶବତୀ ନା ଭିତରେ ନକଲି କେଶ। ହାତର ପାପୁଲିକୁ ଚିପି ଆଙ୍ଗୁଳିକୁ ଭାଙ୍ଗି ଦେଖୁଥିଲେ କୋମଳ ନା ରୁକ୍ଷ। ସେଥିରୁ କୁଆଡ଼େ ଜଣାପଡ଼େ କନ୍ୟାର ବ୍ୟକ୍ତିତ୍ୱ ଓ ଘରର ବୁନିଆଦି।" (ଶୈଳଶାୟିନୀ-ପୃ-୧୯୨)

ଏହା ବ୍ୟତୀତ ବେଳେବେଳେ ନିଆଯାଇଥିବା ନିଷ୍ପତ୍ତି ମନ ଭିତରେ ଯେଉଁ ପଶ୍ଚାତ୍ତାପ ମାନସିକତା ସୃଷ୍ଟି କରିଥାଏ । ତାହାକୁ ମଧ୍ୟ ଗାଳ୍ପିକା ପ୍ରତିଫଳିତ କରିଛନ୍ତି ଉକ୍ତ କୃତିରେ । ଗାଳ୍ପିକାଙ୍କର 'ମାତୃଦାନ' ଏକ ଉଚ୍ଚକୋଟିର କୃତି । ସମାଜ ଯେଉଁ ନାରୀକୁ ବସ୍ତୁରେ ପରିଣତ କରିଦେଇଛି । ସେ ଯେ ବସ୍ତୁ ନୁହେଁ ତା'ର ମଧ୍ୟ ଜୀବନ ଅଛି । ତା'ର ମଧ୍ୟ ଜୈବିକ ପ୍ରବୃତ୍ତି ଅଛି ଏବଂ ସେ ଯେ ଦୁଃଖ ଓ ସୁଖ ଅନୁଭବ କରିପାରେ ତାହା ଏହି ରଢ଼ିବାଦୀ ସମାଜର କଳ୍ପନା ବାହାର ପ୍ରସଙ୍ଗ । ତେଣୁ ଏହି ନାରୀ ନିଜକୁ ଚିହ୍ନିବା ସହିତ ନିଜ ସୁଖ ଦୁଃଖକୁ ଗୁରୁତ୍ୱ ଦେବା ଉଚିତ ଭଳି ବାର୍ତ୍ତା ରହିଛି ଉକ୍ତ କୃତିରେ । ଏହା ମଧ୍ୟ ଦେଇ ଗାଳ୍ପିକାଙ୍କର ସାଂସ୍କୃତିକ ନାରୀବାଦୀ ଦୃଷ୍ଟିଭଙ୍ଗୀର ପରିଚୟ ମିଳିଥାଏ । ଏହା ବ୍ୟତୀତ ଯୌତୁକ ନାମରେ ସମ୍ପ୍ରତି ଆଇନର ଅପବ୍ୟବହାର ପ୍ରସଙ୍ଗକୁ ମଧ୍ୟ ଗାଳ୍ପିକା ଏଥିରେ ପ୍ରତିଫଳିତ କରିବା ସହ ଏକ ସଚେତନତା ଆଣିବାପାଇଁ ଉଦ୍ୟମ କରିଛନ୍ତି । ଯାହା ମଧ୍ୟଦେଇ Sexism ପ୍ରସଙ୍ଗର ଉତ୍‌ଥାପନକୁ ମଧ୍ୟ ଅନୁଭବ କରିହୁଏ । ଏହା ବ୍ୟତୀତ ଥେରବାଦ (Tharavada/ Hinayan) ବୌଦ୍ଧଧର୍ମ ଦର୍ଶନରେ ନାରୀକୁ କେନ୍ଦ୍ରକରି ଯେଉଁ ଦୃଷ୍ଟିଭଙ୍ଗୀ ରହିଛି ତାହାର ପ୍ରତିଫଳନ ଉକ୍ତ କୃତିରେ ଦେଖିବାକୁ ମିଳେ । ଅବଶ୍ୟ ମନସ୍ତତ୍ତ୍ୱ ଦୃଷ୍ଟିରୁ ଏହାକୁ ପୁରୁଷର ନାରୀବିଦ୍ୱେଷୀ (Misogany) ପ୍ରବୃତ୍ତି ମଧ୍ୟ କୁହାଯାଇପାରେ । "ଅରୁଣ ହଠାତ୍ ରାଗିଯାଇ କହିଥିଲେ- ତା'ର ପ୍ରକୃତ ରୂପ ତୁ ଦେଖିନୁ । ତା' ଭିତରେ ଅଛି ଗୋଟାଏ ପିଶାଚୁଣୀ । ତୋ ଭିତରେ ବି ଉଦୟା ଭିତରେ ବି- ସ୍ତ୍ରୀ ଲୋକଙ୍କ ଭିତରେ ଦାନବୀ ରାଜତ୍ୱ କରେ ।" (ଶୈଳଶାୟିନୀ-ପୃ-୫୩)

ସଂକେତ ସୂଚୀ

- Lear, Martha Weinman (March 10, 1968). "The Second Feminist Wave: What do these women want?". The New York Times. Retrieved 2018-07-27.
- ^ Henry, Astrid (2004). Not My Mother's Sister: Generational Conflict and Third-Wave Feminism. Indiana University Press. p. 58. ISBN 9780253111227.
- Sigmund Freud, New Introductory Lectures on Psychoanalysis (PFL 2) p. 131
- Freud, Sigmund. The Standard Edition of the Complete Psy-

chological Works of Sigmund Freud. Vol. XIX (1999) James Strachey, Gen. Ed. ISBN 0-09-929622-5
- Maynard, Mary (1995). "Beyond the 'big three': the development of feminist theory into
- The 1990s". Women's History Review. 4 (3): 259–281. doi:10.1080/09612029500200089.
- Giardina, Carol (2010). Freedom for Women : Forging the Women's Liberation Movement, 19531970. University Press of Florida. ISBN 978-0813034560. OCLC 833292896
- Kramarae, Cheris; Spender, Dale (2000). Routledge International Encyclopedia of Women: Global Women's Issues and Knowledge. New York: Routledge. p. 746. ISBN 978-0415920902.
- MacGregor, Sherilyn (2006). Beyond mothering earth: ecological citizenship and the politics of
- care. Vancouver: UBC Press. p. 286. ISBN 978-0-7748-1201-6.

ନାରୀ ସ୍ୱାଧୀନତା ସତ୍ୟ ନା ଭ୍ରମ ?

ଆଜି ଏକବିଂଶ ଶତାବ୍ଦୀରେ ପାଦଦେଇ ଏହିଭଳି ଏକ ପ୍ରଶ୍ନର ଅର୍ଥ କ'ଣ ହୋଇପାରେ । ନିଶ୍ଚିତ ନାରୀ ଆଜି ସ୍ୱାଧୀନ । ପରାଧୀନ ହେବାର ପ୍ରଶ୍ନ କାହିଁକି ଉଠୁଛି ? ସେ ଆଜି ନିଜକୁ ଗଢ଼ିବା ସହିତ ସମାଜକୁ ଗଢୁଛି । ତେଣୁ ସମାଜ ଗଢୁଥିବା ଲୋକଟି ପରାଧୀନ ହେଲା କିପରି ? ପୁରାଣ କହେ ଭଗବାନ ହେଉଛନ୍ତି ସମଗ୍ର ବିଶ୍ୱର ସ୍ରଷ୍ଟା । ସେ ସ୍ରଷ୍ଟା କିନ୍ତୁ ନାରୀ ନୁହେଁ ସେ ପୁରୁଷ । ସେ ପୁରୁଷ ହେଉଛନ୍ତି ବ୍ରହ୍ମା ଯେ ସୃଷ୍ଟି କରନ୍ତି । ବିଷ୍ଣୁ ଯେ ପାଳନ କରନ୍ତି ଓ ମହେଶ୍ୱର ଯେ ସଂହାର କରନ୍ତି । ସେହି ଭଗବାନ ବୃକ୍ଷ, ଲତା, ନଦୀ, ଝରଣା, କିଟ, ପତଙ୍ଗ, ପଶୁ, ପକ୍ଷୀ ଆଦିଙ୍କ ସହିତ ସୃଷ୍ଟି କରିଥାଆନ୍ତି ଆଉ ଏକ ଜୀବ ଯାହାର ନାମ ନାରୀ । ତେଣୁ ଭଗବାନଙ୍କ ଦୃଷ୍ଟିରେ ସମସ୍ତେ ସମାନ । ନିଜର କାର୍ଯ୍ୟ ସାଧନ ପାଇଁ ଏହି ସମଗ୍ର ଜୀବ ଜଗତକୁ ସେ ସୃଷ୍ଟି କରିଛନ୍ତି । ତେଣୁ ସେ କେତେବେଳେ ହାତୀ ବେକ କାଟି ବିଘ୍ନରାଜଙ୍କୁ ଜୀବନ ଦେଇଛନ୍ତି ତ କେତେବେଳେ ଦେବରାଜ ଇନ୍ଦ୍ରଙ୍କର କାମନାର ପରିପୂର୍ତ୍ତି ପାଇଁ ନାରୀକୁ ପାଷାଣୀ କରିଛନ୍ତି । ଅବଶ୍ୟ ଏହା ପଛରେ ରହିଛି ଭଗବାନଙ୍କର ଦୂରଦୃଷ୍ଟି । ପୁଣି ରାବଣକୁ ମାରିବାପାଇଁ ସୀତାଙ୍କୁ ହରଣ ହେବାକୁ ପଡ଼େ । ରାକ୍ଷାସର ବିନାଶ ସହିତ ପ୍ରଭୁଙ୍କର ଜୟଗାନ ହୁଏ । ତେଣୁ ସମୟର ଚାପରେ ଅସ୍ପଷ୍ଟ ହୋଇଥିବା କିର୍ତ୍ତିର ପୁର୍ନଉଦ୍ଧାର ପାଇଁ ଏହି ନାରୀ ଯିଏକି ଭଗବାନଙ୍କର ହାତଗଢ଼ା ଏକ ଜୀବ ତାକୁ ପୁଣି ନିର୍ବାସିତ ହେବାକୁ ପଡ଼େ । ଜୟ ଜୟକାର ହୁଏ ପ୍ରଭୁଙ୍କର କାରଣ ନାକ କଟାହୁଏ ନାରୀର । ପ୍ରଭୁଙ୍କର କିର୍ତ୍ତିଗାନ ପାଇଁ କେତେବେଳେ ଏହି ନାରୀକୁ କୁବୁଜା ଭଳି ବିକୃତ କରାଯାଏ ତ କେତେବେଳେ ମା' ଦୁର୍ଗାଙ୍କ ଭଳି ଜଗନ୍ମୋହିନୀସ୍ୱରୂପ ପ୍ରଦାନ କରାଯାଏ । ରାକ୍ଷାସକୁ ମାରିବାପାଇଁ ତାଙ୍କୁ କେବଳ ଶଙ୍ଖ, ଚକ୍ର, ଗଦା, ପଦ୍ମ, ତ୍ରିଶୁଳ, ଭାଲା ଆଦି ପ୍ରଦାନ କରାଯାଏ ନାହିଁ । ନାନା ଅଳଙ୍କାର, ବସ୍ତ୍ର ଓ ପୁଷ୍ପଦ୍ୱାରା ତାଙ୍କୁ ତ୍ରିପୁର ଭୁବନ ବିମୋହିନୀ ରୂପରେ

ସଜାଇ ଦିଆଯାଏ। ପୁଣି ନିର୍ଦ୍ଦେଶ ଆସେ ଅଳଙ୍କାର, ବସ୍ତ୍ର ଓ ପୁଷ୍ପ ତ୍ୟାଗକରି ବିବସ୍ତ୍ରା ହେବାକୁ। ଏହିଭଳି ରାକ୍ଷାସକୁ ମାରିବାକୁ କେତେବେଳେ ନାରୀକୁ ବିବସ୍ତ୍ରା ହେବାକୁ ପଡ଼େ ତ କେତେବେଳେ ରାକ୍ଷାସର ଜନ୍ମପାଇଁ ମହିଁଷି ସହିତ ଶୃଙ୍ଗାର କରିବାକୁ ପଡ଼େ। ସବୁକିଛି ହୁଏ କେବଳ ପ୍ରଭୁଙ୍କର ନିର୍ଦ୍ଦେଶରେ, ପ୍ରଭୁଙ୍କର ସ୍ୱାର୍ଥ ସାଧନପାଇଁ ଏବଂ ତାଙ୍କର ଗୁଣଗାନ ପାଇଁ। କେବଳ ଏତିକି ନୁହେଁ ନିଜଦ୍ୱାରା ସୃଷ୍ଟି ଅଧର୍ମର ବିନାଶ କରି ଧର୍ମ ସଂସ୍ଥାପନା ପାଇଁ ରଜୋବତୀ ନାରୀକୁ ବିବସ୍ତ୍ରା କରାଯାଏ। ହେଲେ ପ୍ରଭୁଙ୍କର ଅକ୍ଷୟ କିର୍ତ୍ତି ପାଇଁ ପୁଣି ନାରୀକୁ ବସ୍ତ୍ରଦ୍ୱାରା ଆଚ୍ଛାଦିତ କରିଦିଆଯାଏ। କେତେବେଳେ ଭିନ୍ନ ଭିନ୍ନ ପୁରୁଷଠାରୁ ପ୍ରାପ୍ତ ସନ୍ତାନର ଜନନୀକୁ ସତୀ ଆକ୍ଷା ଦିଆଯାଏ ତ କେତେବେଳେ ମନପ୍ରାଣ ଦେଇ ଗୋଟିଏ ପୁରୁଷ ପାଖରେ ନିଜକୁ ସମର୍ପିଥିବା ନାରୀକୁ ଅସତୀ କୁହାଯାଏ। ସବୁକିଛି ହୁଏ ଧର୍ମ ସଂସ୍ଥାପନା ପାଇଁ। ଏହି ପ୍ରଭୁ ପୁଣି ଲୁଚକାଳି ଖେଳନ୍ତି ତାଙ୍କୁ ଖୋଜିବାପାଇଁ ନିର୍ଦ୍ଦେଶ ଆସେ ଏବଂ ମାଧ୍ୟମ ବନେ ପୁଣି ନାରୀ। ତା'ର ପ୍ରେମ, ସ୍ନେହ, ଭାବନା, ସମର୍ପଣଭାବ ସହିତ ଖେଳି କି ସୁନ୍ଦର ରାସ୍ତାସାରା ବୁଣାହୁଏ ଶୋରିଷ ଓ ଠାବ ମିଳେ ଭଗବାନଙ୍କର। ଏ ସବୁ ପୁରାଣ ଓ ମିଥ୍ ଜଣାନାହିଁ ସତରେ ଥିଲା କି ନାହିଁ। ହେଲେ ଏହା ସତ ଯେ ଯାକୁ କେହି ଜଣେ ଲେଖିଛି। ହେଲେ ସେହି କେହି ଜଣକ କିଏ ? ପୁରୁଷ ତ ? ସେଇଥିପାଇଁ ବୋଧହୁଏ ଏହି ପୁରୁଷ କଣ୍ଢେଇଟିଏ ଭଳି ଯେତେବେଳେ ଚାହିଁଛି ନାରୀକୁ ଗଢ଼ିଛି ଯେତେବେଳେ ଚାହିଁଛି ଭାଙ୍ଗିଛି। ଯେତେବେଳେ ଚାହିଁଛି ତାକୁ ସଜେଇଛି ପୁଣି ଯେତେବେଳେ ଚାହିଁଛିତାକୁ ବିବସ୍ତ୍ରା କରିଛି। କେତେବେଳେ ସୁନ୍ଦର ତ କେତବେଳେ ବିକୃତ। କେତେବେଳେ ଅବଳା, ଦୁର୍ବଳା ତ କେତେବେଳେ ସଂହାରକାରିଣୀ। ଏହି କାହାଣୀ କେବଳ ଭାରତର ନୁହେଁ ସମଗ୍ର ବିଶ୍ୱରେ ଏହିଭଳି ଅନେକ କାହାଣୀ ଗଢ଼ିଉଠିଛି ଯାହାର ନାୟକ ଓ ସୃଷ୍ଟିକର୍ତ୍ତା ହେଉଛି ପୁରୁଷ।

ଇଏ ତ ଗଲା ପୁରାଣର କଥା। ବିଜ୍ଞାନର କଥା କିନ୍ତୁ ଭିନ୍ନ। ବୈଜ୍ଞାନିକ Charls Darwinଙ୍କର ପୁସ୍ତକ The theory of natural selection ଅନୁସାରେ ସମଗ୍ର ବିଶ୍ୱ ଓ ଜୀବଜଗତର ସୃଷ୍ଟି ଏକ ବିବର୍ତ୍ତନ ପ୍ରକ୍ରିୟା ମାଧ୍ୟମରେ ହୋଇଛି। ମାତ୍ର ଏହି ବିବର୍ତ୍ତନ ଯେ ଅନୁବାଂଶିକ ବିଭିନ୍ନତା (Genetic Variation) ମାଧ୍ୟମରେ ହୋଇଛି ତାହାର ପ୍ରମାଣ Synthetic theory of evolutionରୁ ମିଳିଥାଏ। ଏହି ମନୁଷ୍ୟର ସମୁଦାୟ ୨୦ରୁ ଊର୍ଦ୍ଧ୍ୱ ପ୍ରଜାତି ଏହି ଧରାପୃଷ୍ଠରେ ନିଜ ଯାତ୍ରା ଆରମ୍ଭ କରିଥିଲେ ମଧ୍ୟ ଶେଷରେ କେବଳ ଗୋଟିଏ ମାତ୍ର ପ୍ରଜାତି ଯାହାକୁ ହୋମୋ ସେଫିଆନସ୍ (Homo Sapiens) କୁହାଯାଏ ସେହିମାନେ ହିଁ ବଞ୍ଚି ରହିଥିଲେ।

ଯେଉଁମାନଙ୍କଠାରୁ ଆଜିର ଆଧୁନିକ ମଣିଷର ସୃଷ୍ଟି ହୋଇଛି । ତେଣୁ ଏଥିରୁ ଜଣାଯାଏ ଯେ ଆମର ପୂର୍ବପୁରୁଷ ବଣମଣିଷ ଥିଲେ । ସେତେବେଳେ ସ୍ତ୍ରୀ ଓ ପୁରୁଷର କୌଣସି ସଂଜ୍ଞା ନ ଥିଲା । ଖାଦ୍ୟ, ଶିକାର, ଶୃଙ୍ଗାର ସବୁଥିରେ ସମସ୍ତଙ୍କର ସମାନ ଭାଗ ରହିଥିଲା । ଅବଶ୍ୟ ପଥର ଯୁଗକୁ କେନ୍ଦ୍ରକରି କିଛି ଭିନ୍ନ ମତ ପ୍ରଦାନ କରାଯାଇଛି । ତେଣୁ ଏଥିରୁ ଆମେ ଜାଣିପାରିବା ପ୍ରକୃତି ନାରୀ ଓ ପୁରୁଷକୁ ଭିନ୍ନଭାବେ ଗଢ଼ିବା ସତ୍ତ୍ୱେ ତାଙ୍କ ଅଧିକାରକୁ କିନ୍ତୁ ସମାନ ରଖିଥିଲା । ତେବେ ଏଠି ପ୍ରଶ୍ନ ଆସୁଛି ନାରୀ ଓ ପୁରୁଷକୁ ଅଧିକାର ଭିତ୍ତିରେ ଅଲଗା କଲା କିଏ ? ଏହାର ଉତ୍ତରସ୍ୱରୂପ ନାରୀ ହେବା ଅସମ୍ଭବ । କାରଣ ଯେଉଁ ଅଧିକାରରେ ଲାଭ ଏପରିକି ଶ୍ରେଷ୍ଠତ୍ୱ ରହିଛି ତାହା ପୁରୁଷ ପଟରେ ରହିଛି । ତେଣୁ ନିଶ୍ଚିତ ଅଧିକାରକୁ ପୁରୁଷର ଦୃଷ୍ଟିଭଙ୍ଗୀ ଓ ସ୍ୱାର୍ଥକୁ କେନ୍ଦ୍ରରେ ରଖି ଭାଗ କରାଯାଇଛି । ବିବର୍ତ୍ତନ ପ୍ରକ୍ରିୟା ଅନୁସାରେ ମଣିଷର ମସ୍ତିଷ୍କର ବୃଦ୍ଧି ଘଟିବା ସହିତ ତାର ବିକାଶ ଘଟିଲା । ହୋଇପାରେ ଏହି ବିକାଶକୁ କେନ୍ଦ୍ରକରି ଅଧିକାର ଭିତ୍ତିରେ ନାରୀ ଓ ପୁରୁଷକୁ ବଣ୍ଟାଗଲା । ବିଜ୍ଞାନର ଦୃଷ୍ଟିରୁ ପୁରୁଷର ମସ୍ତିଷ୍କ ନାରୀଠାରୁ ଦଶଭାଗ ବଡ଼ । ତେଣୁ ବୋଧହୁଏ ଏହାକୁ କେନ୍ଦ୍ରକରି ଡାରଉଇନ୍ ଭଳି ବୈଜ୍ଞାନିକ ମତ ଦେଇଥିଲେ- "A man is intellectually superior to women" ପୁରୁଷ ବୌଦ୍ଧିକ ଦୃଷ୍ଟିରୁ ନାରୀଠାରୁ ଶ୍ରେଷ୍ଠ । ତେବେ ଏହି ଦୃଷ୍ଟିକୋଣରୁ ବିଚାରକଲେ ଗୋଟିଏ ହାତୀର ମସ୍ତିଷ୍କ ୪.୫ ରୁ ୫ କେଜି ପର୍ଯ୍ୟନ୍ତ ହୋଇଥାଏ । ତୁଳନା ଭିତ୍ତିରେ ମଣିଷର ମସ୍ତିଷ୍କଠାରୁ ୩ରୁ ୪ ଗୁଣ ବଡ଼ । ତେବେ ହାତୀକୁ ମଣିଷ ନିଜ ଇଙ୍ଗିତରେ ପରିଚାଳିତ କରୁଛି କିପରି ? ତେଣୁ ଏଥିରୁ ପ୍ରମାଣିତ ହୁଏ ଯେ, ମସ୍ତିଷ୍କ ଶରୀର ଅନୁପାତରେ ବଡ଼ ସାନ ହୁଏ ଏହା ବୌଦ୍ଧିକତା ଉପରେ କୌଣସି ପ୍ରଭାବ ସୃଷ୍ଟି କରିପାରିନଥାଏ । ଏହା ବ୍ୟତୀତ ନାରୀ ମସ୍ତିଷ୍କର ଡାହାଣ ଓ ବାମ ହେମିସ୍ପେଆର (Hemispheres) ଦୁଇଟିକୁ ସମାନଭାବେ ବ୍ୟବହାର କରିପାରିଥାଏ । ଫଳରେ ସେ ଗୋଟିଏ ସମୟରେ ଅନେକଗୁଡ଼ିଏ କାର୍ଯ୍ୟ କରିବାକୁ ସକ୍ଷମ ହୋଇପାରିଥାଏ । ମାତ୍ର ପୁରୁଷ କେବଳ ତା'ର ବାଁ ପଟର ହେମିସ୍ପେଆରକୁ ବ୍ୟବହାର କରୁଥିବା ହେତୁ ଗୋଟିଏ ସମୟରେ କେବଳ ଗୋଟିଏ କାର୍ଯ୍ୟ ଉପରେ ହିଁ ଗୁରୁତ୍ୱ ଦେଇପାରିଥାଏ । ହୋଇପାରେ ଏଇଥିପାଇଁ ବିଶ୍ୱର ଅଧିକାଂଶ ଉଦ୍ଭାବନ ପୁରୁଷମାନଙ୍କ ଦ୍ୱାରା ହୋଇଛି । ମାତ୍ର ପୁରୁଷର ଏହି ଏକନିଷ୍ଠତା ପଛରେ ପ୍ରକୃତରେ ଭୂମିକା ରହିଛି ନାରୀର । ଏହା ବ୍ୟତୀତ ଆଉ ଗୋଟିଏ କଥା ଉପରେ ଏଠି ଗୁରୁତ୍ୱ ଦିଆଯାଇପାରେ ଯେ କୌଣସି କାର୍ଯ୍ୟକୁ ପୁରୁଷ ଏକନିଷ୍ଠ ହୋଇ କରିବାପାଇଁ ଯେତିକି ସୁଯୋଗ ସୃଷ୍ଟି କରାଯାଇଛି ନାରୀ କ୍ଷେତ୍ରରେ କିନ୍ତୁ ତାହା ହୋଇନାହିଁ । ନାରୀକୁ ସର୍ବଂସହା ଧରିତ୍ରୀର ନାମ ଦେଇ ତା' ଉପରେ ଯେଉଁ

ବୋଝଗୁଡ଼ିକୁ ଚାପି ଦିଆଯାଇଛି । ସେଥିରୁ ବାହାରିବା ନାରୀ ପକ୍ଷରେ ସମ୍ଭବ ହୋଇନାହିଁ । ଗୋଟିଏ ପକ୍ଷରେ ଜଣଙ୍କୁ ଗୋଟିଏ ଦାୟିତ୍ୱ ଦିଆଯାଉଛି ଓ ଅନ୍ୟଜଣଙ୍କୁ ଅନେକ । ପୁଣି ତା' ଭିତରେ ବିବେଚନା କରାଯାଉଛି ଗୋଟିଏ ଦାୟିତ୍ୱ ନେଇଥିବା ବ୍ୟକ୍ତିଟି ବୁଦ୍ଧିମାନ । ଯେଉଁମାନଙ୍କୁ ଯୁଗ ଯୁଗ ଧରି ଶିକ୍ଷାଠାରୁ ଦୂରେଇ ରଖାଯାଇଛି ଏବଂ ଶିକ୍ଷାକୁ ଏକ ଏକଚାଟିଆ ଅଧିକାର ଭାବେ ପୁରୁଷକୁ ହିଁ କେବଳ ଦାନ କରାଯାଇଛି । ସେଠି ନାରୀପାଇଁ ବୌଦ୍ଧିକତା ଶବ୍ଦର ପ୍ରୟୋଗ କାହିଁକି କରାଯାଉଛି । ସେମିତି ବି ଦେଖିବାକୁ ଗଲେ ପୁରୁଷ ସମାଜଦ୍ୱାରା ସୃଷ୍ଟି ଶବ୍ଦକୋଷରେ ବୌଦ୍ଧିକର ସ୍ତ୍ରୀ ଲିଙ୍ଗ ନାହିଁ । ଏହାର ଆବଶ୍ୟକତା ମଧ୍ୟ ଅନୁଭବ କରାଯାଇନାହିଁ । ଯିଏ ବୁଦ୍ଧି ବିବେକ ହୀନ ତା' ପାଇଁ ପୁଣି ଗୋଟିଏ ଶବ୍ଦ ସୃଷ୍ଟିର ଶ୍ରମ କାହିଁକି ? ମାତ୍ର ଏହା ଭିନ୍ନ ପ୍ରସଙ୍ଗ ଯେ ଆଜି ଜୋର୍ ଜବରଦସ୍ତି ଆମେ ଏହାର ସ୍ତ୍ରୀ ଲିଙ୍ଗ ଖୋଜୁଛେ । ହେଲେ ପୁରୁଷ ସମାଜ ଏତେ ଅବିବେକୀ ନୁହେଁ । ଅନେକ କ୍ଷେତ୍ରରେ ସେମାନେ ନାରୀକୁ ମଧ୍ୟ ଗୁରୁତ୍ୱ ଦେଇଛନ୍ତି । କାରଣ ଏପରି ଶବ୍ଦ ସୃଷ୍ଟି ହୋଇଛି ଯାହାର ପୁଲିଙ୍ଗ ନାହିଁ । ଯେପରି ସତୀ, ଅସତୀ, ବିଧବା, ସଧବା, ପତିବ୍ରତା, ଡାହାଣୀ, ଚିରିଗୁଣୀ, ରାଣ୍ଡ, ଆଣ୍ଠୁକୁଡି, ବାଞ୍ଝ, ଗୋଟିକିଆ ବାଞ୍ଝ, ଦାରୀ, ବେଶ୍ୟା, କୁଳଟା ଇତ୍ୟାଦି ଇତ୍ୟାଦି । ଏ କ୍ଷେତ୍ରରେ ଅବଶ୍ୟ ପୁରୁଷ ସମାଜର ଉଦାରତା ରହିଛି । ଏହା ବ୍ୟତୀତ ଏହାର ପୁଲିଙ୍ଗ ସୃଷ୍ଟିର ଆବଶ୍ୟକତା ମଧ୍ୟ ପୁରୁଷ ସମାଜ ଅନୁଭବ କରିନଥିଲା । କାରଣ ଯେଉଁ ଶବ୍ଦ ସ୍ୱାଧୀନତା ଏପରିକି ଆତ୍ମାକୁ ମଧ୍ୟ ହରଣ କରିନିଏ ତା'ର ସୃଷ୍ଟିର ଆବଶ୍ୟକତା ନାହିଁ ବୋଲି ଧରିନେବାକୁ ହେବ । ଏହା ଭିତରେ କିନ୍ତୁ ଏତେ ବୌଦ୍ଧିକ ପୁରୁଷ ସମାଜ ଜାଣିପାରୁନଥିଲା କନ୍ୟାସନ୍ତାନ ଜନ୍ମ ପାଇଁ ନାରୀ ନୁହେଁ ସେ ନିଜେ ହିଁ ଦାୟୀ । ଏହି ସୂତ୍ରରେ ସେ ଅପୁତ୍ରିକ ହେବା ପଛରେ ନାରୀ ନୁହେଁ ସେ ନିଜେ ହିଁ କାରଣ । ଏହା ସତ୍ତ୍ୱେ ବି ପୁତ୍ର କାମନାରେ ଗୋଟିଏ ପରେ ଗୋଟିଏ ନାରୀକୁ ବିବାହ କରିବାର ଉଦ୍ଦେଶ୍ୟ କ'ଣ ହୋଇପାରେ ? ଏହି ସୂତ୍ରରେ ପୁଣି ନାରୀ ପୁରୁଷର ଅକ୍ଷମତା ପାଇଁ ସମାଜ ଆଗରେ ବାଞ୍ଝ ସାଜେ କାରଣ ପୁରୁଷ ନିଜ ପାଇଁ ଏଭଳି କୌଣସି ଶବ୍ଦ ସୃଷ୍ଟି କରିନାହିଁ । ନିଜ କାମନା ପୂରଣ ପାଇଁ ଯଦି ନାରୀ ଅସତୀ ସାଜେ ତେବେ ଶହେ ନାରୀର ପତି ପାଇଁ କି ଶବ୍ଦ ହୋଇପାରେ ? ଅର୍ଥ ଉପାର୍ଜନ ପାଇଁ ଯଦି ଜଣେ ବେଶ୍ୟା ସାଜେ ତାକୁ ଆର୍ଥ ଦେଇ ତା'ର ସଙ୍ଗ ଲାଭ କରୁଥିବା ପୁରୁଷର ଉପାଧି କ'ଣ ହୋଇପାରେ ? ସ୍ୱାମୀର ମୃତ୍ୟୁ ପରେ ବିଧବା ଉପାଧି ପାଉଥିବା ନାରୀ ଅଥବା ସ୍ୱାମୀର ଚିତା ସହ ଜଳିଯାଉଥିବା ନାରୀପାଇଁ ସତୀ ଉପାଧି ସୃଷ୍ଟି ହୁଏ । ହେଲେ ପୁରୁଷ କ୍ଷେତ୍ରରେ ଏହା ଅନାବଶ୍ୟକ ପ୍ରସଙ୍ଗ କାରଣ ପୁରୁଷର ପ୍ରବୃତ୍ତି ଭିନ୍ନ । ଆଉ ସମାଜ ଆଗରେ ଏହା

ନାରୀର କାର୍ଯ୍ୟ ପୁରୁଷର ନୁହେଁ। ଏହିଭଳି ଲିଙ୍ଗ ଭିତ୍ତିରେ ହେଉଥିବା ଭେଦଭାବ ସତ୍ତ୍ୱେ ବି ଯଦି କେଉଁ ନାରୀ ସମାଜ ବିରୁଦ୍ଧରେ ଯାଇଁ ଶିକ୍ଷା ଓ ବୌଦ୍ଧିକତାକୁ ହାସଲ୍ କରିବାପାଇଁ ଉଦ୍ୟମ କରିଛି ସେତେବେଳେ ତା'ର ଶିକ୍ଷାକୁ ବେଶ୍ୟା ବୃତ୍ତି ସହ ତୁଳନା କରାଯାଇଛି। ତେଣୁ ଗୋଟିଏ ସମୟରେ ଯଦି ଉଭୟଙ୍କୁ ସମାନ ଅଧିକାର ମିଳିଥାଆନ୍ତା ତା' ପରେ ଏହା କହିବା ଯଥାର୍ଥ ହୋଇଥାଆନ୍ତା ଯେ ପୁରୁଷ ଓ ନାରୀ ଭିତରୁ କାହାର ବୌଦ୍ଧିକତା ଅଧିକ।

ଇଏ ତ ଗଲା ପୁରାଣ ଓ ବିଜ୍ଞାନର କଥା। ଏହା ବ୍ୟତୀତ ଯେଉଁଠି ଏହି ଭେଦଭାବ ଆହୁରି ଉତ୍କଟ ତାହା ହେଉଛି ସମାଜ। ମଣିଷର ବୌଦ୍ଧିକତା ସହିତ ଯେ ଏହି ଭେଦଭାବର ପାଚେରୀ ଆହୁରି ସୁଦୃଢ଼ ହୋଇଛି ବୋଲି କହିବା ଭୁଲ୍ ହେବନାହିଁ। ତେବେ ଏହି ଦୃଷ୍ଟିକୋଣରୁ ବିଚାର କଲେ ଲୋକକାହାଣୀ ଯୁଗର ନାରୀଠାରୁ ଏକବିଂଶ ଶତାବ୍ଦୀର ନାରୀ କଣ ଅଧିକ ଅତ୍ୟାଚାରିତ ? ନିଶ୍ଚିତଭାବେ କାରଣ ଦେଖାଯାଉଥିବା ଉତ୍ପୀଡ଼ନଠାରୁ ନ ଦେଖା ଯାଉଥିବା ଉତ୍ପୀଡ଼ନ ଆହୁରି ଭୟଙ୍କର। ଯେଉଁ ବଣ ମଣିଷର ରକ୍ତରୁ ବା ଜିନ୍ ମାଧ୍ୟମରେ ମଣିଷର ସୃଷ୍ଟି ହେଲା। ସେ ନିଜକୁ ଶୃଙ୍ଖଳିତ ଓ ବ୍ୟବସ୍ଥିତ କରିବାପାଇଁ ନୀତିନିୟମର ଅନେକ ପାଚେରୀ ଗଢ଼ିଲା। ଯେମିତି ଦିନେ କଞ୍ଚାମାଂସ ଖାଉଥିଲା ତାକୁ ରାନ୍ଧି ଖାଇଲା, ଉଲଗ୍ନ ବୁଲୁଥିଲା ପୋଷାକ ପିନ୍ଧିଲା, 'Polygamous' (ଏକାଧିକ ଶୃଙ୍ଗାର ସାଥି) ପ୍ରବୃତ୍ତିକୁ ଛାଡ଼ି 'Monogamous' (ଏକମାତ୍ର ଶୃଙ୍ଗାର ସାଥି)କୁ ଆପଣେଇଲା ବା ଅନ୍ୟଭାବେ କହିଲେ ବିବାହ ବନ୍ଧନରେ ବାନ୍ଧିହେଲା। ସଭ୍ୟ ଆଚରଣ କଲା। ମାତ୍ର ବାହାରୁ ନିଜକୁ ସଭ୍ୟ କରିବାର ଉଦ୍ୟମରେ ମଣିଷ ନିଜପାଇଁ ଯେତେ ଶୃଙ୍ଖଳ ଗଢ଼ିଲା ତାହା ତାକୁ ଭିତରୁ ସେତେ ଅସଭ୍ୟ ଓ ଉଚ୍ଛୃଙ୍ଖଳ କଲା। ଏହି ଉଦ୍ୟମରେ ମଣିଷ ପ୍ରକୃତରେ ବନ୍ଦୀ ହୋଇଗଲା। ତେଣୁ ବିଶିଷ୍ଟ ଦାର୍ଶନିକ ରୁଷୋ ମତ ପ୍ରଦାନ କରିଥିଲେ- " Man is born free but every where is in chains" ଏହି ଉକ୍ତିଟି କିନ୍ତୁ ପ୍ରକୃତରେ ନାରୀମାନଙ୍କ ପାଇଁ ଅଧିକ ଯଥାର୍ଥ ମନେହୁଏ। କାରଣ ସମାଜଗଢ଼ା ପ୍ରତିଟି ନୀତିନିୟମରେ ପ୍ରକୃତରେ ବନ୍ଧା ହେଲା ନାରୀ। କାର୍ଯ୍ୟ ଭିତ୍ତିରେ ବଣ୍ଟା ହେଲେ ନାରୀ ଓ ପୁରୁଷ। ହେଲେ ନାରୀକୁ ଯେଉଁ କାର୍ଯ୍ୟ ଦିଆଗଲା ତାହା ହେଲା ଅବୈତନିକ ଏବଂ ଅନ୍ୟପକ୍ଷରେ ପୁରୁଷ ଯେଉଁ କାର୍ଯ୍ୟ ନେଲା ସେଥିରେ ତାକୁ ମିଳିଲା ବେତନ। ଫଳରେ ସ୍ୱାଭାବିକଭାବେ ଯିଏ ଅର୍ଥନୀତି ଦିଗରୁ ସୁଦୃଢ଼ ଓ ସମୃଦ୍ଧ ହେଲା ସେ ହେଲା ଶାସକ ଆଉ ଯିଏ ଅର୍ଥନୀତି ଦିଗରୁ ଦୁର୍ବଳ ହେଲା ସେ ହେଲା ଶାସିତ। ସେଥିପାଇଁ ଆରିଷ୍ଟୋଟଲଙ୍କ ଭଳି ବିଦ୍ୱାନ ମଧ୍ୟ କହିଛନ୍ତି–"The relation of male to female is by nature a relation of superior to inferior and of ruler to ruled" (ପୁରୁଷର ସୃଷ୍ଟି ଶାସନ କରିବାପାଇଁ ଓ

ନାରୀର ସୃଷ୍ଟି ଶାସିତ ହେବାପାଇଁ ହୋଇଛି) ଯେଉଁ ନାରୀ ବିଲ ବାଛିଲା, ଧାନ ରୋଇଲା, ଫସଲ ଅମଳରେ ସାହାଯ୍ୟ କଲା, ଧାନ ଓପାଡ଼ିଲା, ଧାନକୁ ଶୁଖେଇ ବେଙ୍ଗଳା ପକାଇଲା, ଧାନ ଉଁସେଇଲା, ଚାଉଳ କଲା, ଭାତ ରାନ୍ଧିଲା, ଖାଇବାକୁ ବାଢ଼ିଦେଲା ସେ ପୁଣି ହଳ କରିବାକୁ ଅଧିକାର କାହିଁକି ପାଇଲାନି ? କାରଣ କ'ଣ ପରିଶ୍ରମ ? ନାରୀର ସୁକୁମାର ଅଙ୍ଗ କ'ଣ ସେହି ପରିଶ୍ରମ କରିପାରିବ ନାହିଁ ବୋଲି ପୁରୁଷ ତାକୁ ହାତକୁ ନେଲା ? ଏହା ବାସ୍ତବିକ ପ୍ରହସନ ଭଳି ମନେହୋଇଥାଏ। ଯେଉଁ ନାରୀ ଗର୍ଭ ବେଦନା ସହିପାରୁଛି, କୂଅ ଭିତରେ ପଶି ୧୫ ଫୁଟ୍ ତଳୁ ପାଣି ମୁଣ୍ଡେଇ ଆଣିପାରୁଛି। ତା' ପାଇଁ ହଳ କ'ଣ ବଡ଼ କାମ ? ପ୍ରକୃତରେ ଏହା ପଛରେ ରହିଛି ପୁରୁଷତ୍ୱର ଅହଂ ବା ଚକ୍ରାନ୍ତ।

ଏହି ପୁରୁଷ ସମାଜ ପୁଣି ନାରୀକୁ କେନ୍ଦ୍ରକରି ସୃଷ୍ଟିକଲା ଅନେକ ବିଶ୍ୱାସ। ସାଧାରଣତଃ ନାରୀ ନିଜ ପ୍ରକୃତିକୁ ନେଇ ଧିରେ କଥାବାର୍ତ୍ତା କରେ। ମାତ୍ର ଏହି ପ୍ରକୃତି ପରବର୍ତ୍ତୀ ସମୟରେ ଏକ ସଂସ୍କୃତି ଓ ପରମ୍ପରାକୁ ଜନ୍ମ ଦେଲା ଏବଂ ଏହାକୁ କେନ୍ଦ୍ରକରି ଗଢ଼ିଉଠିଲା ନାରୀ ଧିରେ କଥା ହେବା ଉଚିତ। ନାରୀ କିନ୍ତୁ ଜୋର୍‌ରେ କଥା ହେବାଦ୍ୱାରା ସମାଜର କି ଅମଙ୍ଗଳ ସାଧନ ହେବ ତାହା କିନ୍ତୁ ସ୍ପଷ୍ଟ କରାଗଲା ନାହିଁ। ସ୍ୱାମୀ ଚୋର ଅଥବା ସାଧୁ ଅଥବା ଖୁଣୀ ଅଥବା ଦୁଷ୍ଚରିତ୍ର ଯାହା ହେଉନା କାହିଁକି ସେ ହେଉଛି ସ୍ତ୍ରୀ ପାଇଁ ଦେବତା ସମାନ। ତେଣୁ ସ୍ୱାମୀକୁ ସମ୍ମାନ କରିବା ସ୍ତ୍ରୀର ଧର୍ମ। ନାରୀ ପତିବ୍ରତା ହେବା ଉଚିତ ଏବଂ ସ୍ୱପ୍ନରେ ବି ସେ ଅନ୍ୟ ପୁରୁଷର ପରିକଳ୍ପନା କରିବା ଅନୁଚିତ। ଏହି ନିୟମ ସୃଷ୍ଟିକଲା ପୁରୁଷ ସମାଜ। କିନ୍ତୁ ଅପର ପକ୍ଷରେ ପୁରୁଷର ଧର୍ମ କ'ଣ ହେବା ଉଚିତ ତାହା କିନ୍ତୁ ସ୍ପଷ୍ଟ କରାଗଲା ନାହିଁ। ବୋଧହୁଏ ଏହାର ଆବଶ୍ୟକତା ନ ଥିଲା। ଏହିପରି ସଧବା ନାରୀର ବେଷପୋଷାକ ଓ ବିଧବା ନାରୀର ବେଷ ପୋଷାକ ଭିତରେ ଭିନ୍ନତା କିନ୍ତୁ ପୁରୁଷ କ୍ଷେତ୍ରରେ ଲକ୍ଷଣୀୟ ହେଲାନାହିଁ । କାରଣ ସ୍ତ୍ରୀ ନ ଥିବା ପୁରୁଷର ଆବଶ୍ୟକତା ସମାଜ ବୁଝେ ତେଣୁ ପତ୍ନୀର ମୃତ୍ୟୁ ପରେ ପରେ ହିଁ ସେ ଆଉଥରେ ବିବାହ କରିବାପାଇଁ ଯୋଗ୍ୟ ବିବେଚିତ ହୁଏ। କାରଣ ସେ ପୁରୁଷ ଓ ବିଜ୍ଞାନ ବା ଜୈବିକତା ଦୃଷ୍ଟିରୁ ତା' ପାଇଁ ଖାଦ୍ୟ, ଜଳ ଓ ଶ୍ୱାସର ଯେପରି ଆବଶ୍ୟକତା ରହିଛି ସେହିପରି ରହିଛି ଶୃଙ୍ଗାର ଜନିତ ଆବଶ୍ୟକତା। ତେଣୁ ତା' ପାଇଁ ବିଧବା ଭଳି ଲିଙ୍ଗଭିତ୍ତିରେ ଏକ ବିପରୀତ ଶବ୍ଦ ସୃଷ୍ଟି କରିବାର ଆବଶ୍ୟକତା ସମାଜ ଅନୁଭବ କରିନି। ଯେହେତୁ ନାରୀକୁ ସମାଜ ଜୀବ ମନେକରେନି ସେଥିପାଇଁ ତାର ଯେ ଜୈବିକତା ଥାଇପାରେ ତାହା ସେ ଭୁଲିଯାଏ। ନଚେତ ବିଧବା ହେବାପରେ ତା'ର ଖାଦ୍ୟଠାରୁ ଆରମ୍ଭ କରି ପ୍ରତ୍ୟେକ ପ୍ରବୃତ୍ତିକୁ କାହିଁକି ଦମନ କରିଦିଆଯାଏ ? ନାରୀ ସଧବାରୂପେ ଧାରଣ କରୁଥିବା ଅନେକ ପାରମ୍ପାରିକ ଅଳଙ୍କାର ପଛରେ ବିଜ୍ଞାନ

ରହିଛି ବୋଲି ଆଜି ସମାଜ ପ୍ରମାଣ କରୁଛି। ହେଲେ ଏଭଳି ସୌଭାଗ୍ୟ ସମାଜ କେବଳ ନାରୀକୁ ଦେବା ଅନୁଚିତ। ଏହାଦ୍ୱାରା ପୁରୁଷ ସମାଜ ପ୍ରତି କ'ଣ ଅବିଚାର ହେଉନାହିଁ? ଏହି ସମାଜ ପାଖରେ ଦେବୀ ଦେବତା ସବୁ ସମାନ। ତେଣୁ ପୂଜା ପର୍ବାଣୀରେ ପ୍ରଥମେ ଦେବୀଙ୍କ ପାଖରେ ଭୋଗଲାଗୀ ହେବାପରେ ହିଁ ଅନ୍ୟମାନେ ପ୍ରସାଦ ପାଇବାର ସୁଯୋଗ ଲାଭ କରନ୍ତି। ଏହା କିନ୍ତୁ ଭିନ୍ନ ଯେ ପରିବାରରେ ନାରୀକୁ ହିଁ ସବା ଶେଷରେ ପ୍ରସାଦ ପାଇବାର ସୌଭାଗ୍ୟ ମିଳେ। ବେଳେବେଳେ ବଡ଼ ପରିବାରରେ ମିଳି ବି ନ ଥାଏ। ସେମିତି ବି ସମାଜ ଦୃଷ୍ଟିରେ ନାରୀ ଉଦରବିହୀନ। ତାକୁ ଭୋକ ଲାଗେନି କି ଶୋଷ ଆଉ ଗୋଟିଏ ଦୃଷ୍ଟିରୁ ଯେ ହେତୁ ତା'ର ଚିତ୍କାର କରିବାର ଓ ଖାଦ୍ୟ ବାରିବାର ଅଧିକାର ନାହିଁ ସେ ଦୃଷ୍ଟିରୁ ତାକୁ ଜିହ୍ୱାବିହିନ କହିବା ବା କରିବାରେ ସମାଜର ବିଶେଷ କିଛି ଆପତ୍ତି ନାହିଁ। ଯେତେବେଳେ ମା'ର ଗର୍ଭରୁ ଶିଶୁ ସେ ପୁତ୍ର ଅଥବା କନ୍ୟା ଯାହା ହେଉନା କାହିଁକି ତା'ର ଜନ୍ମ ହୁଏ। ସେତେବେଳେ ସେ କେବଳ ଶିଶୁ ହିଁ ଥାଏ। ତାକୁ ନାରୀ ଓ ପୁରୁଷରେ ପରିଣତ କରେ ସମାଜ। ତାକୁ ଲିଙ୍ଗଭିତ୍ତିରେ ଅଲଗାକରେ ସମାଜ। ଯଦି ସେ ନାରୀ ହେବ ତେବେ ତାକୁ ନିଶ୍ଚିତଭାବେ ସୁନ୍ଦର ହେବାକୁ ପଡ଼ିବ। ନଚେତ ତା'ର ସାମାଜିକ ସ୍ଥିତି ରହିବ ନାହିଁ। ତେଣୁ ସୁନ୍ଦର ହେବାପାଇଁ ତାକୁ ସହିବାକୁ ପଡ଼ିବ ଲବଣୀ ଓ ହଳଦୀର ଅତ୍ୟାଚାର। ଛୋଟବେଳୁ ତାକୁ କଣ୍ଢେଇକୁ ଖୁଏଇବା, ଛୋଟ ଛୋଟ ବାସନରେ ଧୂଳିରେ ରାନ୍ଧିବାପାଇଁ ଶିଖେଇ ଦିଆଯାଏ। ସୁନ୍ଦର ହେବା ଅଥବା ନ ହେଲେ ବି ଦିଶିବାପାଇଁ ଉଦ୍ୟମ କରିବା। ସୁନ୍ଦରଭାବେ କଥା କହିବା, ଧିରେ ସ୍ଥିରେ ଚାଲିବା ଏସବୁ ତାକୁ ଶିଖାଯାଏ ନା ସେ ମା' ପେଟରୁ ଶିଖି ଆସିଥାଏ। କାନ୍ଧରେ ପଥର ଟେକିବାର କ୍ଷମତା ଥିଲେ ବି ଓଢ଼ଣାର ଭାରରେ ନଇଁପଡ଼ିବାର ଅଭିନୟ କରିବା। ଖଣ୍ଡମଣ୍ଡଳ କମ୍ପେଇ ଦେବାର ସାମର୍ଥ୍ୟ ତଣ୍ଟିରେ ଥିଲେ ବି କ୍ଷୀଣସ୍ୱର ଯାହା ଏତେ ଅସ୍ପଷ୍ଟ ଯେ ଅଧା କାନକୁ ଶୁଭିବ ଓ ଅଧା ଅଧରରେ ରହିଯିବା ଭଳି ଅଭିନୟ କରିବା କିଏ ଶିଖାଏ? ପେଟରେ ଶତସିଂହର କ୍ଷୁଧା ଭରିଥିଲେ ବି ପକ୍ଷୀ ଆହାର କରିବା କ'ଣ ଶିଖାଯାଏ ? ନା ମା'ର ଉଦରରୁ କନ୍ୟା ଶିଖି ଆସିଥାଏ। ନିଜ ବୌଦ୍ଧିକତାକୁ ମୂର୍ଖାମିର ଓଢ଼ଣାରେ ଢାଙ୍କିଦେଇ ଆନନ୍ଦିତ ହେବା କିଏ ଶିଖାଏ? କ୍ରୀଡ଼ା ପ୍ରତିଯୋଗିତାରେ ପୁରୁଷର ସମସ୍କନ୍ଧ ହୋଇ ଦଉଡ଼ିବାର ଯୋଗ୍ୟତା ଥିଲେ ବି ନିଜକୁ ସୁନ୍ଦରଭାବେ ସଜାଇ ଅତିଥିମାନଙ୍କୁ ଫୁଲତୋଡ଼ା ଦେବା କ'ଣ ଶିଖାଯାଏ ନା ସେ ମା ପେଟରୁ ଶିଖି ଆସିଥାଏ? ନାରୀକୁ ପ୍ରକୃତରେ ଏହିଭଳି ଏକ ଜୀବନ ନ ଥିବା କଣ୍ଢେଇ ଅଥବା ଗୋଟିଏ ବସ୍ତୁରୂପେ ପ୍ରତିଷ୍ଠିତ କରବା ପଛରେ ପୁରୁଷ ସମାଜର କ'ଣ ସ୍ୱାର୍ଥ ଥାଇପାରେ।

ଯୁଗ ଯୁଗ ଧରି ଏହି ପୁରୁଷ ସମାଜଦ୍ୱାରା ଗଢ଼ାହୋଇଥିବା ନୀତିନିୟମକୁ ନେଇ ଚାଲିଥିବା ନାରୀ ଆଜି ଯେତେବେଳେ କିଛି ଅଧିକାର ଦାବା କରୁଛି ସେତେବେଳେ ସମସ୍ୟା ସୃଷ୍ଟି ହେଉଛି। ଦେଶର ନାଗରିକଭାବେ ଯେତେବେଳେ ଭୋଟ୍ ଦେବାର ଅଧିକାର ମାଗୁଛି, ଆତ୍ମନିର୍ଭରଶୀଳ ହେବାପାଇଁ ଯେତେବେଳେ ଘର ବାହାରେ ପାଦ ଦେବାର ଅଧିକାର ମାଗୁଛି । ସେତେବେଳେ Thomas Jefferson ଙ୍କ ଭଳି ବିଦ୍ୱାନ ପୁରୁଷମାନେ ମଧ୍ୟ କହୁଛନ୍ତି– " Women's position in house not in politics and public office" (ନାରୀର ସ୍ଥାନ ଗୃହରେ ରାଜନୀତି ଏବଂ ସାର୍ବଜନିକ କାର୍ଯ୍ୟାଳୟରେ ନୁହେଁ)। କାହିଁକି ନାରୀର ସ୍ଥାନ ଗୃହରେ ? କିଏ କହିଛି ଏ କଥା ? ନାରୀ କ'ଣ ସ୍ୱୀକାର କରିଛି ଯେ ସେ ଗୃହବନ୍ଦୀ ଜୀବନକୁ ପସନ୍ଦ କରେ ? ଯଦି ନା ତେବେ ପୁରୁଷ କିପରି ପରିକଳ୍ପନା କରିନେଲା ଯେ, ନାରୀ ଗୃହବନ୍ଦୀ ଜୀବନକୁ ଭଲପାଇବା ସହିତ ବାହ୍ୟ ପରିବେଶରେ ଖାପଖୁଆଇ ଚଳିବା ତା' ପାଇଁ ଅସମ୍ଭବ। ମହାମାରୀ ସମୟରେ ଯେଉଁ ପୁରୁଷପାଇଁ ମାତ୍ର କିଛିମାସ ଗୃହବନ୍ଦୀ ଜୀବନ ବଞ୍ଚିବା ମରଣାନ୍ତକ ଯନ୍ତ୍ରଣା ହୋଇଗଲା ସେ ପୁଣି ଯୁଗଯୁଗ ଧରି ନାରୀକୁ ଗୃହବନ୍ଦୀ କରିଆସିଛି। ଦ୍ୱିତୀୟ ବିଶ୍ୱଯୁଦ୍ଧ ସମୟରେ ଯେତେବେଳେ ପୁରୁଷମାନେ ଯୁଦ୍ଧପାଇଁ ବାହାରି ଯାଇଥିଲେ। ସେତେବେଳେ ନାରୀମାନଙ୍କୁ କଳ କାରଖାନାରେ କାମ ମିଳିଲା। ମାତ୍ର ଯେଉଁ ମୁହୂର୍ତ୍ତରେ ଯୁଦ୍ଧର ସମାପ୍ତି ଘଟିଲା ଏବଂ ଦେଶରେ ସ୍ଥିରତା ଆସିଗଲା। ସେତେବେଳେ ନାରୀମାନଙ୍କୁ ପୁଣି ଗୃହ ମଧ୍ୟରେ ବନ୍ଦୀ ଜୀବନ ବଞ୍ଚିବାପାଇଁ ପଠାଇ ଦିଆଗଲା। ଏହାର ଅର୍ଥ ଦେଶ ଓ ସମାଜପାଇଁ ନାରୀ ଏକ ସଂରକ୍ଷିତ ମୂଲିଆ। ଅର୍ଥାତ୍ ଯେତେବେଳେ ଆବଶ୍ୟକତା ପଡ଼ିବ ତାକୁ କାର୍ଯ୍ୟରେ ବ୍ୟବହାର କରାଯାଇ ପାରିବ ଓ ଯେତେବେଳେ ଆବଶ୍ୟକତା ସରିଯିବ ତାକୁ ପ୍ରତ୍ୟାଖ୍ୟାନ କରାଯାଇପାରିବ। ହେଲେ ଏଠି ଗୋଟିଏ କଥା ତ ପ୍ରମାଣ ହେଉଛି ଯେ, ନାରୀ ଗୃହ ଜୀବନରେ ଯେତିକି ନିପୁଣ ସେ ବାହ୍ୟ ଜୀବନରେ ବି ସେତିକି ନିପୁଣ ହୋଇପାରିବ। ଏହାସତ୍ତ୍ୱେ ତାକୁ ତା'ର ଅଧିକାରରୁ ବଞ୍ଚିତ କାହିଁକି କରାଯାଉଛି ? ଏହା ପଛରେ କ'ଣ ପୁରୁଷ ସମାଜର ଭୟ ରହିଛି ? ଯଦି ନାରୀ ସର୍ବଜନୀନ କାର୍ଯ୍ୟାଳୟରେ କାର୍ଯ୍ୟକରେ ଯାହାପାଇଁ କି ବେତନର ବ୍ୟବସ୍ଥା ରହିଛି ଓ ଯଦି ସେ ଅର୍ଥନୀତି ଦିଗରୁ ପୁରୁଷଠାରୁ ସୁଦୃଢ଼ ହୋଇଯାଏ ତେବେ କ'ଣ ପୁରୁଷର ସ୍ଥିତି ଦୁର୍ବଳ ହୋଇଯିବ ? ସେ ଆଉ ନାରୀ ଉପରେ ଆଧିପତ୍ୟ ବିସ୍ତାର କରିପାରିବ ନାହିଁ। ତେବେ ଏହିସବୁ ଦୃଷ୍ଟିକୋଣରୁ ବିଚାର କଲେ ଆଜି ନାରୀ ଭୋଟ୍ ଦେଉଛି। ଏପରିକି ୨୦୧୯ ସାଧାରଣ ନିର୍ବାଚନରେ ପୁରୁଷ ଅପେକ୍ଷା ନାରୀ ଭୋଟରଙ୍କ ସଂଖ୍ୟା ଅଧିକ ଥିବାର ତଥ୍ୟ ମିଳିଛି। ଏପରିକି ନାରୀଙ୍କ ସଂଖ୍ୟା ୬୭ ଶତକଡ଼ା ଥିବା ଜଣାଯାଇଛି। ଏହାବ୍ୟତୀତ ଆଜି କର୍ମସଂସ୍ଥାନରେ

ମଧ୍ୟ ନାରୀକୁ ସ୍ୱାଧୀନତା ମିଳିଛି। ସରକାରୀ ଓ ବେସରକାରୀ ପ୍ରତ୍ୟେକଟି କ୍ଷେତ୍ରରେ ତାକୁ ସୁଯୋଗ ମିଳୁଛି। ତେବେ ଏହାକୁ ବିଚାର କଲେ ଆଜି ଆମକୁ ନାରୀକୁ ସ୍ୱାଧୀନଭାବେ ଗ୍ରହଣ କରିବାକୁ ପଡ଼ିବ। ହେଲେ ଏହି ସ୍ୱାଧୀନତାକୁ ଏକ ଗୁଡ଼ିରୂପେ ଗ୍ରହଣ କରାଯାଇପାରେ। ମୁକ୍ତ ଆକାଶରେ ବାଧାବନ୍ଧନ ବିହିନ ଉଡୁଥିବା ଗୁଡ଼ିର ନଟିଟି କିନ୍ତୁ କେହି ନା କେହି ଧରିଥାଏ। ଯଦି ନଟିଟି ଛିଡ଼ିଯାଏ ତେବେ ପୂର୍ଣ୍ଣ ସ୍ୱାଧୀନତା ସମ୍ଭବ। କାରଣ ନଟି ଛିଡ଼ିଯିବା ପରେ ଗୁଡ଼ି ଉପରେ ଆଉ ନଟି ଧରିଥିବା ବ୍ୟକ୍ତିର ନିୟନ୍ତ୍ରଣ ନ ଥାଏ। ତେବେ ଏଠି ପ୍ରଶ୍ନ ଉଠୁଛି ନଟିକୁ କାଟିବ କିଏ ? ପୁରୁଷ ? ଯିଏ ନିଜେ ହିଁ ନଟିଟା ବାନ୍ଧିଛି ନା ନାରୀ ଯିଏ ନିଜକୁ ବାନ୍ଧିବାର ସୁଯୋଗ ଦେଇଛି। ପ୍ରକୃତରେ ଦେଖିବାକୁ ଗଲେ ଯେତେବେଳେ ସମାଜର ସୃଷ୍ଟି ହେଲା ନାରୀପାଇଁ ତ କୌଣସି ବନ୍ଧନ ନ ଥିଲା। ଯେଉଁଠି ସମଗ୍ର ବିଶ୍ୱର ଜନସଂଖ୍ୟାର ୫୦ ଭାଗ ହେଉଛନ୍ତି ନାରୀ। ସେଠି ୫୦ ଭାଗ ପୁରୁଷ କ'ଣ ନାରୀକୁ ବନ୍ଦୀକରି ପରାଧୀନ କରିଦେଲା ? ଏଥିରେ କ'ଣ ନାରୀର କିଛି ଭୂମିକା ନାହିଁ ? ଯଦି କୁହାଯାଏ ଯେ, ନାରୀ କେବେ ପରାଧୀନ ନ ଥିଲା ଆଉ ଆଜି ବି ନାହିଁ। ପ୍ରକୃତରେ ସେ ଗୋଟିଏ ଭ୍ରମର ବଶବର୍ତ୍ତୀ ହୋଇଛି ବୋଲି କହିଲେ ଅତ୍ୟୁକ୍ତି ହେବନାହିଁ। ଯିଏ କେବେ ପରାଧୀନ ନ ଥିଲା ସେ ସ୍ୱାଧୀନତା ମାଗିଲେ ତାକୁ ମିଳିବ କେଉଁଠି ? ଆଉ ସେ କାହାକୁ ସ୍ୱାଧୀନତା ମାଗୁଛି ? ସେହି ପୁରୁଷ ସମାଜକୁ ଯିଏ ତାକୁ ବନ୍ଦୀ କରିଛି ବୋଲି ସେ ଯୁଗଯୁଗରୁ ମାନିଆସିଛି। ହୋଇପାରେ ନୀତିନିୟମ ଗଢ଼ିଛି ପୁରୁଷ ସମାଜ। ହେଲେ ତାକୁ ମାନିଛି କିଏ ? ନାରୀ ତ ? ଆଉ ଯୁଗଯୁଗ ଧରି ଏହି ସଂସ୍କାର ଓ ନୀତିନିୟମକୁ ସୁରକ୍ଷିତ କରିଆସିଛି ନିଜେ ଏହି ନାରୀ। ତେବେ ପ୍ରକୃତରେ ଦେଖିଲେ ପୁରୁଷ ଗଢ଼ା ନିୟମକୁ ସୁରକ୍ଷିତ ରଖେ ନାରୀ। କାହିଁକି ତା'ର ଶିଶୁକନ୍ୟା କଣ୍ଢେଇରେ ନ ଖେଳି ବନ୍ଧୁକରେ ଖେଳିବ ଏ କଥା ତ ସେ କେବେ ବିଚାର କରିନାହିଁ ? ପୁରାଣ ଯୁଗରୁ ଆରମ୍ଭ କରି ଆଜି ଏକବିଂଶ ଶତାବ୍ଦୀରେ ବି କେଉଁ ନାରୀର ଅବଚେତନ ମନ ଭିତରେ କନ୍ୟା ଅପେକ୍ଷା ପୁତ୍ର ସନ୍ତାନର ଜନନୀ ହେବାର ଲାଳସା ନାହିଁ। ଯେଉଁଠି ଅଶୀଭାଗ ପରିବାରରେ ସବୁ କାର୍ଯ୍ୟ ନାରୀର ନିର୍ଦ୍ଦେଶରେ ହୁଏ। ସେଠି ପୁରୁଷ ସମାଜର ମୁଖ୍ୟ ହେଲା କେମିତି ? ପ୍ରକୃତରେ ଦେଖିବାକୁ ଗଲେ ପୁରୁଷ ପ୍ରଧାନ ସମାଜ ଗଢ଼ା ହେବାପାଇଁ ପୁରୁଷ ଭଳି ନାରୀର ମଧ୍ୟ ଭୂମିକା ରହିଛି। ପୁଅକୁ କ୍ଷୀର ଦେଇ ଝିଅକୁ ପଖାଳ ଦେବା ପୁରୁଷ ଶିଖେଇନଥାଏ ତାହା କରିଥାଏ ନାରୀ। ଲୋକକାହାଣୀଠାରୁ ଆରମ୍ଭକରି ଆଜି ଏକବିଂଶ ଶତାବ୍ଦୀ ପର୍ଯ୍ୟନ୍ତ ନାରୀର ଅଧିକାଂଶ ଉତ୍ପୀଡ଼ନ ପଛରେ ପ୍ରକୃତରେ ଏକ ନାରୀର ହିଁ ଭୂମିକା ରହିଆସିଛି। ଲୋକକାହାଣୀ ଯୁଗର ନାୟିକା

ତା'ର ଯନ୍ତ୍ରଣାର ଗୀତିକାରେ ସବୁବେଳେ ଶାଶୂ ଓ ନଣନ୍ଦର କଥା କହିଛି କାହିଁ କେବେ ଶଶୁର ଓ ଦିଅରର କଥା ତ କହିନାହିଁ।

"ଶାଶୂଙ୍କ ସ୍ନେହଭାବ କହିବି କେତେ
କାଳସର୍ପୀ ବୋଲି ଲୋ ଡାକନ୍ତି ମୋତେ
++++++++++++++++
ନଖରେ ଗାଲ ମାଂସ ପିଞ୍ଚନ୍ତି ମୋର
ଦାନ୍ତ ରେଗେଡ଼ା ଦେଖି ମାଡ଼ଇ ଡର।
ମାଡ଼ଲୋ ଖାଇ ମୁହିଁ ଚାହେଁ ନିରେଖି
ନିଆଁମୁଣ୍ଡା ପରି ଲୋ ଶାଶୂଙ୍କ ଆଖି।
ସେଠାରୁ ଉଠି ଅନ୍ୟ ଥାନକୁ ଯାଏ
ନଳା ମୁହଁରେ କାନି ପକାଇ ଶୁଏ।"

ଏହାର ଅର୍ଥ କ'ଣ ନାରୀ ପୁରୁଷଦ୍ୱାରା ନିର୍ଯ୍ୟାତିତ ହେଉନାହିଁ? ତାହାତ ନାରୀ ସ୍ୱୀକାର କରିଛି ଓ ତା' ପାଇଁ ଲଢ଼ିଚାଲିଛି। ହେଲେ ଏଠି ସେହି ପ୍ରସଙ୍ଗ ଉତ୍‌ଥାପିତ ଯାହା ଥାଇ ମଧ୍ୟ ନ ଥିବା ସଦୃଶ ରହିଛି। ସ୍ୱାଭାବିକଭାବେ ଯେଉଁନାରୀ ଅନ୍ୟ ନାରୀଠାରୁ ଉତ୍ପୀଡ଼ନ ସହିଛି ତା'ର ଅବଚେତନ ମନ ମଧ୍ୟରେ ଅନ୍ୟକୁ ଯନ୍ତ୍ରଣା ଦେବାର ପ୍ରବୃତ୍ତି ନିଶ୍ଚିତଭାବେ ରହିଥିବ। ଯାହାର ସମଗ୍ର ଜୀବନ ବନ୍ଦୀ ଗୃହରେ ଓଢ଼ଣା ମଧ୍ୟରେ କଟିଛି ସେ ଅନ୍ୟ ନାରୀର ସ୍ୱାଧୀନତାକୁ କ'ଣ ଦେଖିପାରିବ? ଆଧୁନିକ ନାରୀର ବେଷପୋଷାକ, ଚାଲିଚଳଣି, ବ୍ୟବହାର ଓ ସ୍ୱାଧୀନତା ଆଦିକୁ କ'ଣ କେବଳ ପୁରୁଷ ଉଚ୍ଛୃଙ୍ଖଳ ବୋଲି କହୁଛି? ସେଥିରେ କ'ଣ ନାରୀର କିଛି ଭୂମିକା ନାହିଁ? ସମ୍ପ୍ରତି ନାରୀର ଉଲଗ୍ନତା ଓ ତା'ର ବ୍ୟବହାର ହିଁ ତା'ର ବଳାତ୍କାରର ମୂଳ କାରଣ। ଏହି ବଦ୍ଧମୂଳ ଧାରଣା ପଛରେ କ'ଣ କେବଳ ପୁରୁଷ ଅଛି ନାରୀ ନାହିଁ। ଦିନେ ଅନ୍ୟ ନାରୀଠାରୁ ଉତ୍ପୀଡ଼ନ ସହିଥିବା ନାରୀ ଯଦି ତା'ର ପରବର୍ତ୍ତୀ ବଂଶଧରକୁ ଉତ୍ପୀଡ଼ନ ଦେଇନଥାଆନ୍ତା। ତେବେ ଏହି ପରମ୍ପରା କେବେଠୁ ମରିସାରନ୍ତାଣି। ହେଲେ ପିଢ଼ି ପରେ ପିଢ଼ି ଆଜିବି ଏହି ଉତ୍ପୀଡ଼ନ ଚାଲିଛି। ସେଥିପାଇଁ ଭୁଲ୍‌ରେ କେତେବେଳେ କାହା ଲୁଗାରେ କିରୋସିନ୍ ପଡ଼ିଯାଉଛି ତ, କେହି ଭୁଲ୍‌ରେ ଛାତରୁ ଖସିପଡୁଛି ପୁଣି ଆଉ କାହା ଘରେ ଭୁଲ୍‌ରେ ଗ୍ୟାସ୍ ଖୋଲା ରହିଯାଉଛି। କ'ଣ ହୁଅନ୍ତା ଯଦି ଏସବୁ କୁ ଭୁଲି ନାରୀ ଆଗକୁ ବଢ଼ିଯାଆନ୍ତା। ପୁତ୍ରବତୀ ହେବାର ଆର୍ଶୀବାଦକୁ ଅପେକ୍ଷା ନ କରନ୍ତା। ତା'ର ଶିଶୁକନ୍ୟା କେଉଁଥିରେ ଖେଳିବ ଓ କିପରି ଖେଳିବ ତାକୁ ସେ ଲିଙ୍ଗ ଭିତ୍ତିରେ ନ ବାଛନ୍ତା। ନିଜ ଉପରେ ହୋଇଥିବା ଅତ୍ୟାଚାର ଓ ଉତ୍ପୀଡ଼ନକୁ ଭୁଲିଯାଇ ପରବର୍ତ୍ତୀ ପିଢ଼ିକୁ ପ୍ରୋତ୍ସାହନ ଦିଅନ୍ତା। ନିଜର

ପରାଧୀନତାକୁ ପରବର୍ତ୍ତୀ ପିଢ଼ିର ସ୍ୱାଧୀନତା ଭିତରେ ହଜେଇ ଦିଅନ୍ତା। ଆଧୁନିକ ନାରୀ ଭିତରର ମୁକ୍ତତାକୁ ଉଲଗ୍ନତାର ନାମ ନ ଦିଅନ୍ତା। ତେଣୁ ପରିବାର ହେଉଛି ଏହାର ପ୍ରଥମ ସୋପାନ। ଆଗେ ପରିବାରରେ ନାରୀ ନିଜକୁ ନିଜେ ମୁକ୍ତ କରିବା ଉଚିତ। ତେବେ ସାମାଜିକ ସ୍ତରରେ ତା'ର ମୁକ୍ତି ନିଶ୍ଚିତ ସମ୍ଭବ ହେବ। ନାରୀବାଦର ପ୍ରଥମ ତରଙ୍ଗ (First wave of feminism) ରେ ଭୋଟ୍ ଅଧିକାର ଏବଂ ଲିଙ୍ଗ ଭିତ୍ତିରେ ଅସମାନତାକୁ ଦୂର କରିବାପାଇଁ ଆନ୍ଦୋଳନର ସୂତ୍ରପାତ କରିଥିବା ନାରୀ ଆଜି ନାରୀବାଦର ଚତୁର୍ଥ ତରଙ୍ଗ (Fourth wave of feminism)ରେ 'Me too' ଭଳି ଆନ୍ଦୋଳନ ମାଧ୍ୟମରେ ତା' ପ୍ରତି ପୁରୁଷ ସମାଜ କରିଥିବା ପାଶବିକତାକୁ ସମ୍ମୁଖକୁ ଆଣିବାକୁ ଉଦ୍ୟମ କରୁଛି। ଏହା ବାଦ୍ ବି ସେ ସ୍ୱାଧୀନତା ପାଇଁ ନାରା ଲଗେଇବାରେ ବ୍ୟସ୍ତ। ଯେଉଁଠି ପ୍ରକୃତରେ ସେ ପରାଧୀନ ନୁହେଁ ସେଠି ସେ ସ୍ୱାଧୀନତାର ଆଶା କାହିଁକି ରଖୁଛି। ପ୍ରକୃତ ସ୍ୱାଧୀନତାର ଚାବି ରହିଛି ତା' ନିଜ ହାତରେ। ଯେମିତି କାଳର ଗର୍ଭରେ ନିଜର ସ୍ଥିତିକୁ ହଜେଇ ଦେଇ ସେ ନିଜେ ନିଜକୁ ପରାଧୀନ ମାନି ନେଇଥିଲା। ଆଜି ସେମିତି ସେ ନିଜେ ନିଜକୁ ସ୍ୱାଧୀନ କରିପାରିବ। ବୌଦ୍ଧିକତାର ପ୍ରମାଣ ତ ପୂର୍ବରୁ ଦିଆଯାଇଛି। ଆଉ ଯଦି ପୁରୁଷର ଶକ୍ତି ଓ ବଳ ଆଗରେ ନାରୀ ନିଜକୁ ଦୁର୍ବଳ ଭାବି ନିଜକୁ ପରାଧୀନ ମନେକରେ। ତେବେ ଏହା ମଧ୍ୟ ନାରୀପାଇଁ ଆଉ ଏକ ବାହାନା କହିଲେ ଅତ୍ୟୁକ୍ତି ହେବନାହିଁ। ଯେଉଁଠି ସେ ସନ୍ତାନ ଜନ୍ମ ସମୟରେ ମୃତ୍ୟୁ ସମକକ୍ଷ ଗର୍ଭବେଦନା ସହିପାରୁଛି। ପୁରୁଷର ଅତ୍ୟାଚାରସ୍ୱରୂପ ରଙ୍ଗକୁ ନିଜ ଶରୀରରେ ସଜେଇ ପାରୁଛି। ସେଠି ସେ ଦୁର୍ବଳ ହେଲା କେମିତି। ହେଇପାରେ ତା' ଶରୀରକୁ ଭଗବାନ କୋମଳ କରି ଗଢ଼ିବା ସହିତ ପୁରୁଷର ଶରୀରକୁ ଶକ୍ତ କରି ଗଢ଼ିଛନ୍ତି। ହେଲେ ଭଗବାନଙ୍କର ଏହା ପଛରେ ଉଦ୍ଦେଶ୍ୟ ଶାସନ କରିବା ଆଉ ଶାସିତ ହେବା ନ ଥିଲା। ତେଣୁ କାହିଁକି ନାରୀ ନିଜକୁ ଅତ୍ୟାଚାରିତ ଓ ପରାଧୀନ ଭାବିନେବ। ସେ ସ୍ୱାଧୀନ ଥିଲା ଅଛି ଏବଂ ରହିବ ମଧ୍ୟ। କେବଳ ଆବଶ୍ୟକତା ରହିଛି ନିଜକୁ ନିଜେ ଟିକେ ଭିନ୍ନରୂପେ ପରଖିବା ଓ ଦେଖିବାର। ବହୁତ ହୋଇଗଲା କବିତା, ଗଳ୍ପ ଓ ଉପନ୍ୟାସ ଲେଖିବା। ବହୁତ ହୋଇଗଲା ଲୁଚେଇ କହିବା। ପାଟିରେ ଲୁଗାଦେଇ କଇଁ କଇଁ କାନ୍ଦିବା। ନିଜ ମନକଥା ଖୋଲି କହିବାର ସମୟ ଆସିଛି। ଚିତ୍କାର କରି କାନ୍ଦିବା, ହସିବା ଓ କହିବାର ସମୟ ଆସିଛି। ସମୟ ଆସିଛି ଦର୍ଶନ ଓ ବିଜ୍ଞାନର କଥା କହିବାପାଇଁ। ସମୟ ଆସିଛି ନିଜପାଇଁ ଗୋଟିଏ ଶବ୍ଦକୋଷ ଗଢ଼ି ନିଜ ଭାବନାକୁ ତା' ମାଧ୍ୟମରେ ପ୍ରକାଶ କରିବାପାଇଁ। ତେଣୁ ଯିଏ ଆଦି କାଳରୁ ମୁକ୍ତ ଆକାଶର ବିହଙ୍ଗ ଥିଲା ସେ ନିଜକୁ ଗୁଡ଼ି ମନେନକରୁ।

■

ଓଡ଼ିଶା ଓ କବିଗୁରୁ ରବୀନ୍ଦ୍ରନାଥ ଠାକୁର

ମାନବବାଦ ଅଥବା ମାନବର ମହନୀୟତା ଏପରିକି ବ୍ରହ୍ମ ଉପରେ ମଧ୍ୟ ମାନବତା ଆରୋପିତ କରିଥିବା କବିଗୁରୁ ରବୀନ୍ଦ୍ରନାଥ ଠାକୁର ତାଙ୍କ ପ୍ରତିଭା ଓ ଦର୍ଶନଦ୍ୱାରା ସମଗ୍ର ବିଶ୍ୱକୁ ପ୍ରଭାବିତ କରିଥିବା ସ୍ଥଳେ ପଡ଼ୋଶୀ ରାଜ୍ୟ ଓଡ଼ିଶା ଉପରେ ତାଙ୍କର ପ୍ରଭାବ ଯେ ସ୍ୱାଭାବିକ ଏହା ନିଶ୍ଚିତଭାବେ ଗ୍ରହଣୀୟ। ତେଣୁ ଓଡ଼ିଶା ସହିତ ରବୀନ୍ଦ୍ରନାଥଙ୍କ ସମ୍ପର୍କ ସମ୍ବନ୍ଧୀୟ ଏହି ଆଲୋଚନାରେ ସର୍ବ ପ୍ରଥମେ କବିଗୁରୁଙ୍କ ଶିକ୍ଷାପ୍ରଣାଳୀ ଯାହା ଆଜିବି ତାଙ୍କୁ ସମଗ୍ର ବିଶ୍ୱରେ ଅମର କରି ରଖିଛି ଏବଂ ଓଡ଼ିଶା ରାଜ୍ୟ ଉପରେ ଏହାର ପ୍ରଭାବ ସମ୍ପର୍କରେ ଆଲୋଚନା କରାଯାଇପାରେ। ଅନେକ ଗବେଷକଙ୍କର ଧାରଣା ୨୨ ଡିସେମ୍ବର ୧୯୦୧ରେ ରବୀନ୍ଦ୍ରନାଥ ଠାକୁର ୫ ଜଣ ଛାତ୍ର ସମେତ ଶିକ୍ଷକଙ୍କୁ ନେଇ ଏକ ଆଶ୍ରମ ପ୍ରତିଷ୍ଠା କରିଥିଲେ। ଯାହାର ନାମ ପ୍ରଥମେ ବ୍ରହ୍ମଚର୍ଯ୍ୟ ଆଶ୍ରମ ଥିଲା, ଯାହା ୨୩ ଡିସେମ୍ବର ୧୯୨୧ ମସିହାରେ ବିଶ୍ୱଭାରତୀ ନାମରେ ନାମିତ ହୋଇଥିଲା। ଏହାର ଆଦର୍ଶରେ ୧୨ ଅଗଷ୍ଟ ୧୯୦୯ ମସିହାରେ ଉତ୍କଳର ଗୌରବ ଉତ୍କଳମଣି ଗୋପବନ୍ଧୁ ଦାସ ସତ୍ୟବାଦୀ ବନବିଦ୍ୟାଳୟ ପ୍ରତିଷ୍ଠା କରିଥିଲେ। ମାତ୍ର ଅନେକ ଗବେଷକ ଏହି ମତକୁ ଖଣ୍ଡନ କରିବା ସହିତ ଏହାକୁ ଅସ୍ୱୀକାର କରିଥାଆନ୍ତି। ଏଠି ଗୋଟିଏ ପ୍ରସଙ୍ଗ ବିଚାର କରାଯାଇପାରେ ଯେ ଏହି ଦୁଇଟି ବିଦ୍ୟାଳୟର ବିଶେଷ ସ୍ୱାତନ୍ତ୍ର୍ୟ ଥିଲା ପ୍ରକୃତି କୋଳରେ ଅଧ୍ୟୟନ ବା Open air study ଯାହା ଭାରତୀୟ ସଂସ୍କୃତି କ୍ଷେତ୍ରରେ ଅବଶ୍ୟ ନୂତନ ନୁହେଁ। ମାତ୍ର ଏହି ସମୟରେ ଜର୍ମାନ୍‌ରେ ବର୍ଲିନ୍‌ର ସ୍କୁଲ୍ ଇନିସ୍‌ପେକ୍ଟର ହରମନ ନ୍ୟୁଫର୍ଟଙ୍କ ସହିତ ବର୍ଣ୍ଣହାଡ ବେନଡିକ୍ସ ବର୍ଲିନ୍‌ର ପାଖରେ ଥିବା ଚାର୍ଲୋଟନ୍ ବର୍ଗରେ ଗୃନେବାଲଡ୍ ଜଙ୍ଗଲର ବାହ୍ୟ ଅଞ୍ଚଳରେ ବିଶ୍ୱର ପ୍ରଥମ ଶ୍ରେଣୀଗୃହ ମୁକ୍ତ ବିଦ୍ୟାଳୟର ସ୍ଥାପନ କରିଥିଲେ। ଅବଶ୍ୟ ଏହିଭଳି ବିଦ୍ୟାଳୟ ପ୍ରତିଷ୍ଠା ପଛରେ କୌଣସି ଆଦର୍ଶ ନ ଥିଲା।

କାରଣ ସମ୍ପ୍ରତି କରୋନା ମହାମାରୀ ଭଳି ସେତେବେଳର ସମୟରେ 'Tuberculosis' 'ଯକ୍ଷ୍ମା' ଭଳି ସଂକ୍ରାମକ ରୋଗରୁ ମୁକ୍ତି ପାଇବାପାଇଁ ଏହିଭଳି ଅଧ୍ୟୟନ ଶୈଳୀ ଅବଲମ୍ବନ କରାଯାଇଥିଲା। ଯେହେତୁ ଏହା ଏକ ମହାମାରୀ ଥିଲା ତାହା ସମଗ୍ର ବିଶ୍ୱକୁ ସେ ସମୟରେ ନିଶ୍ଚିତ ପ୍ରଭାବିତ କରିଥିବ। ଦ୍ୱିତୀୟତଃ ସେତେବେଳେ ରୋମାଣ୍ଟିକ୍ ଯୁଗର ପ୍ରଭାବ ବା ଅନ୍ୟଭାବେ କହିଲେ Back to nature ଭଳି ଚିନ୍ତନ ସମଗ୍ର ଭାରତକୁ ପ୍ରଭାବିତ କରିଥିବାବେଳେ ଏହାର ପ୍ରଭାବରୁ ନିଶ୍ଚିତଭାବେ ଏହି ଦୁଇ ବିଦ୍ୱାନ ବଞ୍ଚିତ ନ ଥିବେ। ଏହା ବ୍ୟତୀତ ୧୯୦୬ ମସିହାରେ ପଣ୍ଡିତ ଗୋପବନ୍ଧୁ ଭାରତୀୟ ଜାତୀୟ କଂଗ୍ରେସରେ ଯୋଗଦେବାପାଇଁ ପୁନାଯାତ୍ରା କରିବାବେଳେ ଗୋପାଳକୃଷ୍ଣ ଗୋଖଲେଙ୍କଦ୍ୱାରା ପ୍ରତିଷ୍ଠିତ ପ୍ରସିଦ୍ଧ 'ରଗ୍ୟୁସନ୍ କଲେଜର ଶିକ୍ଷା ପ୍ରଣାଳୀଦ୍ୱାରା ବହୁମାତ୍ରାରେ ପ୍ରଭାବିତ ହୋଇଥିଲେ। ତେଣୁ ଏହିସବୁ ଦୃଷ୍ଟିକୋଣରୁ ବିଚାରକଲେ ଏହା ଉପରେ କୌଣସି ଏକ ନିର୍ଦ୍ଦିଷ୍ଟ ମତ ପ୍ରଦାନ କରିବା ଯଥାର୍ଥ ମନେ ହୋଇନଥାଏ। ଅବଶ୍ୟ ଓଡ଼ିଶା ସହିତ କେବଳ ଗୁରୁଦେବ ନୁହଁନ୍ତି ଠାକୁର ପରିବାରର ମଧ୍ୟ ଦୀର୍ଘକାଳ ଧରି ଆତ୍ମିକ ସମ୍ପର୍କ ରହିଥିଲା ୧୮୯୧ ଖ୍ରୀଷ୍ଟାବ୍ଦର ଶେଷଭାଗରେ ରବୀନ୍ଦ୍ରନାଥ ପ୍ରଥମଥର ପାଇଁ ନିଜ ପୂର୍ବଜଙ୍କଦ୍ୱାରା କିଣାଯାଇଥିବା ଜମିଦାରୀର ତଦାରଖ କରିବାପାଇଁ ଓଡ଼ିଶା ଆସିଥିଲେ। କ୍ରମେ ୧୯୩୯ ମଧ୍ୟରେ ସେ ସମୁଦାୟ ଚାରିଥର ଓଡ଼ିଶା ଆସିଥିଲେ। କବିଗୁରୁଙ୍କର ଓଡ଼ିଶା ଆଗମନ କେବଳ ଓଡ଼ିଶାବାସୀଙ୍କୁ ରବୀନ୍ଦ୍ର ପ୍ରେମରେ ପ୍ରେମାୟିତ କରିନଥିଲା କବିଗୁରୁଙ୍କ କ୍ଷେତ୍ରରେ ମଧ୍ୟ ଏହି ସମାନ ସ୍ଥିତି ଦେଖିବାକୁ ମିଳିଥିଲା। ଓଡ଼ିଶାର ଜୀବନ୍ତ ପ୍ରକୃତି ଓ ପରିବେଶ ଯେ କବିଗୁରୁଙ୍କର ବହୁ ସଫଳ ସୃଷ୍ଟି ପଛର ପ୍ରେରଣା ଥିଲା କହିଲେ ଅତ୍ୟୁକ୍ତି ହେବନାହିଁ । କବିଗୁରୁ ପାଣ୍ଡୁଆ ଜମିଦାରୀ ତଦାରଖ କରିବାପାଇଁ ପ୍ରଥମ ଥର ଓଡ଼ିଶା ଆଗମନବେଳେ ତାଳଦଣ୍ଡା କେନାଲ୍ ପଥରେ ନୌକାରେ ଯିବା ସମୟରେ ଓଡ଼ିଶାର ପଲ୍ଲୀପ୍ରକୃତିକୁ ଯେପରି ପ୍ରାଣଭରି ଉପଭୋଗ କରିଥିଲେ ତାହାର ପ୍ରମାଣ କବିଙ୍କଦ୍ୱାରା ଭାତୃଷ୍ପୁତ୍ରୀ ଇନ୍ଦିରାଦେବୀଙ୍କୁ ପ୍ରଦତ୍ତ ଏକ ପତ୍ରାବଳୀରୁ ମିଳିଥାଏ। ଯାହା ପରବର୍ତ୍ତୀ ସମୟରେ 'ଛିନ୍ନପତ୍ର' ଶୀର୍ଷକରେ ସଂକଳିତ ହୋଇଥିଲା। ଏହି ପାଣ୍ଡୁଆ ଗ୍ରାମରେ ବାସ କରିବା ସମୟରେ ଗୁରୁଦେବ କିଛିମାତ୍ରାରେ ଶାରୀରିକ କ୍ଳେଶ ଭୋଗ କରିଥିଲେ ହେଁ, ଏହା ତାଙ୍କର ସୃଷ୍ଟିଶୀଳତାକୁ ପ୍ରତିରୋଧ କରିପାରିନଥିଲା। ଏଇଠି କବି 'ଚିତ୍ରାଙ୍ଗଦା' ନାମକ ଏକ ନୃତ୍ୟ ନାଟିକାର ଅନେକାଂଶ ରଚନା କରିଥିଲେ। ମହାଭାରତରୁ ଗୃହୀତ ଏଇ ନାଟିକାର ଚରିତ୍ର ଓ କଥାବସ୍ତୁ ସମ୍ଭବତଃ ପାଣ୍ଡୁଆ ଗ୍ରାମରେ ପୁରାଣ ପାଠକଙ୍କ ମୁହଁରୁ ମହାଭାରତ ଶୁଣିବାବେଳେ କବିଙ୍କ ମନରେ ଉଦ୍ରେକ ହୁଏ। ପାଣ୍ଡୁଆରୁ ଫେରି କବି

କିଛିଦିନ କଟକରେ ଅବସ୍ଥାନ କରିଥିଲେ। ଏଇଠି ସେ ଚିତ୍ରାଙ୍ଗଦା ରଚନା ସମାପ୍ତ କରିବା ସହ କଲିକତା ପ୍ରତ୍ୟାବର୍ତ୍ତନ କରିଥିଲେ।

୧୮୯୩ ମସିହାରେ ଗୁରୁଦେବଙ୍କର ଦ୍ୱିତୀୟ ଥର ଓଡ଼ିଶା ଆଗମନ ସମୟରେ ସେ ତତ୍କାଳୀନ ଜଜ୍ ବି.ଏଲ୍.ଗୁପ୍ତାଙ୍କ ଅତିଥି ହୋଇଥିଲେ। ଏହି ସମୟରେ ସେ କଟକଠାରୁ ପୁରୀ ଯିବା ମଧ୍ୟରେ ଓଡ଼ିଶାର ପ୍ରାକୃତିକ ଶୋଭା ସହିତ ଓଡ଼ିଶାର ଜନଜୀବନକୁ ଅତି ନିକଟରୁ ଅନୁଭବ କରିବାର ସୁଯୋଗ ପାଇଥିଲେ। ଏହା ବ୍ୟତୀତ ପୁରୀ ପହଞ୍ଚିବାର କିଛି ସମୟ ପୂର୍ବରୁ ସାଗରବେଳାର ଆକର୍ଷଣୀୟ ଦୃଶ୍ୟ ସହିତ ଏହାର ଅନନ୍ତତା ଓ ଗଭୀରତା ମଧ୍ୟରେ ଏପରି ହଜିଯାଇଥିଲେ ଯେ ସେଥିରୁ ବୋଧହୁଏ ସେ ସମଗ୍ର ଜୀବନ ନିଜକୁ ମୁକ୍ତ କରିବାପାଇଁ ଚାହିଁନଥିଲେ। ଏହି ପରିପ୍ରେକ୍ଷୀରେ ଗୁରୁଦେବଙ୍କ ଦ୍ୱାରା ରଚିତ ଏକ ପ୍ରସିଦ୍ଧ ଗଳ୍ପ 'ସ୍ତ୍ରୀର ପତ୍ର' ଯାହା ହିନ୍ଦୀ ଭାଷାରେ 'ମୃଣାଲ କି ଚିଠି' ଓ ଇଂରାଜୀ ଭାଷାରେ 'The wife's letter' ନାମରେ ଅନୁବାଦ ହୋଇଛି । ସେ ସମ୍ପର୍କରେ କିଛି ଆଲୋଚନା କରାଯାଇପାରେ। ଏହି ଗଳ୍ପଟି ଅବଶ୍ୟ ଗୁରୁଦେବଙ୍କର ଓଡ଼ିଶା ରହଣୀ କାଳରେ ରଚିତ ହୋଇନଥିଲା। ମାତ୍ର ଗଳ୍ପଟିର ପ୍ରେରଣାଭୂମି ଥିଲା ଓଡ଼ିଶାର ଭୂଖଣ୍ଡ। ଏହି କାହାଣୀଟି ହେଉଛି ଏକ ନାରୀର ଯିଏ ନିଜ ସ୍ତରରେ ଏହି ରଢ଼ିବାଦୀ ସମାଜ ସହିତ ଲଢ଼ିଚାଲିଛି ଏବଂ ଶେଷରେ ଜିତିଛି ମଧ୍ୟ। ସମଗ୍ର ଗଳ୍ପର ପୃଷ୍ଠଭୂମି ହେଉଛି କେବଳ ଗୋଟିଏ ମାତ୍ର ପତ୍ର ଯାହା ଗଳ୍ପନାୟିକା ମୃଣାଲଦ୍ୱାରା ତା' ସ୍ୱାମୀ ପାଖକୁ ଲେଖାହୋଇଛି। ମୃଣାଲ ଜଗନ୍ନାଥ କ୍ଷେତ୍ର ବା ଶ୍ରୀକ୍ଷେତ୍ର ପୁରୀକୁ ତୀର୍ଥ କରିବାକୁ ଆସିଛି। ବିବାହର ଦୀର୍ଘ ୧୫ ବର୍ଷପରେ ଏହି ଶ୍ରୀକ୍ଷେତ୍ରର ବେଳାଭୂମିରେ ଛିଡ଼ାହୋଇ ସେ ନିଜର ଅସ୍ତିତ୍ୱକୁ ଖୋଜିପାଇଛି। ଯାହା ବୋଧହୁଏ ବହୁପୂର୍ବରୁ ଏହି ରଢ଼ିବାଦୀ ସମାଜର ରଥଚକ ତଳେ ଚାପିହୋଇ ପଡ଼ିଥିଲା। ଉକ୍ତ କୃତିରେ ଲେଖାହୋଇଥିବା ପତ୍ରଟି କେବଳ ଗୋଟିଏ ନାରୀ ନୁହେଁ ସମଗ୍ର ନାରୀ ସମାଜ ପାଇଁ ମୁକ୍ତିର ଏକ ଆହ୍ୱାନ। ଯେଉଁମାନେ ଯୁଗଯୁଗ ଧରି ସମାଜର ବିକୃତ ବନ୍ଧନରେ ବାନ୍ଧିହୋଇ ନିଜ ଅସ୍ତିତ୍ୱକୁ ହରାଇ ବସିଛନ୍ତି। ନାରୀ ବଞ୍ଚିବାପାଇଁ ମରେ ମାତ୍ର ବଞ୍ଚିବାର ଯେ ଆହୁରି ଅନେକ ପଥ ରହିଛି ତାହାର ବାର୍ତ୍ତା ଦେଇଛନ୍ତି ଗୁରୁଦେବ। ସମ୍ପ୍ରତି ସାଂସ୍କୃତିକ ନାରୀବାଦୀମାନେ ନାରୀକୁ ତା'ର ଅଧିକାର ସମ୍ପର୍କରେ ସଚେତନ କରାଉଛନ୍ତି। ମାତ୍ର ଆଜିଠାରୁ ୧୧୫, ୨୦ ବର୍ଷ ପୂର୍ବେ ରଚିତ କବିଗୁରୁଙ୍କର ଏହି ଗଳ୍ପ ଯାହାର ପ୍ରେରଣା ଭୂମି ହେଉଛି ଓଡ଼ିଶାର ଭୂଖଣ୍ଡ କେତେ ଉଚ୍ଚକୋଟିର ତାହା ଅନୁମାନ କରାଯାଇପାରେ। ନାରୀବାଦୀ ଚିନ୍ତନକୁ ନେଇ ଗୁରୁଦେବ 'କଞ୍ଚନ୍', 'ଦୁରାଶା', 'ତ୍ୟାଗ', 'କଙ୍କାଳ', 'କ୍ଷୁଧିତ ପଥର', 'ଜୀବିତ ଓ ମୃତ', 'ସୁଭା' ଭଳି

ଅନେକ କାହାଣୀ ଲେଖିଛନ୍ତି। ମାତ୍ର ଏହାର ତୁଳନାରେ 'ସ୍ତ୍ରୀର ପତ୍ର'ର ସ୍ୱାଦ କିନ୍ତୁ ନିଆରା।

ଏହି ସମୁଦ୍ର ପ୍ରତି ଅନାବିଳ ଆକର୍ଷଣ ଏବଂ ପ୍ରତିଥର ଏହି ସମୁଦ୍ରକୁ ନବନବ ରୂପରେ ଉପଲବ୍ଧି କରୁଥିବା କବିଙ୍କର ଚେତନା ଭିତରୁ ସୃଷ୍ଟି ହୋଇଥିଲା କବିଙ୍କର ଏକ କାଳଜୟୀ କୃତି 'ସମୁଦ୍ରେର ପ୍ରତି'। ଯାହା 'ସୋନାର ତୋରି' କାବ୍ୟ ଗ୍ରନ୍ଥରେ ପ୍ରକାଶ ପାଇଥିଲା। ପୃଥିବୀ ସହିତ ମଣିଷର ଗଭୀର ସମ୍ପର୍କ ଯାହା କେବଳ ଏକାକୀ ଏବଂ ନୀରବ ପ୍ରକୃତି ମଧ୍ୟରେ ଅନୁଭବ କରାଯାଇପାରେ। ଏହି ବିସ୍ତାର ଏବଂ ଗଭୀର ଅନୁଭବରୁ କବିଗୁରୁ ସମୁଦ୍ରକୁ ଆଦିଜନନୀ ଭାବରେ ଅଭିବାଦନ ଜଣାଇଛନ୍ତି। ଯେତେବେଳେ ଲକ୍ଷ ଲକ୍ଷ ବର୍ଷ ପୂର୍ବେ ଜନ୍ମ ହୋଇନଥିବା ପୃଥିବୀ ମାତୃ ସାଗରର ଗଭୀର ଗର୍ଭରେ ଏକ ଭୃଣ ଭାବରେ ଥିଲା କବି କଳ୍ପନା କରିଥିଲେ ଯେ ଯେତେବେଳେ ସେ ଜନ୍ମିତ ଭୃଣ ମଧ୍ୟରେ ବିସ୍ତାର ହୋଇଥିଲେ। ସେତେବେଳେ ଗର୍ଭବତୀ ମା'ର ଯନ୍ତ୍ରଣା ତାଙ୍କ ହୃଦୟରେ ଛାପା ଯାଇଥିଲା। କବିଗୁରୁଙ୍କ ଭାଷାରେ-

"ମନେହଏ ଯେନୋ ମନେପରେ
ଜଖନ ବିଲିନ ଭାବେ ଛିଲେ ଓଇ ବିରାଟୋ ଜଠରେ
ଅଜାତ ଭୁବନ ଭୃଣୋ ମାଝେ, ଲଖ କୋଟି ବର୍ଷ ଧରେ
ଓଇ ତବ ଅବିଶ୍ରାନ୍ତ କଲତାନ ଅନ୍ତରେ ଅନ୍ତରେ ମୁଦ୍ରିତ ହୋଇଆ ଗେଛେ।
ସେଇ ଜନ୍ମ ପୂର୍ବେର ସ୍ମରଣ
ଗର୍ଭସ୍ଥ ପ୍ରିଥିବୀ ପରେ ସେଇ ନିତ୍ୟେ ଜୀବନ ସ୍ପନ୍ଦନ
ତବମାତ୍ରେ ହ୍ରିଦୟେର ଅତି କ୍ଷୀଣ ଆଭାଷେର ମତ
ଯାଗେ ଜେନ ସମସ୍ତ ଶୀରାଏ".....

(ସମୁଦ୍ରେର ପ୍ରତି- ସୋନାର ତୋରି କାବଗ୍ରନ୍ଥ, ନିରୁଦ୍ଦେଶ ଯାତ୍ରା, ପୃ- ୧୩୭)

ତେଣୁ କବିଗୁରୁଙ୍କର ଏହିଭଳି ଦାର୍ଶନିକ ଏପରିକି ବୈଜ୍ଞାନିକ ଦୃଷ୍ଟିଭଙ୍ଗୀ ପଛରେ ପ୍ରକୃତରେ ରହିଛି ଓଡ଼ିଶା ଭୂଖଣ୍ଡର ପ୍ରେରଣା। ଏହା ବ୍ୟତୀତ ଅତିଥି ଗଳ୍ପରେ ମଧ୍ୟ କବି ଏହି ଅନନ୍ତତା ମଧ୍ୟରେ ନିଜକୁ ସମର୍ପଣ କରିଦେଇଥିବାର ସୂଚନା ତାରାପଦ ଚରିତ୍ର ମାଧ୍ୟମରେ ଦେଇଛନ୍ତି।

ଗୁରୁଦେବ ତାଙ୍କର ଦ୍ୱିତୀୟଥର ଓଡ଼ିଶା ରହଣୀ ସମୟରେ ପୁରୀରୁ ଫେରିବାପରେ କିଛିଦିନ ଭୁବନେଶ୍ୱରରେ ଅବସ୍ଥାନ କରିଥିଲେ। ଏହି ସମୟରେ ଭୁବନେଶ୍ୱରର ମନ୍ଦିରଗାତ୍ରର ଅପରୂପ ଶିଳ୍ପ ନୈପୁଣ୍ୟରେ ସେ ମୁଗ୍ଧ ହୋଇଥିଲେ। ଭୁବନେଶ୍ୱରର ଲିଙ୍ଗରାଜ ମନ୍ଦିରର କାରୁକାର୍ଯ୍ୟ ତାଙ୍କୁ ଏପରି ଅଭିଭୂତ କରିଥିଲା ଯେ ଏଇ ମନ୍ଦିରର ଶିଳ୍ପ

ଭାସ୍କର୍ଯ୍ୟର ବର୍ଣ୍ଣନା କରି ବଙ୍ଗଳାରେ ସେ ଗୋଟିଏ ପ୍ରବନ୍ଧ ରଚନା କରିଥିଲେ। ଏହା ବ୍ୟତୀତ କୋଣାର୍କର କାରୁକାର୍ଯ୍ୟକୁ ଦେଖି ଗୁରୁଦେବ କହିଥିଲେ– " Hear the language of stone surpasses the language of man" (ଏଠି ପଥରର ଭାଷା ହେଉଛି ମଣିଷର ଭାଷାଠୁ ବଢ଼ିକରି) ଫେବୃଆରୀ ୨୭ ତାରିଖ କଟକରୁ ବାହାରି ରବୀନ୍ଦ୍ରନାଥ ପୁଣି ପାଣ୍ଡୁଆ ପରିଦର୍ଶନରେ ଯାଇଥିଲେ। ଏହି ପାଣ୍ଡୁଆରୁ ନୌକାରେ ଫେରିବା ସମୟରେ ଗୁରୁଦେବ ଅନାଦୃତ, ନଦୀପଥେ ଓ ଦେଉଲ ନାମକ ତିନିଟି କବିତା ରଚନା କରିଥିଲେ। ମାର୍ଚ୍ଚ ୬ ତାରିଖ କଟକ ଫେରି ୭ ତାରିଖରେ କଲିକତା ଅଭିମୁଖେ ଯାତ୍ରା କରିଥିଲେ। ବୈତରଣୀ ନଦୀପଥରେ ଓଡ଼ିଆ ନାମକ ଜାହାଜରେ ଯିବା ସମୟରେ ବିଶ୍ୱପ୍ରକୃତିର ଅପରୂପ ଶୋଭାରେ ବିମୋହିତ ହୋଇ କବି ରଚନା କରିଥିଲେ ବିଶ୍ୱନୃତ୍ୟ ନାମକ କବିତା।

ବିଶ୍ୱନାଥ ଦାସ ସର୍ବଭାରତୀୟ କଂଗ୍ରେସ ସମ୍ମିଳନୀରେ ଯୋଗଦେବାପାଇଁ କଲିକତା ଯାଇଥିବା ଅବସରରେ କବିଙ୍କୁ ସାକ୍ଷାତ୍ କରି ରାଜ୍ୟ ଅତିଥି ହୋଇ ଓଡ଼ିଶା ଆସିବାପାଇଁ ତାଙ୍କୁ ଆମନ୍ତ୍ରଣ ଜଣାଇଥିଲେ। ସେତେବେଳେ କବି କହିଥିଲେ ସେ ନିଜେ ମଧ୍ୟ ଓଡ଼ିଶାର ଅଧିବାସୀ। ୧୯୩୯ ଏପ୍ରିଲ୍ ୨୯ ତାରିଖରେ ପୁରୀରେ ପହଞ୍ଚି ରବୀନ୍ଦ୍ରନାଥ ସରକାରୀ ସର୍କିଟ୍ ହାଉସରେ ଅବସ୍ଥାନ କରିଥିଲେ। ଏଇଠି ମେ ୯ ତାରିଖରେ କବିଙ୍କର ଜନ୍ମୋତ୍ସବ ଅତ୍ୟନ୍ତ ଭବ୍ୟଭାବେ ପାଳନ କରାଯାଇଥିଲା। ଏହି ସମୟରେ ପୁରୀର ଠାକୁର ରାଜା ଗଜପତି ଶ୍ରୀ ରାମଚନ୍ଦ୍ର ଦେବ କବିଙ୍କୁ 'ପରମଗୁରୁ' ଉପାଧିରେ ଭୂଷିତ କରିଥିଲେ ଓ ପୁରୀ ଶ୍ରୀ ଜଗନ୍ନାଥ ମନ୍ଦିରର ଅଖଣ୍ଡ ସେବାର ଅଧିକାର ଦାନ କରିଥିଲେ। ଏହି ଅନୁଭୂତିକୁ ନେଇ ଗୁରୁଦେବ ଲେଖିଥିଲେ- " From a distance I have formed an idea about the love of the people and the efficiency of those who are at the helm of the administration of Orissa at present, and now I am appreciating it from close quarters"(Borderless, Bhaskar's corner, Tagore and Odisha, August 13, 2021) ଏହି ପୁରୀ ରହଣୀ କାଳରେ ଗୁରୁଦେବ ତିନିଟି କବିତା ରଚନା କରିଥିଲେ ଯଥା- 'ପ୍ରବାସୀ' ଯାହା ବୈଶାଖ ୧୩୪୬(୧୯୩୯) ବଙ୍ଗାବ୍ଦ, 'ଏପାରେ ଓପାରେ' କବିତା ଯାହା ୨୦ ବୈଶାଖ ୧୩୪୬ ଏବଂ 'ଜନ୍ମଦିନ' ଯାହା ୨୫ ବୈଶାଖ ୧୩୪୬ରେ ରଚିତ ହୋଇଥିଲା। ଏହି ତିନିଟି କାବ୍ୟ ଗୁରୁଦେବଙ୍କର ନବଜାତକ କାବ୍ୟ ଗ୍ରନ୍ଥରେ ସଂକଳିତ ହୋଇଥିଲା। ଏହାପୂର୍ବରୁ ତିନିଟି କବିତା ପ୍ରବାସୀ ପତ୍ରିକାରେ ପ୍ରକାଶ ପାଇଥିଲା। ଏହି ତିନିଟି କବିତାକୁ ଅନୁଧ୍ୟାନ କଲେ ଓଡ଼ିଶାବାସୀଙ୍କ ସହିତ

ଗୁରୁଦେବଙ୍କର ସମ୍ପର୍କ ଏବଂ ଓଡ଼ିଶାର ଜନଜୀବନକୁ ଅନୁଧ୍ୟାନ କରାଯାଇପାରେ। ଜୀବନର ସାମାନ୍ୟ ଘଟଣାରୁ ଆନନ୍ଦ ସାଉଁଟୁ ଥିବା ମଣିଷ ଦର୍ଶନ ଓ ତତ୍ତ୍ୱଠାରୁ ଯେ ଊର୍ଦ୍ଧ୍ୱରେ ଭଳି ବାର୍ତ୍ତା ଶୁଣିବାକୁ ମିଳେ 'ଏପାରେ ଓପାରେ' କବିତାରେ। ଏହି ପରିପ୍ରେକ୍ଷୀରେ ଓଡ଼ିଶାର ଜନଜୀବନକୁ ଚିତ୍ରଣ କରିବାକୁ ଯାଇଁ କବି ଲେଖିଛନ୍ତି-

"ଆକାରନେ ହାତ ଧରେ ଯେ ଯାହାର ଟେନେ
ପିଠିତେ ଚାପଡ଼ ଦିଏ ନିଏଯାଏ ଟେନେ
ଲକ୍ଷ୍ୟହୀନ ଅଲିତେ ଗଲିତେ କଥା କାଟାକାଟି ଚଲେ
ଗଲାଗଲି ଚଲିତେ ଚଲିତେ
ବୃଥାଏ କୁଶଲ ବାର୍ତ୍ତା ଜାନିବାର ଛଲେ
ପ୍ରଶ୍ନକରେ ବିନା କୌତୁହଲେ
....
ଶିରିତେ ଆସିତେ ଯେତେ ରାତ୍ରିଦିନ ପଥ ସାଥେ ସାଥେ
ବେଲା ହୋଲେ ଓଠେ ଝନଝନି ବାସନ ମଜାର ଧ୍ୱନି
ବେରି ହାତେ ଖୁନ୍ତି ରାନ୍ଧନା ଘରେ
ଘର କରଣାର ସୁରେ ଝଙ୍କାର ଜାଗାଏ ପରସ୍ପରେ
କାଡାଏ ଶୋରଷେର ତେଲ ଚିର୍‌ବିର୍ ଫୋଟେ
ତାରି ମଧ୍ୟେ କୋଇ ମାଛ ଅକସାତ ଛେଁକ୍ କରେ ଓଠେ।"

(ନବଜାତକ-ପୃ-୪୪-୪୭)

ଏହା ବ୍ୟତୀତ କବିଙ୍କର 'ଜନ୍ମଦିନ' ଓ 'ପ୍ରବାସୀ' ଉଭୟ କବିତାରେ କବିଙ୍କର ଦାର୍ଶନିକ ଚିନ୍ତନର ପ୍ରତିଫଳନ ଦେଖିବାକୁ ମିଳେ। ପ୍ରବାସୀ କବିତାରେ କବି ନିଜକୁ ବିଶ୍ୱର ମଣିଷଭାବେ ବର୍ଣ୍ଣନା କରିବା ସହ କେହି ହେଲେ ବିଦେଶୀ ନୁହଁନ୍ତି ଭଳି ଚିନ୍ତନକୁ ପ୍ରତିଫଳିତ କରିଛନ୍ତି। ଯାହା କେବଳ ଓଡ଼ିଶା ନୁହେଁ ସମଗ୍ର ବିଶ୍ୱପ୍ରତି ତାଙ୍କର ଅନ୍ତରଙ୍ଗତାକୁ ପ୍ରତିଫଳିତ କରିଥାଏ।

ଏହା ବ୍ୟତୀତ ଗୀତାଞ୍ଜଳି କାବ୍ୟ ଗ୍ରନ୍ଥର ୧୧୮ ସଂଖ୍ୟକ ଗୀତିକାରେ ଗୁରୁଦେବ ରଥଯାତ୍ରା ପ୍ରସଙ୍ଗ ଉପରେ ମଧ୍ୟ ଆଲୋଚନା କରିଛନ୍ତି-

"ଉଡ଼ିଯେ ଧ୍ୱଜା ଅଭ୍ରଭେଦୀ ରଥେ
ଓଇ ଯେ ତିନି, ଓଇ-ଯେ ବାହିର ପଥେ
ଆୟରେ ଛୁଟି, ଟାନିତେ ହବେ ରଶି
ଘରେର କୋନେ ରଇଲି କୋଥାଏ ବସି

ଭିଡ଼େର ମଧ୍ୟେ ଝାଁପିୟେ ପଡ଼େ ଗିୟେ
ଠାଁଇ କରେ ତୁଇ ନେରେ କୋନମତେ
କୋଥାଏ କୀ ତୋର ଆଛେ ଘରେର କାଜ
ସେ ସବ କଥା ଭୁଲିତେ ହବେ ଆଜ।
ଟାନ୍‌ରେ ଦିୟେ ସକଲ ଚିତ୍ତକାୟା
ଟାନ୍‌ରେ ଛେଡେ ତୁଚ୍ଛ ପ୍ରାଣେର ମାୟା
ଚଲ୍‌ରେ ଟେନେ ଆଲୋୟ ଅନ୍ଧକାରେ
ନଗର- ଗ୍ରାମେ ଅରଣ୍ୟେ ପର୍ବତେ।"

(ଗୀତାଞ୍ଜଳୀ- ୨୬ ଆଷାଢ଼-୧୩୧୭-ପୃ-୧୩୭)

ଏକ ସାହିତ୍ୟିକଭାବେ ଗୁରୁଦେବ ବିଶ୍ୱରେ ଯେପରି ପରିଚିତ ସେହିପରି ଏକ ଚିତ୍ରକରଭାବେ ମଧ୍ୟ। ତାଙ୍କର ସାହିତ୍ୟ 'ପ୍ରକୃତି' ଓ 'ଚେତନ ମନ' ସହ ଯେତିକି ସମ୍ପୃକ୍ତ ଥିଲା। ଚିତ୍ର ସେତିକି 'ଅବଚେତନ' ମନ ସହ। କାରଣ ସେ ତାଙ୍କ ଚିତ୍ରରେ ଏକ ଅଦ୍ଭୁତ ଜଗତକୁ ପ୍ରତିଫଳିତ କରିବାପାଇଁ ଉଦ୍ୟମ କରିଥିଲେ। ଗୁରୁଦେବ ତାଙ୍କ ଜୀବନର ପରିଣତ ବୟସରେ ଚିତ୍ରକଳା କ୍ଷେତ୍ରରେ ପ୍ରବେଶ କରିଥିଲେ। ତେଣୁ ଓଡ଼ିଶା ସହିତ ତାଙ୍କର ଚିତ୍ରକଳାର ସମ୍ପର୍କକୁ ନେଇ ସେଭଳି କୌଣସି ସଠିକ୍ ତଥ୍ୟ ମିଳିନଥାଏ। ମାତ୍ର ରବୀନ୍ଦ୍ରନାଥଙ୍କ ଭଣଜା 'ଅବନିନ୍ଦ୍ରନାଥ ଠାକୁର'ଙ୍କର ଚିତ୍ରକଳା ଉପରେ ଓଡ଼ିଶାର 'ଦେବଦାସୀ' ନୃତ୍ୟର କିଛି ପ୍ରଭାବ ପଡ଼ିଥିବା କଥା ସ୍ୱୟଂ ଅବନିନ୍ଦ୍ରନାଥ ସ୍ୱୀକାର କରିଛନ୍ତି। ଏହାକୁ କେନ୍ଦ୍ରକରି ଆଙ୍କିଥିବା ଚିତ୍ର ତାଙ୍କର ସବୁଠାରୁ ଶ୍ରେଷ୍ଠ ପୁସ୍ତକ Arabian Nightsରେ ପ୍ରକାଶିତ ହୋଇଥିଲା। ଏହିପରି ଓଡ଼ିଶା ସହିତ ଉଭୟ କବିଗୁରୁ ଓ ଠାକୁର ପରିବାରର ଗଭୀର ସମ୍ପର୍କ ଗଢ଼ିଉଠିଥିଲା।

ଗ୍ରନ୍ଥସୂଚୀ

୧ - ପଣ୍ଡା, ବସନ୍ତ କୁମାର. ଓଡ଼ିଶାରେ ରବୀନ୍ଦ୍ରନାଥ, ସାହିତ୍ୟ ପୃଥିବୀ, ଡିସେମ୍ବର-୨୦୧୧।

୨ - Anne-Marie Chatelet. "Open air school movement". Encyclopedia of Children and Childhood in Society. The gale group, Inc. Retrieved 2012-0-24.

୩- Chakraborty, Sridarshini. "On streer patra". Silhouette Magazine. Retrieved 30 may 2017.

୪ - Mohapatra, Guru Kalyan: Puri and the poet.

୫ - Patel, Dilip Kumar, Anoj Raj. Art Symbolizes The Development Of Mainkind. Journal of Natural Remedies. Vol.21, No.2,pp-114-123.

ଅସ୍ତିତ୍ୱବାଦୀ ଚିନ୍ତନର ସଫଳ ଚିନ୍ତାନାୟକ ଗାଳ୍ପିକ ରବି ପଟ୍ଟନାୟକ

ଓଡ଼ିଆ ଗଳ୍ପ ସାହିତ୍ୟ ଜଗତ ଯେଉଁ ବିଦ୍ଧାଣୀମାନଙ୍କ ଦ୍ୱାରା ପରିପୁଷ୍ଟ ହୋଇଛି ସେମାନଙ୍କ ମଧ୍ୟରୁ ଗାଳ୍ପିକ ରବି ପଟ୍ଟନାୟକ ହେଉଛନ୍ତି ଅନ୍ୟତମ। ଆଧୁନିକ ଓ ଉତ୍ତର ଆଧୁନିକ କାଳରେ ଓଡ଼ିଆ ସାହିତ୍ୟରେ ହୋଇଥିବା ବହୁଗୁଡ଼ିଏ ନୂତନ ପରୀକ୍ଷା ନିରିକ୍ଷାକୁ ଶ୍ରୀଯୁକ୍ତ ପଟ୍ଟନାୟକ କେବଳ ଉପଲବ୍ଧି କରିନାହାନ୍ତି ତାହାର ସଫଳ ପ୍ରୟୋଗ ମଧ୍ୟ ତାଙ୍କ ଗଳ୍ପଗୁଡ଼ିକୁ ରୁଦ୍ଧିମନ୍ତ କରିଛି। ନିଉଟନଙ୍କର ଗତିର ପ୍ରଥମ, ଦ୍ୱିତୀୟ ଓ ତୃତୀୟ ନିୟମ (Newton's First, Second and Third Law of Motion), ରଚନାତ୍ମକ ଦୃଶ୍ୟ (Creative Visualisation) ଭଳି ବିଜ୍ଞାନଠାରୁ ଆରମ୍ଭ କରି ନାରୀବାଦ, ନାରୀ ଓ ପୁରୁଷ ମଧ୍ୟର ବିବାଦ (Biological Conflict), ମନସ୍ତତ୍ତ୍ୱ, ଉତ୍ତର- ମନସ୍ତତ୍ତ୍ୱ ଏବଂ ବାମପନ୍ଥୀ ଚିନ୍ତାଧାରା ଆଦିର ସଫଳ ପ୍ରୟୋଗ ତାଙ୍କ ଗଳ୍ପଗୁଡ଼ିକରେ ଦେଖିବାକୁ ମିଳେ। ଏହି ଦୃଷ୍ଟିକୋଣରୁ ଶ୍ରୀଯୁକ୍ତ ପଟ୍ଟନାୟକଙ୍କ ଦ୍ୱାରା ରଚିତ ଗଳ୍ପଗୁଡ଼ିକ କେତେକ ସଂକଳନ ଯେପରି ଅସାମାଜିକର ଡାଏରୀ(୧୯୬୪), ଅନ୍ଧଗଳିର ଅନ୍ଧକାର(୧୯୭୨), ରାଗତୋଡ଼ି(୧୯୭୯), ବହୁରୂପୀ(୧୯୭୯), ହିରଣ୍ୟଗର୍ଭ(୧୯୮୨), ଗଳ୍ପ(୧୯୮୨), ବିଷୁବରେଖା(୧୯୮୩), ରାଜାରାଣୀ(୧୯୮୭), ବନ୍ଧ୍ୟାଗାନ୍ଧାରୀ(୧୯୮୮), ଅମରିଲତା(୧୯୯୦), ବିଚିତ୍ରବର୍ଣ୍ଣା(୧୯୯୧), ଛାୟାପୁତ୍ରର କାଳ(୧୯୯୧) ଆଦିରେ ପ୍ରକାଶିତ। ଉପର ବର୍ଣ୍ଣିତ ଚିନ୍ତାଧାରାଗୁଡ଼ିକ ମଧ୍ୟରୁ ଯେଉଁ ଚିନ୍ତାଧାରାଟି ଶ୍ରୀଯୁକ୍ତ ପଟ୍ଟନାୟକଙ୍କୁ ବିଶେଷଭାବେ ପ୍ରଭାବିତ କରିଛି ତାହା ହେଉଛି ଉଭୟ ଆଧୁନିକ ଓ ଉତ୍ତର ଆଧୁନିକ କାଳରେ ପକ୍ଷ୍ୟ ବିସ୍ତାର କରିଥିବା ଏକ ପ୍ରଭାବଶାଳୀ ଦର୍ଶନ Existentialism ବା ଅସ୍ତିତ୍ୱବାଦ। ତେଣୁ ଶ୍ରୀଯୁକ୍ତ

ପଟ୍ଟନାୟକଙ୍କର ଗଳ୍ପଗୁଡ଼ିକୁ ଏହି ଧାରାରେ ବୁଝିବାପାଇଁ ପ୍ରଥମେ ଅସ୍ତିତ୍ୱବାଦ ଦର୍ଶନ ଉପରେ ସାମାନ୍ୟ ଦୃଷ୍ଟିପାତ କରାଯାଇପାରେ।

ସମ୍ପ୍ରତି ବିଶ୍ୱ ସାହିତ୍ୟରେ ଦେଖା ଦେଇଥିବା ବହୁଗୁଡ଼ିଏ ନୂତନ ଚିନ୍ତା ଚେତନା ମଧ୍ୟରେ ଅସ୍ତିତ୍ୱବାଦ ହେଉଛି ଏକ ପ୍ରମୁଖ ଚିନ୍ତନ। ମାତ୍ର ବୃହତ୍ତ ଅର୍ଥରେ କହିବାକୁ ଗଲେ ଅଥବା ବୁଝିବାକୁ ଗଲେ ଅସ୍ତିତ୍ୱବାଦ କୌଣସି 'ବାଦ' ନୁହେଁ। କାରଣ ବାଦ କହିଲେ ଜନ୍ମ ନିଏ ଏକ ସମ୍ପ୍ରଦାୟ। ଯାହା ଅସ୍ତିତ୍ୱବାଦୀ ଚିନ୍ତନ କ୍ଷେତ୍ରରେ ଲକ୍ଷଣୀୟ ହୋଇନଥାଏ। କାରଣ ଅସ୍ତିତ୍ୱବାଦ କହିଲେ କୌଣସି ଗୋଟିଏ ନିର୍ଦ୍ଦିଷ୍ଟ ଚିନ୍ତାଧାରାକୁ ବୁଝାଇନଥାଏ। ପୁନଶ୍ଚ ଅସ୍ତିତ୍ୱବାଦୀ ଦାର୍ଶନିକ ସମସ୍ତେ ପ୍ରାୟତଃ ଭିନ୍ନ ଭିନ୍ନ ଚିନ୍ତାଧାରା ପ୍ରାକାଶ କରିଥାଆନ୍ତି। ତେଣୁ ଏହାର ଗୋଟିଏ ନିର୍ଦ୍ଦିଷ୍ଟ ସ୍କୁଲ ଥିବା ଜଣାଯାଇନଥାଏ। ଏହିଭଳି କେତେକ କାରଣରୁ ଆଜି ଅସ୍ତିତ୍ୱବାଦୀ ଚିନ୍ତାଧାରାକୁ କେନ୍ଦ୍ରକରି ଅନେକ ବିବାଦ ଦେଖିବାକୁ ମିଳେ। ଅନେକ ସମାଲୋଚକ ତେଣୁ ଏହାକୁ ଏକ ସକାରାତ୍ମକ ଦର୍ଶନ ଅପେକ୍ଷା ନକାରତ୍ମକ ଦର୍ଶନଭାବେ ପ୍ରତିଫଳିତ କରିଥାଆନ୍ତି। କେତେକ ପୁଣି ଏହାକୁ ଏକ 'କଟ୍ଟରପନ୍ଥୀ ବ୍ୟକ୍ତିବାଦ' ତ କେତେକ 'ନିରାଶାବାଦୀ ଦର୍ଶନ' ବୋଲି କହିଥାଆନ୍ତି। ସାଧାରଣତଃ ଏହାକୁ ଏକ ନକାରାତ୍ମକ ଦର୍ଶନଭାବେ ଗ୍ରହଣ କରାଯିବା ପଛରେ କେତେକ କାରଣ ଥିବା ଜଣାଯାଏ। ପ୍ରଥମତଃ ଏହା ଏକ ନୂତନ ଦର୍ଶନ। ବିଂଶ ଶତାବ୍ଦୀର ଦ୍ୱିତୀୟ ଅଥବା ତୃତୀୟ ଦଶକ ଅର୍ଥାତ୍ ୧୯୪୦/୧୯୫୦ ମଧ୍ୟରେ ଏହି ଦର୍ଶନର ଆର୍ବିଭାବ ଘଟିଛି।(୧,୨,୩) ତେଣୁ ଏହାର ପ୍ରତ୍ୟେକଟି ପକ୍ଷକୁ ବୁଝିବା ସମୟ ସାପେକ୍ଷ। ତେଣୁ ଅଧିକାଂଶ କେବଳ ଏହାର ଗୋଟିଏ ଦିଗକୁ ପରଖି ନିଜର ମତ ପ୍ରକାଶ କରିଥାଆନ୍ତି। ଦ୍ୱିତୀୟତଃ ଅସ୍ତିତ୍ୱବାଦୀ ମାନଙ୍କର ମୃତ୍ୟୁ ପ୍ରତି ସକାରାତ୍ମକ ଦୃଷ୍ଟିଭଙ୍ଗୀ ବା Death Reality (୪) ଭଳି ଚିନ୍ତନ ଏହି ଦର୍ଶନକୁ ନକାରାତ୍ମକରେ ପରିଣତ କରିଛି। ତୃତୀୟତଃ ଦର୍ଶନ ସର୍ବଦା ସାହିତ୍ୟକୁ ପ୍ରଭାବିତ କରିଥାଏ। ଅନ୍ୟଭାବେ କହିଲେ ଦର୍ଶନର ଆବିର୍ଭାବ ହେବାପରେ ସାହିତ୍ୟରେ ତା'ର ପ୍ରୟୋଗ ହୋଇଥାଏ। ମାତ୍ର ଅସ୍ତିତ୍ୱବାଦ ହେଉଛି ଏକ ଏପରି ଦର୍ଶନ ଯାହାର ସାହିତ୍ୟିକ ରୂପ ପରେ ଦର୍ଶନ ହୋଇଛି ଏବଂ ବିକଶିତ ହେବାପରେ ଏହା ପୁଣି ସାହିତ୍ୟକୁ ପ୍ରଭାବିତ କରିଛି। ଏହିଭଳି ବିଭିନ୍ନ କାରଣକୁ ବାଦ୍ ଦେଇ ଯଦି ଏହି ଦର୍ଶନର ଗଭୀରତାକୁ ପ୍ରବେଶ କରାଯାଏ ତେବେ ଏହି ଦର୍ଶନର ସକାରାତ୍ମକ ଦିଗଟିକୁ ଜାଣିବା ସମ୍ଭବ ହୋଇପାରିବ। ସାଧାରଣତଃ ଏହି ଦର୍ଶନର ଆବିର୍ଭାବ ମୂଳରେ ଥିଲା ହେଗେଲଙ୍କର ବ୍ରହ୍ମବାଦ (Absolute Idealism) ଏବଂ ଅତ୍ୟନ୍ତ ବୁଦ୍ଧିବାଦ। ଗୋଟିଏ ସମୟରେ ହେଗେଲଙ୍କର ଦର୍ଶନ ଫଳରେ ମଣିଷର ସମସ୍ତ ସ୍ୱତନ୍ତ୍ରତା ନଷ୍ଟ ହୋଇଗଲା। ମଣିଷ ହେଉଛି ଭଗବାନ

ହାତର କ୍ରୀଡ଼ାନକ ବୋଲି ପ୍ରମାଣ କଲେ ହେଗେଲ୍। ହେଗେଲଙ୍କର ଏହି ଦର୍ଶନକୁ କୁହାଗଲା 'Panlogism' ସେ ଉକ୍ତି ପ୍ରଦାନ କଲେ ଯେ- "The universe is the act or realization of logos, and therefore logic and ontology are the same study".(୫) Logic ପରମ ସତ୍ୟ ଏବଂ ମଣିଷ ଯିଏକି Emotion ସେ ହେଉଛି Logic ହାତର ଖେଳନା। ସେ ମଣିଷର ସବୁ ସ୍ୱତନ୍ତ୍ରତା ନଷ୍ଟ କରିଦେଲେ। ଏହାଦ୍ୱାରା ସମଗ୍ର ୟୁରୋପରେ ଦେଖାଦେଲା ଏକ ବିଦ୍ରୋହ ଯାହାକୁ କୁହାଗଲା 'Romantic Reaction Against Hegel' ଏବଂ ଏହାରି ମାଧ୍ୟମରେ ହେଗେଲଙ୍କର ସିଦ୍ଧାନ୍ତକୁ ଭାଙ୍ଗିବାକୁ ଉଦ୍ୟମ କରାଗଲା। ଏହି ପ୍ରତିକ୍ରିୟାରୁ ସୃଷ୍ଟି ବିଭିନ୍ନ ଦର୍ଶନ ମଧ୍ୟରୁ ଅସ୍ତିତ୍ୱବାଦ ହେଉଛି ଏକ ପ୍ରମୁଖ ଦର୍ଶନ। ସମଗ୍ର ବିଶ୍ୱରେ ସୃଷ୍ଟି ଶହ ଶହ ଦର୍ଶନ ମଧ୍ୟରୁ ବଞ୍ଚିତ ଓ ଅବହେଳିତ ବ୍ୟକ୍ତି ଏବଂ ବ୍ୟକ୍ତିର ବ୍ୟକ୍ତିତ୍ୱ ବା ବ୍ୟକ୍ତିସତ୍ତାକୁ କେନ୍ଦ୍ରକରି ଗଢ଼ିଉଠିଥିଲା ଏହି ଦର୍ଶନ। ମଣିଷ ମୁକ୍ତ ସେ କାହାର ଦାସ ନୁହେଁ। ମଣିଷ ଯେଉଁଦିନ ଏହି କଥାକୁ ଅନୁଭବ କରିବ ସେହିଦିନ ମଣିଷ ଜାତିର କଲ୍ୟାଣ ସାଧନ ହେବ। ଏପରିକି ଅସ୍ତିତ୍ୱବାଦୀ ସାତ୍ରେ କହିଛନ୍ତି- "Man is condemned to be free" (୬) ସ୍ୱାଧୀନତା ମଣିଷର ଭାଗ୍ୟ। ତେଣୁ Existence precedes essence ଅସ୍ତିତ୍ୱ ପ୍ରଥମେ ସାର ପରେ। ଯାହା ଜଡ଼ ତାହାର ସାର ବା ତତ୍ତ୍ୱ ପ୍ରଥମେ ଆସେ ଏବଂ ଅସ୍ତିତ୍ୱ ପରେ ଆସେ। ମାତ୍ର ମନୁଷ୍ୟ କ୍ଷେତ୍ରରେ ଏପରି ହୁଏନି। ମଣିଷ ପ୍ରଥମେ ଅସ୍ତିତ୍ୱବାନ ହୁଏ ଓ ପରେ ସାର ଆସେ ଅର୍ଥାତ୍ ମଣିଷ ନିଜେ ସ୍ଥିରକରେ ସେ କିଏ ଏବଂ ସେ କ'ଣ କରିବ। ତେଣୁ ଏହି ଦର୍ଶନ ବ୍ୟକ୍ତିର ଅସ୍ତିତ୍ୱ, ସ୍ୱାଧୀନତା ଓ ସ୍ୱତନ୍ତ୍ର ଚିନ୍ତନକୁ ଗୁରୁତ୍ୱ ଦେଇଥାଏ। ମଣିଷ ଗୋଟିଏ ଜାତି । ମାତ୍ର ବ୍ୟକ୍ତି ଏକ ସ୍ୱତନ୍ତ୍ର ସତ୍ତା। ତେଣୁ ମଣିଷ ପାଇଁ କୌଣସି ସାର୍ବଭୌମିକ ନିୟମ ବନା ଯାଇପାରିବ ନାହିଁ (There is no universal law for human behaviour) । ତେଣୁ ଆରିଷ୍ଟୋଟଲଙ୍କର-'Man is rational animal' ଏବଂ ରଷୋଙ୍କର 'Man is a political animal' ଭଳି ମତ ଏ କ୍ଷେତ୍ରରେ ଅଗ୍ରହଣୀୟ। ଏହିରୂପେ ଅସ୍ତିତ୍ୱବାଦୀମାନେ ପ୍ରତ୍ୟେକଟି ବ୍ୟକ୍ତିର ଇଚ୍ଛା, ବିଚିତ୍ରତା, ବ୍ୟକ୍ତିଗତ ବିଭିନ୍ନତାକୁ ଗୁରୁତ୍ୱ ଦେବା ସହ ବ୍ୟକ୍ତିକୁ ନ୍ୟୁନ କରୁଥିବା ପ୍ରତ୍ୟେକଟି ଉପାଦାନ ଏପରିକି ବିଜ୍ଞାନକୁ ମଧ୍ୟ ବିରୋଧ କରିଥିଲେ। ବୃହତ୍ ଅର୍ଥରେ କହିବାକୁ ଗଲେ ଅସ୍ତିତ୍ୱବାଦୀମାନେ ବିଶେଷ କରି ବିଜ୍ଞାନବାଦ ବା Scientismକୁ ବିରୋଧ କରୁଥିଲେ। ଅସ୍ତିତ୍ୱବାଦୀଙ୍କ ମତରେ ମନୁଷ୍ୟ ବ୍ୟକ୍ତିତ୍ୱର ବିକାଶ ପାଇଁ, ବିକାଶରେ ସ୍ୱାଧୀନତା ପାଇଁ ଓ ବଞ୍ଚିବାରେ ଦାସତ୍ୱର ଭାର ଲଘୁ କରିବାପାଇଁ ବିଜ୍ଞାନର ଉଦ୍ଭାବନ କରିଥିଲା। ମନୁଷ୍ୟ ପ୍ରକୃତିର ବିପୁଳ ଶକ୍ତିକୁ ବିଜୟ କରିବାକୁ ଚାହିଁଥିଲା

ନିଜର ସ୍ୱାଧୀନତା ପାଇଁ, କିନ୍ତୁ ଏହି ବିଜ୍ଞାନ ମଣିଷର ଦାସ ହେବାସ୍ଥଳେ ମଣିଷକୁ କରିଛି ଦାସ। ତେଣୁ ଅସ୍ତିତ୍ୱବାଦୀମାନଙ୍କ ମତରେ ମଣିଷ ପାଇଁ ଏକ ନୂତନ ବିଜ୍ଞାନର ଆବଶ୍ୟକତା ରହିଛି। ଯେଉଁଠି ବିଜ୍ଞାନ ନୁହେଁ ମଣିଷର ଅସ୍ତିତ୍ୱ ବଜାୟ ରହିବ। ପୁନଶ୍ଚ ମନୁଷ୍ୟର ବ୍ୟବହାର ଅଥବା ପ୍ରବୃତ୍ତିକୁ ବୁଝିବାପାଇଁ ମନସ୍ତତ୍ତ୍ୱବିତ୍‌ମାନେ ଯେପରି ପଶୁର ସାହାଯ୍ୟ ନେଇଛନ୍ତି । ବିଶେଷ କରି ମୂଷା ଓ କୁକୁଡ଼ା ଭଳି ପ୍ରାଣୀଙ୍କ ଉପରେ ପରୀକ୍ଷଣ କରି ମନସ୍ତତ୍ତ୍ୱବିତ୍ ମେସ୍‌ଲୋ ପ୍ରଦାନ କରିଥିବା ସିଦ୍ଧାନ୍ତ 'Hierarchy of needs' ରେ ମଣିଷର ପାଞ୍ଚଟି ଆବଶ୍ୟକତାର ପର୍ଯ୍ୟାୟ Psychological needs (ମନସ୍ତାତ୍ତ୍ୱିକ ଆବଶ୍ୟକତା) Safety needs (ସୁରକ୍ଷିତ ଆବଶ୍ୟକତା) Love and belonging (ପ୍ରେମ ଓ ସମ୍ବନ୍ଧ), Esteem (କିର୍ତ୍ତୀ), (Self- Actualization (ଆତ୍ମବୋଧ), (୭)କୁ ମଧ୍ୟ ଅସ୍ତିତ୍ୱବାଦୀମାନେ ବିରୋଧ କରିଛନ୍ତି। କାରଣ ବୃହତ୍ତର ଦୃଷ୍ଟିରୁ ଆଲୋଚନା କଲେ ପ୍ରଥମତଃ ମଣିଷ ଓ ପଶୁ ମଧ୍ୟରେ ଅନେକ ପାର୍ଥକ୍ୟ ରହିଛି। ମଣିଷ ନିଜ ପରିବେଶ ଓ ପରିସ୍ଥିତି ଅନୁରୂପ ବ୍ୟବହାର କରିଥାଏ। ଯାହାକି ପଶୁ କ୍ଷେତ୍ରରେ ଲକ୍ଷଣୀୟ ହୋଇନଥାଏ। ଦ୍ୱିତୀୟତଃ ଯଦିବି ମଣିଷକୁ କେନ୍ଦ୍ରକରି କୌଣସି ପରୀକ୍ଷଣ କରାଯାଏ ତା' ମାଧ୍ୟମରେ କିନ୍ତୁ ପ୍ରତ୍ୟେକଟି ବ୍ୟକ୍ତିକୁ କଳିପାରିବା ଅସମ୍ଭବ। ଅନ୍ୟଭାବେ କହିଲେ ଗୋଟିଏ ପରୀକ୍ଷଣକୁ ପ୍ରତିଟି ବ୍ୟକ୍ତି ଉପରେ ଆରୋପ କରିବା ସମ୍ଭବ ନୁହେଁ। ଏହି ଭଳି ବୈଚିତ୍ରରେ ପରିପୂର୍ଣ୍ଣ ମଣିଷକୁ କିନ୍ତୁ ଏତେ କାଳ ପର୍ଯ୍ୟନ୍ତ କୌଣସି ଦର୍ଶନରେ ଗୁରୁତ୍ୱ ନ ଦେବା ବାସ୍ତବିକ ଆଶ୍ଚର୍ଯ୍ୟର ପ୍ରସଙ୍ଗ। ଏହା ପାଇଁ କିନ୍ତୁ ପ୍ରକୃତରେ ବିଚାର କରିବାକୁ ଗଲେ ଆଉ କେହି ନୁହେଁ ବ୍ୟକ୍ତି ନିଜେ ହିଁ ଦାୟୀ। ମଣିଷ ନିଜ ଭୁଲ୍ ଓ ଦୁର୍ବଳତାକୁ ଲୁଚାଇବାପାଇଁ ଯେଉଁ ଉପାଦାନ ସୃଷ୍ଟିକଲା ତାହାର ନାମ ଦେଲା ଈଶ୍ୱର। ତେଣୁ ବ୍ୟକ୍ତିକୁ ଆତ୍ମନିର୍ଭରଶୀଳ କରିବାପାଇଁ ଅସ୍ତିତ୍ୱବାଦୀମାନେ ଏହି ଈଶ୍ୱରକୁ ମାରିବା ପ୍ରସଙ୍ଗ ଉତ୍‌ଥାପିତ କରିଥିଲେ। ଯାହାପାଇଁ ବିଶେଷ କରି ଏହି ଦର୍ଶନକୁ ବିରୋଧ କରାଯିବା ସହ ଏହାକୁ ଏକ ନକାରାତ୍ମକ ଦର୍ଶନ ପର୍ଯ୍ୟାୟରେ ସ୍ଥାନିତ କରାଗଲା। ମାତ୍ର ବାସ୍ତବରେ କିରକେଗାର୍ଡଙ୍କ ଭଳି ଅସ୍ତିତ୍ୱବାଦୀଙ୍କର ଏହି ମୃତ ଭଗବାନ ମନ ଭିତରର ବା ବିଶ୍ୱାସର ଭଗବାନ ନୁହେଁ। ଏହା ହେଉଛି ଧର୍ମ ସଂସ୍ଥାଦ୍ୱାରା ବ୍ୟକ୍ତିକୁ ପଙ୍ଗୁ କରିବାପାଇଁ ଏବଂ ବ୍ୟକ୍ତି ନିଜେ ଭୁଲ୍ କରି ଆତ୍ମଗୋପନ କରିବା ପାଇଁ ସୃଷ୍ଟି କରିଥିବା ଭଗବାନ। ଏହା ବ୍ୟତୀତ ଅସ୍ତିତ୍ୱବାଦୀଙ୍କୁ ବିରୋଧ କରାଯିବାର ଆଉ ଏକ ବିରାଟ କାରଣ ହେଉଛି ମୃତ୍ୟୁପ୍ରତି ସେମାନଙ୍କର ସକାରତ୍ମକ ଦୃଷ୍ଟିଭଙ୍ଗୀ ବା ମୃତ୍ୟୁ ହିଁ ବାସ୍ତବ ସତ୍ୟ ଭଳି ମତ। ଏହି ଦୃଷ୍ଟିକୋଣରୁ କିନ୍ତୁ ଅସ୍ତିତ୍ୱବାଦୀମାନଙ୍କୁ ନୂତନ ବୋଲି କୁହାଯାଇନପାରେ। କାରଣ

ଏହାର ଦୃଷ୍ଟାନ୍ତ ଆମର ପୁରଣଗ୍ରନ୍ଥମାନଙ୍କରେ ପୂର୍ବରୁ ଦେଖିବାକୁ ମିଳେ। ଦୃଷ୍ଟାନ୍ତସ୍ୱରୂପ 'କଠୋପନିଷେଦ'ରେ ବର୍ଣ୍ଣିତ ଯମ ଓ ନଚିକେତା ସମ୍ବାଦ ଉପରେ ସାମାନ୍ୟ ଆଲୋଚନା କରାଯାଇପାରେ।(୮,୯) କେବଳ ମୃତ୍ୟୁ ନୁହେଁ ବ୍ୟକ୍ତିର ବ୍ୟକ୍ତିତ୍ୱ ଓ ଅସ୍ତିତ୍ୱକୁ କେନ୍ଦ୍ରକରି କେତେକ ଅସ୍ତିତ୍ୱବାଦୀ ପ୍ରଦାନ କରିଥିବା ମତର ନିଦର୍ଶନ ମଧ୍ୟ ଏଥିରେ ଲକ୍ଷଣୀୟ। ଯମରାଜ ନଚିକେତାଙ୍କୁ ପ୍ରଦାନ କରିଥିବା ଚାରିଟି ବରଦାନ ମଧ୍ୟରୁ ତୃତୀୟ ବରଦାନରେ ନଚିକେତା ଜମଙ୍କୁ ଜନ୍ମ ଓ ମୃତ୍ୟୁର ରହସ୍ୟ ସମ୍ପର୍କରେ ପ୍ରଶ୍ନ କରିଥିଲେ। ଏହି ପ୍ରଶ୍ନ ଶୁଣି ଯମ ଉତ୍ତର ଦେଇଥିଲେ ଯେ, ଏହି ପ୍ରଶ୍ନ ଦେବତାମାନଙ୍କ ପାଇଁ ମଧ୍ୟ ଦୁର୍ଲଭ ତେଣୁ ତୁମେ ଏହା ବଦଳରେ ଅନ୍ୟକିଛି ବର ମାଗିପାର। ଏପରିକି ଯମରାଜ ନଚିକେତାଙ୍କୁ ବହୁ ଶ୍ରେଷ୍ଠ ଜିନିଷର ଲୋଭ ମଧ୍ୟ ଦେଇଥିଲେ। ହେଲେ ନଚିକେତା ନିଜ ପ୍ରଶ୍ନରେ ଅଟଳ ରହିବାରୁ ଯମରାଜଙ୍କୁ ଏହି ରହସ୍ୟ ନଚିକେତାଙ୍କୁ କହିବାକୁ ପଡ଼ିଥିଲା। ଯମରାଜ କହିଥିଲେ ଜୀବାତ୍ମାର ବିକାଶର ଚାରିଟି ଅବସ୍ଥା ରହିଛି। ଯଥା ହଂସ, ବସୁ, ହୋତା ଏବଂ ଅତିଥି। ଯେତେବେଳେ ଜୀବାତ୍ମାର ଉତ୍ତୋରତ୍ତର ବିକାଶ ଘଟେ ସେତେବେଳେ ସେ ଏହି ଅବସ୍ଥା ମଧ୍ୟଦେଇ ଗତିକରେ। ଜୀବାତ୍ମା 'ହଂସ' ଭଳି ଜୀବନ ଅତିବାହିତ କରିବା ଉଚିତ। ଅର୍ଥାତ୍ ହଂସ ଭଳି ପାଣିରେ ରହି ମଧ୍ୟ ନ ଭିଜିବା ବା ଅନ୍ୟଭାବେ କହିଲେ ଜୀବାତ୍ମା ସଂସାରରେ ରହି ମଧ୍ୟ ସଂସାରରେ ଲିପ୍ତ ନ ହେବା ଜୀବାତ୍ମାର ପ୍ରଥମ ବିକଶିତ ଅବସ୍ଥା। ଅସ୍ତିତ୍ୱବାଦୀମାନେ ମଧ୍ୟ ସଂସାର, ପରିବାର ଆଦି ଅପେକ୍ଷା ନିଜର ଅସ୍ତିତ୍ୱକୁ ଗୁରୁତ୍ୱ ଦେଇଥାଆନ୍ତି ଏବଂ ସଂସାରରେ ରହି ମଧ୍ୟ ନିଜ ଭିତରେ ହିଁ ଲିପ୍ତ ରହିବାରେ ବିଶ୍ୱାସୀ। 'ବସୁ' ଅବସ୍ଥାରେ ମଣିଷ ନିଜ ସହ ଅନ୍ୟର କଲ୍ୟାଣ ମଧ୍ୟ କରିଥାଏ। ଏହି ଦୃଷ୍ଟିକୋଣରୁ ବିଚାର କଲେ ପ୍ରକୃତ ଅସ୍ତିତ୍ୱବାନ ମଣିଷ ନିଜ ସହ ସଂସାର ବିଷୟରେ ମଧ୍ୟ ଚିନ୍ତା କରିଥାଏ। ଯଦି ସେ ସଂସାରର ଦାୟିତ୍ୱ ନିଏ ତେବେ ସେ ସଂସାରର ମଙ୍ଗଳ ପାଇଁ ଯେପରି ନିଜକୁ ସାବାସି ଦିଏ ସେହିପରି କୌଣସି ବିପର୍ଯ୍ୟୟ ପାଇଁ ମଧ୍ୟ ନିଜକୁ ହିଁ ଦାୟୀ କରେ। ହାଇଡଗାର ଓ ତାଙ୍କ ଦର୍ଶନରେ ବିଶ୍ୱାସ କରୁଥିବା ଅସ୍ତିତ୍ୱବାଦୀମାନେ ଏହିଭଳି ମତକୁ ସ୍ୱୀକାର କରିଥାଆନ୍ତି। 'ହୋତା' କହିଲେ ଯଜ୍ଞରେ ଆହୁତି ଦେବାକୁ ବୁଝାଏ। ଯେପରି ଯଜ୍ଞରେ ଆହୁତି ଦିଆଯାଏ ସେହିପରି ମଣିଷ ଯେତେବେଳେ ନିଜକୁ ସମାଜପାଇଁ ଅର୍ପଣ କରେ ସେତେବେଳେ ସେହି ଅବସ୍ଥାକୁ ହୋତା ଅବସ୍ଥା କୁହାଯାଏ। ଏହିରୂପେ ଜେନ୍-ପଲ୍ ସାତ୍ରେ ଭଳି କେତେକ ଅସ୍ତିତ୍ୱବାଦୀ ଅସ୍ତିତ୍ୱବାଦକୁ ମାନବବାଦ ସହିତ ସମ୍ପର୍କିତ କରିଥିବାରୁ ଅସ୍ତିତ୍ୱବାଦୀମାନେ ମଧ୍ୟ ସମାଜ କଲ୍ୟାଣ କଥା କହିଥାଆନ୍ତି। 'ଅତିଥି' ଅବସ୍ଥା କହିଲେ ସେହି ଅବସ୍ଥାକୁ ବୁଝାଏ। ଯେଉଁ ଅବସ୍ଥାରେ ଜୀବାତ୍ମା

ଶରୀରକୁ ଅତିଥି ବା କ୍ଷଣସ୍ଥାୟୀ ବୋଲି ମନେକରେ। ଏହିରୂପେ ଅସ୍ତିତ୍ୱବାଦୀମାନେ ମଧ୍ୟ ମୃତ୍ୟୁର ବାସ୍ତବତାକୁ ସ୍ୱୀକାର କରିଥାଆନ୍ତି। ପ୍ରକୃତରେ ବିଚାର କରିବାକୁ ଗଲେ ଜୀବନକୁ ବେଶି ଭଲ ପାଉଥିବା ମଣିଷଟି ହିଁ ମୃତ୍ୟୁକୁ ଭଲ ପାଇପାରେ। ଏପରିକି ଆଧୁନିକ ଜୀବନ ମଣିଷଠାରୁ ଯାହା ଛଡ଼େଇ ନିଏ ମୃତ୍ୟୁ ତାକୁ ପୂର୍ଣ୍ଣ କରିଦିଏ। ଯମରାଜଙ୍କର ଉପଦେଶ ଅନୁସାରେ ଏହିପରି ଚାରୋଟି ଅବସ୍ଥା ମଧ୍ୟଦେଇ ଗତିକରୁଥିବା ବ୍ୟକ୍ତି ଜନ୍ମ ଓ ମୃତ୍ୟୁର ଚକ୍ରରୁ ମୁକ୍ତି ପାଇଥାଏ। ତେଣୁ ଏହି ଦୃଷ୍ଟିକୋଣରୁ ବିଚାରକଲେ ମୃତ୍ୟୁକୁ କେନ୍ଦ୍ରକରି ଅସ୍ତିତ୍ୱବାଦୀମାନଙ୍କର ଉଦାର ଦୃଷ୍ଟିଭଙ୍ଗୀକୁ ଏକ ନକାରାତ୍ମକ ଦର୍ଶନରୂପେ ବିବେଚନା କରାଯାଇନପାରେ। ବିଶେଷ କରି ପ୍ରାଚ୍ୟ ପୃଷ୍ଠଭୂମିରୁ ଏହା ଯେତେ ପୁରାତନ ସେତେ ସକାରାତ୍ମକ ବୋଲି ମନେହୁଏ। ଏହିରୂପେ ଅସ୍ତିତ୍ୱବାଦର କେତେକ ଚିନ୍ତାଧାରକୁ କେନ୍ଦ୍ରକରି ଗାଳ୍ପିକ ରବି ପଟ୍ଟନାୟକ ରଚନା କରିଛନ୍ତି ଗଳ୍ପ। ଅବଶ୍ୟ ଗାଳ୍ପିକ କେତେକ କ୍ଷେତ୍ରରେ ଏହି ଅସ୍ତିତ୍ୱବାଦକୁ ଏକ ସକାରାତ୍ମକ ଦର୍ଶନରୂପେ ଚିତ୍ରଣ କରିଥିବାସ୍ଥଳେ କେତେକ କ୍ଷେତ୍ରରେ ଏହାକୁ ଏକ ନକାରାତ୍ମକ ଦର୍ଶନରୂପେ ମଧ୍ୟ ଚିତ୍ରଣ କରିଛନ୍ତି।

ଅସ୍ତିତ୍ୱବାଦୀ ଚିନ୍ତାଚେତନା ଦୃଷ୍ଟିରୁ ଗାଳ୍ପିକଙ୍କର 'ପର୍ଶୁରାମ' ଏକ ଅସାଧରଣ କୃତି। ଭଗବାନଙ୍କର ଅସ୍ତିତ୍ୱ ତଳେ ମାଡ଼ିମକଚି ହୋଇଯାଇଥିବା ମଣିଷର ଅସ୍ତିତ୍ୱକୁ ପୁନଃଉଦ୍ଧାର କରିବାର ବାର୍ତ୍ତା ରହିଛି ଉକ୍ତ କୃତିରେ। ଗାଳ୍ପିକଙ୍କର ଉକ୍ତ କୃତିଟି ଜର୍ମାନର ଦାର୍ଶନିକ ଫ୍ରେଡରିଚ୍ ନିତ୍‌ସେଙ୍କ ଜୀବନୀଦ୍ୱାରା ପ୍ରଭାବିତ ହୋଇଥିବା ମନେହୁଏ। ନିତ୍‌ସେଙ୍କୁ ଯେତେବେଳେ ଚାରିବର୍ଷ ହୋଇଥିଲା। ତାଙ୍କର ପିତାଙ୍କର ମୃତ୍ୟୁ ଘଟିଥିଲା। ଘରେ ତାଙ୍କର ମା' ଓ ଜେଜେମା'ଙ୍କ ସହିତ ଆଉ ଦୁଇଜଣ ଭୃତ୍ୟା ଥିଲେ। ତେଣୁ ନିତ୍‌ସେଙ୍କର ଲାଳନ ପାଳନ ନାରୀମାନଙ୍କ ମଧ୍ୟରେ ହିଁ ହୋଇଥିଲା। ଏହା ଫଳରେ ପୁରୁଷତ୍ୱ କ'ଣ ସେ ଜାଣି ହିଁ ପାରିନଥିଲେ। ସେ ଯେତେବେଳେ ସ୍କୁଲ ଗଲେ ତାଙ୍କର ନାରୀ ସୁଲଭ ବ୍ୟବହାର ପାଇଁ ତାଙ୍କୁ ସାଙ୍ଗସାଥିମାନେ ଚିଡ଼ାଇବା ଆରମ୍ଭ କରିଦେଇଥିଲେ। ତେଣୁ ସେଇଠି ନିତ୍‌ସେ ଶପଥ ନେଇଥିଲେ ଯେ, ସେ ତାଙ୍କ ଭିତରର ଏହି ନାରୀତ୍ୱ ଗୁଣକୁ ଦମନ କରିବାପାଇଁ କିଛି ଏପରି କରିବେ ଯାହାଦ୍ୱାରା ସମାଜ ତାଙ୍କୁ ମନେରଖିବ। ତେଣୁ ସେ ନିଜ ଭିତରର ନାରୀତ୍ୱ ଗୁଣକୁ ଦମନ କରିବାପାଇଁ ସେନା ବାହିନୀରେ ଯୋଗ ଦେଇଥିଲେ। ଯୁଦ୍ଧରେ ସେ ବହୁ ବୀରତ୍ୱର ସହ ଯୁଦ୍ଧ କରିଥିଲେ। ମାତ୍ର ଶେଷ ମୁହୂର୍ତ୍ତରେ ଘୋଡ଼ାରୁ ଖସିପଡ଼ିବା ଫଳରେ ସେ ଅପାଙ୍ଗ ହୋଇଗଲେ। ଫଳରେ ସେ ଆଉ ଯୁଦ୍ଧରେ ସାମିଲ୍ ହୋଇପାରିଲେ ନାହିଁ। ଏହି ଯୁଦ୍ଧ ବିରତି ନିତ୍‌ସେଙ୍କ ଭିତରେ ବୌଦ୍ଧିକତାର ବିକାଶ ଘଟାଇଥିଲା। ଏହାପରେ

ସେ ଦର୍ଶନ ବିଭାଗରେ ଅଧ୍ୟାପନା ଆରମ୍ଭ କରିଥିଲେ। ଏହି ସମୟରେ ଜର୍ମାନ୍‌ର ଅବସ୍ଥା ବଡ଼ ସାଂଘାତିକ ଥିଲା। ଜର୍ମାନ୍‌ର କିଛି ଅଂଶ ଉପରେ ବେଲ୍‌ଜିଅମ୍ ଆଧିପତ୍ୟ ବିସ୍ତାର କରିଥିବାବେଳେ କିଛି ଇଂଲଣ୍ଡ, କିଛି ଋଷ୍ ଏପରିକି ଆଫ୍ରିକା ମଧ୍ୟ ଜର୍ମାନ୍‌ର କିଛି ଅଂଶକୁ ଅଧିକାର କରିରଖିଥିଲା। ନିତ୍‌ସେ ଏହିଭଳି ପରିସ୍ଥିତିକୁ ଗ୍ରହଣ କରିପାରୁନଥିଲେ। ତେଣୁ ସେ ନିଜ ଦେଶର ଯୁବପିଢ଼ିଙ୍କୁ କେନ୍ଦ୍ରକରି ସବୁବେଳେ ଚିନ୍ତିତ ରହୁଥିଲେ। ଥରେ ସେ ଯୁବପିଢ଼ିଙ୍କୁ ପ୍ରଶ୍ନକଲେ ଯେ ଜର୍ମାନ୍‌ର ଭାଗ୍ୟ କିଏ ବଦଳାଇବ? ଜର୍ମାନ୍‌କୁ ଦାସତ୍ୱ ଯନ୍ତ୍ରଣାରୁ କିଏ ମୁକ୍ତ କରିବ? ସେତେବେଳେ ଜର୍ମାନ୍‌ର ଯୁବପିଢ଼ି ଯିଏକି ବହୁ ମାତ୍ରାରେ ଖ୍ରୀଷ୍ଟଧର୍ମଦ୍ୱାରା ପ୍ରଭାବିତ ଥିଲେ, ଉତ୍ତର ଦେଇଥିଲେ ଭଗବାନ ହିଁ ଜର୍ମାନ୍‌ର ଭାଗ୍ୟ ବଦଳାଇ ପାରିବେ। ଏହିଭଳି ଉତ୍ତର ପାଇବାପରେ ଦିନେ ନିତ୍‌ସେ ଯେତେବେଳେ ବିଶ୍ୱବିଦ୍ୟାଳୟରୁ ବାହାରକୁ ଆସିଲେ ହାତରେ ଗୋଟାଏ ଠେଙ୍ଗା ଧରିଲେ ଏବଂ ଗୋଟିଏ ପୁତ୍ତଳିକା ପ୍ରସ୍ତୁତ କଲେ। ଏହାପରେ ସେହି ପୁତ୍ତଳିକାକୁ ରାସ୍ତା ମଝିରେ ପକାଇ ଦେଇ କହିଲେ ଯେ I have killed your god on the cross road of Germany ମୁଁ ତୁମ ଭଗବାନ ଯିଏକି ଅଯୋଗ୍ୟ ଲୋକମାନଙ୍କୁ ଆଶ୍ରା ଦେଇ ଆସିଛନ୍ତି ତାଙ୍କୁ ମାରିଦେଲି। ଏହା ଦେଖି ତାଙ୍କ ଛାତ୍ରମାନେ ଆଶ୍ଚର୍ଯ୍ୟ ହୋଇଯାଇଥିଲେ। ଏହାପରେ ନିତ୍‌ସେ ପ୍ରଶ୍ନକଲେ ବର୍ତ୍ତମାନ ତୁମ ଭଗବାନ ମୃତ, ତେଣୁ ଜର୍ମାନ୍‌ର ଭାଗ୍ୟ କିଏ ବନେଇବ। ଛାତ୍ରମାନେ ଉତ୍ତର ଦେଇଥିଲେ ଆମେ ନିଜେ। ଏହିପରି ଅସ୍ତିତ୍ୱବାଦୀମାନେ ମଣିଷର ଅସ୍ତିତ୍ୱପାଇଁ ଭଗବାନଙ୍କର ଅସ୍ତିତ୍ୱକୁ ମୂଳପ୍ରାଟନ କରିଆସିଛନ୍ତି। ଶ୍ରୀଯୁକ୍ତ ପଟ୍ଟନାୟକଙ୍କର ଉକ୍ତ କୃତିରେ ମଧ୍ୟ ମଣିଷର ଅସ୍ତତ୍ୱ ପାଇଁ ଭଗବାନଙ୍କର ଅସ୍ତିତ୍ୱକୁ ଅସ୍ୱୀକାର କରାଯାଇଛି। "ତମେମାନେ ମଣିଷକୁ ଅଜ୍ଞକରି ରଖି ତାକୁ ନଗଣ୍ୟ କରି ଦେଖି ଆସିଥିଲ। ଅଶରୀରୀ ଦେବଦେବୀର କଳ୍ପନାରେ ମୃତ୍ୟୁ ଭୟ ଦେଖେଇ ମଣିଷକୁ ହୀନ, ତୁଚ୍ଛ କରି ତା'ର ଅନନ୍ତ ଶକ୍ତିକୁ ତା'ଠାରୁ ଗୋପନ କରି ରଖିଥିଲ। ସେ ଯଦି ତା' ଶକ୍ତିର ଗାରିମା ବୁଝିପାରେ ତେବେ ତମର କୌଣସି ଶକ୍ତି ରହିବନି। ସେଥିପାଇଁ ଶାସ୍ତ୍ରର ଭଣ୍ଡାମି ଗାଇ ତାଙ୍କୁ ଅଜ୍ଞ ନିର୍ବୋଧ କରି ରଖିଥିଲ, କିନ୍ତୁ ମୁଁ ଆଜି ସେମାନଙ୍କ ଆଖିରୁ ସେ ସହସ୍ର ଯୁଗର ଅନ୍ଧପୁଟୁଳି ଖୋଲିବି। ପ୍ରତ୍ୟେକ ପ୍ରାଣରେ ସଞ୍ଜୀବିତ କରିବି ଏଇ ମହାମନ୍ତ୍ର ମଣିଷଠାରୁ ଆଉ କେହି ବଡ଼ ନାହିଁ। ଦେବଦେବୀ କେବଳ କଳ୍ପନା, କେବଳ ଭଣ୍ଡାମି, ମୃତ୍ୟୁର ପୂଜନରେ ମୃତ୍ୟୁଠାରୁ ମୁକ୍ତି ନାହିଁ। ମୃତ୍ୟୁଠାରୁ ମୁକ୍ତିର ଉପାୟ କେବଳ ନିଜତ୍ୱର ଆବିଷ୍କାର। ନିଜତ୍ୱର ନିର୍ଣ୍ଣୟ XXXX ମୁଁ ଚାହିଁ ରହିଲି ସେଇ ମୂର୍ତ୍ତିକୁ କେତେଟା ମୁହୂର୍ତ୍ତ। ତା'ପରେ ଏକ ଭୀଷଣ ରୋଷରେ ଉନ୍ମାଦ ହୋଇ ପ୍ରବଳ ଭାବରେ ଆଘାତ କରିବାକୁ

ଲାଗିଲି ସେଇ ମୂର୍ତ୍ତି ଉପରେ। ମୋର କୁଠାରର ତୀବ୍ର ଆଘାତରେ ଭାଙ୍ଗିପଡ଼ିଲା ମାଟିର ପିତୁଳା। ଛିନ୍ନ ଭିନ୍ନ ହୋଇଗଲା। କଦାକାର ବୀଭତ୍ସ ନାରୀ ମୂର୍ତ୍ତି ତା'ର ମୁଣ୍ଡମାଳ ତା'ର ଲୋଲିହାନ ଜିହ୍ୱା ପ୍ରଜ୍ୱଳିତ ଚକ୍ଷୁ, ଭୂତପ୍ରେତ ଡାହାଣୀ ଚିରୁଗୁଣୀର ସମାହାର।" (ଗଳ୍ପ ସମଗ୍ର- ପ୍ରଥମ ଭାଗ-ପୃ- ୧୯୫-୧୯୭) ଏ ସବୁ ସତ୍ତ୍ୱେ ମଣିଷର ମନସ୍ତତ୍ତ୍ୱରେ ଭଗବାନଙ୍କର ସ୍ଥାନ କେତେ ଦୃଢ଼ ତାହାକୁ ମଧ୍ୟ ଗାଳ୍ପିକ ପ୍ରତିଫଳିତ କରିଛନ୍ତି ଉକ୍ତ କୃତିରେ। ଗାଳ୍ପିକଙ୍କର 'ଅନ୍ଧଗଳିର ଅନ୍ଧକାର' ମଧ୍ୟ ଏହି ଚିନ୍ତନର ଏକ ସଫଳ ପ୍ରତିଫଳନ। ସମାଜ, ପରିବାର, ଧର୍ମ, ନୀତିନିୟମ, ଭାଗ୍ୟବାଦ ଆଦିରେ ବାନ୍ଧିହୋଇ ନିଜର ଅସ୍ତିତ୍ୱକୁ ଭୁଲିଯାଇଥିବା ମଣିଷ ପ୍ରତି ଏହାକୁ ଏକ ବାର୍ତ୍ତାଭାବେ ଗ୍ରହଣ କରାଯାଇପାରେ। ବିଶେଷକରି ଏଥିରେ ମନୁଷ୍ୟର ଜନ୍ମ ଓ ମୃତ୍ୟୁକୁ କେନ୍ଦ୍ରକରି ଗାଳ୍ପିକଙ୍କର ବୈଜ୍ଞାନିକ ଦୃଷ୍ଟିଭଙ୍ଗୀ ଅସାଧରଣ ମନେହୁଏ। "ମୁଁ ମାନୁଛି ତମର ଦିଆ ଶୁକ୍ରକୀଟରେ ମୋର ଦେହ ସୃଷ୍ଟି। କିନ୍ତୁ ତମେ ଜାଣନା ସେ ଶୁକ୍ରକୀଟର ଆଭ୍ୟନ୍ତରରେ କ'ଣ ଅଛି। କ୍ରୋମୋଜୋମ୍। ଜିନ୍, ଆର. ଡି. ଏ- ଏନ୍- ଡି.ଏ। ଗୋଟାଏ କ୍ଷୁଦ୍ରାତିକ୍ଷୁଦ୍ର ଅଣୁ ଭିତରେ ରହିଛି ଭବିଷ୍ୟତ ଶରୀର ଓ ମାନସିକ ଗଠନର ପୋଟେନ୍‌ସିଆଲିଟି। ଆଉ ସେଇ ଅଣୁର କେତେ କୋଟି ସୁଯୋଗ ଭିତରୁ ଯୁକ୍ତ ହେବାର ଗୋଟାଏ ସମ୍ଭାବନା।" (ଗଳ୍ପ ସମଗ୍ର- ପ୍ରଥମ ଭାଗ-ପୃ-୨୮୪) ମୃତ୍ୟୁକୁ କେନ୍ଦ୍ରକରି ଦାର୍ଶନିକ ଦୃଷ୍ଟିଭଙ୍ଗୀ ଦେଖିବାକୁ ମିଳେ 'ଜମାନବନ୍ଦୀ' ଗଳ୍ପରେ। ଯେଉଁ ମୃତ୍ୟୁର ଭୟରେ ମଣିଷ ପ୍ରତି ମୁହୁର୍ତ୍ତରେ ମରୁଥାଏ ତା'ର ସତ୍ୟତାକୁ ଚିତ୍ରଣ କରିଛନ୍ତି ଗାଳ୍ପିକ ଉକ୍ତ କୃତିରେ। ଉକ୍ତ କୃତିରେ ଜନ୍ମକୁ ମୃତ୍ୟୁ ଓ ମୃତ୍ୟୁକୁ ଜନ୍ମ ସହିତ ତୁଳନା କରିବା ପଛରେ ଥିବା ଗାଳ୍ପିକଙ୍କର ଅସ୍ତିତ୍ୱବାଦୀ ଚିନ୍ତନ ବେଶ୍ ପ୍ରଭାବଶାଳୀ ହୋଇପାରିଛି। "କାହିଁକି ମୁଁ ଏକ ନିଶାସକ୍ତ ପରି ଏ ପୃଥିବୀକୁ ବାନ୍ଧିରଖିବାକୁ ଚାହୁଁଛି ମୋ ନିଜ ଭିତରେ? କାହିଁକି ନିଜକୁ ଦେଖି ମୁଁ ଚମକି ପଡୁଛି? କାହିଁକି ମୃତ୍ୟୁର ଚିନ୍ତାରେ ଦେହ, ମନ, ପ୍ରାଣ ବିରୋଧକରି ଉଠୁଛନ୍ତି? ମୁଁ ତ ଅନେକ ଦିନରୁ ମରିଯାଇଛି। ମୋର ମୃତ୍ୟୁ ଅଠେଇଶ ବର୍ଷ। ଅଠେଇଶ ବର୍ଷ ଧରି ଖାଲି ମୋ ମୃତ୍ୟୁକୁ ବହନକରି ଆଣିଛି ମୋ କାନ୍ଧରେ ଆଜି ମୋର ନୂତନ ଜନ୍ମ। ନବଜନ୍ମ ଏ ଦୁନିଆର ତଥାକଥିତ ମୃତ୍ୟୁ ଭିତରେ ହଟାତ୍ କେମିତି ଦେହଟା ଉଚ୍ଛାସ ଜଣାଗଲା। ମୁଁ ଯେମିତି ପବନ ହୋଇ ଉଡ଼ିଗଲି। ସେଇ ସିଲିଂର ଦେହରେ ବସିରହି ଦେଖିବାକୁ ଲାଗିଲି ଏଇ ମୋର ଦେହଟାକୁ।" (ଗଳ୍ପ ସମଗ୍ର- ପ୍ରଥମ ଭାଗ- ପୃ- ୩୮୪) ଏହା ବ୍ୟତୀତ ଏଥିରୁ ଗାଳ୍ପିକଙ୍କର Out of body experience (ଆତ୍ମା ଶରୀର ତ୍ୟାଗଜନିତ ଅନୁଭୂତି) ସମ୍ପର୍କିତ ଅନୁଭୂତିର ମଧ୍ୟ ସୂଚନା ମିଳିଥାଏ। ଏଥିରେ ଗାଳ୍ପିକଙ୍କର ଭାଗ୍ୟବାଦ ଓ ନାରୀବାଦକୁ କେନ୍ଦ୍ରକରି

ରହିଥିବା ଚିନ୍ତନ ମଧ୍ୟ ବେଶ୍ ପ୍ରଭାବଶାଳୀ ହୋଇପାରିଛି। ହେଗେଲ୍‌ଙ୍କର 'Absolute Idealism' ଏବଂ 'Panlogism' ବ୍ୟକ୍ତିକୁ କିପରି ବସ୍ତୁ ସର୍ବସ୍ୱରେ ପରିଣତ କରିଦେଇଛି ତାହାକୁ ଗାଳ୍ପିକ ପ୍ରତିଫଳିତ କରିଛନ୍ତି 'ପୁରୁରବା' ଗଳ୍ପରେ। ଏତଦ୍‌ଭିନ୍ନ ଧର୍ମ ଓ ଭଗବାନଙ୍କ ହାତରେ କାଠପିତୁଳି ସାଜି ଅଭିନୟ କରିଚାଲିଥିବା ମଣିଷର ଅସହାୟତା ସହିତ ମୁକ୍ତି ପାଇଁ ସଂଘର୍ଷ ମଧ୍ୟ ଉକ୍ତ କୃତିରେ ଦେଖିବାକୁ ମିଳେ। "ହରି- ଆଃ କି କଷ୍ଟ! କି ଦୁଃଖ ମୁଁ ହରି ତ୍ରିପାଠୀ ମୋ ସ୍ତ୍ରୀ ମରିଯାଇଛି। ମୋର ପ୍ରିୟତମା ମୋତେ ଚିରଦିନ ପାଇଁ ଛାଡ଼ି ଚାଲିଯାଇଛି ମୋର ବଞ୍ଚିବାର ଆଉ କିଛି ମୂଲ୍ୟ ନାହିଁ। ମୋତେ ମୁକ୍ତି ଦିଅ ମୋତେ ମୁକ୍ତିଦିଅ। ନିର୍ଦ୍ଦେଶକ- (ନେପଥ୍ୟରୁ) ମୁକ୍ତି ହାଃ ହାଃ ହାଃ। (ଏକ ନିର୍ବାକ୍ ହସ) ତମ ପାଇଁ ମୁକ୍ତି ନାହିଁ। ତମେ କ'ଣ ଜାଣନା ତମେ ବନ୍ଦୀ, ଜନ୍ମଠାରୁ ମୃତ୍ୟୁ ପର୍ଯ୍ୟନ୍ତ। ମୁକ୍ତି ହା ହାଃ ହାଃ! (ପୁଣି ବିକଟାଳ ହସ) ଆଗେଇ ଯାଅ। (ଜୋର୍‌ରେ ଚିତ୍କାର କଲେ)। ହରି- ଯନ୍ତ୍ରଚାଳିତ ପରି ଝୁଲି ଝୁଲି ଆଗେଇଗଲେ ସେ ନିଆଁର କିଛି ବାଟକୁ। ହଠାତ୍ କରି ସେ ଏକ ନୂଆ ଉଦ୍ୟମରେ ତିନିଟା ଯାକ ଦଉଡ଼ିକୁ ଦୁଇ ହାତରେ ଛିଣ୍ଡାଇବାକୁ ଚେଷ୍ଟାକଲେ। ଛାଟିପିଟି ହୋଇ ଦାନ୍ତ କାମୁଡ଼ି ପ୍ରବଳ ଜୋରରେ) ମୁଁ ଏ ବନ୍ଧନ ଛିନ୍ନ କରିବି। ମୁଁ ବନ୍ଦୀ ସତ କିନ୍ତୁ ମୁଁ ଦୁର୍ବଳ ନୁହେଁ। ଏ ମୋ ହାତରେ ରହିଛି ପରମାଣୁ ବୋମା। ମୁଁ ଅସ୍ତ୍ରାଗାରରେ ରହିଛି ବୋମା। ମୁଁ ନିଶ୍ଚିହ୍ନ କରିଦେବି। ମୁଁ ମୋର ମୁକ୍ତି ନିଜେ କାଢ଼ିନେବି। ମତେ ଭୟ ଦେଖାଅନାହିଁ। ମୁଁ ଅମିତ ଶକ୍ତିଶାଳୀ। ମୁଁ ପ୍ରବଳ ଶକ୍ତିବାନ। ମୁଁ ସମଗ୍ର ଜଗତର ପ୍ରଭୁ।" (ଗଳ୍ପ ସମଗ୍ର- ପ୍ରଥମ ଭାଗ- ପୃ- ୪୧୪) ଏ ସବୁସତ୍ତ୍ୱେ ଭଗବାନଙ୍କର ସାମ୍ରାଜ୍ୟରେ ମଣିଷର ଅସ୍ତିତ୍ୱ ଯେ ଅସମ୍ଭବ ଭଳି ଚିନ୍ତନର ବାର୍ତ୍ତା ମଧ୍ୟ ରହିଛି ଉକ୍ତ କୃତିରେ। ଯାହା ବିଶ୍ୱଯୁଦ୍ଧ ପରବର୍ତ୍ତୀ ଅସ୍ତିତ୍ୱବାଦୀ ଦର୍ଶନ ପ୍ରତି ଏକ ପ୍ରଶ୍ନବାଚୀ ସୃଷ୍ଟିକରିଛି। "(ଚିତ୍କାର କରି ଏ କଥା କହୁ କହୁ ସେ ଚେଷ୍ଟାକରି ଲୁହାଦଉଡ଼ିର ବନ୍ଧନ ଛିଣ୍ଡାଇ ଦେଲେ। କିନ୍ତୁ କିଛି ସମୟ ଚେଷ୍ଟାକରି ସେ ରୁପା ଓ ସୁନାର ଦଉଡ଼ିକୁ ଛିଣ୍ଡାଇନପାରି ସେ କ୍ଲାନ୍ତ ହୋଇ ପୁଣି ସେମିତି ଝୁଲି ରହିଲେ ମୁଣ୍ଡ ତଳକୁ କରି) ନିର୍ଦ୍ଦେଶକ- (ନେପଥ୍ୟରୁ) ହାଃ ହାଃ ହାଃ (ପୁଣି ବିକଟାଳ ହସ) କଣ ହେଲା ହେ ହରି ତ୍ରିପାଠୀ? କ୍ଲାନ୍ତ ହୋଇପଡ଼ିଲ କାହିଁକି? ଚେଷ୍ଟାକର ଚେଷ୍ଟାକର ଆଉ ସମୟ ନାହିଁ। (ପୁଣି ସେ ନିର୍ଦ୍ଦେଶ ଦେଲେ) ଆଗେଇ ଯାଅ।" (ଗଳ୍ପ ସମଗ୍ର- ପ୍ରଥମ ଭାଗ-ପୃ-୪୧୪) ଏହା ବ୍ୟତୀତ ଉକ୍ତ କୃତିରୁ ଜନ୍ମରୁ ମୃତ୍ୟୁ ମଧ୍ୟରେ ପ୍ରକୃତ ଆନନ୍ଦର ସନ୍ଧାନରେ ଧାଉଁଥିବା ମଣିଷର ଅସହାୟତା ମଧ୍ୟ ଦେଖିବାକୁ ମିଳେ। ନାଳ ନର୍ଦ୍ଦମାରେ ଘାଣ୍ଟି ହେଉଥିବା ପୋକଜୋକ ଘୁଷୁରି ଏବଂ ବିଶ୍ୱର ଶ୍ରେଷ୍ଠ ଜୀବରୂପେ ନିଜକୁ ମନେକରୁଥିବା ମଣିଷକୁ

ଏକ ଏବଂ ଅଭିନ୍ନରୂପେ ଗାଳ୍ପିକ ଚିତ୍ରଣ କରିଛନ୍ତି 'ଅଣସର' ଗଳ୍ପରେ। କାରଣ ନାଳ ନର୍ଦ୍ଦମାର ଦୁର୍ଗନ୍ଧ ପୋକ ଜୋକଙ୍କୁ ଯେପରି ସୁଗନ୍ଧ ମନେ ହୋଇଥାଏ। ସେହିପରି ଆଜି ମଣିଷର ସବୁ ପାପ ଏବଂ ଭ୍ରଷ୍ଟାଚାର ତାକୁ ପୁଣ୍ୟ ଭଳି ପ୍ରତୀତ ହେଉଛି। ଏହି ମଣିଷ ପୁଣି ନିଜର ସ୍ୱାର୍ଥ ସାଧନ ପାଇଁ ଅଣସର ନାଁ'ରେ ଭଗବାନଙ୍କୁ ମଧ୍ୟ ବନ୍ଦୀ କରିବାପାଇଁ ପଛେଇ ନାହିଁ। ତେଣୁ ଏହିଭଳି ବୃତାନ୍ତକୁ ନିରେଖି ଚାହିଁଲେ ଏଥିରୁ ଅସ୍ତିତ୍ୱବାଦ ଦର୍ଶନ ପ୍ରତି ଗାଳ୍ପିକଙ୍କର ଆକ୍ଷେପୋକ୍ତିକୁ ସ୍ପଷ୍ଟ ଅନୁଭବ କରିହୁଏ। "ଗୋଟାଏ ବିରାଟ ନର୍ଦ୍ଦମା। ମୁନିସିପାଲିଟିର ମଇଳା ସଂଗ୍ରହ ସ୍ଥାନ ପରି। ଚାରିଆଡ଼େ ପଚାକାଦୁଅ, ବିଷ୍ଠାରେ ଭରିଯାଇଛି। ଏକ ତୀବ୍ର ବିଚିକିଟିଆ ଗନ୍ଧରେ ସାରା ବାୟୁମଣ୍ଡଳ ଆବୃତ, ସନ୍ତସନ୍ତିଆ ଝାପ୍‌ସା ଦୁର୍ଗନ୍ଧ ମାଟି ଭିତରେ, ଆକାଶକୁ ବି ଉଠିଯାଉଛି। ସେଇ ପଚାଷଢ଼ା, ଅଳିଆ, ନର୍ଦ୍ଦମା ଭିତରେ ଭଣଭଣ ହେଉଛନ୍ତି ଲକ୍ଷଲକ୍ଷ ମଶା, ମାଛି, ଲେଙ୍ଗୁଡ଼ିଆ ପୋକ। ନାନାପ୍ରକାର ବିଷାକ୍ତ ଜୀବାଣୁ, ସମସ୍ତଙ୍କର ଜନ୍ମସ୍ଥାନ ଏଇଟା। ସମସ୍ତଙ୍କର ପରିପୁଷ୍ଟି ବି ଏଇଠି ହୁଏ- ଏଇ ଦୁର୍ଗନ୍ଧମୟ ପରିବେଶ ଭିତରେ। ସେମାନେ ବି ବେଶ୍ ଖୁସି, ଏଇତ ସେମାନଙ୍କର ପରିବେଶ। ସେମାନଙ୍କୁ ଦୁର୍ଗନ୍ଧ ଲାଗେନା। ପଚାଶଢା, କାଦୁଅ ଜଣାପଡ଼େନା। ପରିସ୍ଥିତି, ପରିବେଶ ସହିତ ସେମାନଙ୍କର ଅପୂର୍ବ ସଂଯୋଗ XXXX ଗୁଡ଼ାଏ ସ୍ୱର- (ଏକ ସ୍ୱରରେ) ନୀତି ନାହିଁ, ଅନୀତି ନାହିଁ, ପାପ ନାହିଁ, ପୁଣ୍ୟ ନାହିଁ, ସ୍ୱର୍ଗ ନାହିଁ, ନର୍କ ନାହିଁ ମଉଜର ବର୍ତ୍ତମାନ। ଅନୀତି ନାହିଁ, ଭବିଷ୍ୟତ ନାହିଁ, ବର୍ତ୍ତମାନ- ବର୍ତ୍ତମାନ।" (ଗଳ୍ପ ସମଗ୍ର- ପ୍ରଥମ ଭାଗ- ପୃ- ୪୬୧-୪୬୩) ବିଭିନ୍ନ ଭୂମିକାରେ ଅଭିନୟ କରୁଥିବା କଳାକାର ଭିତରର ବ୍ୟକ୍ତିସତ୍ତା ଯେପରି ଅବହେଳିତ ହୋଇଥାଏ। ସେହିପରି ପ୍ରତ୍ୟେକଟି ମଣିଷ ଜନ୍ମଠାରୁ ମୃତ୍ୟୁ ପର୍ଯ୍ୟନ୍ତ ଗୋଟିଏ ଗୋଟିଏ ଭୂମିକାରେ ଅଭିନୟ କରି ନିଜତ୍ୱକୁ ଭୁଲିଯାଇଥାଆନ୍ତି ବା ଅନ୍ୟଭାବେ କହିଲେ 'ମୁଁ' ତ୍ୱକୁ ଅବହେଳିତ କରିଥାଆନ୍ତି। ତେଣୁ ଏହାପ୍ରତି ସଚେତନତା ଆଣିବା ଉଦ୍ଦେଶ୍ୟରେ ଗାଳ୍ପିକ ରଚନା କରିଛନ୍ତି 'ଅଭିନେତା' ଗଳ୍ପ। ଏହିପରି ପରିବାର ଓ ସଂସାର ନାମକ ଜେଲଖାନାରେ ବନ୍ଦୀ ହୋଇ ନିଜତ୍ୱ ଓ ସର୍ବୋପରି ନିଜର ଆନନ୍ଦ ଓ ସ୍ୱାଧୀନତାକୁ ଭୁଲିଯାଇଥିବା ମଣିଷକୁ ନିଜର ପ୍ରକୃତ ଆନନ୍ଦ ସହିତ ପରିଚିତ କରାଇବା ଉଦ୍ଦେଶ୍ୟରେ ଗାଳ୍ପିକ ରଚନା କରିଛନ୍ତି 'ଯେ ପକ୍ଷୀ ଉଡ଼େ ଯେତେଦୂର' ଗଳ୍ପ। ପୁରାଣ ଚରିତ୍ର ବେଲାଳସେନକୁ ଆଧାରକରି ରଚିତ ଗାଳ୍ପିକଙ୍କର 'ବେଲାଳସେନ' ଗଳ୍ପଟିକୁ ଆଧୁନିକ ମଣିଷ ପ୍ରତି ଏକ ବାର୍ତ୍ତାଭାବେ ଗ୍ରହଣ କରାଯାଇପାରେ। ସମାଜ ଓ ସାମାଜିକତା ନାମରେ ମଣିଷ ଗଢ଼ିଥିବା ପାଚେରୀକୁ କେବଳ ମଣିଷ ହିଁ ଭାଙ୍ଗିପାରିବ। କାରଣ ସୃଷ୍ଟି କରିଥିବା ମଣିଷ ହିଁ ସଂହାର କରିପାରେ।

ଗାଙ୍ଗିକଙ୍କର ଗଭୀର ଦାର୍ଶନିକ ଚିନ୍ତା ଓ ଚେତନାର ପରିଚୟ ମିଳିଥାଏ ତାଙ୍କର 'ଆଶ୍ରୟ ପ୍ରାର୍ଥୀ' ଗଳ୍ପରୁ ଜୀବନରେ ପ୍ରକୃତ ଆନନ୍ଦ ବା ମୋକ୍ଷର ଅନୁସନ୍ଧାନରେ ଘୂରି ବୁଲୁଥିବା ମଣିଷର ପ୍ରକୃତ ଆନନ୍ଦ ପ୍ରାପ୍ତିରେ ନୁହେଁ ଅନ୍ୱେଷଣରେ ହିଁ ରହିଥାଏ। ଏହିଭଳି ଚିନ୍ତନକୁ ଗାଙ୍ଗିକ ଉକ୍ତ କୃତିରେ ପ୍ରତିଫଳିତ କରି ନିଜ ବିଦ୍ୱାନତାର ପରିଚୟ ପ୍ରଦାନ କରିଛନ୍ତି। ଛାଞ୍ଚୁଣୀ ମୁଠାଦେଇ ବାହାରର ଅଳିଆକୁ ପରିଷ୍କାର କରିବା ସିନା ସମ୍ଭବ ହେଲେ ମନ ଭିତରର ଅଳିଆକୁ ପରିଷ୍କାର କରିବା ଅସମ୍ଭବ। ମାତ୍ର ମନ ଭିତରର ଅଳିଆଟି ବି ଦିନେ ପରିଷ୍କାର ହୋଇପାରେ ହେଲେ ସେଥିପାଇଁ ସେତିକି ତ୍ୟାଗ ଓ ନିଷ୍ଠାର ଆବଶ୍ୟକତା ରହିଛି ଭଳି ଅସ୍ତିତ୍ୱବାଦୀ ଚିନ୍ତନର ପ୍ରତିଫଳନ ଦେଖିବାକୁ ମିଳେ ଗାଙ୍ଗିକଙ୍କର 'ଛାଞ୍ଚୁଣୀ' ଗଳ୍ପରେ। ପରିସ୍ଥିତି, ଭାଗ୍ୟ ଓ ଭଗବାନଙ୍କ ଆଳରେ ନିଜକୁ ନିଜେ ଠକୁଥିବା ମଣିଷ ଭିତରେ ଆତ୍ମସମୀକ୍ଷା ଦେଖିବାକୁ ମିଳେ 'ସମୀକ୍ଷା କେତୋଟି ଘଟଣାର- କେତୋଟି ମୁହୂର୍ତ୍ତ' ଗଳ୍ପରେ। ଏହିପରି ଅସ୍ତିତ୍ୱବାଦୀ ଚିନ୍ତାଚେତନା ଦୃଷ୍ଟିରୁ ଗାଙ୍ଗିକଙ୍କର 'ପରଦେଶୀ କନ୍ୟା' ମଧ୍ୟ ଏକ ଅସାଧାରଣ କୃତି। ମଣିଷ ଗଢ଼ା ଧର୍ମ, ନୀତି ନିୟମ ଓ ଶୃଙ୍ଖଳ ଆଜି ମଣିଷକୁ କିପରି ପଙ୍ଗୁ କରିଦେଇଛି ତାହାକୁ ଗାଙ୍ଗିକ ଉକ୍ତ କୃତିରେ ପ୍ରତିଫଳିତ କରିଛନ୍ତି। ପ୍ରକୃତପକ୍ଷେ ବିବେଚନା କଲେ ଏଥିରୁ ନିସ୍ତାର ପାଇବା ମଣିଷ ପକ୍ଷେ ଅସମ୍ଭବ। ତେଣୁ ଗାଙ୍ଗିକ ଏଥିରେ ଅସ୍ତିତ୍ୱବାଦୀମାନଙ୍କ ତୁଲ୍ୟ ବ୍ୟକ୍ତିର ମୁକ୍ତି କାମନା ବା ବ୍ୟକ୍ତିର ବ୍ୟକ୍ତିତ୍ୱ ପ୍ରତିଷ୍ଠା କରିବାପାଇଁ ଉଦ୍ୟମ କରିଛନ୍ତି। ଯାହା ପ୍ରକୃତପକ୍ଷେ ଅସମ୍ଭବ ହୋଇଥିବା ଯୋଗୁଁ ଗାଙ୍ଗିକ ରଚନାତ୍ମକ ଦୃଶ୍ୟର (Creative Visualisation) ସାହାଯ୍ୟରେ ଏହାକୁ ପ୍ରତିଷ୍ଠା କରିବାପାଇଁ ଚାହିଁଛନ୍ତି। ମାତ୍ର ଏ ସବୁ ସତ୍ତ୍ୱେ ବି ମଣିଷଗଢ଼ା ନୀତିନିୟମରୁ ମଣିଷ ନିଜେ ମୁକ୍ତିପାଇବା ଅସମ୍ଭବ। "ହଁ, ତୁ ମୁକ୍ତ। କଳ୍ପନାର ପାପ ବୋଧ ତୋତେ ଛୁଇଁପାରୁନି। ନିତ୍ୟ ପରିବର୍ତ୍ତନଶୀଳ ସାମାଜିକ ଆଇନ୍‌କାନୁନ୍ ତୋର ବିଚାର କରିପାରେନା। କେତେଗୁଡ଼ିଏ ଆଦେଶାତ୍ମକ ନୈତିକତାର ଅର୍ଥହୀନ ବାଣୀ ତୋତେ ବାନ୍ଧି ରଖିପାରେନା। ତୁ ମୁକ୍ତ, ଉନ୍ମୁକ୍ତ। ନବ ସ୍ୱାଧୀନପ୍ରାପ୍ତ ନୂତନ ମଣିଷ। ପୁଣି କେମିତି ବଦଳିଗଲା ଦୃଶ୍ୟଟା। ହଠାତ୍ ଦେଖିଲି, ମୁଁ ଜେଲ୍‌ର ଫାଟକ ଆସ୍ତେ ଆସ୍ତେ ଖୋଲି ଦେଉଛି। ତା' ଭିତରୁ ବାହାରି ଆସୁଛି ଗେର୍ଦି। ମୁହଁରେ ମୁକ୍ତିର ଆନନ୍ଦର ଢେଉ। ଗେଟ୍ ବାହାରକୁ ଆସି ପ୍ରଥମ ପଦକ୍ଷେପ ନେଇ ଗେର୍ଦି ଥମକି ଛିଡ଼ାହେଲା। କେମିତି ଗୋଟାଏ କରୁଣ ନୟନରେ ପଛକୁ ଫେରି ଚାହିଁ ଦେଖିଲା ତା'ର ବନ୍ଦୀଶାଳାକୁ। ତା' ପରେ ହଠାତ୍ ସବୁ ଓଲଟ ପାଲଟ ହୋଇଗଲା ତା'ର। ସ୍ୱାଧୀନତାର ଝଡ଼ରେ ମୁକ୍ତିର ମହାଆଲୋକରେ ସେ କିଂକର୍ତ୍ତବ୍ୟବିମୂଢ଼ ହୋଇ ଛିଡ଼ାହୋଇ ରହିଲା। କ'ଣ କରିବ ସେ ଏ ସ୍ୱାଧୀନତାକୁ ନେଇ? ଏଇ ମହାମୁକ୍ତିର

ଗୁରୁଭାରର ଅସୀମ ଚାପକୁ ସେ ସମ୍ଭାଳିବ କିପରି? ସେ ଅସହାୟ ହୋଇ ସାମ୍ନାକୁ ଚାହିଁ ରହିଲା। ମୁକ୍ତିଜନିତ ଆନନ୍ଦ ତା' ମୁହଁରେ ଲେଶମାତ୍ର ନାହିଁ। ଏଇ ଅବ୍ୟକ୍ତ, ଅପରୀସୀମ ବେଦନାର ଗୁରୁଭାରରେ ସେ ଯେମିତି ନିପୀଡ଼ିତ- ଯନ୍ତ୍ରଣାକ୍ଲିଷ୍ଟ। (ଗଳ୍ପ ସମଗ୍ର- ପ୍ରଥମ ଭାଗ-ପୃ-୬୨୪) ଏସବୁ ସତ୍ତ୍ୱେ ବି ଅସ୍ତିତ୍ୱବାଦକୁ କେନ୍ଦ୍ରକରି ଏଥିରେ ସାମାନ୍ୟ ପ୍ରଶ୍ନବାଚୀ ଦେଖିବାକୁ ମିଳେ। ଏହିପରି 'ହିରଣ୍ୟଗର୍ଭ' ଗଳ୍ପରେ ମଧ୍ୟ ଗାଳ୍ପିକ ବିଜ୍ଞାନ ଓ ଧର୍ମ ମଧ୍ୟରେ ଧନ୍ଦି ନ ହୋଇ କେବଳ ନିଜତ୍ୱକୁ ଗୁରୁତ୍ୱ ଦେବାପାଇଁ ବାର୍ତ୍ତା ଦେଇଛନ୍ତି। ଏହା ସତ୍ୟ ଯେ ମଣିଷ ସୃଷ୍ଟିର ଆଦ୍ୟରୁ ବିଶ୍ୱାସକୁ ନେଇ ବଞ୍ଚିଆସିଛି। ମାତ୍ର ସେଇ ବିଶ୍ୱାସ ଅନ୍ୟଉପରେ ନୁହେଁ ନିଜ ଉପରେ ହେବା ଉଚିତ ଭଳି ଚିନ୍ତାଧାରା ମଧ୍ୟ ଉକ୍ତ କୃତିକୁ ଶ୍ରେଷ୍ଠ କରିପାରିଛି। "ତା'ର କାରଣ ଆଜି ପର୍ଯ୍ୟନ୍ତ ସେ ନିଜ ଉପରେ ବିଶ୍ୱାସ ନ ରଖି ନିଜେ ଚାଲିବାକୁ ଶିଖିପାରିନି। ଶିଶୁର ପ୍ରଥମ ପଦକ୍ଷେପ ପରି ସେ ଭଗବାନ୍, ଆଶା, ପୁନର୍ଜନ୍ମ, ସ୍ୱର୍ଗର କାନ୍ଥ ଧରି ଚାଲୁଛି। କିନ୍ତୁ କେତେଦିନ ଆଉ ସେ ଏମିତି ଶିଶୁ ହୋଇ ରହିବ? କିନ୍ତୁ ଭଗବାନଙ୍କ ଅବିଶ୍ୱାସ ଫଳରେ ଆଜି ଜନ୍ମ ନେଇଛି ମଣିଷ ଗଢ଼ା ମେସିନ୍ ଉପରେ ଏକ ଅହେତୁକୀ ବିଶ୍ୱାସ।" (ଗଳ୍ପ ସମଗ୍ର- ପ୍ରଥମ ଭାଗ-ପୃ-୬୪୮-୬୪୯) ମୋଟ୍ ଉପରେ କହିବାକୁ ଗଲେ ନିଜର ଶୂନ୍ୟତାକୁ ପୂର୍ଣ୍ଣ କରିବାପାଇଁ ଧର୍ମ ଓ ବିଜ୍ଞାନ ମଧ୍ୟରେ ଧନ୍ଦି ହେଉଥିବା ମଣିଷ ଯେ ସ୍ୱୟଂ ସମ୍ପୂର୍ଣ୍ଣ ତାହା ମଣିଷ ବୁଝିବା ଉଚିତ। ଭଲ ଓ ମନ୍ଦ ନାମକ ଦୁଇଟି ଶବ୍ଦ ଭିତରେ ଘାଣ୍ଟିହୋଇ ନିଜକୁ ଖୋଜି ଚାଲିଥିବା ମଣିଷର ଅସହାୟତା ପ୍ରତିଫଳିତ ହୋଇଛି 'ତିସ୍‌ରୀ ପେଗ୍' ଗଳ୍ପରେ। ଏହା ବ୍ୟତୀତ ଦେହ ଓ ମନ ମଧ୍ୟରେ ଚାଲିଥିବା ସଂଘର୍ଷକୁ ଗାଳ୍ପିକ ବୈଜ୍ଞାନିକ ଦୃଷ୍ଟିଭଙ୍ଗୀ ଦେଇ ପ୍ରତିଫଳିତ କରିବାପାଇଁ ମଧ୍ୟ ଉଦ୍ୟମ କରିଛନ୍ତି। ସାଧାରଣ ଓ ଅସାଧରଣ ଭିତରର ସୂକ୍ଷ୍ମ ପାର୍ଥକ୍ୟକୁ ଦର୍ଶାଇବା ସହ। ପରିବାର ନାମକ ସମୁଦ୍ରରେ ଭାସିଚାଲିଥିବା ବ୍ୟକ୍ତିରୂପୀ ନୌକାର ଅସହାୟତା ପ୍ରତିଫଳିତ ହୋଇଛି 'ଦୂର ଅଦୂର' ଗଳ୍ପରେ। ପୁଣି ଏହି ସାଧାରଣ ଓ ଅସାଧରଣ ଭିତରେ ନିଜର ସ୍ଥିତିକୁ ଖୋଜିଚାଲିଥିବା ମଣିଷର ଉଦ୍ୟମ ଦୃଷ୍ଟିରୁ ଏହା ଏକ ସଫଳ ଅସ୍ତିତ୍ୱବାଦୀ ଚେତନା ଯୁକ୍ତ ସୃଷ୍ଟି। "ଟିକିଏ ନିରେଖି ଚାହିଁଲେ। ଟିକିଏ ନିଜକୁ ପ୍ରଶ୍ନ ପଚାରିଲେ। ସତେ କ'ଣ ଯୁଗକୁ ଯୁଗ ଚାଲିଥିବ ଏମିତି। ତା'ର କ'ଣ ଆରମ୍ଭ ନ ଥିଲା ତା'ର କ'ଣ ଶେଷ ନାହିଁ। ଯଦି ଆରମ୍ଭ ଥିଲା- ତେବେ ତା' ପୂର୍ବରୁ କ'ଣ ଥିଲା। କେଉଁଥିରୁ ଏ ପୃଥିବୀ, କେଉଁଥିରୁ ଏ ଜଳବାୟୁ, ପର୍ବତ ନଦନଦୀ, ଗଛପତ୍ର, ପଶୁପକ୍ଷୀ ଶେଷକୁ ଏଇ ମଣିଷ। ପୁଣି ମଣିଷ ଭିତରେ ବ୍ୟକ୍ତିଟିଏ। ମୁଁ। ନିଜ ଭିତରୁ ଚମକିପଡ଼ି ଉଠିଥିବା ଚେତନାଟିଏ ଛିଗୁଲାଇ ହୁଏ- କିଏ ତୁ। କିଏ ତୁ। (ଗଳ୍ପ ସମଗ୍ର- ଦ୍ୱିତୀୟ ଭାଗ- ପୃ-୩୧)"

ମଣିଷ ଭିତରର ଅଦିମତା ହିଁ ପ୍ରକୃତ ସତ୍ୟ ଭଳି ଚିନ୍ତନର ପ୍ରତିଫଳନ ଘଟିଛି 'ମିସେସ୍ ଲଣ୍ଡନ ମିଶ୍ର' ଗଳ୍ପରେ। ତେଣୁ ନିଜ ଭିତରର ଆଦିମତାକୁ ଅସ୍ୱୀକାର କରିବା ନିଜକୁ ଅସ୍ୱୀକାର କରିବା ସହିତ ସମାନ ଭଳି ଚିନ୍ତନ ଉକ୍ତ କୃତିକୁ ଅସାଧରଣ କରି ଗଢ଼ି ତୋଳିଛି। ହିରଣ୍ୟକଶ୍ୟପୁ ତୁଲ୍ୟ ଏ ଦେଶର ପୂର୍ବସୁରୀ ପ୍ରହ୍ଲାଦ ତୁଲ୍ୟ ପରବର୍ତ୍ତୀ ପିଢ଼ିଙ୍କୁ ଅସ୍ତିତ୍ୱହୀନ କରିଚାଲିଛନ୍ତି। "ତୁମେମାନେ ମିଶି ଖାଦ୍ୟରେ ଭେଜାଲ ମିଶେଇ ଆମକୁ ହୀନବୀର୍ଯ୍ୟ କରି ଦେଇଛ। ଔଷଧରେ ଭେଜାଲ କରି ଚିର ରୁଗ୍ଣ କରିଦେଇଛ। ଶିକ୍ଷାରେ ଭେଜାଲ ମିଶାଇ ଆମକୁ ଅଙ୍କ କରିଦେଇଛ। ଚରିତ୍ରରେ ଭେଜାଲ କରି ଆମକୁ ଚରିତ୍ରହୀନ କରିଦେଇଛ। ସମାଜରେ ପଶୁବଳୀକୁ ପ୍ରତିଷ୍ଠା ଦେଇ ଆମକୁ ନୈତିକତାହୀନ ଜାନୁଆର କରିଦେଇଛ। ଦାୟିତ୍ୱକୁ ଜାବୁଡ଼ିଧରି ଆମକୁ ଦାୟିତ୍ୱହୀନ କରିଦେଇଛ। ଆମେ ଆଜି କିଛି ନୋହୁଁ- କେବଳ ହୀନବୀର୍ଯ୍ୟ, ପଙ୍ଗୁ, ପଶୁ ତମମାନଙ୍କର ହଳ ଟାଣୁଛୁ- ଗାଡ଼ି ଟାଣୁଛୁ- ତମମାନଙ୍କର ସର୍କସରେ ଖେଳ ଦେଖାଉଛୁ।" (ଗଳ୍ପ ସମଗ୍ର- ଦ୍ୱିତୀୟ ବାଗ- ପୃ- ୧୪୫) ଏହିପରି ଆଦର୍ଶ ନାମରେ ପୂର୍ବପିଢ଼ି ତାଙ୍କ ପରପିଢ଼ି ପାଇଁ ଯାହା ଛାଡ଼ି ଯାଇଛନ୍ତି ତାହା କେବଳ ମିଥ୍ୟା ପ୍ରତାରଣା ଛଡା ଅନ୍ୟକିଛି ନୁହେଁ। ତେଣୁ ଦିନେ ଏପରି ସମୟ ଆସିବ ଯେଉଁଦିନ ଏହି ପିଢ଼ି ନିଜ ଅସ୍ତିତ୍ୱ ନିମନ୍ତେ ସଂଘର୍ଷ କରିବାପାଇଁ ଆଗେଇ ଆସିବା ଭଳି ବାର୍ତ୍ତା ଦେଖିବାକୁ ମିଳେ 'ପ୍ରହ୍ଲାଦ' ଗଳ୍ପରେ। ପରିବର୍ତ୍ତନଶୀଳ ସମୟ କିପରି ମଣିଷକୁ ନିଜକୁ ନିଜେ ଅନୁସନ୍ଧାନ କରିବା ଶିଖେଇ ଦିଏ ତାହାର ସୂଚନା ରହିଛି 'ବିଷୁବରେଖା' ଗଳ୍ପରେ। ଯୁଦ୍ଧ ପରବର୍ତ୍ତୀ ଅସହାୟତା ଓ ଯନ୍ତ୍ରଣା ମଣିଷ ବିଶେଷକରି ଯୁବଗୋଷ୍ଠୀଙ୍କ ଭିତରେ ଯେଉଁ 'ମୁଁ' ତ୍ୱର ବିକାଶ ଘଟାଇଥିଲା ବା ଅନ୍ୟଭାବେ କହିଲେ ଯେଉଁ ଅସ୍ତିତ୍ୱବାଦୀ ଚେତନାର ପ୍ରତିଫଳନ ଘଟିଥିଲା "ପ୍ରତ୍ୟେକ ମଣିଷ ନିଜ ପାଇଁ ହିଁ ଦାୟୀ- ନିଜକୁ ଗଢ଼ିବାରେ ନିଜକୁ ଭାଙ୍ଗିବାରେ ସେ ନିଜେ ହିଁ ନିଜର ନିୟାମକ ଆତ୍ମା। ନାହିଁ ଈଶ୍ୱର- ନାହିଁ ଭାଗ୍ୟ ନାହିଁ କିଛି ନାହିଁ ସନ୍ନ୍ୟାସୀ! କିଛି ନାହିଁ। ମୁଁ କେବଳ ମୁଁ। ଏକ ବିଚ୍ଛିନ୍ନ- ଏକାକୀ ବ୍ୟକ୍ତିଟିଏ। ମୋର କାହାପ୍ରତି କିଛି କର୍ତ୍ତବ୍ୟ ନାହିଁ- କାହାରି ପ୍ରତି କିଛି ମମତା ନାହିଁ। ମୁଁ ନିଜ ଜୀବନକୁ ବଞ୍ଚିବି ନିଜସ୍ୱ ଇଚ୍ଛାରେ, ଧ୍ୱଂସ କରିବି ନିଜସ୍ୱ ଇଚ୍ଛାରେ। ମୁଁ ଜୀବନକୁ ଦେବି ତା'ର ନିଜସ୍ୱ ସଂଜ୍ଞା।" (ଗଳ୍ପ ସମଗ୍ର- ଦ୍ୱିତୀୟ ଭାଗ- ପୃ- ୨୩୦) ତା' ପ୍ରତି ଆକ୍ଷେପୋକ୍ତି ବା ଅନ୍ୟଭାବେ କହିଲେ ହେଗେଲଙ୍କର 'Absolute Idealism' ପ୍ରତି ସମର୍ଥନ ଦେଖିବାକୁ ମିଳେ 'ପ୍ରାଚୀ- ପ୍ରତିଚୀ' ଗଳ୍ପରେ। ପ୍ରକୃତରେ ଆଦର୍ଶ ନାମରେ ମଣିଷ କିପରି ନିଜର ଧ୍ୱଂସସାଧନ କରିଚାଲିଛି ତାକୁ ଗାଳ୍ପିକ ଚମତ୍କାରଭାବେ ପ୍ରତିଫଳିତ କରିଛନ୍ତି। 'ମୁଁ'ତ୍ୱକୁ ଗୁରୁତ୍ୱଦେଇ ଅନ୍ୟ

ଆଦର୍ଶକୁ ଅସ୍ୱିକାର କରୁଥିବା ମଣିଷ କେବେ ଅମୃତର ସନ୍ତାନ ହୋଇପାରିବ ନାହିଁ। କାରଣ ଯେଉଁ ନିଜତ୍ୱର ମାୟାରେ ସେ ନିଜକୁ ଶ୍ରେଷ୍ଠ ମଣୁଛି। ସେ ଭୁଲିଯାଉଛି ଯେ ବୃକ୍ଷର ପୁଷ୍ପ ପରି ସେ ମଧ୍ୟ ମଣିଷ ଜାତିର ଏକ ଅଂଶ। ଆଉ ସେହି ଅଂଶରୁ ବିଚ୍ଛିନ୍ନ ହେବା ପୁଷ୍ପ ବୃକ୍ଷରୁ ବିଚ୍ଛିନ୍ନ ହେବା ସହ ସମାନ। "କିନ୍ତୁ ପଲ୍ ତମେ ବିଚ୍ଛିନ୍ନ ନୁହେଁ। ତମେ ଏକାକୀ ନୁହେଁ। ତମର ଚେର ଲମ୍ବିଛି ଆଜିଠାରୁ ପ୍ରାୟ ପନ୍ଦର ଲକ୍ଷ ବର୍ଷ ତଳକୁ ଯୋଉଦିନ ପ୍ରଥମକରି ମଣିଷର ଆବିର୍ଭାବ ଘଟିଥିଲା ଏଇ ପୃଥିବୀରେ। ସେଇ ପ୍ରଥମ ପୁରୁଷର ସାତ ତାଳ ପଙ୍କ ଭିତରେ ନିହିତ ରହିଥିବା ଚେର ଓ ବୃକ୍ଷର ତମେ ଫୁଲଟିଏ ମାତ୍ର। ତମେ ଏହାକୁ ଅସ୍ୱିକାର କରିପାରିବ ନାହିଁ। ମନୁଷ୍ୟ ସମାଜର ବିରାଟ ବନସ୍ପତି ଭିତରେ ତମେ ଏକୁଟିଆ ଫୁଲଟିଏ କିନ୍ତୁ ସେଇ ବୃକ୍ଷର ପ୍ରତ୍ୟେକଟି ସବୁଜକଣା ସହିତ ତମେ ସମ୍ପୃକ୍ତ। ତାଙ୍କ ନାମ ବିନା ତମର ସ୍ଥିତି ନାହିଁ- ତମ ବିନା ତାଙ୍କର ଅସ୍ତିତ୍ୱ ନାହିଁ।" (ଗଳ୍ପ ସମଗ୍ର- ଦ୍ୱିତୀୟ ଭାଗ-ପୃ- ୨୩୧) ପ୍ରକୃତପକ୍ଷେ ବିବେଚନା କଲେ ମଣିଷ ନିଜକୁ ଅତିବେଶୀ ଭୟକରେ ଅଥବା ଭଲପାଏ। ତେଣୁ ସେ ନିଜକୁ ସାମ୍ନାସାମ୍ନି ହେବାକୁ ଭୟକରେ ତେଣୁ ସେ ସାଥି ଖୋଜେ ମେଳି ବାନ୍ଧେ, ଗୋଠରେ ରହିବାକୁ ଭଲପାଏ। ଏହା ଭିତରୁ ବି କିଛି ଅସ୍ତିତ୍ୱବାନ ବ୍ୟକ୍ତିଙ୍କ ଭିତରେ ଆତ୍ମସତ୍ତାକୁ ସ୍ୱୀକାର କରବାର ସାହାସ ରହିଥାଏ। ଏହାର ସୂଚନା ଦେଖିବାକୁ ମିଳେ 'ନିଜସ୍ୱ ଇଲାକା' ଗଳ୍ପରେ। ବିବର୍ତ୍ତନ କ୍ରମରେ ହୋମୋସେପିଆନ୍ସଙ୍କ ଠାରୁ ସୃଷ୍ଟି ମାନବ ଜାତି ପଶୁ, ଦେବତା ଅଥବା ଯୋଗୀର ଆଖିରେ ସମାନ ଦିଶିପାରେ। ହେଲେ ମଣିଷ ଆଖିରେ ଦେଖିଲେ ପ୍ରତ୍ୟେକଟି ମଣିଷ ଏକ ସ୍ୱତନ୍ତ୍ର ବ୍ୟକ୍ତିତ୍ୱ। ପ୍ରତ୍ୟେକଟି ମଣିଷର ଏକ ସ୍ୱତନ୍ତ୍ର ଅସ୍ତିତ୍ୱ ରହିଛି ଭଳି ଅସ୍ତିତ୍ୱବାଦୀ ଚିନ୍ତନକୁ ଗାଳ୍ପିକ ପ୍ରତିଫଳିତ କରିଛନ୍ତି 'ପିଣ୍ଟୁର ସାତୋଟି ନିର୍ଦ୍ଦେଶନାମା' ଗଳ୍ପରେ। ପ୍ରତ୍ୟେକଟି ଜୀବଜନ୍ତୁର ସ୍ୱାଭାବିକ ପ୍ରବୃତ୍ତି ଭଳି ମଣିଷର ମଧ୍ୟ ସ୍ୱାଭାବିକ ପ୍ରବୃତ୍ତି ରହିଛି। ଏହି ପ୍ରବୃତ୍ତିର ପରିପ୍ରକାଶ ପାପ ନୁହେଁ ମାତ୍ର ତାକୁ ଅସ୍ୱିକାର କରିବା ହିଁ ପାପଭଳି ବାର୍ତ୍ତା ପ୍ରକାଶ ପାଇଛି 'ମିସ୍ କାରୋଲିନା କୁଜୁର୍' ଗଳ୍ପରେ। ପ୍ରେମକୁ କେନ୍ଦ୍ରକରି ମଣିଷ ଭିତରର ଏକାକୀତ୍ୱ ଏବଂ ନିଃସଙ୍ଗତାର ଚମତ୍କାର ପ୍ରତିଫଳନ ଦେଖିବାକୁ ମିଳେ 'କୁନି' ଗଳ୍ପରେ। ଜୀବନ ଅନୁଭବ ନୁହେଁ ଅନୁଭୂତିର କାହାଣୀ ଏହାର ନିଦର୍ଶନ ରହିଛି 'ଚାରୋଟି ମୁହୂର୍ତ୍ତର କାହାଣୀ' ଗଳ୍ପରେ। ସୃଷ୍ଟିର ପ୍ରାରମ୍ଭରେ ବାଘ, ଭାଲୁ, ହାତୀ ଭଳି ପଶୁମାନଙ୍କ ସଦୃଶ ମଣିଷ ବି ଥିଲା ମୁକ୍ତ। ମାତ୍ର ଏହି ମଣିଷ ଧିରେ ଧିରେ ମୁକ୍ତତାକୁ ଅସଭ୍ୟତାର ନାମ ଦେଇ ପରାଧୀନତା ସଦୃଶ ସଭ୍ୟତାର ମୁଖା ଧାରଣକଲା। ହେଲେ ନିଜର ପ୍ରକୃତ ପ୍ରବୃତ୍ତିକୁ ପରିବର୍ତ୍ତନ କରିବା ଏହି ମଣିଷ ପକ୍ଷରେ ଅସମ୍ଭବ। ତେଣୁ ସଭ୍ୟତାର ମୁଖା ଭିତରେ ଛଟପଟ ହେଉଥିବା

ପ୍ରକୃତ ମଣିଷଟି ଅସାବଧାନତାବଶତଃ ବେଳେବେଳେ ବାହାରକୁ ଉଙ୍କିମାରେ। ଯାହାକୁ ସଭ୍ୟତାର ଢାଙ୍କୁଣି ଘୋଡ଼ାଇଥିବା ମଣିଷ ସମାଲୋଚନା କରେ। ମାତ୍ର ପ୍ରକୃତରେ ଦେଖିବାକୁ ଗଲେ ପ୍ରତ୍ୟେକଟି ସାମାଜିକ ମଣିଷ ଅନ୍ତରରେ ଯେ ଅସାମାଜିକ ତାହାର ଚମତ୍କାର ପ୍ରତିଫଳନ ଦେଖିବାକୁ ମିଳେ ଗାଳ୍ପିକଙ୍କର 'ଏକ ଲମ୍ପଟର ଅର୍ଜି' ଗଳ୍ପରେ। ଏତଦ୍‌ବ୍ୟତୀତ ଉକ୍ତ କୃତିରେ ଗାଳ୍ପିକ ଏକ ଅସ୍ତିତ୍ୱବାଦୀ ତୁଲ୍ୟ ସମାଜର ରଢ଼ୀବାଦୀ ପରମ୍ପରାକୁ ସମାଲୋଚନା କରିବା ସହ ସଭ୍ୟତାର ଢାଙ୍କୁଣି ଭିତରେ ଛଟପଟ ହେଉଥିବା ପ୍ରକୃତ ମଣିଷର ବାର୍ତ୍ତାଟିକୁ ପ୍ରତିଫଳିତ କରିବାପାଇଁ ଉଦ୍ୟମ କରିଛନ୍ତି। ଆଜି ସମାଜ ଓ ସଂସାର ଭିତରେ ରହିବି ପ୍ରତ୍ୟେକଟି ମଣିଷ ନିହାତି ଏକା। ତେଣୁ ଏହିଭାବେ ଦେଖିଲେ ପ୍ରତ୍ୟେକଟି ମଣିଷ ଜଣେ ଜଣେ ସନ୍ୟାସୀ। ଏହିଭଳି ଏକ ବାର୍ତ୍ତା ଦେଖିବାକୁ ମିଳେ ଗାଳ୍ପିକଙ୍କର 'ସନ୍ୟାସୀ' ଗଳ୍ପରେ। ଏହିପରି 'କଲେଜ ଛକର ସନ୍ଧ୍ୟା' ଗଳ୍ପରେ ମଧ୍ୟ ମଣିଷ ଭିତରର ଏକାକୀତ୍ୱ ଓ ନିଃସଙ୍ଗତାକୁ ପ୍ରତିଫଳିତ କରିଛନ୍ତି ଗାଳ୍ପିକ। "ଆମେ କେତେ ପାଖରେ ଅଥଚ କେତେଦୂରରେ । ଏତେ ମିଳାମିଶା, ହସଖୁସି, ନାଚଗୀତ ଭିତରେ ଆମେ ନିଜକୁ ଯେତେ ଅପରର ସଙ୍ଗେ ସଂଶ୍ଳିଷ୍ଟ କଲେ ବି ବାସ୍ତବରେ ଆମେ ଏକାକୀ। ଏଇ ସତ୍ୟଟାକୁ ଲୁଚାଇବାକୁ ଆମର ମିଳାମିଶା ଏଇ ଆତ୍ମ- ପ୍ରବଞ୍ଚନା ନୁହେଁ?" (ଗଳ୍ପ ସମଗ୍ର- ପ୍ରଥମ ଭାଗ-ପୃ-୧୩୭) ମଣିଷ ଭିତରେ ନିଜକୁ ନିଜେ ତଉଲିବା ବା ନିଜର ପ୍ରତ୍ୟେକଟି ପ୍ରବୃତ୍ତକୁ ତଉଲିବାର ମାନସିକତା ଦେଖିବାକୁ ମିଳେ 'ବୃତ୍ତ' ଗଳ୍ପରେ। ବିଶେଷକରି ପଶୁରୁ ମଣିଷ ବନିଥିବା ଜନ୍ତୁଟି ଭିତରେ ଜୀବନ ବୃତ୍ତି ଅପେକ୍ଷା ମୃତବୃତ୍ତି କେତେମାତ୍ରାରେ କ୍ରିୟାଶୀଳ ତାହାକୁ ଗାଳ୍ପିକ ଚମତ୍କାରଭାବେ ପ୍ରତିଫଳିତ କରିଛନ୍ତି।

ସଂକେତ ସୂଚୀ

- *Macquarrie, John (1972). Existentialism. New York:* Penguin. *pp. 14–15.*
- *Solomon, Robert C. (1974). Existentialism.* McGraw-Hill. *pp. 1–2.*
- Jump up to:a b c d e f *Crowell, Steven (October 2010).* "Existentialism". *Stanford Encyclopedia of Philosophy*
- The company Zare, Mehdi. Being in the mirror (Introduction to perspective
- thinking about death Heidegger's ontology and its application). J. Philos.,
- No. 42. 2010.

- https://www.cambridge.org/core/journals/modern-intellectual-history
- *Singer, Daniel (5 June 2000).* "Sartre's Roads to Freedom". *The Nation. Archived from* the original
- *on 2 June 2008. Retrieved 9 May 2009..*
- *Freitas, Frances Anne; Leonard, Lora J. (January 2011).*
- "Maslow's hierarchy of needs and student academic success". *Teaching and Learning in Nursing.*
- *(1): 9– 13.* doi:10.1016/j.teln.2010.07.004. ISSN 1557-3087.
- These are two eyes, two ears, two nostrils, one mouth, two organs of evacuation/excretion, navel, and *Brahmarandhram* - the aperture at the top of head through which Atman links with Cosmic Self. See Paul Deussen, Sixty Upanishads of the Veda, Volume 1, Motilal Banarsidass, ISBN 978-8120814684, page 293
- Jump up to:a b c d WD Whitney, Translation of the Katha-Upanishad, Transactions of the American Philological Association, Vol. 21, pages 107-108

ଓଡ଼ିଆ ସାହିତ୍ୟରେ ଭାବାତୀତବାଦ ବା Transcendentalismର ପ୍ରତିଫଳନ

ଭାବାତିତବାଦ ହେଉଛି ଏକ ସାହିତ୍ୟିକ ଆନ୍ଦୋଳନ। ଆମେରିକୀୟ ସାହିତ୍ୟରେ ସାଧାରଣତଃ କବିତା ଓ ଦର୍ଶନ କ୍ଷେତ୍ରରେ ଏହି ଆନ୍ଦୋଳନଟି ଉନବିଂଶ ଶତାବ୍ଦୀରେ ଆରମ୍ଭ ହୋଇଥିଲା। ରୋମାଣ୍ଟିସିଜିମ୍ ଯେଉଁ ସମୟରେ ଇଂଲଣ୍ଡ ସହ ସମଗ୍ର ବିଶ୍ୱରେ ପ୍ରଭାବ ବିସ୍ତାର କରିଥିଲା। ସେତେବେଳେ ଆମେରିକାରେ ଏହି ସାହିତ୍ୟିକ ଆନ୍ଦୋଳନ ଚରମ ସୋପାନରେ ଉପନୀତ ହୋଇଥିଲା। ଏହି ଭାବାତିତବାଦରେ ମୁଖ୍ୟତଃ ମନୁଷ୍ୟର ଆତ୍ମନିର୍ଭରଶୀଳତା ଉପରେ ଗୁରୁତ୍ୱ ଦିଆଯାଇଥିଲା। ଏହି ଦର୍ଶନରେ ବିଶ୍ୱାସୀ ବ୍ୟକ୍ତିମାନେ ଆଧୁନିକ କଳା ଓ କୌଶଳଠାରୁ ସମ୍ପୂର୍ଣ୍ଣ ପୃଥକ୍ ମତ ପ୍ରଦାନ କରୁଥିଲେ। ଏମାନେ ବ୍ୟକ୍ତିର ବ୍ୟକ୍ତିତ୍ୱ ବା ସ୍ୱାତନ୍ତ୍ର୍ୟ ଉପରେ ବହୁ ଦୃଢ଼ ଭାବରେ ବିଶ୍ୱାସ କରୁଥିଲେ। ଏହାଛଡ଼ା ଏମାନେ ବ୍ୟକ୍ତିର ସ୍ୱାଧୀନତାକୁ ମଧ୍ୟ ଗୁରୁତ୍ୱ ଦେଉଥିଲେ। ଯାହା ବହୁମାତ୍ରାରେ ରୋମାଣ୍ଟିକ୍ ଚିନ୍ତାଧାରା ସହ ସାମଞ୍ଜସ୍ୟ ରକ୍ଷା କରିଥାଏ। ଏମାନେ ଭାରତୀୟ ସଂସ୍କୃତି ସହ ସମ୍ପୃକ୍ତ ହେବାସହ ଏହାଦ୍ୱାରା ବହୁମାତ୍ରାରେ ପ୍ରଭାବିତ ହୋଇଥିଲେ। ଏହି ଭାବାତିତବାଦୀମାନେ ଧର୍ମଗ୍ରନ୍ଥମାନଙ୍କରେ ଲେଖାହୋଇଥିବା ବିଧିବଦ୍ଧ ନିୟମକୁ ଅସ୍ୱୀକାର କରୁଥିଲେ। ଜଣେ କୌଣସି ବକ୍ତବ୍ୟ ଲେଖିଯିବ ଏବଂ ତାହାକୁ ଯୁଗଯୁଗ ଧରି ବିଶ୍ୱାସ କରାଯିବ। ଏଭଳି ଚିନ୍ତାଧାରାକୁ ଏହି ଭାବାତିତବାଦୀମାନେ ବିରୋଧ କରିଥିଲେ। ଏମାନଙ୍କର ମତରେ ଧର୍ମ ବା ଭଗବାନ ପ୍ରତ୍ୟେକ ବ୍ୟକ୍ତିର ନିଜସ୍ୱ ଚିନ୍ତାଧାରା ଉପରେ ପର୍ଯ୍ୟବସିତ। କିଏ ନିଜର ଭଗବାନଙ୍କୁ

କିପରିଭାବେ ପୂଜିବ ବା ଗ୍ରହଣ କରିବ ତା'ର ପୂର୍ଣ୍ଣ ସ୍ୱାଧୀନତା ତାକୁ ମିଳିବା ଉଚିତ। ଏଠାରେ ଏକ ଉଦାହରଣ ଦିଆଯାଇପାରେ- ଯଦି କେହି ଅନୁକୂଳ ପାଗରେ ସାଙ୍ଗରେ ଗୋଟିଏ ଛତା ନେଇଯାଏ ଯାହାକି ସାଧାରଣତଃ ଅନାବଶ୍ୟକ ମନେହୋଇଥାଏ। ମାତ୍ର ହଠାତ୍ କିଛି ସମୟପରେ ଯଦି ବର୍ଷା ହୋଇଯାଏ। ତେବେ ସେହି ବ୍ୟକ୍ତିର ଚିନ୍ତା ଓ ଚେତନାରେ ଭଗବାନଙ୍କ ପ୍ରତି କୃତଜ୍ଞତା ଏବଂ ତାଙ୍କରି ଆହ୍ୱାନରେ ଯେ ସେ ଛତା ନେଇଆସିଥିଲା ଏପରି ଧାରଣା ଜନ୍ମେ। ଏହି ଭାବାତିତବାଦୀମାନଙ୍କର ଚିନ୍ତାଧାରା ମଧ୍ୟ ଏହା ଉପରେ ପର୍ଯ୍ୟବସିତ ଥିଲା। ଏମାନେ ମୁଖ୍ୟତଃ ଭାବନାର ଶକ୍ତି ଏବଂ ପରିକଳ୍ପନା ଉପରେ ଗୁରୁତ୍ୱ ଦେଉଥିଲେ। ଏତଦ୍‌ବ୍ୟତୀତ ବ୍ୟକ୍ତି ଯେ ସୃଷ୍ଟିର ମୁଖ୍ୟ ଏହି ଚେତନା ଉପରେ ମଧ୍ୟ ଏମାନେ ଗୁରୁତ୍ୱ ଦେଉଥିଲେ। ତେଣୁ ନିଜର ଏକ ପ୍ରବନ୍ଧରେ 'ଇମରସନ'୍ କହିଥିଲେ- " Man is not former or professor or engineer but he is all" ମଣିଷ ଭିତରେ ବାସ୍ତବରେ ସବୁ ଗୁଣାବଳୀ ଲୁଚିରହିଛି। ବ୍ୟକ୍ତିର ବ୍ୟକ୍ତିତ୍ୱ ମାଧ୍ୟମରେ ହିଁ ସମାଜରେ ଉନ୍ନତି ଘଟିଥାଏ। ଏହାବ୍ୟତୀତ ଏମାନଙ୍କର ଏକ ବିଶିଷ୍ଟ ଧାରଣା ଥିଲା ଯେ, ଏ ସୃଷ୍ଟିର ସବିକିଛି ମଣିଷର ଆତ୍ମା ସହିତ ସମ୍ପୃକ୍ତ। ସମସ୍ତଙ୍କ ମଧ୍ୟରେ ବା ଆତ୍ମାରେ ଭଗବାନ ବିଦ୍ୟମାନ। ପ୍ରକୃତି ମଧ୍ୟ ଆମ ଆତ୍ମା ସହିତ ସମ୍ପୃକ୍ତ। ଏହି ପ୍ରକୃତି ମାଧ୍ୟମରେ ହିଁ ଆମେ ଭଗବାନଙ୍କୁ ଜାଣିବା ସହ ନିଜକୁ ମଧ୍ୟ ଜାଣିପାରିଥାଉ। 'ଏଲିଜାବେଥ୍ ଗିଲବଟ୍'ଙ୍କର ଏକ ପୁସ୍ତକ ' EAT PRAY LOVE' (ଖାଇବା ପ୍ରାର୍ଥନା ପ୍ରେମ) ଏହି ଚିନ୍ତାଧାରା ସହିତ ବହୁମାତ୍ରାରେ ସମ୍ପୃକ୍ତ। ଏହାର ମୁଖ୍ୟ ଚରିତ୍ର 'ଜୁଲିଆ ରୋବଟ୍' ଯିଏକି ଏହି ଉପନ୍ୟାସର ମୁଖ୍ୟ ନାୟିକା। ଉପନ୍ୟାସର ପ୍ରାରମ୍ଭରେ ଚରିତ୍ରଟିର ବିବାହ ବିଚ୍ଛେଦ ଘଟିଛି। ଏହାପରେ ସେ ନିଜକୁ ଓ ନିଜ ଖୁସିକୁ ଜାଣିବା ତଥା ଖୋଜିବାର ଉଦ୍ୟମ କରିଛି। ଏହି ଉପନ୍ୟାସରେ ଘଟଣାକ୍ରମେ ଚରିତ୍ରଟି ତିନିଟି ସ୍ଥାନକୁ ଯାତ୍ରା କରିଛି। ପ୍ରଥମେ ସେ 'ଇଟାଲୀ' ତା'ପରେ 'ଭାରତ' ଓ ଶେଷରେ 'ବାଲି'କୁ ଯାତ୍ରା କରିଛି। ଏହି ତିନିଟି ସ୍ଥାନରେ ସେ ନିଜକୁ ଓ ନିଜ ସ୍ଥିତିକୁ ଖୋଜିବାକୁ ଉଦ୍ୟମ କରିଛି। ପ୍ରଥମେ ସେ ଯେତେବେଳେ ଇଟାଲୀ ଯାଇଛି ଏବଂ ସେଠିକାର ସ୍ୱାଦିଷ୍ଟ ଓ ରୁଚିକର ଖାଦ୍ୟ ଖାଇଛି ସେତେବେଳେ ସେ ତା' ପାଖାପାଖି ଥିବା ଆନନ୍ଦକୁ ଉପଭୋଗ କରିଛି। ଏହା ହେଉଛି ଏହି ସାହିତ୍ୟିକ ଦର୍ଶନର ଗୋଟିଏ ଚିନ୍ତାଧାରା। ସୌନ୍ଦର୍ଯ୍ୟ ଓ ଆନନ୍ଦ ଆମ ଚାରିପାଖରେ ରହିଛି। ତାକୁ କେବଳ ଦେଖିବା, ଅନୁଭବ ଓ ଉପଭୋଗ କରିବାର ମାନସିକତା ଆବଶ୍ୟକ। ଏହାପରେ ସେ ଯେତେବେଳେ ଭାରତ ଆସିଛି ଭାରତର ଏକ ଆଶ୍ରମରେ ଯୋଗ, ପ୍ରାର୍ଥନା ଓ ସତ୍‌ସଙ୍ଗ ଆଦିରେ ନିଜକୁ ନିୟୋଜିତ କରିବା ଫଳରେ ସେ ନିଜକୁ ଓ

ନିଜ ଆତ୍ମାକୁ ଜାଣିପାରିଛି। ଆତ୍ମତୃପ୍ତି ଲାଭ କରିବା ସହ ତା'ର ଅଶାନ୍ତ ମନ ଶାନ୍ତି ଲାଭ କରିଛି। ଏହାସହ ତା'ର ନିଜ ସହିତ ଓ ନିଜର ଆତ୍ମା ସହିତ ଥିବା ସମ୍ପର୍କକୁ ସେ ଜାଣିପାରିଛି। ଏହାପରେ ଶେଷରେ ସେ ଯାତ୍ରା କରିଛି ବାଲିକୁ ଯେଉଁଠାରେ ସେ ନିଜର ପ୍ରେମିକ ପୁରୁଷକୁ ଭେଟିଛି ଓ ନିଜ ଜୀବନର ସମ୍ପୂର୍ଣ୍ଣତା ଲାଭକରିଛି। ନିଜକୁ ଜାଣିବାର ଓ ଉପଲବ୍ଧି କରିବାର ଯେଉଁ ଆକାଙ୍କ୍ଷା ତା' ଭିତରେ ଥିଲା ତାହା ପୂର୍ଣ୍ଣହୋଇଛି। ଏହିପରିଭାବେ ଏହି ଭାବାତିତବାଦୀମାନେ ନିତିଦିନିଆ ଜୀବନରେ ନିଜକୁ ଅନୁସନ୍ଧାନ କରିବାର ମତପ୍ରଦାନ କରିଥାଆନ୍ତି। ବ୍ୟକ୍ତିର ବ୍ୟକ୍ତିତ୍ୱ ବା ନିଜତ୍ୱ ହିଁ ସବୁକିଛି। ସମାଜ କ'ଣ କହୁଛି ବା କ'ଣ ଚିନ୍ତାକରୁଛି ତାହା ଭାବିବା ଅନାବଶ୍ୟକ। ନିଜର ସମ୍ପର୍କ ନିଜ ଆତ୍ମା, ପ୍ରକୃତି ଓ ଭଗବାନଙ୍କ ସହିତ କିପରି ରହିଛି ତାହା କେବଳ ଚିନ୍ତାକରିବା ଉଚିତ। ଏହି ଆନ୍ଦୋଳନର ପ୍ରମୁଖ କର୍ତ୍ତା ଥିଲେ 'ରାଲଫ୍ ୱାଲଡୋ ଇମରସନ' ଯିଏକି ଏହି ଗୋଷ୍ଠୀ ନାମରେ ଏକ କ୍ଲବ୍ ଗଠନ କରିଥିଲେ। ସେ ଆମେରିକୀୟ ଗବେଷକମାନଙ୍କୁ ଉତ୍ସାହ ଦେଇ କହିଥିଲେ- "ଅନ୍ୟମାନଙ୍କର ଚିନ୍ତାଧାରାକୁ ତ୍ୟାଗକରି ନିଜସ୍ୱ ଚିନ୍ତାଧାରା ସୃଷ୍ଟି କର। ଯେପରି ସମୁଦ୍ରର ଲହରୀ ଆକାଶର ଚନ୍ଦ୍ରକୁ ଅନୁସରଣ କରେ। ସେହିପରି ଦିନେ ସମୟ ଆସିବ ଯେତେବେଳେ ସମଗ୍ର ବିଶ୍ୱ ଆମେରିକାର ଗବେଷକଙ୍କୁ ଅନୁସରଣ କରିବ।" ନିଜର ଶ୍ରେଷ୍ଠ କୃତି 'American Scholar'ରେ ସେ ଏହି ବକ୍ତବ୍ୟ ପ୍ରଦାନ କରିଛନ୍ତି। 'ୱାଲ୍ଟ ହ୍ୱାଇଟ୍‌ମ୍ୟାନ' ଥିଲେ ଏହି ଆନ୍ଦୋଳନର ଅନ୍ୟତମ କର୍ତ୍ତା। ତାଙ୍କ ମତରେ ସମସ୍ତଙ୍କର ସମାନ ଗୁରୁତ୍ୱ ରହିଛି। କେହି ବି କାହାଠାରୁ ଶ୍ରେଷ୍ଠ ନୁହନ୍ତି କାରଣ ସମସ୍ତଙ୍କର ଗଠନ ଓ ଚେତନା ସମାନ। 'ହେନ୍‌ରୀ ଡେଭିଡ୍ ଥୋରିଓ' ହେଉଛନ୍ତି ଏହି ଆନ୍ଦୋଳନର ଅନ୍ୟତମ ଭଗିରଥି। ଯିଏକି ପ୍ରକୃତି ସହିତ ବହୁ ଗଭୀରଭାବେ ସମ୍ପୃକ୍ତ ଥିଲେ। ଏହି ସାହିତ୍ୟିକମାନେ 'Dial Magazine' ନାମକ ଏକ ପତ୍ରିକା ପ୍ରକାଶ କରିଥିଲେ। ଯେଉଁଥିରେ ସେମାନେ ନିଜର ବକ୍ତବ୍ୟ ଓ ଚିନ୍ତାଧାରାକୁ ବିଶ୍ୱବ୍ୟାପୀ କରିବାପାଇଁ ଉଦ୍ୟମ କରିଥିଲେ।

ଏହି ଭାବାତିତବାଦ ବା Transcendentalism ସାହିତ୍ୟିକ ଆନ୍ଦୋଳନ ଯେଉଁ ଦର୍ଶନ ଉପରେ ପର୍ଯ୍ୟବସିତ ଥିଲା। ସେଥିମଧ୍ୟରୁ ଅଧିକାଂଶ ଦର୍ଶନ ଯେପରି- ଆତ୍ମାରେ ପରମାତ୍ମାଙ୍କର ଉପଲବ୍ଧି, ନିଜ ଆତ୍ମାକୁ ଚିହ୍ନିବା ଏବଂ ନିଜ ଭଗବାନଙ୍କୁ ନିଜ ଅନୁସାରେ ପୂଜିବା ଆଦି ଭାରତୀୟ ଦର୍ଶନଦ୍ୱାରା ପ୍ରଭାବିତ। ତେଣୁ ଏହିସବୁ ଚେତନାର ପ୍ରତିଫଳନ ଭାରତୀୟ ତଥା ଓଡିଆ ସାହିତ୍ୟରେ ବହୁ ପ୍ରାଚୀନ। ଏସବୁ ସତ୍ତ୍ୱେ ଆଧୁନିକ ଯୁଗରେ ଏହାର କେତେକ ପ୍ରତିଫଳନ ଦେଖିବାକୁ ମିଳେ। ଧର୍ମ

ଏବଂ ଭଗବାନଙ୍କୁ ଭଲପାଇବା ପାଇଁ କୌଣସି ନିର୍ଦ୍ଦିଷ୍ଟ ନିତିନିୟମ ଅନାବଶ୍ୟକ। ସମସ୍ତଙ୍କ ଦୃଷ୍ଟିରେ ଓ ଆତ୍ମାରେ ତାଙ୍କ ଭଗବାନଙ୍କର ସଂଜ୍ଞା ମଧ୍ୟ ପୃଥକ୍ ହୋଇଥାଏ ଏହା ବିଶ୍ୱାସ କରୁଥିଲେ ଭାବାତିତବାଦୀମାନେ। ଏହିଭଳି ଏକ ଚିନ୍ତାଧାରାର ପ୍ରତିଫଳନ ଦେଖିବାକୁ ମିଳେ 'ଗୋଦାବରୀଶ ମହାପାତ୍ର'ଙ୍କର 'ଏ ଜନ୍ମର ତୀର୍ଥକ୍ଷେତ୍ର' ଗଳ୍ପରେ। ଦୃଷ୍ଟାନ୍ତସ୍ୱରୂପ-

"ଅଇଁଠା କହିଲା- ମୁଁ ଅଛି ଏଠି, ଆଉ ମୋ ଦେବତା ଅଛନ୍ତି ଦୟା ନଦୀ କୂଳରେ- ବିଲ ପଡ଼ିଆରେ।"

ଆଉ କାହାର ସ୍ୱର ଶୁଭିଲା –"ମୋ ଦେବତା ମୋର ତରବାରିରେ"

କିଏ କହିଲା-"ଦେବତା ମୋର କୃଷ୍ଣ ଦୁର୍ଗରେ।"

କିଏ କହିଲା- "ମୋ ଦେବତା ରଣ କ୍ଷେତ୍ରରେ।"

କିଛିଦିନ ପରେ ଦେଖାଗଲା "ପାପୀପୁତ" ଅଇଁଠା ଦୟାନଦୀ କୂଳରେ ବିଲ-ପ୍ରାନ୍ତର ଭିତରେ ଗୀତ ଗାଇ କହୁଛି-

"ମୁଁ ଜାଣେ ନାହିଁ ପୁରୀ
ମୁଁ ଜାଣେ ନାହିଁ ହରି,
ମୋର ଏଇ ଜନ୍ମର ତୀର୍ଥଭୂମି
ଏଇ ବିଲବାରି।"

(ପୃ-୧୧୨-୧୧୩- ନୀଳମାଷ୍ଟରାଣୀ ଓ ଅନ୍ୟାନ୍ୟ ଗଳ୍ପ)

ଏଥିରେ ଗୋଦାବରୀଶ ମହାପାତ୍ର ଚିରାଚରିତ ଧର୍ମ ବ୍ୟବସ୍ଥା ଓ ପ୍ରଥା କିପରି ଲୋକଙ୍କୁ ଅଣନିଶ୍ୱାସୀ କରି ସର୍ବସ୍ୱାନ୍ତ କରିଦେଉଛି। ଏହା ଚିତ୍ରଣ କରିବା ସହ ଅଇଁଠା ଭଳି ଅଶିକ୍ଷିତ ଲୋକ କିପରି ନିଜର ଭଗବାନଙ୍କର ନୂତନ ସଂଜ୍ଞା ପ୍ରଦାନ କରିବା ସହ ଧର୍ମକୁ ନିଜ ଆତ୍ମା ସହିତ ସମ୍ପୃକ୍ତ କରୁଛନ୍ତି ଭଳି ଗୁଢ଼ ଦାର୍ଶନିକ ତତ୍ତ୍ୱ ମଧ୍ୟ ପ୍ରଦାନ କରିଛନ୍ତି। ଏତଦ୍ ବ୍ୟତୀତ ଏହି ଦର୍ଶନର ଅନ୍ୟ ଏକ ତତ୍ତ୍ୱ ନିଜକୁ ଅନ୍ୱେଷଣ କରିବା । ଏହାସହିତ ନିଜ ଖୁସିକୁ ଅନ୍ୱେଷଣ କରିବା ଏହି ଚେତନା ବିଶିଷ୍ଟ ଔପନ୍ୟାସିକ 'ଗୋପୀନାଥ ମହାନ୍ତି' ଏବଂ 'ଶାନ୍ତନୁ କୁମାର ଆଚାର୍ଯ୍ୟ'ଙ୍କର କେତେକ ଉପନ୍ୟାସରେ ଦେଖିବାକୁ ମିଳେ। ଦୃଷ୍ଟାନ୍ତସ୍ୱରୂପ ଗୋପୀନାଥ ମହାନ୍ତିଙ୍କର 'ଲୟବିଲୟ' ଉପନ୍ୟାସରେ 'ତରୁଣ ରାୟ' ଚରିତ୍ର ପାଖରେ ନିଜକୁ ତଥା ନିଜ ଆନନ୍ଦକୁ ଅନ୍ୱେଷଣ କରିବାର ପ୍ରବଣତା ଦେଖିବାକୁ ମିଳେ। କଲିକତାର ରୁଦ୍ଧ କୋଠରୀରୁ ମୁକ୍ତିପାଇ ଯେତେବେଳେ ସେ ପୁରୀ ସମୁଦ୍ର ବେଳାଭୂମିରେ ପହଞ୍ଚିଛି। ବାସ୍ତବିକ ସେତେବେଳେ ହିଁ ସେ ନିଜକୁ ଓ ନିଜର ଅନନ୍ଦକୁ ଅନ୍ୱେଷଣ କରିପାରିଛି। ଉଦାହରଣସ୍ୱରୂପ- "ପୁରୀ ଆସି ଜଗନ୍ନାଥଙ୍କୁ

ଦର୍ଶନ କରିବାରେ ତରୁଣ ରାୟ ପାଇଛି ଏକ ନୂତନ ଜୀବନ। ସେ ଜୀବନ ସଂକୀର୍ଣ୍ଣତାଠାରୁ ବହୁ ଉର୍ଦ୍ଧ୍ୱରେ- ଏକ ମହାଜୀବନ। ସେଠି ଅପୂର୍ଣ୍ଣତା ନାହିଁ ଅଛି ପୂର୍ଣ୍ଣତାର ଦ୍ୟୁତି। ଚାରିଦିନ ରହଣି ମଧ୍ୟରେ ସମୁଦ୍ରକୂଳ ଭ୍ରମଣ ଓ ସମୁଦ୍ରର ଡାକରେ ଆତ୍ମହରା ହୋଇ ନିଜକୁ ଅନ୍ୱେଷଣ କରିଛି ତରୁଣ ରାୟ।" ଏହିଠାରେ ହିଁ ବାସ୍ତବରେ ଗୋପୀନାଥ ମହାନ୍ତି ତରୁଣ ରାୟ ଚରିତ୍ର ମାଧ୍ୟମରେ ମଣିଷ ଭିତରେ ନିଜକୁ ଅନ୍ୱେଷଣ କରିବାର ପ୍ରବଣତା ସମ୍ପର୍କରେ ସୂଚନା ଦେଇଛନ୍ତି। ଏହିପରିଭାବେ ଶାନ୍ତନୁ କୁମାର ଆଚାର୍ଯ୍ୟଙ୍କର 'ନରକିନ୍ନର' ଉପନ୍ୟାସର 'ଜର୍ଜ' ଚରିତ୍ରଟି ନିଜକୁ ଅନ୍ୱେଷଣ କରିବାର ଉଦ୍ୟମ କରିଛି। ହେଲେ ଏହି ଅନ୍ୱେଷଣର ସମାପ୍ତି ଘଟିଛି ତାଙ୍କର ଅନ୍ୟତମ ଉପନ୍ୟାସ 'ଦକ୍ଷିଣାବର୍ତ୍ତ'ର ନାୟକ 'ରୈକ୍ୱ' ଚରିତ୍ର ପାଖରେ। ଏହି ଚରିତ୍ରଟି ନିଜକୁ ମିଲଟାରୀ ତାଲିମର ଜୀବନଠାରୁ ଅନ୍ୱେଷଣ କରି ଶେଷରେ ଯେତେବେଳେ ସେ ଦକ୍ଷିଣ ଦିଗକୁ ଯାତ୍ରା କରିଛି, ସେତେବେଳେ ହିଁ ତାର ଅନ୍ୱେଷଣର ସମାପ୍ତି ଘଟିଛି। ଏଠାରେ ଗୋଟିଏ ଚରିତ୍ର ମାଧ୍ୟମରେ ସମଗ୍ର ସମାଜ ନିଜ ଆତ୍ମାକୁ ଅନ୍ୱେଷଣ କରିବାର ବାର୍ତ୍ତା ଦେଖିବାକୁ ମିଳେ। ଏହିପରିଭାବେ ଓଡ଼ିଆ ସାହିତ୍ୟରେ ଏହି ଚେତନାର ବହୁଳ ପ୍ରତିଫଳନ ପରିଲକ୍ଷିତ ହୋଇଥାଏ।

ସୁରେନ୍ଦ୍ର ମହାନ୍ତିଙ୍କ ଗଳ୍ପରେ ଶିଶୁ ମନସ୍ତତ୍ତ୍ୱର ପ୍ରତିଫଳନ

ଓଡ଼ିଆ କଥା ସାହିତ୍ୟ ବିଶେଷକରି ଗଳ୍ପ ସାହିତ୍ୟ ଜଗତରେ ବହୁ ପରୀକ୍ଷା ନିରୀକ୍ଷା ପାଇଁ ପରିଚିତ ସୁରେନ୍ଦ୍ର ମହାନ୍ତି ବାସ୍ତବିକ ଏକ ବିସ୍ମୟ। ସାହିତ୍ୟର ବହୁ ନୂତନ ଚେତନାକୁ ନିଜ ଗଳ୍ପଗୁଡ଼ିକରେ ସିଦ୍ଧହସ୍ତତାର ସହ ପ୍ରୟୋଗ କରିଥିଲେ ହେଁ, ମନସ୍ତତ୍ତ୍ୱରେ ଗଭୀର ପ୍ରବେଶ ତାଙ୍କ ସାଧାନାର ଅନ୍ୟ ଏକ ଦିଗ। ଓଡ଼ିଆ ସାହିତ୍ୟର ସୃଜନଶୀଳ ଲେଖକ ପ୍ରାୟତଃ ନାରୀ ଓ ପୁରୁଷର ମନସ୍ତତ୍ତ୍ୱକୁ ଗୁରୁତ୍ୱ ଦେଇଥିବା ସ୍ଥଳେ, ଶ୍ରୀଯୁକ୍ତ ମହାନ୍ତି କିନ୍ତୁ ନାରୀ ଓ ପୁରୁଷଙ୍କ ସହିତ ଶିଶୁ ମନସ୍ତତ୍ତ୍ୱକୁ ମଧ୍ୟ ନିଜ ଗଳ୍ପ ଗୁଡିକରେ ଚମତ୍କାରଭାବେ ଚିତ୍ରଣ କରିଛନ୍ତି। ବୟସର ବୃଦ୍ଧି ସହିତ ଶିଶୁର ଚେତନାର ବିକାଶ କିପରି ହୋଇଥାଏ ଅଥବା Child Development ତତ୍ତ୍ୱକୁ ନିଜ କୃତିଗୁଡ଼ିକରେ ବେଶ୍ ଚମତ୍କାରଭାବେ ପ୍ରତିଫଳିତ କରିଛନ୍ତି। ଅବଶ୍ୟ ଏହି ଦୃଷ୍ଟିକୋଣରୁ ତାଙ୍କ ଉପରେ ପଡ଼ିଥିବା କେତେକ ମନସ୍ତତ୍ତ୍ୱବିତ୍ ଯେପରି ସିଗ୍‌ମଣ୍ଡ ଫ୍ରଏଡ, ଉତ୍ତର ମନସ୍ତତ୍ତ୍ୱବିତ୍ ଏରିକ୍ ଏରିକ୍‌ସନ୍, ଜିନ୍ ପିଏଜେ, ଡାଏନା ବାଉମରେଣ୍ଡ ଏବଂ ମେସ୍‌ଲୋ ଆଦିଙ୍କ ପ୍ରଭାବକୁ ଅସ୍ୱିକାର କରାଯାଇନପାରେ। ଓଡ଼ିଆ ସାହିତ୍ୟରେ ଶିଶୁ ମନସ୍ତତ୍ତ୍ୱବିତ୍‌ଭାବେ ସାହିତ୍ୟିକ ମନୋଜ ଦାସଙ୍କୁ ବିଶେଷ ଗୁରୁତ୍ୱ ଦିଆଗଲେ ହେଁ, ସୁରେନ୍ଦ୍ର ମହାନ୍ତିଙ୍କୁ କେନ୍ଦ୍ରକରି ଏହି ଅବହେଳିତ ଦିଗଟି କିନ୍ତୁ ବେଶ୍ ସୁଦୃଢ଼।

ଅନେକ କ୍ଷେତ୍ରରେ ନବଜାତକକୁ କେନ୍ଦ୍ରକରି ପିତାମାତାଙ୍କ ପ୍ରେମରୁ ବଞ୍ଚିତ ଶିଶୁ ମଧ୍ୟରେ ସୃଷ୍ଟି ବିକୃତି ଯାହାକୁ ମନସ୍ତତ୍ତ୍ୱବିତ୍ ଆଲଫ୍ରେଡ ଏଡଲର ତାଙ୍କର 'Birth Order Theory'ରେ 'Oldest Child Syndrome' (୧, ୨) ବୋଲି ଚିତ୍ରଣ କରିଛନ୍ତି। ତାହାର ନିଦର୍ଶନ ଦେଖିବାକୁ ମିଳେ 'ଜୀବନ – ପ୍ରଭାତ' ଗଳ୍ପରେ। "ବାପା ନାମଧାରୀ

ମଣିଷଟି, ଅଧା ଶୋଇଛନ୍ତି, ଅଧା ଉଠିଲେଣି। ସବୁଦିନ ସକାଳେ, ଏ ତାଙ୍କର ନିତିଦିନିଆ

ଖୁଁ ଖୁଁ କାଶ !

ମିନି କାନ୍ଦୁଛି !

ଇସ୍, ଏ ମମାଁ ମଣିଷଟି କେଡ଼େ ନୀଚ !

ସେଇ ମିନି। ଅସଭ୍ୟ, ଅଧାବେଳ ଲଙ୍ଗଳା, ପ୍ୟାଣ୍ଟରେ ମୁତେ। ଦାନ୍ତ ଘଷେ ନାହିଁ ମଣ୍ଟୁପରି ବ୍ରସ୍ ଧରି। ପୁଣି ଏତେ ଦୁର୍ବଳ ! ଫୁଲ ପାଖୁଡ଼ା ପରି ! ଚଢ଼େଇ ଛୁଆ ପରି। ମାମୀ ତାକୁ ନିଦ ଅଳସରେ ଛାତି ଭିତରେ ଜାକି ଧରୁଛି। ସେଇ ନରମ, ଉଷୁମ ଛାତି। ତା' ତଳେ ଅଛି ଏକ ବିଚିତ୍ର ପ୍ରାଣ ସଙ୍ଗୀତ... ଛାତିର ଦୁକ୍‌ଦୁକି ! ସେଠି ଅଛି ନିଦମାଉସୀର ଗୀତ, ସେଠି ଅଛି ଅସରନ୍ତି ସ୍ୱପ୍ନ, ସେଠି ଅଛି ଗହନ, ଗଭୀର ନିଦ, ସେଠି ଅଛି...

ମିନିର କାନ୍ଦ ବନ୍ଦ ହୋଇଗଲା !

ଆଉ ମଣ୍ଟୁବାବୁ ? ଏଇ ଯେ ଏଠି ଏକୁଟିଆ ବିଛଣାରେ ପଡ଼ିଛନ୍ତି ! ତାଙ୍କୁ ଆଜି ସମସ୍ତେ ଭୁଲିଗଲେ; ସେ ଦିନର ପଢ଼ା ପାଠପରି ! ଚଢ଼େଇ ଦି'ଟା ଉଡ଼ିଗଲେଣି ! ବଡ଼ ମାମାବି ତାକୁ ... ଭୁଲି ଚାଲିଗଲେଣି !

ବନ୍ଧୁହୀନ ପୃଥିବୀ !

ମମତାହୀନ ସକାଳ !" (ମହାନିର୍ବାଣ -ପୃ- ୧୧୫) ଏତଦ୍‌ବ୍ୟତୀତ ଗଳ୍ପର ଅନ୍ୟ କେତେକ ପଙ୍‌କ୍ତିକୁ ବିବେଚନା କଲେ ଏଥିରେ ଗାଳ୍ପିକ ମନସ୍ତତ୍ତ୍ୱବିତ୍ ଫ୍ରଏଡଙ୍କର 'Psychosexual Stages'ରେ ବର୍ଣ୍ଣନା କରିଥିବା ତୃତୀୟ ଚରଣ ଯାହାକୁ Phallic Stage କୁହାଯାଏ।(୩,୪) ଏହି ଚରଣର ଦୁଇଟି ପର୍ଯ୍ୟାୟ ଯଥା- Oedipus ଏବଂ Electra Complex ମଧ୍ୟରୁ Oedipus Complex ଯାହାକି ଶିଶୁପୁତ୍ର ମଧ୍ୟରେ ଦେଖିବାକୁ ମିଳେ। ଯେଉଁଥିରେ ଶିଶୁପୁତ୍ର ମା'ର ଭଲପାଇବାକୁ କେନ୍ଦ୍ରକରି ପିତାକୁ ନିଜର ପ୍ରତିଦ୍ୱନ୍ଦ୍ୱୀ ମନେକରେ ତାହାର ଚିତ୍ରଣ ଦେଖିବାକୁ ମିଳେ। "ମମୀ ପୁଣି ଏଡ଼େ ନୀଚ ହୋଇପାରେ ? ହେଇ ସେଇ ବାପା- ନାମଧାରୀ ମଣିଷଟିର ବେକରୁ ଟାଇଟା ଫିଟାଉଛି; କିନ୍ତୁ ମଣ୍ଟୁ ଦେହରୁ ଝାଳଭିଜା ସାର୍ଟଟା ଓହ୍ଲେଇ ଦେବ କିଏ।" (ମହାନିର୍ବାଣ- ପୃ- ୧୧୨) John Bowlbyଙ୍କର ଶିଶୁଙ୍କୁ କେନ୍ଦ୍ରକରି ପ୍ରଦତ୍ତ(Attachment Theory) । ଯେଉଁଥିରେ ପ୍ରାରମ୍ଭିକ ସମୟରେ ଯେଉଁମାନେ ଶିଶୁର ଯତ୍ନ ନେଇଥାଆନ୍ତି। ପରବର୍ତ୍ତୀ ସମୟରେ ଶିଶୁର ସମ୍ପର୍କ ସେମାନଙ୍କ ସହିତ କିପରି ଉତ୍ତମ ହୋଇଥାଏ। ତାହାର ନିଦର୍ଶନକୁ ଗାଳ୍ପିକ ମଣ୍ଟୁ ଚରିତ୍ରର ମାମା ଏବଂ

ଅବଦୁଲ୍‌କୁ କେନ୍ଦ୍ରକରି ରହିଥିବା ଆକର୍ଷଣ ମାଧ୍ୟମରେ ପ୍ରତିଫଳିତ କରିଛନ୍ତି। ଯାହା ସାଧାରଣତଃ ମଣ୍ଟୁ କ୍ଷେତ୍ରରେ ତା'ର ବାପା, ମା'କୁ କେନ୍ଦ୍ରକରି ଦେଖିବାକୁ ମିଳିନଥାଏ। ଏହାର କାରଣସ୍ୱରୂପ ଶିଶୁ ଅବସ୍ଥାରେ ମଣ୍ଟୁ ପ୍ରତି ପିତାମାତାଙ୍କର ସ୍ନେହର ଅଭାବ। ଯାହା ପରବର୍ତ୍ତୀ ସମୟରେ ମଣ୍ଟୁର ତା' ପିତାମାତା ପ୍ରତି ଆକର୍ଷଣର ଅଭାବ ରୂପରେ ଦେଖିବାକୁ ମିଳିଛି। ଏତଦ୍‌ବ୍ୟତୀତ ଉକ୍ତ କୃତିକୁ Jean Piagetଙ୍କର Cognitive Development ଦୃଷ୍ଟିରୁ ମଧ୍ୟ ବିଚାର କରାଯାଇପାରେ।(୫,୬,୭) ପିଆଜେ ଶିଶୁମାନଙ୍କର ବିକାଶକୁ କେନ୍ଦ୍ରକରି ଯେଉଁ ଚାରିଟି ପର୍ଯ୍ୟାୟ ଯଥା- Sensorimotor (0-2), Preoperational (2-7), Concrete Operational (7-11) ଏବଂ Formal Operational (11- life long) କଥା କହିଥିଲେ ତନ୍ମଧ୍ୟରୁ ଦ୍ୱିତୀୟ ପର୍ଯ୍ୟାୟ Pre Operational (ପୂର୍ବ ପରିଚାଳିତ)ରେ ଶିଶୁର ମାନସିକତାରେ ଯେଉଁ ପରିବର୍ତ୍ତନ ଘଟେ ତାହାକୁ ପ୍ରତିଫଳିତ କରିଛନ୍ତି ଶ୍ରୀଯୁକ୍ତ ମହାନ୍ତି। ବିଶେଷ କରି ଏହି ପର୍ଯ୍ୟାୟରେ ଶିଶୁ ଭିତରେ କିପରି ଅଧିକ ଆତ୍ମସଚେତନତା (Ego- Centric), ନିର୍ଜୀବକୁ ଜୀବନ୍ତ ମନେକରିବା(Animism), କେବଳ ନିଜ କଥା ଭାବିବା (Centration), ଅନୁକରଣ କରିବା (Deferred Imitation) କଳ୍ପନା ବିଳାସ ଆଦିର ବୃଦ୍ଧି ଘଟିଥାଏ ତାହାକୁ ଗାଳ୍ପିକ ସୁରେନ୍ଦ୍ର ମହାନ୍ତି ଚମତ୍କାରଭାବେ ପ୍ରତିଫଳିତ କରିଛନ୍ତି। "କାଲି ସେଇ ନିଶୁତି ରାତିରେ...

ଅକାରଣରେ ମଣ୍ଟୁବାବୁଙ୍କ କଣ୍ଠର ନାଡ଼ଗୁଡ଼ା ଟାଣହୋଇ ପାଟିଟା ଆଁ ହୋଇ ଆସୁଥିଲା, କାନ୍ଦିବାପାଇଁ; ମାତ୍ର ବାହାରେ ଅସୁର ପଲପଲ ହୋଇ ବୁଲୁଛନ୍ତି ଯେ! ଦାନ୍ତ ସେମାନଙ୍କର ଲମ୍ବା ଲମ୍ବା, ହାତୀଦାନ୍ତ ପରି। ନଖ ସେମାନଙ୍କର ମୁନିଆ, ଡାମ୍ଫଣ ପରି। ଜିଭ ସେମାନଙ୍କର ଲହଲହ, କେଳା ପେଡ଼ୀର ସାପ ଜିଭ ପରି! XXXX ଯାହାଙ୍କ କୋଳ ଭିତରେ ବାପା ନାହାନ୍ତି, ମମି ନାହିଁ, ତିନି ବର୍ଷର ସାନ ଭଉଣୀ ମିନି ନାହିଁ... ଖାଲି ମଣ୍ଟୁବାବୁ ଆଉ ପୁଷି ବିଲେଇ... ପୁଷିକାଟ୍... ପୁଷିକାଟ୍, ହୋୟାର ହାଡ୍ ୟୁ ବିନ୍? ତା' ପରେ ତା' ପରେ? କେଜି କ୍ଲାସର ସଙ୍ଗୀତ... XXXX "ଏୟ ବାବା!"- ଅବଦୁଲ୍‌ର ଚିତ୍କାର। ଅବଦୁଲ୍ ବାରଣ୍ଡା ବେଞ୍ଚ ଉପରେ ଶୋଇ ପଡ଼ିଥିଲା! ମଣ୍ଟୁ ତା' ଛାତି ଉପରେ ଖଣ୍ଡେ ରୁଲ୍‌ବାଡ଼ି ଲଗାଇ ଥିଲା ଡାକ୍ତରମାନଙ୍କର ଷ୍ଟେଥସ୍କୋପ୍ ପରି। "ମୁଁ ବାବା ନୁହେଁ। ମୁଁ ଡାକ୍ତର ସାହେବ। ଛାତି ଦେଖିବି।....।" (ମହାନିର୍ବାଣ- ପୃ- ୬୯-୭୧) ଶିଶୁକୁ କେନ୍ଦ୍ରକରି ପିଆଜେଙ୍କର ପ୍ରଦତ୍ତ ଏହି ସିଦ୍ଧାନ୍ତର ବିକଶିତ ରୂପ ଅଥବା ଦ୍ୱିତୀୟ ଚରଣରୁ ତୃତୀୟ ଚରଣ ମଧ୍ୟକୁ ଯାଉଥିବା ଶିଶୁର ମାନସିକତା ମଧ୍ୟରେ ପରିବର୍ତ୍ତନ ଦେଖିବାକୁ ମିଳେ 'ଲବଣର ସ୍ୱାଦ' ଗଳ୍ପରେ। ଜୀବନ ପ୍ରଭାତ

ଗଳ୍ପରେ ସଦ୍ୟ ଜୀବନକୁ ଅନୁଭବ କରୁଥିବା ଶିଶୁ ଭିତରେ ମାନସିକତାର ପରିବର୍ତ୍ତନ ତୁଲ୍ୟ ଜୀବନର ବାସ୍ତବତାକୁ ଅନୁଭବ କରିବା। ଅଥବା ବାସ୍ତବତା ତୁଲ୍ୟ ଲବଣର ସ୍ୱାଦଜନିତ ଅନୁଭୂତିକୁ ପ୍ରତିଫଳିତ କରିଛନ୍ତି। ମୋଟ୍ ଉପରେ କହିଲେ Pre Operational ଏବଂ Concrete Operational ଚରଣ ମଧ୍ୟରେ ଥିବା ପାର୍ଥକ୍ୟକୁ ଗାଳ୍ପିକ ଉକ୍ତ କୃତିରେ ଚମତ୍କାରଭାବେ ପ୍ରତିଫଳିତ କରିଛନ୍ତି। ଯେପରି ଏହି ଚରଣରେ ଶିଶୁ କଳ୍ପନା ରାଜ୍ୟରେ ବିଚରଣ କରୁଥିଲେ ମଧ୍ୟ ସେ ଧିରେ ଧିରେ କଳ୍ପନା ଓ ବାସ୍ତବତା ମଧ୍ୟରେ ପାର୍ଥକ୍ୟ ଜାଣିପାରେ। କେବଳ ନିଜ କଥା ଭାବୁଥିବା ଶିଶୁ ଅନ୍ୟର କଥା ମଧ୍ୟ ଭାବେ। ଏହା ବ୍ୟତୀତ ଧିରେ ଧିରେ ଶିଶୁ ମଧ୍ୟରେ ଇଦ୍‌ର ମାତ୍ରା କମି ଇଗୋର ବିକାଶ ଘଟେ। ଅର୍ଥାତ୍ ପରିବାର ସମାଜ ଆଦିର ତାକୁ କେନ୍ଦ୍ରକରି ରହିଥିବା ଚିନ୍ତନକୁ ସେ ଅନୁଭବ କରିପାରେ। ଏହା ବ୍ୟତୀତ ତା' ମଧ୍ୟରେ Conservation ଅଥବା ଲମ୍ବା, ଛୋଟ, ଆୟତନ, ସଂଖ୍ୟା ଆଦିକୁ ନେଇ ରହିଥିବା ପୂର୍ବର ଅକ୍ଷମତାରେ ମଧ୍ୟ ଉନ୍ନତି ଘଟେ। ଶିଶୁ ମଧ୍ୟରେ ଏହି ଚରଣରେ ଘଟୁଥିବା ଏହିଭଳି ପରିବର୍ତ୍ତନକୁ ଗାଳ୍ପିକ କେତେକ ପଙ୍‌କ୍ତିରେ ପ୍ରତିଫଳିତ କରିଛନ୍ତି- "ରାସ୍ତା- ଦୁଇପାଖରେ ଏ ଉଞ୍ଚା ଉଞ୍ଚା କୋଠା, ଆଉ ଚିତ୍ରପଟ ପରି ଦିଶୁଥିବା ବଙ୍ଗଳାଗୁଡ଼ାକ ତ ଇଟା ସିମେଣ୍ଟର ଘର ନୁହେଁ... ଉଞ୍ଚା ଉଞ୍ଚା ପାହାଡ଼ ପର୍ବତ... ଏ ବତୀଖୁଣ୍ଟଗୁଡ଼ାକ ତ ବତୀଖୁଣ୍ଟ ନୁହେଁ, ଶାଳବଣୀ... ରାସ୍ତା କଡ଼େ କଡ଼େ ଧାଉଁଥିବା, ଘୋଳେଇ ପଡୁଥିବା ଏ ପାଦ ଦୁଇଟି ତ ପାଦ ନୁହେଁ, ମନ ପବନ ଘୋଡ଼ାର ରଙ୍ଗିନ୍ ଡେଣା ଆଉ ଚଉମୁହାଣି ଛକରେ ସେ ଗୋଲେଇଟା ଯାହା ଉପରେ ଟ୍ରାଫିକ ପୋଲିସ୍ ଠିଆ ହେଉଛି, ସେ ଟା କ'ଣ ପ୍ରବାଳର ଦ୍ୱୀପ ? XXXX ଭଙ୍ଗା ଚାନ୍ଦିନୀ କଡ଼ରେ, ପଥରପାହାଚ ଉପର ଦେଇ, ଗୋଟିଏ ପତ୍ର ସାଉଁଟାଳି ବୁଢ଼ୀ, ମୁଣ୍ଡ ଉପରେ ଗୋଟିଏ ଭଙ୍ଗା ଟୋକେଇରେ କାଠି, କୁଟା, ଶୁଖିଲାପତ୍ର ଭରି, ଗାଧୋଇବା ପାଇଁ ପୋଖରୀ ଭିତରକୁ ଓହ୍ଲାଇଲା। ସାହାଡ଼ାସୁନ୍ଦରୀ... ହସିଲେ ଓଠରୁ ତା'ର ମୁକ୍ତାଝରେ, କାନ୍ଦିଲେ ଆଖିରୁ ମାଣିକ ଝରେ। ସାହାଡ଼ା ଗଛ, କଳାଘୁମୁର ପାଣିରେ ବେଷ୍ଟ ପୋଖରୀ, ଅଳସ ହାଇପରି ଲମ୍ବିଯାଇଥିବା ଖରା ସବୁ ପଡ଼ି ରହିଛି, ମର୍ମ- ନାୟିକା ସାହାଡ଼ାସୁନ୍ଦରୀର ପ୍ରତୀକ୍ଷାରେ; କିନ୍ତୁ କାହିଁ ସାହାଡ଼ାସୁନ୍ଦରୀ ? XXXX ସାହାଡ଼ାସୁନ୍ଦରୀ କ'ଣ ମିଛ ତା' ହେଲେ ? କିନ୍ତୁ ଏଇ ସାହାଡ଼ାସୁନ୍ଦରୀକୁ ଅବଲମ୍ବନ କରି, ମନର ଗଛ ଦେହରେ ସ୍ୱପ୍ନର ଅସୁମାରିଲତା ବେଢ଼େଇ ହୋଇଯାଇଥିଲା ଯେ ! XXXX ମଣ୍ଟୁ ପଚାରିଲା, ଏ ଚଢ଼େଇ ବୋବାଉ ନାହିଁ ଯେ... ? ସକାଳେ କାଠଚମ୍ପା ଗଛର ଥୁଣ୍ଟା ଡାଳରେ ଚଢ଼େଇମାନେ ଯେପରି କୁଦନ୍ତି, କିଚିରିମିଚିର୍ ହୁଅନ୍ତି। XXXX ମଣ୍ଟୁ ଅସହାୟ କଣ୍ଠରେ ପଚାରିଲା... ଏ କ'ଣ ମରିଯିବ ? ଅଜିଜ୍ କହିଲା... ଘରେ

ତାଙ୍କୁ ଟିକିଏ ଗରମ ଚା' ପିଆଇ ଦେଲେ ସେ ପୁଣି ତାଜା ହୋଇଯିବ। XXXX ଅପରାହ୍ଣର ଆକାଶ ସେତେବେଳକୁ ଧୂସର ଓ ବିବର୍ଣ୍ଣ ହୋଇ ଆସୁଥିଲା... ନାନା ଆତଙ୍କ ଓ ଆଶଙ୍କାର ଛାୟାରେ ମଣ୍ଟୁର ହୃଦୟପରି !

ବାପା ନାମଧାରୀ ମଣିଷଟିର କଠୋର ମୁହଁ....

ଦୁଇ ମୋଟା ଓଠରେ ଚୁରୁଟ୍‌ର ଦପ୍ ଦପ୍ ନିଆଁ....

ମମୀର ମୁହଁରେ ଭୃକୁଟୀର କୁଟିଳ ରେଖା....

କାହିଁ ସକାଳର ସେ ଶାଳବନ ?

ଏ ତ ଘର ବାହୁଡ଼ା, ପିଚୁରାସ୍ତା...

କାହିଁ ସେ ଉଞ୍ଚା ଉଞ୍ଚା ପର୍ବତ ଆଉ ଶୃଙ୍ଗ ?

ଏ ତ ଜଣା, ଅଜଣା ରାସ୍ତା ଦୁଇପାଖରେ ଅନେକ ଘର...

ଏକ ଆତଙ୍କରେ ମଣ୍ଟୁର ଦେହ ଓ ମନ ଅଥର୍ବ ହୋଇ ପଡୁଥିଲା।" (ମହାନିର୍ବାଣ- ପୃ- ୮୭-୯୨) ଏତଦ୍‌ବ୍ୟତୀତ ଉକ୍ତ କୃତିକୁ ମନସ୍ତତ୍ତ୍ୱବିତ୍ ଏରିକ୍ ଏରିକ୍‌ସନ୍‌ଙ୍କର Psycho Social Development ମନସ୍ତତ୍ତ୍ୱ ଦିଗରୁ ମଧ୍ୟ ବିଚାର କରାଯାଇପାରେ।(୮,୯,୧୦) ଏରିକ୍‌ସନ୍‌ଙ୍କର ଏହି ସିଦ୍ଧାନ୍ତର ତୃତୀୟ ଚରଣ ଯାହାକୁ Initiative vs. Guilt କୁହାଯାଏ। ଯାହା ସାଧାରଣତଃ ୩ ରୁ ୬ ବର୍ଷ ପର୍ଯ୍ୟନ୍ତ ରହିଥାଏ। ତାହାର ସୂଚନା ଦେଇଥିବା ଜଣାଯାଏ। ଉକ୍ତ କୃତିର ଶିଶୁ ଚରିତ୍ର ମଣ୍ଟୁ (୭-୧୧) ବର୍ଷ ବୟସର ହୋଇଥିବା ଅନୁମାନ କରାଯିବାରୁ। ସେ ଏହି ଅବସ୍ଥାର ଶେଷ ଚରଣରେ ଥିବା ଜଣାଯାଏ। ଯେଉଁଥିରେ ସାଧାରଣତଃ ଶିଶୁ ନିଜ ଇଚ୍ଛାର ପୋଷାକ, ଖାଦ୍ୟ, ଖେଳ ଆଦି ଖେଳିବାକୁ ଚାହାଁନ୍ତି। ଏବଂ ଯଦି ଏହି ବୟସରେ ତାଙ୍କୁ ଏହା ମିଳେ ତେବେ ତାଙ୍କ ଭିତରେ ଆତ୍ମବିଶ୍ୱାସ ବା Initiative ଆସେ ନଚେତ ସେମାନଙ୍କ ମଧ୍ୟରେ ଭୟରୂପକ ଦୋଷୀ ଭାବନର ଉତ୍ପନ୍ନ ଘଟେ। ଦୃଷ୍ଟାନ୍ତସ୍ୱରୂପ ଗଳ୍ପର କେତେକ ପଙ୍‌କ୍ତି ବିଚାର୍ଯ୍ୟ। "ଅଜିଜ୍ ଏଇ ହେମାଳିଆ ସକାଳଟାରେ, ଗାରେଜ ବାହାରେ, ବାଲ୍‌ତି ବାଲ୍‌ତି ପାଣି ଛାଟି, ସବୁଦିନପରି ମୋଟର ଗାଡ଼ି ଧୋଉଛି। ଏ ଶୀତ, ଏ ହେମାଳ, ତା'ର ଫୁଙ୍ଗୁଳା ଛାତିରେ କଫ ସର୍ଦ୍ଦି ଜମାଏ ନାହିଁ, ନାକରୁ ପାଣି ଝରାଏ ନାହିଁ। ଏଇ ସେ ଟାପ୍‌ରୁ ବାଲ୍‌ତି ବାଲ୍‌ତି ପାଣି ବୋହି ଆଣୁଛି... ପିନ୍ଧାରେ ତା'ର କେବେକାର ସେଇ ପୁରୁଣା କଳା ହାଫ୍‌ପ୍ୟାଣ୍ଟ। କେହି ସମ୍ଭବତଃ ଦାନ ଦେଇଥିବା ଖଣ୍ଡେ ଢିଲା ବେମାପ କମିଜ, ମୁଣ୍ଡରେ ବାଁ ପାଖକୁ ମଡ଼ା ସେଇ ଟୋପି ... ରେଳଗାଡ଼ିର ଗାର୍ଡମାନଙ୍କର ଟୋପିପରି ! ଅଜିଜ୍ ଏ ଟୋପି ଖଣ୍ଡ କେଉଁଠୁ ପାଇଥିଲା କେଜାଣି ! ମମୀ ସାଙ୍ଗରେ ମଣ୍ଟୁ କେତେ ଜିଦ୍ ଲଗାଇଛି, ଏପରି ଖଣ୍ଡେ ଟୋପି ପାଇଁ ! ! ମାତ୍ର

ଯାହା ମିଳିଛି, ତାହା ଉଲବୁଣା ଖଣ୍ଡେ ମଙ୍କି କ୍ୟାପ୍ ! ଧୂତ୍ ... ପିନ୍ଧିଲେ ଦିଶେ ଏସ୍କିମୋ ପରି ! ... ମାଙ୍କଡ଼ ଟୋପି । ମମୀର କାଣ୍ଡ ଜ୍ଞାନ ହେଲା ନାହିଁ । XXXX କେବଳ ଏକ ଆତଙ୍କ ନୁହେଁ, କ୍ଷୁଧା ଓ କ୍ଳାନ୍ତିରେ ମଧ୍ୟ ମଣ୍ଟୁ ଭାଙ୍ଗି ପଡୁଥିଲା । ସେହି ପଢ଼ାଘରର ବୈଚିତ୍ର୍ୟହୀନ କୋଣ, ବାପାଙ୍କର ଚୁରୁଟ୍ ଧୂଆଁ ଆଉ ଚିତ୍କାର, ମମୀ ହାତଚୁଡ଼ୀର ରିଣ୍ଝିଣ୍ ଶବ୍ଦ, ଜିମୀ କୁକୁରର ଅହେତୁକ ଗର୍ଜନ... ମୁହୂର୍ତ୍ତକ ଭିତରେ ସବୁ, ସାହାଡ଼ାସୁନ୍ଦରୀର ଦେଶଠାରୁ ସୁଦ୍ଧା ହଠାତ୍ ପ୍ରିୟ ଓ ସୁନ୍ଦର ହୋଇ ଉଠିଲା । ମାତ୍ର ଏଇ ହେମାଳିଆ, ଛାଇଡଙ୍କା ଅପନ୍ତରାଠାରୁ ସେହି ପ୍ରୟ ଭୂମି ଯେପରି ବହୁଦୂରରେ ... ସୁଦୂରରେ ।" (ମହାନିର୍ବାଣ- ପୃ- ୭୯- ୮୯) ଏତଦ୍‌ବ୍ୟତୀତ ଜୀବନ- ପ୍ରଭାତ ଗଳ୍ପରେ ଶିଶୁ ଭିତରର ଅତ୍ୟାଧିକ ଇଦ୍ ପ୍ରବୃତ୍ତି ବୟସର ବୃଦ୍ଧି ସହିତ କିପରି ଇଗୋରେ ପରିଣତ ହୋଇଯାଏ ତାହାର ସୂଚନା ଦେଖିବାକୁ ମିଳେ ଉକ୍ତ ଲବଣର ସ୍ୱାଦ କୃତିରେ । "ମଣ୍ଟୁ ପଚାରିଲା, "ଏ ଚଢ଼େଇ ବୋବାଉ ନାହିଁ ଯେ... ? ସକାଳେ କାଠଚମ୍ପା ଗଛର ଥୁଣ୍ଟା ଡାଳରେ ଚଢ଼େଇମାନେ ଯେପରି କୁଦନ୍ତି, କିଚିର୍ ମିଚିର୍ ହୁଅନ୍ତି ! XXX ମଣ୍ଟୁ ଅସହାୟ ପଚାରିଲା... ଏ କ'ଣ ମରିଯିବ ?" (ମହାନିର୍ବାଣ- ପୃ- ୯୧) 'ନିର୍ମୂଳିଲତାର ଫୁଲ' ଗଳ୍ପ ମଧ୍ୟ ଏହି ଶିଶୁ ମନସ୍ତତ୍ତ୍ୱ ଦୃଷ୍ଟିରୁ ବିଚାର୍ଯ୍ୟ । ଅବଶ୍ୟ ଏଥିରେ ଗାଳ୍ପିକ କୈଶୋର ଅବସ୍ଥା କଥା କହିଛନ୍ତି । ଶୈଶବରୁ କୈଶୋର ଅବସ୍ଥା ମଧ୍ୟରେ ଏକ ଶିଶୁର ମାନସିକତାରେ କିପରି ପରିବର୍ତ୍ତନ ଆସେ ତାହାକୁ ଚମତ୍କାରଭାବେ ପ୍ରତିଫଳିତ କରିଛନ୍ତି । ପ୍ରଥମତଃ ଏହାକୁ ଏରିକ୍ ଏରିକ୍‌ସନ୍‌ଙ୍କର Psycho Social Development Theoryର ଚତୁର୍ଥ ଚରଣ Industry vs. Inferiority ଦୃଷ୍ଟିରୁ ଆଲୋଚନା କରାଯାଇପାରେ । ଯେହେତୁ ପୂର୍ବ ବର୍ଣ୍ଣିତ ଗଳ୍ପରେ ମଣ୍ଟୁ ଭିତରେ Initiative ସ୍ଥାନରେ Guilt ବା ଦୋଷୀ ଭାବନାର ସୃଷ୍ଟି ହୋଇଥିଲା । ତେଣୁ ଉକ୍ତ କୃତିରେ ଆମେ ମଣ୍ଟୁ କ୍ଷେତ୍ରରେ Industry ବା ପରିଶ୍ରମ ସ୍ଥାନରେ Inferiority ବା ହୀନମାନ୍ୟତାକୁ ଦେଖିବାକୁ ପାଇବା । ମଣ୍ଟୁ ମଧ୍ୟରେ ଅମରେନ୍ଦ୍ରର ପରିଶ୍ରମକୁ କେନ୍ଦ୍ରକରି ସୃଷ୍ଟି ଇର୍ଷା । "ସେଥିପାଇଁ ମଣ୍ଟୁ ପ୍ରତି ଅମରେନ୍ଦ୍ରର ପ୍ରଚଣ୍ଡ ତାସ୍ଛଲ୍ୟ ! ଏହି ବୟସରୁ ସେ ପାଞ୍ଚଫୁଟ ଦୁଇଇଞ୍ଚ ଡେଙ୍ଗା । ପୁଣି ସ୍ପୋର୍ଟସ୍‌ମ୍ୟାନ ବୋଲି ଏକ ଗୌରବରେ ତାହାର ଉଚ୍ଚତା ତା' ଉପରେ ଯେପରି ଆଉ କେତେକ ଇଞ୍ଚ ବଢ଼ିଯାଇଅଛି । କଲେଜ ହକୀ ଟିମ୍‌ର ବେଷ୍ଟ୍ ଇଲେଭେନ୍ ମଧ୍ୟରୁ ସେ ଜଣେ ! ହାୟ ଦୁର୍ଭାଗ୍ୟ ! ତୁଚ୍ଛ ଖେଳ, ଆଉ ନିର୍ବୋଧ ଦଉଡ଼ା ଦଉଡ଼ିରେ କୁଶଳତା ପାଇଁ କଲେଜରେ ସବୁ ଝିଅଙ୍କର ଆଖି ଏହି ଲୋକଟା ଉପରେ ।" (ମହାନିର୍ବାଣ- ପୃ- ୯୮) ଏହି ଦୃଷ୍ଟିକୋଣରୁ ବିଚାର୍ଯ୍ୟ । ଏତଦ୍‌ବ୍ୟତୀତ ଗଳ୍ପର ଏହିଭଳି ପଙ୍‌କ୍ତି ଫ୍ରଏଡଙ୍କର Psycho

Sexual Development ପର୍ଯ୍ୟାୟର ଚତୁର୍ଥ ଚରଣ Latency Stageକୁ ମଧ୍ୟ ଇଙ୍ଗିତ କରିଥାଏ। ଏତଦ୍ ଭିନ୍ନ ଏରିକ୍‌ସନ୍‌ଙ୍କର ସିଦ୍ଧାନ୍ତର ପଞ୍ଚମ ଚରଣ Role Identity (ପରିଚୟ) ବନାମ Role Confusion (ଦ୍ୱନ୍ଦ୍ୱ) ଚରଣ ଦୃଷ୍ଟିରୁ ମଧ୍ୟ ଉକ୍ତ କୃତିଟି ବିଚାର୍ଯ୍ୟ। କାରଣ ଗାଳ୍ପିକ ଏଥିରେ ମଣ୍ଟୁ କ୍ଷେତ୍ରରେ ପରିଚୟକୁ ନେଇ ଦ୍ୱନ୍ଦ୍ୱ ବା Role Confusionକୁ ପ୍ରତିଫଳିତ କରିଛନ୍ତି। "କିନ୍ତୁ ସବୁର ଉର୍ଦ୍ଧ୍ୱରେ, ଏକି ନିଃସଙ୍ଗତା! କୋଳାହଳ ମୁଖରତା ମଧ୍ୟରେ ଏକି ଅସହ୍ୟ ନୀରବତା! ମଣ୍ଟୁ ଆଇନା ସାମନାରେ ଠିଆହୋଇ, ସାର୍ଟର କଲର୍‌ଟା କେଉଁ ରୀତି ଓ ଶୈଳୀରେ ଉପରକୁ ଉଠାଇଲେ, କପାଳ ଉପରେ ମୁଣ୍ଡବାଳର ବିନ୍ୟାସକୁ କି ଆକାର ଦେଲେ, ତାହା ଭାବ ଓ ମୁହୂର୍ତ୍ତୋପଯୋଗୀ ହେବ, ତାହା ବିଶେଷଜ୍ଞ ପରି ପରୀକ୍ଷା ଓ ନିରୀକ୍ଷା କରିବାପରେ, ଶସ୍ତା ପ୍ରେମ ଉପନ୍ୟାସର ନାୟକ "ଝଡ଼ ବେଗରେ ବାହାରି ଯିବା ପରି" ମଣ୍ଟୁ ସେହି ହେମାଳିଆ ନିଃସଙ୍ଗ ପଢ଼ାଘରର ଭିତରୁ ବାହାରି ବାହାରକୁ ଚାଲିଗଲା।" (ମହାନିର୍ବାଣ- ପୃ- ୯୯- ୧୦୦) ଏତଦ୍‌ବ୍ୟତୀତ ଉକ୍ତ କୃତିକୁ ଫ୍ରଏଡଙ୍କର Psycho Sexual Stagesର ପଞ୍ଚମ ଚରଣ Genital Stage ଦୃଷ୍ଟିରୁ ମଧ୍ୟ ବିଚାର କରାଯାଇପାରେ। ଏହି ଚରଣରେ ସମସ୍ତ କାମୋଦ୍ଦୀପକ କ୍ଷେତ୍ରରୁ କାମ ଆସି କିଶୋରର ଗୁପ୍ତାଙ୍ଗରେ କେନ୍ଦ୍ରିତ ହୋଇଥାଏ। ଏହିଭାବେ ଦେଖିବାକୁ ଗଲେ ଶିଶୁ ଯେଉଁବି ସ୍ଥାନରୁ ଆନନ୍ଦ ଲାଭ କରୁଥିଲା। ଯେପରି ମାତୃସ୍ତନ୍ୟପାନକୁ ଗ୍ରହଣ କରାଯାଇପାରେ। ତାହାପରେ Erotic Zoneରେ ପରିଣତ ହୋଇଯାଏ। ଏହାର ପ୍ରମାଣ କିଶୋରର ନିଶ, ଦାଢ଼ି ଆଦି ବିଭିନ୍ନ ସ୍ଥାନରେ ଆସୁଥିବା କେଶ ଯାହାକୁ Puberty କୁହାଯାଏ। ଫ୍ରଏଡଙ୍କ ମତରେ ଯଦି କିଶୋର ବାଳକ ମଧ୍ୟରେ ଏହି ଅବସ୍ଥା ଆସିବାରେ ବିଳମ୍ବ ହୁଏ। ତେବେ ତା' ଭିତରେ ଲଜ୍ୟାପଣ ବା ନାରୀତ୍ୱ ଗୁଣର ବିକାଶ ଘଟେ। ଏହାର ନିଦର୍ଶନ ଉକ୍ତ କୃତିରେ 'ସୁନନ୍ଦ' ଚରିତ୍ର ମଧ୍ୟରେ ଦେଖିବାକୁ ମିଳେ। ଏହାକୁ କେନ୍ଦ୍ରକରି ମଣ୍ଟୁର ସୁନନ୍ଦ ଏବଂ ସୁନନ୍ଦର ମଣ୍ଟୁ ପ୍ରତି ଆକର୍ଷଣ ମଧ୍ୟଦେଇ ଗାଳ୍ପିକ Queer Culture ବା LGBT Culture (୧୧)ଦ୍ୱାରା ବ୍ୟବହୃତ Gay ପରମ୍ପରା ସମ୍ପର୍କରେ ସୂଚନା ଦେଇଛନ୍ତି। Genital ଚରଣରେ କିଶୋର ମଧ୍ୟରେ କାମନାର ଉତ୍ପତ୍ତି ଏବଂ ତାହାକୁ ପରିପ୍ରକାଶ କରିବାପାଇଁ ସମଲିଙ୍ଗୀର ସହାୟତା ନେବା ପ୍ରସଙ୍ଗକୁ ଗାଳ୍ପିକ ଅତ୍ୟନ୍ତ ଗୁଢ଼ଭାବେ ଉକ୍ତ କୃତିରେ ପ୍ରତିଫଳିତ କରିଛନ୍ତି। ମାତ୍ର ସଚେତନଭାବେ ପାଠକଲେ ଗଳ୍ପର ପଙ୍‌କ୍ତିରୁ ଏହିଭଳି ଚିନ୍ତାଧାରାକୁ ଅନୁଭବ କରିହେବ। "ଯେଉଁ କାନ୍ଥ ସବୁଦିନେ ଅସୁରୁଣୀ ବୁଢ଼ୀ ଗୁମ୍ଫାର ଜାଗ୍ରତ ପ୍ରହରୀ ପରି ଚପଳ, ଚଟୁଳ କୈଶୋରକୁ ବନ୍ଦୀକରି ରଖିଥିଲା, ଆଜି ତାହା ଆଦ୍ୟଯୌବନରେ ଉତ୍ତପ୍ତ, ଉଦଗ୍ର

ଯୌନ ଚେତନାର ପୃଷ୍ଠଭୂମି.... ସେଠି କେତେଖଣ୍ଡ ପୁରୁଣା କ୍ୟାଲେଣ୍ଡର, ସିନେମା ଅଭିନେତ୍ରୀମାନଙ୍କର ମର୍ମଭେଦୀ ବକ୍ଷାଗ୍ରର ମର୍ମାନ୍ତକ ଚିତ୍ର ଝୁଲୁଅଛି... ଆଦ୍ୟଯୌବନର ସ୍ୱପ୍ନସଙ୍ଗିନୀ ସେମାନେ। କି ଏକ ଅବ୍ୟକ୍ତ ବେଦନା ମଣ୍ଟୁର ଅନୁଭୂତିରେ ଏଇ ଶାନ୍ତ, ମେଘସ୍ନାତ ସକାଳଟିକୁ ବିକ୍ଷୁବ୍ଧ କରି ଦେଇଅଛି। ଟେବୁଲ ଉପରେ ଇକନମିକ୍ସ୍, ଲଜିକ୍ସ ଇଂରାଜୀ ସାହିତ୍ୟ ପଢ଼ାବହିର ଜଞ୍ଜାଳ ଠେଲି, ମଣ୍ଟୁର ଦୁଇ ଆଖିର ବେଦନାତୁର ଦୃଷ୍ଟି ବାରମ୍ବାର ଭାସିଯାଉଅଛି, ଝରକା ବାହାରେ ମେଘମେଦୁର ଆକାଶର କୋଳକୁ। ଏକି ବ୍ୟଗ୍ର ବ୍ୟାକୁଳତା ମଣ୍ଟୁର ଚେତନାରେ ରହିରହି ଯେପରି ଶେଳାଘାତ କରୁଅଛି। ମଣ୍ଟୁ କାନ୍ଥରେ ଝୁଲୁଥିବା ଗୋଟିଏ ଆଇନା ସାମନାରେ ଠିଆ ହୋଇ ନିଜକୁ ଚାହିଁ, ନିଜେ ହଠାତ୍ ଆତ୍ମହରା ହୋଇପଡ଼ିଲା। ସେଫ୍‌ଟୀରେଜର ପ୍ରତିଦିନ ଲୁଚାଇ ଲୁଚାଇ, ଅଜାତଶତ୍ରୁ ଚିକ୍‌କଣ ଗାଲ ଉପରେ ବାରମ୍ବାର ଟାଣି ସୁଦ୍ଧା; ତଥାପି ସେଠାରେ ଶୈବାଳୋଦ୍‌ଗମ ହୋଇନାହିଁ! ଆଇନା ଦେହରେ ସହପାଠୀ ସୁନନ୍ଦର ମୁହଁ ହଠାତ୍ ଯେପରି ଭାସିଉଠିଲା। ସୁନନ୍ଦର ଗାଲ କିନ୍ତୁ ଆହୁରି ଚିକ୍‌କଣ, ଆନାରି ମୋଲାୟମ୍... ଗୋଟିଏ ଝିଅର ମୁହଁପରି! ମଣ୍ଟୁ ନିଜର ଗାଲ ଉପରେ ବାରମ୍ବାର ଆଙ୍ଗୁଳି ଚଳାଇ ଚଳାଇ, ପୀଡ଼ନରେ ତାହାର ଉଷ୍ଣ କୋମଳତା ଅନୁଭବ କରି କରି, ଯେପରି ସହପାଠୀ ସୁନନ୍ଦର ସାନିଧ୍ୟ ଉପଭୋଗ କରୁଥିଲା। ମାତ୍ର ସାମାନ୍ୟ କଳହରେ, ଏବେ ସୁନନ୍ଦ ସହିତ ତା'ର ବାଚନିକ ସମ୍ପର୍କ ସୁଦ୍ଧା ନାହିଁ। XXXX ସୁନନ୍ଦ ଏକେତ ବୟସରେ କନିଷ୍ଠ; ତା' ପରେ ତା' ସହିତ ଏହି ପ୍ରତିବେଶିନୀ ଝିଅଟି ସମ୍ବନ୍ଧରେ କୌଣସି ଆଲୋଚନା କଲେ, ସେ କିପରି ଅକାରଣରେ ରୁଷ୍ଟ ହୋଇଉଠେ। ତା' ପରେ କେତେଦିନ ସୁନନ୍ଦ ସହିତ ସାକ୍ଷାତ୍ ମିଳିବା ସୁଦ୍ଧା କଠିନ ହୋଇପଡ଼େ। XXXX କିନ୍ତୁ ସୁନନ୍ଦ ଏକ ଅକାରଣ ଈର୍ଷାରେ ପ୍ରଜ୍ୱଳିତ ହୋଇ ଚକ୍ରାରକରି କହିଥିଲା... ମଣ୍ଟୁର ଏ ଏକ ନୂଆ ଡାମ୍ଫାମି। ଝିଅଟି କାଲେ ମଣ୍ଟୁପରି ଗୋଟାଏ ଡମ୍ଫା, ଭୋପା ପ୍ରତି ପ୍ରେମରେ ଗଦ୍‌ଗଦ୍ ହୋଇ ତା' ଉପରକୁ ପିଜୁଳିଟା ଫିଙ୍ଗି ଦେଇଥିଲା। ଆଉ ଯଦି ବା ଫିଙ୍ଗିଥିଲା, ତା' ହେଲେ ତାହା ନିଶ୍ଚୟ ଘୃଣାରେ ତାଚ୍ଛଲ୍ୟରେ! XXXX ମଣ୍ଟୁ ସୁନନ୍ଦର ଗୋଟିଏ ହାତ ପାପୁଲି, ନିଜ ହାତ ମଧ୍ୟରେ ଚାପି ଧରି ପଚାରିଲା... ଏଟା କି ଫୁଲର ବାସନାରେ ସୁନନ୍ଦ? ସୁନନ୍ଦ ମଣ୍ଟୁର ହାତରୁ ନିଜର ହାତକୁ ଛଡ଼ାଇ ନେଲା ନାହିଁ। ଦୁଇ ନାସାପୁଟ ବିସ୍ତାରକରି ଜଳକଣାସିକ୍ତ ପବନରେ କଦମ୍ବର ଗନ୍ଧ ଆଘ୍ରାଣକରି କହିଲା... କଦମ୍ବ! XXXX ଫାଲ୍‌ଗୁନର ଚୈତାଳିରେ ପତ୍ର ଉଡ଼ିଯିବାପରି ସୁନନ୍ଦ କିନ୍ତୁ ଏକ ଅକାରଣ ଉତ୍ତେଜନାରେ ହଠାତ୍ ଉଠିପଡ଼ି ଚୋଟା ଭିତରକୁ ଧାଇଁ ପଳାଇଲା। ମଣ୍ଟୁ ତା' ପଛେ ପଛେ ଯାଇଁ ଛୁଟିଗଲା, ଚପଳ କସ୍ତୁରୀମୃଗ ପରି... ଯେପରି କେବଳ

ଅକାରଣ ଧାଇଁବାରେ ହିଁ ଜୀବନର ପରମ ତୃପ୍ତି ଓ ସାର୍ଥକତା !" (ମହାନିର୍ବାଣ- ପୃ- ୯୩- ୧୦୧)" ଏରିକ୍‌ସନ୍‌ଙ୍କର ମନୋସାମାଜିକ ସିଦ୍ଧାନ୍ତର ଷଷ୍ଠଚରଣ ଯାହାକୁ Intimacy ନାମ Isolation କୁହାଯାଏ। ତାହାର ନିଦର୍ଶନ ଦେଖିବାକୁ ମିଳେ 'ଜୟପରାଜୟ' ଗଳ୍ପରେ। ଉକ୍ତ ଗଳ୍ପର ଚରିତ୍ର ମଣ୍ଟୁ ପୂର୍ବ ଗଳ୍ପମାନଙ୍କରେ ଏକ ନକାରାତ୍ମକ ଅବସ୍ଥା ମଧ୍ୟ ଦେଇ ଗତିକଲେ ମଧ୍ୟ, ଉକ୍ତ କୃତିରେ ବୟସର ପରିପକ୍ୱତା ସହିତ ତା' ଭିତରେ ସକାରାତ୍ମକ ଚିନ୍ତନର ବିକାଶ ଘଟିଛି। ପୂର୍ବେ ପିତାମାତାଙ୍କୁ ସେ ନିଜର ଶତ୍ରୁ ମନେକରିଥିଲେ ମଧ୍ୟ ଏହି ଚରଣରେ ତା' ଭିତରେ ପିତାମାତାଙ୍କ ପ୍ରତି ଲୁକାୟିତ ପ୍ରେମର ପ୍ରତିଫଳନ ଘଟିଛି। ତେବେ ଏହି ଦୃଷ୍ଟିରୁ ବିଚାରକଲେ ମଣ୍ଟୁ ପୂର୍ବଚରଣରେ ନାକାରାତ୍ମକ ବିକାଶ ମଧ୍ୟ ଦେଇ ଗତି କରିଥିଲେ ମଧ୍ୟ ଏ ଚରଣରେ ତା' ଭିତରେ Intimacy ତୁଲ୍ୟ ସକାରାତ୍ମକ ବିକାଶ ଘଟିଛି। ଏତଦ୍‌ବ୍ୟତୀତ ଉକ୍ତ କୃତିଟି ଅନ୍ୟ ଏକ ଚିନ୍ତନ ଦୃଷ୍ଟିରୁ ମଧ୍ୟ ବେଶ୍ ପ୍ରଭାବଶାଳୀ। ଏଥିରେ ଗାଳ୍ପିକ ପ୍ରଥମେ ବିଜ୍ଞାନର ଜୟ ଓ ପରବର୍ତ୍ତୀ ସମୟରେ ପ୍ରକୃତି ନିକଟରେ ତା'ର ପରାଜୟକୁ ଚିତ୍ରିତ କରିଛନ୍ତି। ଏହା ସହିତ ମନୁଷ୍ୟକୁ ସଚେତନ କରିବା ତୁଲ୍ୟ ମନୁଷ୍ୟକୁ ବିଜ୍ଞାନର ବିଭିଷିକାରୁ ବଞ୍ଚେଇବାପାଇଁ ମନୁଷ୍ୟକୁ ଶୂନ୍ୟ ପଥର ଯାତ୍ରୀ ହେବାପାଇଁ ପ୍ରବର୍ତ୍ତାଇଛନ୍ତି। "ପୃଥିବୀର ବାତାବରଣର ଉର୍ଦ୍ଧ୍ୱରେ, ମାଧ୍ୟାକର୍ଷଣୀ- ଆବର୍ତ୍ତନକୁ ଶବ୍ଦଠାରୁ ଆହୁରି ଦ୍ରୁତ ଗତିରେ ଲଙ୍ଘନ କରି, ଅନନ୍ତ ମହାଶୂନ୍ୟ ପଥରେ ବିରାମହୀନ ଯାତ୍ରା ଆଜି ମନୁଷ୍ୟର ନୂତନତମ ସଫଳତା। କିନ୍ତୁ ସେ ଦିନ ମଧ୍ୟ ମନୁଷ୍ୟ ଏହିପରି ନିଶ୍ଚଳ ଯୋଗାସନରେ ବସି, ସଂସାରର ମାଧ୍ୟାକର୍ଷଣୀ ଆବର୍ତ୍ତନ ଲଙ୍ଘନ କରି, ଧ୍ୟାନ ପଥରେ ମହାଶୂନ୍ୟର ସତ୍ତା ଉପଲବ୍ଧି କରିଥିଲା ! ବୁଦ୍ଧ ମଧ୍ୟ ଥିଲେ ଶୂନ୍ୟ ଯାତ୍ରୀ ଶୂନ୍ୟ ମଧ୍ୟ ଥିଲା ତାଙ୍କ ସାଧନା ଓ ସିଦ୍ଧିର ଚରମ ଲକ୍ଷ୍ୟ; ମାତ୍ର ବୁଦ୍ଧଙ୍କର ସେ ଶୂନ୍ୟ ସାଧନା ବିଶ୍ୱବ୍ୟାପୀ ମାନବସମାଜରେ ମରଣ ଓ ଧ୍ୱଂସର ଆତଙ୍କ ସୃଷ୍ଟି କରିନଥିଲା ! ଆଜି ଆତଙ୍କ ଓ ବିଭୀଷିକାର ଯୁଗରେ ତେଣୁ, ସେପରି ନିରୁପଦ୍ରବ ଓ ଅହିଂସ ଶୂନ୍ୟଯାତ୍ରୀ ପ୍ରତି ମନୁଷ୍ୟର ସ ପ୍ରଶଂସ ବିଦଗ୍ଧ ଦୃଷ୍ଟି ପଡ଼ନ୍ତା କିପରି... ମଣ୍ଟୁର ମଧ୍ୟ କୌଣସି ଦିନ ପଡ଼ିନଥିଲା !" (ମହାନିର୍ବାଣ- ପୃ- ୧୦୪) ମୋଟ୍ ଉପରେ କହିବାକୁ ଗଲେ ମନେହୁଏ ଦିନେ ବାସ୍ତବତା ଓ ବିଜ୍ଞାନର ମାୟାରେ ଧର୍ମ ଓ ଦର୍ଶନକୁ ପରାଜିତ କରିଥିବା ମଣିଷ ଆଜି ସେହି ଧର୍ମ ଓ ଦର୍ଶନ ପାଖରେ ପରାଜିତ ହୋଇଯାଇଛି। "ସବୁ ଚଞ୍ଚଳ ବେଗର ଉର୍ଦ୍ଧ୍ୱରେ ଯେଉଁ ଅଚଞ୍ଚଳ ସ୍ଥାଣୁତ୍ୱ, ସବୁ ଆବର୍ତ୍ତର ଉର୍ଦ୍ଧ୍ୱରେ ଯେଉଁ ଉଦାର ମୁକ୍ତି, ସବୁ ସଂଘର୍ଷର ଉର୍ଦ୍ଧ୍ୱରେ ଯେଉଁ ସୁଗଭୀର ପ୍ରଶାନ୍ତି, ତାହା ଯେପରି ସେହି ବୁଦ୍ଧ ମୂର୍ତ୍ତିର କରୁଣା ସ୍ନିଗ୍ଧ ମୁଖମଣ୍ଡଳରେ ଉତ୍କୀର୍ଣ୍ଣ ହୋଇଥିଲା। ମହମବତୀ

ପବନରେ ଗୋଟାଏ ପାଖକୁ ଢଳି ଜଳିବା ଫଳରେ, ସେଥିରୁ ବିନ୍ଦୁ ବିନ୍ଦୁ ତରଳ ମହମ ନିଖିଳ ବେଦନାର୍ତ୍ତ ପ୍ରତି ବିଗଳିତ କରୁଣାରେ ଯେପରି ତଳେ ଝରି ପଡୁଥିଲା। ଅସହାୟ ପରି, ମଣ୍ଟୁ ମାଣ୍ଟଲପିସ୍ ଉପରେ ସେହି ମୂର୍ତ୍ତିର ପାଦତଳେ ମୁଣ୍ଡ ଲଗାଇଲା।" (ମହାନିର୍ବାଣ-ପୃ- ୧୦୭)

ସଙ୍କେତ ସୂଚୀ:

- *Rodgers, JL; Cleveland, HH; Van Den Oord, E; Rowe, DC (2000). "Resolving the debate over birth order, family size, and intelligence". The American Psychologist. 55 (6): 599–612.* doi:10.1037/0003-066X.55.6.599. PMID 10892201.
- Jump up to:a b *Rohrer, Julia M.; Egloff, Boris; Schmukle, Stefan C. (2015-11-17).* "Examining the effects of birth order on personality". *Proceedings of the National Academy of Sciences. 112 (46): 14224–14229.* Bibcode:2015PNAS..11214224R. doi:10.1073/pnas.1506451112. ISSN 0027-8424. PMC 4655522. PMID 26483461.
- "Freud and the Psychodynamic Perspective | Introduction to Psychology". *courses.lumenlearning.com. Retrieved 2020-12-08.*
- "Introduction to Sigmund Freud, Module on Psychosexual Development". *Cla.purdue.edu. Archived from* the original *on 2012-12-11. Retrieved 2013-08-01*
- *Sellers, P. Douglas; Machluf, Karin; Bjorklund, David F. (2018),* "The Development of Evolutionarily Adaptive Individual Differences: Children as Active Participants in Their Current and Future Survival", *The SAGE Handbook of Personality and Individual Differences: Volume II: Origins of Personality and Individual Differences, London: SAGE Publications Ltd, pp. 203–217,* doi:10.4135/9781526451200.n12, ISBN 978-1-5264-4518-6, *retrieved 2020-10-14*

- Schacter, Daniel L (2009). Psychology. Catherine Woods. pp. 430. ISBN 978-1-4292-3719-2.
- Bronfenbrenner, Urie (2000), "Ecological systems theory.", Encyclopedia of Psychology, Vol. 3., Washington: American Psychological Association, pp. 129–133, doi:10.1037/10518-046, ISBN 1-55798-652-5, retrieved 2020-10-07
- Thomas, Robert Mcg. Jr. (1997-08-08). "Joan Erikson Is Dead at 95; Shaped Thought on Life Cycles". The New York Times. ISSN 0362-4331. Retrieved 2023-02-21.
- Escalona, S. (1951-03-02). "Childhood and of the Society. Erik H. Erikson. New York: Norton, 1950. 397 pp. $4.00". Science. 113 (2931): 253. doi:10.1126/science.113.2931.253. ISSN 0036-8075.
- Jump up to:a b Knight, Zelda Gillian (2017-09-01). "A proposed model of psychodynamic psychotherapy linked to Erik Erikson's eight stages of psychosocial development". Clinical Psychology & Psychotherapy. 24 (5): 1047–1058. doi:10.1002/cpp.2066. PMID 28124459.
- Parent, Mike C.; DeBlaere, Cirleen; Moradi, Bonnie (June 2013). "Approaches to Research on Intersectionality: Perspectives on Gender, LGBT, and Racial/Ethnic Identities". Sex Roles. 68 (11–12): 639–645. doi:10.1007/s11199-013-0283-2. S2CID 144285021.

ଅନୁବାଦକ ଇଂ ଗୋବିନ୍ଦ ଚନ୍ଦ୍ର ସାହୁ ଏବଂ ହଜାରେ ଚୌରାଶୀର ମା'

ଦେଶ ବାହାରେ ରହୁଥିବା ଲୋକ ମନରେ ଯେପରି ଦେଶ ପ୍ରତି ମମତ୍ୱବୋଧ ଅଧିକ ପ୍ରତିଫଳିତ ହୁଏ। ସେହିପରି ନିର୍ଜିବ ବସ୍ତୁକୁ କେନ୍ଦ୍ରକରି ପେଷା ଗଢ଼ିଥିବା ମଣିଷ ଜୀବନ୍ତ କଳାକୁ ଅନ୍ତର ଦେଇ ଭଲପାଏ। ଏହିପରି ଜଣେ କଳାରୂପୀ ସାହିତ୍ୟର ପ୍ରେମିକ ହେଉଛନ୍ତି ଇଂ. ଗୋବିନ୍ଦ ଚନ୍ଦ୍ର ସାହୁ। ଜଣେ ବୌଦ୍ଧିକ ପ୍ରାବନ୍ଧିକ, ଅନୁବାଦକ, ଭାଷ୍ୟକାର, ସୁଦକ୍ଷ ସମ୍ପାଦକ ଏବଂ ନିଷ୍ଠାପର ସାହିତ୍ୟ ସାଧକରୂପେ ସେ କେବଳ ଓଡ଼ିଶା ନୁହେଁ, ଓଡ଼ିଶା ବାହାରେ ମଧ୍ୟ ସୁପରିଚିତ। ବୃତ୍ତିରେ ଜଣେ ଇଞ୍ଜିନିୟର ଏବଂ ପ୍ରବୃତ୍ତିରେ ସାହିତ୍ୟ ସାଧକ ଏହି ପେସା ଏବଂ ନିଶା ମଧ୍ୟରେ ରହିଥିବା ସୂକ୍ଷ୍ମ ପାର୍ଥକ୍ୟ କେବେହେଲେ ଇଂ ସାହୁଙ୍କୁ ତାଙ୍କର ଲକ୍ଷ୍ୟ ପଥରୁ ବିଚ୍ୟୁତ କରିପାରିନାହିଁ। ମାତୃଭାଷା ବ୍ୟତୀତ ଇଂରାଜୀ, ହିନ୍ଦୀ ଏବଂ ବଙ୍ଗଳା ଭାଷାଜନିତ ଜ୍ଞାନ ତାଙ୍କର ଦୃଷ୍ଟି ଓ ଦିଗନ୍ତକୁ ବିସ୍ତାରିତ କରିଛି। ନିଜର ସାଧନା ସମ୍ପର୍କରେ ଇଂ ସାହୁଙ୍କର ଉକ୍ତି- "ବାସ୍ତବପକ୍ଷେ ମୁଁ ନିଜକୁ ଜଣେ ଲେଖକ ମଧ୍ୟରେ ଗଣେ ନାହିଁ। କାରଣ ମୋ ମନରେ ଅସରନ୍ତି ଭାବନା ଉଙ୍କିମାରେ, କିନ୍ତୁ ସେଗୁଡ଼ିକୁ ସଠିକ୍‌ଭାବେ ଉପସ୍ଥାପନା କରିବାପାଇଁ ଭାଷା ପାଏ ନାହିଁ। ମୁଁ ଜଣେ ବିଦ୍‌ଗଧ ପାଠକ। ମୁଁ ଦେଶ ବିଦେଶରେ ବହୁ ପ୍ରତିଷ୍ଠିତ ଲେଖକମାନଙ୍କର ଲେଖା ଯେତେବେଳେ ପଢ଼ିଛି, ସେତେବେଳେ ଲେଖିବାର ଉତ୍ସାହରେ ଭଟ୍ଟା ପଡ଼ିଯାଇଛି। କାଳେ ପାଠକମାନଙ୍କ ଦ୍ୱାରା ଉପହାସିତ ହେବି ସେପରି ଚିନ୍ତା ମଧ୍ୟ ମନକୁ ଆସିଛି। ଅଧିକନ୍ତୁ ବୃତ୍ତିରେ ମୁଁ ଜଣେ ଯନ୍ତ୍ରୀ ବା ଇଞ୍ଜିନିୟର।" (ଇଂ ଗୋବିନ୍ଦ ଚନ୍ଦ୍ର ସାହୁଙ୍କ ଏଷଣା ଓ ଅନ୍ୱେଷା- ସଂ- ସଞ୍ଜିତା ମିଶ୍ର, କମଳ ମାହୁନ୍ତ-

ପୃ- ୧୫) ମଧ୍ୟରୁ ଇଂ. ସାହୁଙ୍କର ଅହଙ୍କାର ଶୂନ୍ୟ ବ୍ୟକ୍ତିତ୍ୱକୁ ଭେଟିହୁଏ। ସାହିତ୍ୟ ସାଧନାକୁ ଏକ ସାମାଜିକ କର୍ତ୍ତବ୍ୟ ମନେକରିଥିବା ଏହି ସାଧକ ତେଣୁ ସାହିତ୍ୟର ଏକ ବିସ୍ତାରିତ କ୍ଷେତ୍ର ଅନୁବାଦକୁ ଚୟନ କରିବା ସହ, ଓଡ଼ିଆ ପାଠକମାନଙ୍କର ଚିନ୍ତନକୁ ବିସ୍ତାରିତ କରିବାପାଇଁ ଭେଟି ଦେଇଛନ୍ତି ଅନେକ କୃତି। ଯାହା ତାଙ୍କର ସାମାଜିକ ଦାୟିତ୍ୱବୋଧର ପରିଚୟ ପ୍ରଦାନ କରିଥାଏ। ଏହି ଦୃଷ୍ଟିକୋଣରୁ ବଳରାଜ ମାଧୋକଙ୍କ Indianisation ଯାହାର ଓଡ଼ିଆ ଅନୁବାଦ ଭାରତୀୟକରଣ (୧୯୭୮), ବିମଲ ମିତ୍ରଙ୍କ ପଇସା ପରମେଶ୍ୱର (୧୯୯୩), ମାନିକ ବନ୍ଦୋପାଧ୍ୟାୟଙ୍କ ପଦ୍ମାନଦୀର ମାଝି (୧୯୯୭), ମହେଶ୍ୱତା ଦେବୀଙ୍କ ହଜାରେ ଚଉରାଶୀର ମା' (୨୦୦୦), ବିମଳ କରଙ୍କର ଅସମୟ (୨୦୦୭), ଇମ୍‌ଦାଲୁକ୍ ହକ୍ ମିଲାନଙ୍କ ମେୟେଟି ଏଖନ୍ କୋଥାୟ ଯାବେ ଯାହାର ଓଡ଼ିଆ ଶିରୋନାମା ଝିଅଟି ଏବେ କୁଆଡ଼େ ଯିବ (୨୦୦୮) ଓ ଇମ୍‌ଦାଦୁଲଙ୍କ ତେତିଶଟି ଗଳ୍ପିକ କେନ୍ଦ୍ରକରି ସଂକଳିତ ମିଲାନ୍‌ଙ୍କ ଶ୍ରେଷ୍ଠ ଗଳ୍ପରୁ କୋଡ଼ିଏଟି ଗଳ୍ପକୁ କେନ୍ଦ୍ରକରି ପ୍ରକାଶିତ ଅଚିହ୍ନା ପକ୍ଷୀର ରାବ (୨୦୧୩), ସୁନୀଲ ଗଙ୍ଗୋପାଧ୍ୟାୟଙ୍କ ଅର୍ଜୁନ (୨୦୦୯), ବିଭୂତି ଭୂଷଣ ବନ୍ଦୋପାଧ୍ୟାୟଙ୍କର ପାଥେର ପାଞ୍ଚାଲୀ (୨୦୧୦), ନରେନ୍ଦ୍ର କୋହଲୀଙ୍କ ଅଭିଜ୍ଞାନ (୨୦୧୬)ସମ୍ପ୍ରତି ବିଶ୍ୱର ଅନେକ ସାହିତ୍ୟିକ ବିଭବ ଭଳି ଅନୁବାଦ ସାହିତ୍ୟ ମଧ୍ୟ ଏକ ସ୍ୱୟଂ ସମ୍ପୂର୍ଣ୍ଣ ବିଭବ। ପ୍ରତ୍ୟେକ ସର୍ଜନଶୀଳ ଲେଖକ ଯେପରି ସର୍ଜନ କଳାର ଶିଖରରେ ଉପନୀତ ହୋଇପାରିନଥାଆନ୍ତି। ସେହିପରି ପ୍ରତ୍ୟେକ ଅନୁବାଦକ ମଧ୍ୟ ଅନୁବାଦ କଳାରେ ସିଦ୍ଧି ଅର୍ଜନ କରିପାରିନଥାଆନ୍ତି। କାରଣ ଜଣେ ଉତ୍କୃଷ୍ଟ ଅନୁବାଦକ ହେବା ଜଣେ ସର୍ଜନଶୀଳ ଲେଖକ ହେବା ତୁଳନାରେ ଯେ, ଶ୍ରମ ସାପେକ୍ଷ ତାହା ନିଶ୍ଚିତ ଗ୍ରହଣଯୋଗ୍ୟ। କାରଣ ପ୍ରକୃତ ଅନୁବାଦ ଶବ୍ଦ ବା Word to Word translation ବା ଅନୁବାଦ ନୁହେଁ। ପ୍ରକୃତ ଅନୁବାଦ ହେଉଛି ଭାବନା ବା Sense to Sense translation। ତେଣୁ ଗୋଟିଏ ଭାଷାର ଜଣେ ବ୍ୟକ୍ତି ସଭ୍ୟତା, ସଂସ୍କୃତି ଓ ପରମ୍ପରାଗତ ଭିନ୍ନତା ସତ୍ତ୍ୱେ ଅନ୍ୟ ଏକ ଭାଷାର ଜଣେ ବ୍ୟକ୍ତିଙ୍କର ଭାବନାକୁ ଅନୁଭବ କରିବା ବାସ୍ତବିକ ସର୍ଜନଶୀଳ ଲେଖା ଅପେକ୍ଷା ଦୂରୁହବ୍ୟାପାର। ତେଣୁ ସମ୍ପ୍ରତି ବିଶ୍ୱରେ ଏହି ଅନୁବାଦ ସାହିତ୍ୟକୁ କେନ୍ଦ୍ରକରି ଗେଟେଙ୍କର ମତ- " Say what one will of its inadequacy, translation remains one of the most important, worth-while concerns with totality of world affairs." ଦେଶ- କାଳ- ପାତ୍ର ଭେଦରେ ଏ ଜଗତର ନାନା ବୈଚିତ୍ର୍ୟ ଜାଣିବାର ଦୁରନ୍ତ ଆଗ୍ରହ ପ୍ରତ୍ୟେକ ବ୍ୟକ୍ତିକୁ ତା'ର ସ୍ୱାଭାବିକ ସୀମାର ସେପାରିକି ଡ଼େଇଁ ମାରିବାକୁ ଉତ୍ସାହିତ କରେ। ଏହି ପ୍ରକାର

କୌତୁହଳର ଉପଶମମାନପାଇଁ ସାହିତ୍ୟ ବି ହୋଇଥାଏ ଏକ ସହାୟକ ମାଧ୍ୟମ। ଏହି ପ୍ରବଣତାର ପରିସାଧନ ହିଁ ଅନୁବାଦର ଅନୁପ୍ରେରଣା। ଇଂ. ଗୋବିନ୍ଦ୍ର ଚନ୍ଦ୍ର ସାହୁ ଏହିପରି ଏକ କଠିନ କଳାକୁ ନିପୂଣତାର ସହ ଆହରଣ କରିବା ସହ। ଜ୍ଞାନପିପାସୁ ଓଡିଆ ପାଠକମାନଙ୍କୁ ଭେଟି ଦେଇଥିବା ରାଶି ରାଶି ଅନୁବାଦ ସାହିତ୍ୟ ମଧ୍ୟରୁ ୨୦୦୦ ମସିହାରେ ପ୍ରକାଶିତ 'ହଜାରେ ଚଉରାଶୀର ମା'' ହେଉଛି ଅନ୍ୟତମ। ଯାହା ବଙ୍ଗୀୟ ଲେଖିକା ମହେଶ୍ୱତା ଦେବୀଙ୍କଦ୍ୱାରା ୧୯୭୪ ମସିହାରେ ରଚିତ ରେମନ୍ ମେଗ୍ ସେ ସେ (Ramon Magsaysay Award) ପୁରସ୍କାର ପ୍ରାପ୍ତ 'ହାଜାର ଚଉରାଶୀର ମା'' ପୁସ୍ତକର ଏକ ଅନୁବାଦ। ଶ୍ରୀଯୁକ୍ତ ସାହୁଙ୍କଦ୍ୱାରା ଅନୁବାଦ କରାଯାଇଥିବା ପ୍ରତ୍ୟେକଟି ପୁସ୍ତକର ଏକ ଉଲ୍ଲେଖଯୋଗ୍ୟ ଭୂମିକା ରହିଛି। କାରଣ ସେ କୌଣସି ବି ସାଧାରଣ ପ୍ରସଙ୍ଗକୁ ବା ସରଳ ରେଖାରେ ଚାଲୁଥିବା ପ୍ରସଙ୍ଗକୁ କେନ୍ଦ୍ରକରି ରଚିତ ପୁସ୍ତକକୁ ଚୟନ କରିନାହାନ୍ତି। ଗୋଟିଏ ସମୟରେ ଚହଳ ସୃଷ୍ଟିକରିଥିବା ଘଟଣା ବା Controversy ଜନିତ ପ୍ରସଙ୍ଗ ତାଙ୍କ ଦୃଷ୍ଟିକୁ ଆକର୍ଷିତ କରିଛି। ଏଥି ମଧ୍ୟରୁ ୨୩ ମେ ୧୯୬୭ ମସିହା ପଶ୍ଚିମବଙ୍ଗ ରାଜ୍ୟର ନକ୍ସଲବାଡ଼ି ନାମକ ଗ୍ରାମର ଫୁଲ୍‌କି ନାମକ ସ୍ଥାନରେ ଆରମ୍ଭ ହୋଇଥିବା ନକ୍ସଲ ଆନ୍ଦୋଳନର ପୃଷ୍ଠଭୂମି ଉପରେ ରଚିତ ହଜାର ଚୌରାଶୀର ମା' ହେଉଛି ଅନ୍ୟତମ।

ସାଧାରଣଭାବେ କହିବାକୁ ଗଲେ ସ୍ୱାଧୀନତା ପରବର୍ତ୍ତୀ ସମୟରେ ହୋଇଥିବା ନକ୍‌ସଲବାଦୀ ଆନ୍ଦୋଳନ ଥିଲା ଏକ ସାମାଜିକ ଆନ୍ଦୋଳନ। କମ୍ୟୁନିଷ୍ଟମାନଙ୍କ ଦ୍ୱାରା ସଂଗଠିତ ଏହି ଆନ୍ଦୋଳନର ନାମ ଆସିଥିଲା ପଶ୍ଚିମବଙ୍ଗର ନକ୍‌ସଲବାଡ଼ି ନାମକ ଗ୍ରାମରୁ। ନକ୍‌ସଲବାଡ଼ି ପଶ୍ଚିମବଙ୍ଗ ରାଜ୍ୟର ଉତ୍ତରରେ ଥିବା ଜିଲ୍ଲା ଦାର୍ଜିଲିଂର ସିଲିଗୁଡ଼ି ତାଲୁକା ଅର୍ନ୍ତଗତ ଆସୁଥିବା ପାଖାପାଖି ଷାଠିଏଟି ଗ୍ରାମର ଅତ୍ୟନ୍ତ ସୁନ୍ଦର ଭ୍ରମଣଯୋଗ୍ୟ ହିମାଳୟ ପାଦଦେଶରେ ଥିବା ପାହାଡ଼ି ଅଞ୍ଚଳ। ଭାରତର ଅନ୍ୟାନ୍ୟ ପ୍ରାନ୍ତରେ ମଧ୍ୟ କୃଷକ ତଥା ସାଧାରଣ ଲୋକମାନେ ଜମିଦାର ତଥା ଧନୀବ୍ୟକ୍ତିଙ୍କ ଅତ୍ୟାଚାରରେ ଅତିଷ୍ଠ ଥିଲେ ମଧ୍ୟ ପଶ୍ଚିମବଙ୍ଗର ନକ୍‌ସଲବାଡ଼ିରେ ଆନ୍ଦୋଳନ ଆରମ୍ଭ ହେବାର କେତେକ କାରଣ ରହିଥିବା ଜଣାଯାଏ। ପଶ୍ଚିମବଙ୍ଗର ନକ୍ସଲବାଡ଼ିରେ ହୋଇଥିବା ଆନ୍ଦୋଳନ ମୁଖ୍ୟତଃ ତିନିଗୋଟି ପୋଲିସ୍‌ଷ୍ଟେସନ୍ ଯଥା- ଫାନ୍‌ସିଡେୱା, ନକ୍ସଲବାଡ଼ି ଏବଂ ଖୋଦିବାଡ଼ିକୁ କେନ୍ଦ୍ରକରି ହୋଇଥିଲା। ଏହିଠାରେ ଅଧିକାଂଶ ସାନ୍ତାଳ, ଔରବ, ମୁଣ୍ଡା ତଥା ରାଜବଂଶୀ ଆଦିବାସୀ ଜାତିମାନେ ବସବାସ କରୁଥିଲେ ଯେଉଁମାନେ କି ନିଜର ଜୀବିକାପାଇଁ ମୁଖ୍ୟତଃ ନିର୍ଭର କରୁଥିଲେ ଚାଷ ଉପରେ। ଏହି ସମଗ୍ର ଅଞ୍ଚଳରେ ଆଦିବାସୀମାନେ ଯେତେବେଳେ ଜମିକୁ ଖୋଳିତାଡ଼ି ସଫାକରି

ଚାଷଯୋଗ୍ୟ କରିଦେଉଥିଲେ ସେତେବେଳେ ବନବିଭାଗର ଅଧିକାରୀ ଏବଂ କିଛି ସ୍ୱାର୍ଥପର ଜମିଦାର ତାଙ୍କ ଜମିକୁ ନିଜର ଅଧିକାରକୁ ନେଇଯାଉଥିଲେ। ଏହିରୂପେ ସେମାନେ ବାରମ୍ବାର ଜମି ପ୍ରସ୍ତୁତ କରୁଥିଲେ ଏବଂ ପୁଣି ତାଙ୍କୁ ତାଙ୍କ ଜମିରୁ କରିଦିଆ ଯାଉଥିଲା ବେଦଖଲ। ନକ୍ସଲବାଡ଼ିରେ ଘଟୁଥିବା ଏହି ସବୁ ଅଭାବନୀୟ ପରିସ୍ଥିତିର ସୁଯୋଗ ନେଇଥିଲେ କମ୍ୟୁନିଷ୍ଟମାନେ। ଏହି କମ୍ୟୁନିଷ୍ଟମାନେ ହିଁ ଚାଷୀ ତଥା ଶ୍ରମିକମାନଙ୍କୁ ପ୍ରବର୍ତ୍ତାଇଥିଲେ ଧନୀ ଜମିଦାର ଓ ଚାହା ବଗିଚାର ମାଲିକମାନଙ୍କ ବିରୁଦ୍ଧରେ ସ୍ୱର ଉତ୍ତୋଳନ କରିବାକୁ । ଚାରୁ ମଜୁମଦାର ଥିଲେ ଏହି ଆନ୍ଦୋଳନର ମସ୍ତିଷ୍କ ଏବଂ କାନୁ ସାନ୍ୟାଲ ଓ ଜଙ୍ଗଲ ସାନ୍ଥାଲ ଥିଲେ ତାଙ୍କ ସମର୍ଥକ। ମାଓ ସେ ତୁଂଙ୍କର ଆଦର୍ଶରେ ଅନୁପ୍ରାଣିତ ଚାରୁ ମଜୁମ୍‌ଦାର ଜାନୁଆରୀ ୧୯୬୫ ରୁ ୧୯୬୭ ମଧ୍ୟରେ ନିଜ ଦଳର କମ୍ରେଡମାନଙ୍କୁ ୮ଟି ପତ୍ର ଲେଖିଥିଲେ ଏବଂ ପରବର୍ତ୍ତୀ ସମୟରେ ଏହି ୮ଟି ପତ୍ର ବନିଥିଲା ନକ୍ସଲମାନଙ୍କର ଦର୍ଶନଶାସ୍ତ୍ର। ୧୯୭୦ ବେଳକୁ ନକ୍ସଲ ଆନ୍ଦୋଳନ ଧାରଣକଲା ଉଗ୍ରରୂପ। ଚାରୁ ମଜୁମ୍‌ଦାରଙ୍କ ମତରେ ମନୁଷ୍ୟ ଜୀବନର ସବୁଠାରୁ ମହତ୍ତ୍ୱପୂର୍ଣ୍ଣ ଭାଗ ୧୮ରୁ ୨୪ ବର୍ଷ ଏବଂ ଏହି ସମୟରେ ଭାରତର ଯୁବକମାନଙ୍କୁ ପଢ଼ିବା ତଥା ପରୀକ୍ଷା ପାଶ୍ କରିବା ଭଳି ଜଞ୍ଜାଳାତ୍ମକ କାର୍ଯ୍ୟରେ ବ୍ୟସ୍ତ କରିଦିଆଯାଏ। ସେଥିପାଇଂ ମାଓ- ସେ- ତୁଂ କହିଥିଲେ ତମେ ଯେତେ ପଢ଼ିପଢ଼ି ଯିବ ସେତେ ମୂର୍ଖ ବନିବ। ପ୍ରକୃତରେ ପ୍ରାରମ୍ଭରେ ନକ୍ସଲ ଆନ୍ଦୋଳନ ଏକ ଗୋଷ୍ଠୀ ଆନ୍ଦୋଳନଭାବେ ପରିକଳ୍ପିତ ହୋଇଥିଲା। ମାତ୍ର ପରବର୍ତ୍ତୀ ସମୟରେ ବିଶେଷତଃ ତେଲେଙ୍ଗାନା ଆନ୍ଦୋଳନର ବିଫଳତା ପରେ ଚାରୁ ମଜୁମଦାର ଓ ତାଙ୍କ ଦଳ ଚୀନର ମାଓ- ସେ- ତୁଂଙ୍କର ଆଦର୍ଶ ଓ ଦର୍ଶନ ଯଥା- Power flows through the barrel of gun ବା ଗୋଷ୍ଠୀ ଆନ୍ଦୋଳନ ଅପେକ୍ଷା ବିଶ୍ୱାସ କଲେ ଅସ୍ତ୍ରଶସ୍ତ୍ରର ଶକ୍ତି ଉପରେ। ବଙ୍ଗର ଇଣ୍ଟେଲେକଚୁଆଲ ବିଶେଷତଃ ସ୍କୁଲ କଲେଜର ଛାତ୍ରମାନେ ଚାରୁ ମଜୁମଦାରଙ୍କ ଦ୍ୱାରା ଲିଖିତ ୮ଟି ପତ୍ରଦ୍ୱାରା ପ୍ରଭାବିତ ହୋଇ ନକ୍ସଲ ଆନ୍ଦୋଳନରେ ଯୋଗ ଦେଇଥିଲେ। ବିଶେଷତଃ ଏହାଦ୍ୱାରା ପ୍ରଭାବିତ ହୋଇଥିଲେ କଲିକତା ପ୍ରେସିଡେନ୍ସି କଲେଜର ଛାତ୍ରମାନେ। ଏହି ସମୟରେ ଏହି ଛାତ୍ରମାନଙ୍କ ଦ୍ୱାରା କରାଯାଉଥିଲା କେତେକ ଅସଂସ୍କୃତିକ କାର୍ଯ୍ୟ ଯେପରି ଗାନ୍ଧୀଙ୍କର ମୂର୍ତ୍ତି ଭାଙ୍ଗିବା ସହ ଗାନ୍ଧୀ ସାହିତ୍ୟକୁ ନଷ୍ଟ କରିବା। ପରବର୍ତ୍ତୀ ସମୟରେ ବଙ୍ଗର ରାଜା ରାମମୋହନ ରାୟ, ଈଶ୍ୱରଚନ୍ଦ୍ର ବିଦ୍ୟାସାଗର, ରବୀନ୍ଦ୍ରନାଥ ଠାକୁର, ଚିତ୍ତରଞ୍ଜନ ଦାସ ଆଦି ବିଶିଷ୍ଟ ପ୍ରତିଭାମାନଙ୍କର ପ୍ରତିମୂର୍ତ୍ତି ଭାଙ୍ଗିବା ସହ ସେମାନଙ୍କର ସାହିତ୍ୟ ନଷ୍ଟ କରାଗଲା। ଫଳରେ ଏହା ହୋଇଗଲା ପ୍ରଶାସନ ପାଇଁ ଗୋଟିଏ ମୁଣ୍ଡ ବ୍ୟଥାର କାରଣ।

ସେତେବେଳେ କଂଗ୍ରେସର ସିଦ୍ଧାର୍ଥ ଶଙ୍କର ରାୟ ଥିଲେ ପଶ୍ଚିମବଙ୍ଗର ମୁଖ୍ୟମନ୍ତ୍ରୀ ଏବଂ ତାଙ୍କ ନିର୍ଦ୍ଦେଶରେ କଲିକତାର ପୋଲିସ୍‌ମାନେ ଦୃଢ଼ ପଦକ୍ଷେପ ଗ୍ରହଣ କଲେ ନକ୍ସଲ ଆନ୍ଦୋଳନକୁ ଦମନ କରିବାପାଇଁ। ଆଲୋଚ୍ୟ ପ୍ରସଙ୍ଗରେ ଗୋଟିଏ କଥା ଉପରେ ଧ୍ୟାନ ଦିଆଯାଇପାରେ ଯେ ଏହି ସମୟରେ ଯେଉଁ ଶହ ଶହ ଯୁବକମାନଙ୍କୁ ନିର୍ମମରେ ନକ୍ସଲ କହି ମାରି ଦିଆଗଲା ସେମାନଙ୍କ ମଧ୍ୟରୁ ସମସ୍ତେ କିନ୍ତୁ ନକ୍ସଲ ନ ଥିଲେ। ସେମାନଙ୍କ ମଧ୍ୟରେ ନକ୍ସଲ ଆନ୍ଦୋଳନରେ ଯୋଗ ଦେଇଥିବା ବ୍ୟକ୍ତିଙ୍କ ସଂଖ୍ୟା ଥିଲା କମ୍ ଏବଂ ନିର୍ଦ୍ଦୋଷଙ୍କ ସଂଖ୍ୟା ଥିଲା ଅଧିକ।

ତେଣୁ ଏହି ଆନ୍ଦୋଳନ ପଛର ସତ୍ୟତା ଏବଂ ପ୍ରଶାସନର କ୍ରୂରତାର ବାସ୍ତବ ରୂପକୁ ମହେଶ୍ୱତା ଦେବୀ ନିଜର ହଜାର ଚୌରାଶୀର ମା' ଉପନ୍ୟାସରେ ଚମତ୍କାରଭାବେ ପ୍ରତିଫଳିତ କରିବା ସହ ବହୁ ଗୋପନ ରହସ୍ୟକୁ ଉଦ୍‌ଘାଟିତ କରିଛନ୍ତି। ଇଂ ସାହୁ ଏହିଭଳି ଏକ ପ୍ରସଙ୍ଗକୁ ଅନୁବାଦପାଇଁ ଚୟନ କରିବା ପଛରେ ଏକ ଗୁରୁତ୍ୱପୂର୍ଣ୍ଣ କାରଣ ରହିଥିବା ମନେହୁଏ। ପଶ୍ଚିମବଙ୍ଗରୁ ଆରମ୍ଭ ହୋଇଥିବା ନକ୍ସଲ ଆନ୍ଦୋଳନ ୨୦୦୦ ମସିହାବେଳକୁ ବିଶେଷକରି ଓଡ଼ିଶାରେ ନିଜର କଳେବର ବିସ୍ତାର କରିସାରିଥିଲା। ୨୦୦୦ ମସିହା ମଧ୍ୟରେ ଓଡ଼ିଆ ଭାଷାରେ ବହୁ ଗଳ୍ପ ଏବଂ ଉପନ୍ୟାସ ନକ୍ସଲ ଆନ୍ଦୋଳନର ପୃଷ୍ଠଭୂମିରେ ରଚିତ ହୋଇସାରିଥିଲା। ଏହାସତ୍ତ୍ୱେ ଏହି ଅନୁବାଦ ପଛରେ ଓଡ଼ିଆ ପାଠକମାନଙ୍କୁ ଏହି ଆନ୍ଦୋଳନର ପ୍ରାରମ୍ଭିକ ରୂପ ସମ୍ପର୍କିତ ସୂଚନା ଦେବା ଉଦ୍ଦେଶ୍ୟ ନିହିତ ଥିବା ଜଣାଯାଏ। ବିଶେଷକରି ୨୦୦୦ ମସିହାବେଳକୁ ଓଡ଼ିଶାରେ ବଢୁଥିବା ନକ୍ସଲ ଗତିବିଧିକୁ କେନ୍ଦ୍ରକରି ଓଡ଼ିଶାର ଯୁବପିଢ଼ିଙ୍କୁ ଏହି ଆନ୍ଦୋଳନର ସତ୍ୟତା ସମ୍ପର୍କରେ ସଚେତନ କରାଇବା ଜନିତ କାରଣ ଏହି ଅନୁବାଦ ପଛର ରହସ୍ୟ।

ନକ୍ସଲ ଆନ୍ଦୋଳନ ନାମକ ଯେଉଁ ଚାରା ୧୯୬୭ ମସିହାରେ ପଶ୍ଚିମବଙ୍ଗରେ ରୋପଣ ହୋଇଥିଲା ୨୦୦୦ ମସିହାବେଳକୁ ଓଡ଼ିଶାରେ ତାହା ମହାଦ୍ରୁମରେ ପରିଣତ ହୋଇସାରିଥିଲା। ଅବଶ୍ୟ ୧୯୬୭ ମସିହା ପରଠାରୁ ୨୦୦୦ ମସିହା ମଧ୍ୟରେ ଓଡିଶାରେ ନକ୍ସଲ ଗତିବିଧି ଏବଂ ଆନ୍ଦୋଳନକୁ କେନ୍ଦ୍ରକରି ଅନେକ ଉପନ୍ୟାସ, ଗଳ୍ପ ଓ କବିତା ରଚିତ ହୋଇସାରିଥିଲା। ଦୃଷ୍ଟାନ୍ତସ୍ୱରୂପ- ରଘୁନାଥ ଦାସଙ୍କ ନାଗଭୂଷଣ, ବ୍ରଜନାଥ ରଥଙ୍କର ନିଶବ୍ଦ ପ୍ରତିବାଦ, ସାରା ସହରରେ କର୍ଫ୍ୟୁ ଆଦି କବିତା। ହରେକୃଷ୍ଣ ମହତାବଙ୍କର ତୃତୀୟପର୍ବ, ଶାନ୍ତନୁକୁମାର ଆଚାର୍ଯ୍ୟଙ୍କର ଶକୁନ୍ତଳା, ଲକ୍ଷ୍ମୀଧର ନାୟକଙ୍କ ରକ୍ତଝରା ଭୋର, ଅନାଦି ସାହୁଙ୍କର ମୁଣ୍ଡମେଖଳା, ମଦନମୋହନ ମିଶ୍ରଙ୍କର ବହ୍ନିବଳୟ, ନୃସିଂହଚରଣ ପଣ୍ଡାଙ୍କର ବିଶ୍ୱାମିତ୍ର ଉବାଚ, ବିଭୂତି ପଟ୍ଟନାୟକଙ୍କର

ଆକାଶ କୁସୁମ, ଛିନ୍ନପତ୍ର ସାଧୁଚରଣଙ୍କର ନକ୍ସଲ, ପୋଲିସ୍ ଓ ମାଓବାଦୀ, ସବୁଆଡ଼େ ନକ୍ସଲର ସ୍ୱର, ସୃଷ୍ଟିଧର ପରିଡ଼ାଙ୍କର ସନ୍ଧିକ୍ଷଣ, ନକ୍ସଲ, ଆତଙ୍କ, ଗୋପାଳ ଚରଣ ଦାସଙ୍କର ଅରଣ୍ୟର ଅରୁନ୍ଧତୀ ଆଦି ଉପନ୍ୟାସ। ଅଖିଳ ମୋହନ ପଟ୍ଟନାୟକଙ୍କର ଓ ଅନ୍ଧଗଳି, ଗଜଉଦ୍ଧାରଣ ଆଦି ଗଳ୍ପ ଉଲ୍ଲେଖଯୋଗ୍ୟ। ତେବେ ଏଠି ଏକ ପ୍ରଶ୍ନ ମନରେ ଉଙ୍କିମାରିପାରେ ଯେ, ୨୦୦୦ ମସିହା ମଧ୍ୟରେ ନକ୍ସଲ ଆନ୍ଦୋଳନକୁ କେନ୍ଦ୍ରକରି ଏହିଭଳି ଅନେକ ସର୍ଜନଶୀଳ ସାହିତ୍ୟ ରଚନା ହୋଇସାରିଥିବା ସ୍ଥଳେ ହଜାରେ ଚୌରାଶୀର ମା' ଭଳି ଏକ ଅନୁବାଦ ସାହିତ୍ୟର ଆବଶ୍ୟକତା କ'ଣ ଥାଇପାରେ? ଉତ୍ତରସ୍ୱରୂପ ଏଠି ଗୋଟିଏ କଥା କୁହାଯାଇପାରେ ଯେ, ପ୍ରତ୍ୟେକଟି ସାହିତ୍ୟ କୃତିର ସ୍ୱତନ୍ତ୍ରତା ରହିଛି। ନକ୍ସଲ ଭଳି ଏକ ଆତଙ୍କବାଦୀ ଦଳ ଯିଏକି ୨୦୦୦ ମସିହାବେଳକୁ ଓଡ଼ିଶାରେ ଏକ ଦୃଢ଼ ପ୍ରଭାବ ସୃଷ୍ଟି କରିସାରିଥିଲା। ଯେଉଁମାନେ ନିଜ ଆନ୍ଦୋଳନକୁ ବିସ୍ତାରିତ ଓ ବ୍ୟାପକ କରିବାପାଇଁ ସର୍ବଦା ଯୁବପିଢ଼ିଙ୍କ ଉପରେ ଲକ୍ଷ୍ୟ ସାଧୁଥିଲେ। ଯାହାଦ୍ୱାରା ସାମୟିକ ଆବେଗରେ ଯୁବପିଢ଼ି ନକ୍ସଲ ଭଳି ଏକ କଣ୍ଟକିତ ପଥକୁ ବାଛି ନେଉଥିଲେ। ସେହି ଯୁବପିଢ଼ିଙ୍କୁ ସଚେତନ କରିବାର ଏକ ଉଦ୍ୟମ ରହିଛି ଏହି ହଜାର ଚୌରାଶୀର ମା' ଉପନ୍ୟାସରେ। ତେଣୁ ନକ୍ସଲ ଭଳି ଏକ ବିପଦ ଯିଏ ୨୦୦୦ ମସିହାବେଳକୁ ଓଡ଼ିଶାପାଇଁ ଏକ ମୁଣ୍ଡବ୍ୟାଥାର କାରଣ ବନିଥିଲା। ସେହି ସମୟରେ ଓଡ଼ିଶାର ଯୁବପିଢ଼ିଙ୍କ ମଧ୍ୟରେ ଏହି ଆନ୍ଦୋଳନର ବାସ୍ତବତା ଏବଂ ଏଥିପ୍ରତି ଏକ ସଚେତନତା ଆଣିବା ଉଦ୍ଦେଶ୍ୟରେ ଶ୍ରୀଯୁକ୍ତ ସାହୁ ଏହିଭଳି ଏକ ସାହିତ୍ୟ କୃତିର ଅନୁବାଦରେ ନିଜକୁ ବ୍ରତୀ କରିଥିବା ମନେହୁଏ।

ଉକ୍ତ ଉପନ୍ୟାସ ସକାଲ, ଦୁପୁର, ବିକେଲ, ସନ୍ଧ୍ୟା ନାମକ ଚାରିଟି ପର୍ଯ୍ୟାୟରେ ବିଭକ୍ତ। ଯାହାକୁ ଇଂ ସାହୁ ମଧ୍ୟ ସକାଳ, ମଧ୍ୟାହ୍ନ, ଅପରାହ୍ନ ଏବଂ ସାୟାହ୍ନ ନାମକ ଚାରିଟି ପର୍ଯ୍ୟାୟରେ ବିଭକ୍ତ କରିଛନ୍ତି। ଏତଦ୍‌ବ୍ୟତୀତ ଅନୁବାଦର ଶୈଳୀ ଏବଂ କଳା ଦୃଷ୍ଟିରୁ ଶ୍ରୀଯୁକ୍ତ ସାହୁଙ୍କର ଅନୁବାଦକୁ Sense to Sense ଅନୁବାଦଭାବେ ଗ୍ରହଣ କରାଯାଇପାରେ। ଶୀଯୁକ୍ତ ସାହୁ ମୂଳ ଲଖାର ଭାବନାକୁ ବେଶ୍ ଆହରଣ କରିପାରିଛନ୍ତି। ତେଣୁ ତୁଳନା ପାଇଁ ମୂଳ ଏବଂ ଅନୁବାଦିତ ଉପନ୍ୟାସର କେତେକ ପଙ୍‌କ୍ତିକୁ ଦୃଷ୍ଟାନ୍ତସ୍ୱରୂପ ବିଚାର କରାଯାଇପାରେ। ବଙ୍ଗଳା ସନ୍ଧ୍ୟା ପର୍ଯ୍ୟାର କେତେକ ପଙ୍‌କ୍ତି- "ଶୀତେର ସନ୍ଧ୍ୟା ଅନେକ ଆଗେ ନାମେ। ତାଇ ଏତୋ ଅନ୍ଧକାର। ଅନ୍ଧକାର ଆଛେ ବୋଲେ ସୁଜାତାର ବାଡ଼ିର ଘରେ ଘରେ ଆଲୋ ଏତୋ ଉଜ୍ଜ୍ୱଲ। ଗତ କଏକ୍‌ଦିନ୍ ଧରେ ବେଙ୍କେର ପର ବାରି ଏସେ ସୁଜାତା ସାବାନ ଜଲେ ନାଉକଡ଼ା ଡୁବିଏ ଜାଲାନାର କାଚ ପରିସ୍କାର କରେଛେନ। ତାଇ ଆଲୋର ପ୍ରଭା ଏମନ କରେ

ବାଇରେ ବିଛୁରିତ ହୋଏଛେ। କଏକ ଦିନ ଆଗେ ବ୍ରିଷ୍ଟି ହୋଏଛିଲୋ। କାଲ ଓ ସାମାନ୍‌ଅ ବୃଷ୍ଟି ହୋଏଛେ। ତାଇ କଏକ ଟା ପୋକା ଏତୋ ଶୀତେ ଓ ବାଇରେ ଥେକେ କାଚେ ପାଖା ଠୁକ୍‌ଚେ। ଆଲୋର ବ୍ରିତେ ଘୂର୍‌ଛେ। ଏମନ୍ ଇ ହଏ ଏମନ୍ ଇ ହଏ ଥାକେ। ସୁଦୁ ଯା ଯା ନର୍ମାଲ୍ ନିନ୍ଦିନିର କାଛେ ତା ଚିରୋଦିନ ଏବ୍‌ନର୍ମାଲ ହୋଏଆଛେ। ନନ୍ଦିନିର ଗାଏ ଏକଟା ଚାଦର ଛିଲୋ ପ୍ରତି ଶୀତେର ସମୟ ପୁରୁଣୋ ଜୀର୍ଣ୍ଣ ସାଲ୍‌ଟା ଗାଏ ଦିତେ ଭାଲୋ ବାସ୍‌ତୋ।" (ପୃ- ୮୭) ଏହାକୁ ଇଂ ସାହୁ ବେସ୍ ଚମତ୍କାର ଭାବେ ଭାବନା ଯୁକ୍ତ କରିପାରିଛନ୍ତି- "ଶୀତଦିନ ସନ୍ଧ୍ୟା ଶୀଘ୍ର ଆସିଯାଏ, ସେଥିପାଇଁ ଏତେ ଅନ୍ଧାର। ଅନ୍ଧାର ରହିଛି ବୋଲି ସୁଜାତାଙ୍କ ଘରର ପ୍ରତି କୋଠରୀର ଆଲୋକ ଏତେ ଉଜ୍ଜ୍ୱଳ। ଗତ କେତେଦିନ ହେବ ବ୍ୟାଙ୍କରୁ ଘରକୁ ଫେରି ସୁଜାତା ସାବୁନ ପାଣିରେ କନା ବୁଡ଼ାଇ ଝରକାର କାଚ ସବୁ ପୋଛି ପରିଷ୍କାର କରନ୍ତି। ଯାହା ଫଳରେ ଆଲୁଅର ଉଜ୍ଜ୍ୱଳତା ଏପରି ବାହାରକୁ ବିଚ୍ଛୁରିତ ହେଉଛି। ବର୍ଷା ହୋଇଥିଲା କେତେଦିନ ଆଗରୁ। ଗତକାଲି ମଧ୍ୟ ସାମାନ୍ୟ ବର୍ଷା ହୋଇଛି। ସେଥିପାଇଁ କେତେଗୁଡିଏ ପୋକ ଶୀତ ଥିବା ସତ୍ତ୍ୱେ ବାହାରପଟୁ କାଚରେ ଡେଣା ପିଟୁଛନ୍ତି। ଆଲୋକ ବୃତ୍ତ ଚାରିପଟେ ଘୁରୁଛନ୍ତି। ଏମିତି ହୁଏ, ଏମିତି ହୋଇଥାଏ। କେବଳ ଯାହାସବୁ ସ୍ୱାଭାବିକ, ନନ୍ଦିନୀ ପାଇଁ ସେ ସବୁ, ସବୁଦିନପାଇଁ ଅସ୍ୱାଭାବିକ ହୋଇ ରହିବ। ନନ୍ଦିନୀ ଗୋଟିଏ ଚାଦର ଘୋଡି ହୋଇଥିଲା। ପ୍ରତି ଶୀତଦିନେ ପୁରୁଣା ଜୀର୍ଣ୍ଣ ଶାଲଟା ଘୋଡ଼ାଇ ହେବାକୁ ପସନ୍ଦ କରୁଥିଲା।" (ହଜାର ଚୌରାଶୀର ମା' - ପୃ- ୮୨)

ତେଣୁ ଏହି ସବୁ ଦୃଷ୍ଟିରୁ ବିଚାର କଲେ କେବଳ ଅନୁବାଦର କୁଶଳତା ନୁହେଁ ବିଷୟ ଚୟନର ସଫଳତା ଇଂ ଗୋବିନ୍ଦ ଚନ୍ଦ୍ର ସାହୁଙ୍କର ସ୍ୱାତନ୍ତ୍ର୍ୟ।

ଗୌରହରି ଦାସଙ୍କ ଗଳ୍ପରେ ନାରୀବାଦୀ ଚିନ୍ତାଧାରାର ପ୍ରତିଫଳନ

ନାରୀ ସ୍ୱାଧୀନତା ଓ ସ୍ୱାଭିମାନ ଜନିତ ଏକ ଆଦର୍ଶ ଓ ଆନ୍ଦୋଳନ ଆଜି ନାରୀବାଦ ନାମରେ ନାମିତ। ଯାହାର ପୃଷ୍ଠଭୂମିରେ କେବଳ ନାରୀ ନୁହେଁ ଅନେକ ପୁରୁଷଙ୍କର ମଧ୍ୟ ଗୁରୁତ୍ୱପୂର୍ଣ୍ଣ ଭୂମିକା ରହିଛି। ରକ୍ଷଣଶୀଳ ସମାଜ ଦୃଷ୍ଟିରେ ନାରୀ ହେଉଛି ପ୍ରକୃତିଗତ ଦୁର୍ବଳ ଏବଂ ବିବେକହୀନ। ତେଣୁ ତାକୁ ସର୍ବଦା ପୁରୁଷର ଯତ୍ନରେ ରହିବା ଉଚିତ। ଆଉ ସେହି ପୁରୁଷ ତା'ର ପିତା ଅଥବା ସ୍ୱାମୀ ଅଥବା ପୁତ୍ର ଯେକେହି ହେଉନା କାହିଁକି। ସମାଜର ଏହିଭଳି ଚିନ୍ତନ ବିରୁଦ୍ଧରେ ଏକ ପ୍ରତିକ୍ରିୟା ହେଉଛି ନାରୀବାଦ। ନାରୀ ସ୍ୱାଧୀନତାଜନିତ ଏହି ଆନ୍ଦୋଳନ ଆଜି ତା'ର ଚତୁର୍ଥ ଚରଣରେ ପହଞ୍ଚିବା ସତ୍ତ୍ୱେ ଏବେବି ନାରୀ ମୁକ୍ତଆକାଶର ବିହଙ୍ଗ ହୋଇପାରିନାହିଁ। ଏବେବି ସମାଜ ରୂପୀ ନଟୀ ଗୁଡ଼ୀରୂପୀ ନାରୀର ପଥକୁ ରୁଦ୍ଧ କରିଚାଲିଛି। ଓଡ଼ିଆ ସାହିତ୍ୟରେ ବିଶେଷ କରି ଗଳ୍ପ ସାହିତ୍ୟରେ ଏହି ନାରୀବାଦର ବିଭିନ୍ନ ତରଙ୍ଗ ଓ ଚିନ୍ତନର ସଫଳ ପ୍ରୟୋଗ ଦେଖିବାକୁ ମିଳେ। ଏପରିକି ପାଶ୍ଚାତ୍ୟ ସାହିତ୍ୟ ସ୍ତରରେ ଯେତେବେଳେ ନାରୀବାଦର ପ୍ରାରମ୍ଭ ଘଟିନଥିଲା ସେତେବେଳେ ଓଡ଼ିଆ ଗଦ୍ୟ ସାହିତ୍ୟର ପିତା ଫକୀରମୋହନ ସେନାପତି ଜଣେ ପୁରୁଷ ହେବା ସତ୍ତ୍ୱେ ତାଙ୍କ ଗଳ୍ପ ଏପରିକି ଉପନ୍ୟାସରେ ମଧ୍ୟ ନାରୀ ସ୍ୱାଧୀନତା, ଶିକ୍ଷା ଓ ମୁକ୍ତିର ବାର୍ତ୍ତା ପ୍ରଚାର କରିଥିଲେ। ଏହି ଦୃଷ୍ଟିକୋଣରୁ ବିଚାର କଲେ ଓଡ଼ିଆ ସାହିତ୍ୟର ପ୍ରଥମ ନାରୀବାଦୀ ଲେଖକ ଜଣେ ନାରୀ ନୁହେଁ ପୁରୁଷ ଥିଲେ।

ଏହି ଦୃଷ୍ଟିକୋଣରୁ ବିଚାରକଲେ ଓଡ଼ିଆ ସାହିତ୍ୟରେ ନାରୀବାଦର ସ୍ୱରକୁ ପ୍ରଖର କରିବାରେ ଆଜିବି ଅନେକ ପୁରୁଷ ଲେଖକଙ୍କର ଭୂମିକା ଅତୁଳନୀୟ। ଏହି

କ୍ରମରେ ଗାଳ୍ପିକ ଗୌରହରି ଦାସଙ୍କ ଭୂମିକା ଯେ ଅତ୍ୟନ୍ତ ଉଲ୍ଲେଖନୀୟ ଏହାକୁ ଅସ୍ୱୀକାର କରାଯାଇନପାରେ। ଶ୍ରୀଯୁକ୍ତ ଦାସଙ୍କ ଦ୍ୱାରା ରଚିତ ରାଶି ରାଶି ଗଳ୍ପ 'ଆଖଡ଼ା ଘର', 'ସ୍ୱପ୍ନପାଇଁ ରାତି କାହିଁ', 'ଭାରତବର୍ଷ', 'ମାଟି କଣ୍ଢେଇ', 'ମାୟା', 'ଶେଷ ବାଜି', 'ପୁନରାବୃତ୍ତି', 'ଘର', 'କାଗଜ ଡଙ୍ଗା', 'ଅହଲ୍ୟାର ବାହାଘର', 'ମଥୁରାର ମାନଚିତ୍ର', 'କଷ୍ଟା ଓ ଅନ୍ୟାନ୍ୟ ଗଳ୍ପ', 'ଅଣଲେଉଟା ଓ ଅନ୍ୟାନ୍ୟ ଗଳ୍ପ', 'ବାଘ ଓ ଅନ୍ୟାନ୍ୟ ଗଳ୍ପ', 'ବିଦେଶ ଓ ଅନ୍ୟାନ୍ୟ ଗଳ୍ପ' ଆଦି ସଂକଳନରେ ସଂକଳିତ। ଏହି ସବୁ ଗଳ୍ପଗୁଡ଼ିକରେ ସମାଜ, ରାଜନୀତି ଓ ମନସ୍ତତ୍ତ୍ୱ ଭଳି ବିଭିନ୍ନ ପ୍ରସଙ୍ଗ ଉପରେ ଗୁରୁତ୍ୱ ଦିଆଯାଇଥିଲେ ହେଁ ଅନେକ ଗଳ୍ପରେ ନାରୀସମସ୍ୟାକୁ କେନ୍ଦ୍ରକରି ଗାଳ୍ପିକଙ୍କ ସ୍ୱର ବେଶ୍ ପ୍ରଖର ମନେହୁଏ। ସମାଜ ଆଜିବି ନାରୀକୁ ଏକ କାଠ କଣ୍ଢେଇ ମନେକରି ତା' ଉପରେ କରିଚାଲିଛି ପାଶବିକ ଅତ୍ୟାଚାର। ସତେ ଯେପରି ସେ ଜୀବନ ହୀନ। ସତେ ଯେପରି ଏକ ବସ୍ତୁସର୍ବସ୍ୱ। ଏହା ବିରୁଦ୍ଧରେ ଆଜି ନାରୀବାଦର କେତେ କେତେ ତରଙ୍ଗ କ୍ରିୟାଶୀଳ। ଏସବୁ ସତ୍ତ୍ୱେ ଯେ ନାରୀର ସ୍ଥିତି ଅପରିବର୍ତ୍ତନୀୟ ଭଳି କଟ୍ଟରପନ୍ଥୀ (Radical) ଚିନ୍ତନ ସହିତ, ଯୌତୁକ ଭଳି ଘୃଣ୍ୟ ପ୍ରଥାକୁ କେନ୍ଦ୍ର କରି ନାରୀ ଉପରେ ହୋଇଥିବା ପାଶବିକ ଅତ୍ୟାଚାର ନିଦର୍ଶନ ଦେଖିବାକୁ ମିଳେ 'ଗୋଟିଏ କଥାକୁହା କଣ୍ଢେଇର ବିୟୋଗରେ' ଗଳ୍ପରେ। ବିଶେଷ କରି ଯୌତୁକ ଭଳି ପ୍ରଥାକୁ କେନ୍ଦ୍ରକରି ନିଜ କନ୍ୟାର ମୃତ ଦେହକୁ ସମୁଖରେ ଦେଖୁଥିବା ପିତାମାତାଙ୍କର ଅସହାୟତା ଓ ଯନ୍ତ୍ରଣାକୁ ଗାଳ୍ପିକ ଏଥିରେ ବେଶ୍ ସିଦ୍ଧହସ୍ତତାର ସହ ପ୍ରତିଫଳିତ କରିଛନ୍ତି। ବିଶ୍ୱର ବହୁ ବିଦ୍ୱାନ ପରୁଷମାନେ ନାରୀକୁ କେନ୍ଦ୍ରକରି ଅନେକ ମତ ପ୍ରକାଶ କରିଛନ୍ତି। ଯେପରି 'କବିର' କହିଥିଲେ ଗର୍ଭବତୀ ନାରୀର ଛାଇ ପଡ଼ିଲେ ସାପ ଅନ୍ଧ ହୋଇଯାଏ। ଏହା ବ୍ୟତୀତ Thomas Jefferson ଭଳି ବିଦ୍ୱାନ ମଧ୍ୟ ମତ ଦେଇଥିଲେ "women position in house not in politics and public office" (୧) ତେଣୁ ଲିଙ୍ଗ ଭିତ୍ତିରେ ଏହିଭଳି ଭେଦଭାବ ବିରୁଦ୍ଧରେ ନାରୀବାଦର ପ୍ରଥମ ତରଙ୍ଗ (first wave of feminism) (୨) ତେଜି ଉଠିଥିଲା। ମାତ୍ର ସମାଜରେ ଆଜିବି ନାରୀକୁ କେନ୍ଦ୍ରକରି ଦୃଷ୍ଟିଭଙ୍ଗୀ (mindset)ରେ କୌଣସି ପରିବର୍ତ୍ତନ ହୋଇନାହିଁ। ଯେଉଁ ପ୍ରସଙ୍ଗକୁ ନାରୀବାଦର ଦ୍ୱିତୀୟ ତରଙ୍ଗ (second wave of feminism)ର ଏକ ଶାଖା କଟ୍ଟରପନ୍ଥୀ ନାରୀବାଦ (Radical Feminism) (୩)ରେ ଉତ୍‌ଥାପିତ କରାଯାଇଛି। ସମାଜ ଆଜିବି ନାରୀକୁ ଏକ ବସ୍ତୁଭାବେ ଗ୍ରହଣ କରିଆସିଛି "ଆପଣ ଅଦ୍ଭୁତ ପ୍ରଶ୍ନ ପଚାରିଲେ ଆଜ୍ଞା ଆମ ଏପଟେ ଝିଅର ରାଜି ଅରାଜି ଲୋଡାଯାଏ ନାହିଁ। ସେ ବାହାହେବ, ପିଲା ଜନ୍ମ କରିବ, ଘର ସଂସାର କରିବା ତା'ର ପୁଣି ରାଜି ଅରାଜି କ'ଣ ?" (କଥା

ସମଗ୍ର-ପ୍ରଥମ ଭାଗ- ପୃ-୩୯୯) ପ୍ରତ୍ୟକ୍ଷ୍ୟରେ ଦେଖିଲେ ଏହିସବୁ ଆନ୍ଦୋଳନ କେବଳ ଆନ୍ଦୋଳନଭାବେ ଶୋଭାପାଉଛି ବାସ୍ତବ ଜୀବନ ସହିତ ଏହାର କୌଣସି ସମ୍ପର୍କ ନାହିଁ କହିଲେ ଅତ୍ୟୁକ୍ତି ହେବନାହିଁ। ଏହିଭଳି ଚିନ୍ତାଧାରାର ପ୍ରତିଫଳନ ଦେଖିବାକୁ ମିଳେ ଗାଙ୍ଗିକଙ୍କର 'ସ୍ତ୍ରୀ' ଗଳ୍ପରେ। ପ୍ରକୃତ ପକ୍ଷେ ବିବେଚନା କରିବାକୁ ଗଲେ ନାରୀ ଆଜି ନିଜର ଅଧିକାର ଓ ଅବସ୍ଥା ସମ୍ପର୍କରେ ସଚେତନ ନୁହେଁ। ଯାହାକୁ ଆଜି ସାଂସ୍କୃତିକ ନାରୀବାଦ (cultural feminism) (୪) ବିରୋଧ କରୁଛି। ଆଜି ବି ସମାଜରେ ଏପରି କିଛି ନାରୀ ଅଛନ୍ତି ଯେଉଁମାନେ ମନୁଙ୍କ ଲିଖିତ ନିୟମ ଯେ, ସ୍ୱାମୀ ମଦ୍ୟପ, ଚୋର ଓ ନଷ୍ଟଚରିତ୍ର ହେଲେ ମଧ୍ୟ ସେ ହେଉଛି ଦେବତା ଭଳି ନିୟମକୁ ମାନିଆସୁଛନ୍ତି। "ସେତକ ମାଗୁଣି ମୋର। ଟିକେ କିଏ ତାଙ୍କୁ ବୁଝେଇ ଦିଅନ୍ତା। ମୋର କିଛି ଲୋଡ଼ାନାହିଁ। କାମ କରିବି, ମୋ ପିଲାଙ୍କୁ ପୋଷିବି। ଖାଲି ଏଇଠି ତାଙ୍କ ପାଖରେ ଟିକେ।"(କଥା ସମଗ୍ର- ପ୍ରଥମ ଭାଗ-ପୃ-୪୦୫) ଅବଶ୍ୟ ଦେଖିବାକୁ ଗଲେ ନାରୀର ମଧ୍ୟ ଏଥିରେ ଦୋଷ ନାହିଁ । କାରଣ ତୃତୀୟ ନାରୀବାଦୀ ଚିନ୍ତନ (Third wave of feminism) (୫) ଅନୁସାରେ ପ୍ରତ୍ୟେକଟି ନାରୀର ସମସ୍ୟା ଏବଂ ତା'ର ପାରିପାର୍ଶ୍ୱିକ ପରିବେଶ ସମାନ ନୁହେଁ। ଗୋଟିଏ ସହରରେ ରହୁଥିବା ନାରୀ ଏବଂ ଗାଁ'ରେ ରହୁଥିବା ନାରୀ ଭିତରେ ଚିନ୍ତା ଚେତନାଗତ ପାର୍ଥକ୍ୟ ରହିଛି କାରଣ ତାଙ୍କର ପାରିପାର୍ଶ୍ୱିକ ପରିବେଶ ଭିନ୍ନ। ଯେଉଁପାଇଁ ତୃତୀୟ ନାରୀବାଦରେ Dalit Feminism, Black Feminism ଏବଂ post-colonial feminism ପ୍ରସଙ୍ଗ ଉତ୍‌ଥାପିତ ହୋଇଥିଲା। ଏହିସବୁ ଦୃଷ୍ଟିକୋଣରୁ ବିବେଚନା କଲେ 'ସ୍ତ୍ରୀ' ଗଳ୍ପଟି ତୃତୀୟ ନାରୀବାଦୀ (Third Wave of feminism) ଚିନ୍ତନ ଦୃଷ୍ଟିରୁ ମଧ୍ୟ ଏକ ସଫଳ ସୃଷ୍ଟି। ଏହା ବ୍ୟତୀତ 'ଲକ୍ଷ୍ମୀ' ଗଳ୍ପରେ ମଧ୍ୟ ଗାଙ୍ଗିକ ଏହିଭଳି ଏକ ଚିନ୍ତନକୁ ପ୍ରତିଫଳିତ କରିଛନ୍ତି। ଗୋଟେଆଡ଼େ ନାରୀର ଅସହାୟତା ଓ ଅନ୍ୟଆଡ଼େ ସ୍ୱାଭିମାନର ନିଦର୍ଶନ ଦେଖିବାକୁ ମିଳେ 'ଚିହ୍ନା ଅଚିହ୍ନା' ଗଳ୍ପରେ। ଦଳିତ ନାରୀବାଦ ଦୃଷ୍ଟିରୁ ଗାଙ୍ଗିକଙ୍କର 'ମୋକ୍ଷ' ଏକ ଅସାଧରଣ କୃତି। ସମାଜ ଗଢ଼ା ନୀତିନିୟମରେ ଛଟପଟ ହେଉଥିବା ଏକ ଦଳିତ ନାରୀର ଅସହାୟତା, ମୋକ୍ଷ ପ୍ରାପ୍ତିର କାମନା ଏବଂ ପ୍ରକୃତ ପକ୍ଷେ ମୋକ୍ଷର ଅର୍ଥ ଆଦିକୁ ଗାଙ୍ଗିକ ପ୍ରତିଫଳିତ କରିଛନ୍ତି ଉକ୍ତ କୃତିରେ। ନାରୀକୁ ଏକ ବସ୍ତୁରେ ପରିଣତ କରିଦେଇଥିବା ଏହି ସମାଜ ପ୍ରତି ଆକ୍ଷେପୋକ୍ତି ଦେଖିବାକୁ ମିଳେ ଗାଙ୍ଗିକଙ୍କର 'ପାହାଡ଼' ଗଳ୍ପରେ । ଏହିପରି 'ରବର କଣ୍ଢେଇ' ଗଳ୍ପରେ ମଧ୍ୟ ନିଜର ଆବଶ୍ୟକତା ପାଇଁ ନାରୀକୁ ଏକ କଣ୍ଢେଇରେ ପରିଣତ କରିଦେଇଥିବା ପୁରୁଷ ସମାଜ ବିରୁଦ୍ଧରେ ଗାଙ୍ଗିକ ସ୍ୱର ଉତ୍ତୋଳନ କରିଛନ୍ତି । ସମ୍ପ୍ରତି ସାଂସ୍କୃତିକ ନାରୀବାଦୀ (Cultural feminism)ମାନଙ୍କ ତୁଲ୍ୟ ଗାଳ୍ପିକ ଉକ୍ତ କୃତିରେ ନାରୀକୁ ତା'ର ଅଧିକାର ସହିତ ପରିଚିତ କରାଇବାପାଇଁ ଉଦ୍ୟମ କରିଛନ୍ତି। ମାତ୍ର ପାରିପାର୍ଶ୍ୱିକ ପରିବେଶ ଓ ପରିସ୍ଥିତି ନାରୀକୁ ଏତେ ଅସହାୟ କରିଦେଇଛି ଯେ, ସେ ସବୁ ଜାଣି ମଧ୍ୟ ରବର କଣ୍ଢେଇଟିଏ ଭଳି ନିର୍ବିକାର ହୋଇପଡ଼ିଛି। "ବେଳେବେଳେ ଖୁବ୍ ରାଗ ହୁଏ। ଇଚ୍ଛା ହୁଏ ଗୋଟେ କେଶ୍ ଦାୟର କରିବି। କୋର୍ଟରେ ସେ ମୋତେ ମିଛସତ କହି ବାହା ହୋଇଥିଲେ। ମୋ ସାଙ୍ଗେ ଚର୍ଚ୍ଚ ଯାଇ ରାଣ ଖାଇଥିଲେ। ମୁଁ ମୋ ଅପମାନର ହିସାବ ଅସୁଲ କରିବି। କିନ୍ତୁ କ'ଣ ଲାଭ ପାଇବି କୁହ ପୋଡ଼ା ତିଅଣ ପରି ଗୋଟିଏ ରକ୍ଷିତା ଜୀବନର ଆଉ କ'ଣ ସମ୍ମାନ ହରାଇବାକୁ ଅଛି ଯେ ତା' ପାଇଁ ଲଢ଼ିବି।" (କଥା ସମଗ୍ର- ପ୍ରଥମ ଭାଗ-ପୃ୫୫୯) 'ପଳାତକ' ଗଳ୍ପରେ ମଧ୍ୟ ବସ୍ତୁରୂପେ ପରିଗଣିତ ଏକ ନାରୀର ଅସହାୟତା ଓ ଯନ୍ତ୍ରଣା ପ୍ରତିଫଳିତ। ଆଶା, ଆକାଂକ୍ଷା ଓ ସ୍ୱପ୍ନଭଙ୍ଗ ସଙ୍ଗକୁ ଲଢ଼ିବା ଅପେକ୍ଷା ମୃତ୍ୟୁକୁ ବରଣ କରିନେଇଥିବା ଏକ ନାରୀର ଅସହାୟତାର କାହାଣୀ ହେଉଛି 'ଭଗ୍ନରାସ୍ତା' ଗଳ୍ପ। ପୁରୁଷକୁ ଜିତାଇବା ପାଇଁ ଯୁଗଯୁଗ ଧରି ନାରୀକୁ ହିଁ ପରାଜୟ ବରଣ କରିବାକୁ ପଡ଼ିବ ଭଳି ମାନସିକ ଚିନ୍ତନକୁ ଗାଳ୍ପିକ ଏଥିରେ ବିରୋଧ କରିଛନ୍ତି। ଏହାବ୍ୟତୀତ ନାରୀବାଦର ତୃତୀୟ ତରଙ୍ଗ (Third wave of feminism) ସମ୍ପର୍କରେ ମଧ୍ୟ ଗାଳ୍ପିକ ଉକ୍ତ କୃତିରେ ସାମାନ୍ୟ ଆଭାଷ ପ୍ରଦାନ କରିଛନ୍ତି। ଯୁଗଯୁଗ ଧରି ପୁରୁଷ ସମାଜଦ୍ୱାରା ବନ୍ଦୀ ବା ତାଙ୍କ ଉପରେ ନିର୍ଭରଶୀଳ ନାରୀ ଜାତି ଭିତରେ ଥିବା ସ୍ୱାଧୀନତା ଓ ମୁକ୍ତିଜନିତ କାମନାକୁ ଗାଳ୍ପିକ ପ୍ରତିଫଳିତ କରିଛନ୍ତି 'ମୁକ୍ତି' ଗଳ୍ପରେ। ଆଜି ନାରୀ କେବଳ ଶାରୀରିକ ନୁହେଁ ମାନସିକ ସ୍ତରରେ ମଧ୍ୟ ପୁରୁଷ ସମାଜଦ୍ୱାରା ଉତ୍ପୀଡ଼ିତ। ବସ୍ ଠାରୁ ଆରମ୍ଭ କରି ରାସ୍ତା ଘାଟ ସବୁଠାରେ ଥିବା ପୁରୁଷର ବଳାତ୍କାରୀ ଆଖି ତାକୁ ପଳପଳ କରି ଧର୍ଷଣ କରୁଛି । ଏହିଭଳି କଟ୍ଟରପନ୍ଥୀ ନାରୀବାଦୀ (Redical Feminism) ଚିନ୍ତନକୁ ଗାଳ୍ପିକ ପ୍ରତିଫଳିତ କରିଛନ୍ତି 'ଦକ୍ଷିଣା ପବନ' ଗଳ୍ପରେ। ମାତ୍ର ଏସବୁ ସତ୍ତ୍ୱେ ଆଜିବି ସମାଜରେ ନାରୀକୁ ସମ୍ମାନ ଓ ନାରୀର ମୂଲ୍ୟବୋଧକୁ ଗୁରୁତ୍ୱ ଦେଉଥିବା ପୁରୁଷଙ୍କର ଅଭାବ ନାହିଁ। ଅନ୍ୟଭାବେ କହିଲେ ଗାଳ୍ପକ ଏଥିରେ Toxic masculinity (ବିଷାକ୍ତ ପୁରୁଷତ୍ୱ) ଭଳି ସମାଜରେ ମଧ୍ୟ ବିବେକଶୀଳ ପୁରୁଷଙ୍କର ଅସ୍ତିତ୍ୱକୁ ପ୍ରମାଣିତ କରିଛନ୍ତି। ସବୁଜ କବି କାଳନ୍ଦି ଚରଣ ପାଣିଗ୍ରାହୀ ତାଙ୍କର 'କିଏ ଶଳା ଶଇତାନ' କବିତାରେ ଯେପରି ବର୍ଣ୍ଣନା କରିଛନ୍ତି ଯେ, ଗରିବର ମାଇପ ସବୁରୀ ଶାଳୀ। ସେହିପରି ଗାଳ୍ପିକ 'ଇଜ୍ଜତ' ଗଳ୍ପରେ ମଧ୍ୟ ଭଦ୍ର ମୁଖା ପିନ୍ଧିଥିବା ସମାଜର ସଭ୍ୟ ମଣିଷମାନେ। ଦରିଦ୍ର ଅସହାୟ ଆଦିବାସୀ ଦଳିତ ନାରୀମାନଙ୍କୁ ନିଜର କାମନାର ମାଧ୍ୟମ କରୁଥିବା ପ୍ରସଙ୍ଗକୁ ପ୍ରତିଫଳିତ କରିଛନ୍ତି।

ଉକ୍ତ କୃତିଟି ଦଳିତ ନାରୀବାଦ ଦୃଷ୍ଟିରୁ ବେଶ୍ ଉଲ୍ଲେଖଯୋଗ୍ୟ। କାରଣ ଏଥିରେ ବର୍ଣ୍ଣିତ ନାରୀଟି କେବଳ ଉଚ୍ଚବର୍ଗର ପୁରୁଷ ନୁହେଁ ନିଜ ସମାଜର ପୁରୁଷଦ୍ୱାରା ମଧ୍ୟ ଶୋଷିତ ହୋଇଛି। ସମଗ୍ର ସମାଜ ଆଜି ଯେଉଁ ନାରୀକୁ ଏକ ବସ୍ତୁରେ ପରିଣତ କରିଦେଇଛି। ସେହି ନାରୀ ଯେ ପ୍ରକୃତରେ କେତେ ଶକ୍ତିର ଅଧିକାରିଣୀ ସେ ସମ୍ପର୍କରେ ନିଜେ ନାରୀ ମଧ୍ୟ ଅଜ୍ଞ। ତେଣୁ ପ୍ରକୃତରେ ନାରୀ ନିଜକୁ ବୁଝିବା ସହ ନିଜ ଶକ୍ତି ଓ ଅସ୍ତିତ୍ୱକୁ ବୁଝିବା ଉଚିତ। ଏହିଭଳି ସାଂସ୍କୃତିକ ନାରୀବାଦୀ (Cultural Feminism)ମାନଙ୍କ ତୁଲ୍ୟ ଏକ ବାର୍ତ୍ତାକୁ ଗାଳ୍ପିକ ପ୍ରଦାନ କରିଛନ୍ତି 'ସୂର୍ଯ୍ୟୋଦୟର ଅପେକ୍ଷା' ଗଳ୍ପରେ। "କାହାଠୁ ଶୁଣିଥିବା ଗୋଟେ କଥା ମନେପଡ଼େ। ନିଶ୍ଚିତ ଆଶ୍ରୟ ଓ ଅଭୟର ପ୍ରତିଶ୍ରୁତି ଥିବା ସାନପିଲା ତଳେ ପଡ଼ିଗଲେ ରାହାଧରି କାନ୍ଦେ। ତାକୁ କେହି ଆସି ତଳୁ ଉଠେଇ ଦେବାଯାଏଁ ସେ ଭୂଇଁରେ ପଡ଼ି ରହିଥାଏ। କିନ୍ତୁ ଅପନ୍ତରାରେ ବାଟ ଚାଲୁଥିବା ଛୁଆଟେ ପଡ଼ିଗଲେ କାନ୍ଦେ ସତ, କିନ୍ତୁ ସେଇ ଛୁଆଟା ଆପଣାଛାଏଁ କାନ୍ଦ ବନ୍ଦ କରି ଉଠିପଡ଼େ, ଧୂଳି ଝାଡ଼ିଝୁଡ଼ି ହୋଇ ପୁଣି ରାସ୍ତା ଚାଲେ।" (କଥା ସମଗ୍ର- ପ୍ରଥମ ଭାଗ- ପୃ- ୭୫୫) ସମାଜ ଦୃଷ୍ଟିରେ ଏକ ବସ୍ତୁରୂପେ ପରିଗଣିତ ନାରୀର ଅସହାୟତା, ଯନ୍ତ୍ରଣା ଓ ସଂଘର୍ଷର କାହାଣୀ ହେଉଛି 'ଚାରୁଲତା' ଗଳ୍ପ। ସମାଜ ଗଢ଼ା ନୀତିନିୟମରେ ନାରୀ ପୁରୁଷଙ୍କୁ କେନ୍ଦ୍ରକରି ଚରିତ୍ରର ସଂଜ୍ଞା କିପରି ପୃଥକ୍ ତାହାର ନିଦର୍ଶନ ରହିଛି 'ପିଲାଖେଳ' ଗଳ୍ପରେ। ସାଂସ୍କୃତିକ ନାରୀବାଦ ଦୃଷ୍ଟିରୁ ଗାଳ୍ପିକଙ୍କର 'ପଞ୍ଜୁରି' ଏକ ଉତ୍କୃଷ୍ଟ କୃତି। ଏଥିରେ ଗାଳ୍ପିକ ନାରୀର ସ୍ୱାଧୀନତା, ଇଚ୍ଛା, ଆଶା ଓ ଆକାଂକ୍ଷାକୁ ଗୁରୁତ୍ୱ ଦେବା ସହିତ ନାରୀକୁ ତା'ର ଅଧିକାର ପ୍ରତି ସଚେତନ କରିଦେଇଛନ୍ତି। ଏକ ସନ୍ତାନହୀନ ନାରୀର ମନସ୍ତତ୍ତ୍ୱ ସହିତ ଏହିଭଳି ଅସହାୟ ନାରୀ ପ୍ରତି ସାମାଜିକ ଦୃଷ୍ଟିଭଙ୍ଗୀକୁ ଗାଳ୍ପିକ ଆକ୍ଷେପ କରିଛନ୍ତି 'ପୁଅ' ଗଳ୍ପରେ। ନାରୀ ଭିତରର ପ୍ରେମ ଓ ସମର୍ପଣ ଭାବ ସାଙ୍ଗକୁ ପୁରୁଷର ସ୍ୱାର୍ଥପରତା ଦେଖିବାକୁ ମିଳେ 'ଦାଗ' ଗଳ୍ପରେ। ନାରୀ ମନସ୍ତତ୍ତ୍ୱକୁ କେନ୍ଦ୍ରକରି ରଚିତ ଗାଳ୍ପିକଙ୍କର 'ଅହଲ୍ୟାର ବାହାଘର' ଏକ ଚମତ୍କାର ସୃଷ୍ଟି। ସ୍ୱାର୍ଥପର ଏହି ସମାଜ ଏକ ନାରୀକୁ କିପରି ବସ୍ତୁରେ ପରିଣତ କରିଦେଇଛି ତାହାକୁ ଗାଳ୍ପିକ ବେଶ୍ ସିଦ୍ଧହସ୍ତତାର ସହ ପ୍ରତିଫଳିତ କରିଛନ୍ତି। ରମାକାନ୍ତ ରଥଙ୍କର 'ମାଷ୍ଟ୍ରାଣୀ' କବିତାରେ ମଧ୍ୟ ନାରୀ ଭିତରର ଏହିଭଳି ଏକ ଯନ୍ତ୍ରଣା ଏବଂ ହାହାକାରର ଚିତ୍ର ଦେଖିବାକୁ ମିଳେ। ସାଂସ୍କୃତିକ ନାରୀବାଦ ଦୃଷ୍ଟିରୁ ଗାଳ୍ପିକଙ୍କର 'ଏ ରାତି ପାହିବ' ଏକ ଉଚ୍ଚକୋଟିର ସୃଷ୍ଟି। ଏଥିରେ ଗାଳ୍ପିକ ନାରୀକୁ ତା'ର ଅଧିକାର ଏବଂ କର୍ତ୍ତବ୍ୟ ସମ୍ପର୍କରେ ସଚେତନ କରିଦେବା ସହ ଯୌତୁକ ଭଳି ଏକ ଘୃଣ୍ୟପ୍ରଥା ବିରୁଦ୍ଧରେ ସ୍ୱର ଉତ୍ତୋଳନ କରିଛନ୍ତି। ଏହାବ୍ୟତୀତ ଗାଳ୍ପିକ ଏହିଭଳି ଏକ ଘୃଣ୍ୟ

ପ୍ରଥା ଯେ ଦିନେ ନା ଦିନେ ସମୂଳେ ଲୋପ ପାଇଯିବା ଭଳି ସମ୍ଭାବନା ମଧ୍ୟ ସୃଷ୍ଟିକରିଛନ୍ତି। ନାରୀ ଜୀବନର ଅସହାୟତା ଓ ଯନ୍ତ୍ରଣା ସହିତ ପୁରୁଷ ପ୍ରତି ତା'ର ସମର୍ପଣ ଭାବ ଦେଖିବାକୁ ମିଳେ 'ମଝି ରାସ୍ତାରେ ଜୀବନ' ଗଳ୍ପରେ। ନାରୀକୁ କେନ୍ଦ୍ରକରି ସମାଜର ଅବିଚାର ଏପରିକି ଦୃଷ୍ଟିଭଙ୍ଗୀଗତ ଭିନ୍ନତା ଦେଖିବାକୁ ମିଳେ 'ଚରିତ୍ରହୀନା' ଗଳ୍ପରେ। ସମ୍ପ୍ରତି ନାରୀ ଶିକ୍ଷିତ ଏବଂ ସ୍ୱାବଲମ୍ବୀ ହେବାସତ୍ତ୍ୱେ ପୁରୁଷର ପ୍ରତାରଣାର ଶୀକାର ହେଉଛି। ତେଣୁ ଏଥିପ୍ରତି ସଚେତନତା ଆଣିବା ଉଦ୍ଦେଶ୍ୟରେ ରଚିତ ହୋଇଛି ଗାଳ୍ପିକଙ୍କର 'ଝିଅର ମାଆ' ଗଳ୍ପ। ବିଶେଷକରି ଏହିଭଳି ପରିସ୍ଥିତିକୁ କେନ୍ଦ୍ରକରି ଏକ ମା'ର ଅସହାୟତା, ସଂଗ୍ରାମ ଏବଂ ସଂଘର୍ଷକୁ ଗାଳ୍ପିକ ବେଶ୍ ଚମତ୍କାରଭାବେ ଚିତ୍ରଣ କରିଛନ୍ତି। ଯେଉଁ ନାରୀକୁ ପାଷାଣ ମନେକରି ମହିଁଷାସୁର ରୂପୀ ପୁରୁଷ ତା' ଉପରେ ପାଶବିକ ଅତ୍ୟାଚାରକରେ। ସେହି ନାରୀ ପୁଣି ସମୟ ଆସିଲେ ମହିଁଷାମର୍ଦ୍ଦିନି ମା' ଦୁର୍ଗାଙ୍କର ରୂପ ଧାରଣ କରିପାରେ ଭଳି ସ୍ୱର ଶୁଣିବାକୁ ମିଳେ ଗାଳ୍ପିକଙ୍କର 'ବନଲତାର ଦୁଃଖ' ଗଳ୍ପରେ। ପୁରାଣ ଯୁଗରୁ ଆରମ୍ଭ କରି ଏବେ ପର୍ଯ୍ୟନ୍ତ ଯେ ନାରୀମାନଙ୍କ ଉପରେ ହେଉଥିବା ଅତ୍ୟାଚାର ଓ ନିର୍ଯ୍ୟାତନାର ଅନ୍ତ ନାହିଁ ଭଳି ଚିନ୍ତନ ଦେଖିବାକୁ ମିଳେ 'କାହାଣୀ ନୁହେଁ' ଗଳ୍ପରେ। ତେଣୁ କଟ୍ଟରପନ୍ଥୀ ନାରୀବାଦ ଦୃଷ୍ଟିରୁ ଉକ୍ତ କୃତିଟି ଯେ ବେଶ୍ ଉଲ୍ଲେଖଯୋଗ୍ୟ ବୋଲି କହିବା ଅତ୍ୟୁକ୍ତି ହେବନାହିଁ। ସମାଜଗଢ଼ା ନୀତିନିୟମ ଅନୁସାରେ ପୁରୁଷକୁ କେନ୍ଦ୍ରକରି ହିଁ ନାରୀର ଜୀବନ। ପୁରୁଷକୁ ବାଦ୍‌ଦେଇ ନାରୀର ଜୀବନ ଅସମ୍ଭବ। ହେଲେ ଏସବୁ ବାହାରେ ନାରୀର ଯେ ଏକ ସ୍ୱାଧୀନ ଜୀବନ ଅଛି ତା' ପାଇଁ ଯେ ଏକ ମୁକ୍ତ ଆକାଶ ଅଛି। ତାହାକୁ ଏହି ସମାଜର ରଢ଼ିବାଦୀ ମନ ସ୍ୱୀକାର କରିବାକୁ ନାରାଜ। ତେଣୁ ଏହିଭଳି ଏକ ପରମ୍ପରା ବିରୁଦ୍ଧରେ ସ୍ୱର ଶୁଣିବାକୁ ମିଳେ 'ନିଜନିଜର ଆକାଶ' ଗଳ୍ପରେ। ଉଦାରପନ୍ଥୀ ନାରୀବାଦ (Libaral Feminism) ଦୃଷ୍ଟିରୁ ଉକ୍ତ କୃତିଟି ଏକ ସଫଳ ସୃଷ୍ଟି। କୁହୁକ ବାସ୍ତବତାବାଦ (Megical Realism) ଶୈଳୀରେ ରଚିତ ଗାଳ୍ପିକଙ୍କର 'ଅସ୍ତଜହ୍ନର ପ୍ରସ୍ତାବନା' ଏକ ଅସାଧରଣ ସୃଷ୍ଟି। ଏଥିରେ ଗାଳ୍ପିକ ପୁରାଣରୁ ଆରମ୍ଭ କରି ଇତିହାସ ଏବଂ କିମ୍ବଦନ୍ତୀ ମଧ୍ୟଦେଇ ଯୁଗଯୁଗ ଧରି ଏକ ବସ୍ତୁଭଳି ନିର୍ଯ୍ୟାତନା ସହି ଆସୁଥିବା ନାରୀମାନଙ୍କର ସ୍ୱରକୁ ପ୍ରତିଫଳନ କରିବାକୁ ଉଦ୍ୟମ କରିଛନ୍ତି। କଟ୍ଟରପନ୍ଥୀ ନାରୀବାଦ (Redical Feminism), ସାଂସ୍କୃତିକ ନାରୀବାଦ (Cultural Feminism) ଏବଂ ପରିସଂସ୍ଥୀୟ ନାରୀବାଦ (Eco Feminism) (୬) ଦୃଷ୍ଟିକୋଣରୁ ଉକ୍ତ କୃତିଟି ଏକ ଉଚ୍ଚକୋଟିର ସୃଷ୍ଟି। "ସେଇ ରାତିରେ ମୁଁ ନିଜକୁ ନିଜେ ପଚାରିଲି, ନାରୀଟିଏ କ'ଣ କେବଳ ଗୋଟେ ବସ୍ତୁ ? ପିତା ତାକୁ ତାଙ୍କର ଦାନଭାବେ ଯାଚକଙ୍କୁ

ଦେଇ ଦେଲେ, ପ୍ରେମିକ ତାକୁ କରଜ ପାଇଁ ବନ୍ଧକଭାବେ ପ୍ରୟୋଜନରେ ଲଗେଇଲେ ଏବଂ ନିଃସନ୍ତାନ ରାଜାମାନେ ତାକୁ ତାଙ୍କର ରାଜଚକ୍ରବର୍ତ୍ତୀ ସନ୍ତାନ ଉତ୍ପାଦନର ଗର୍ଭାଶୟ ପରି ବ୍ୟବହାର କଲେ। ଅଥଚ ଏମାନଙ୍କ ଭିତରୁ କେହି ତ ଥରେ ମୋ ମନର କଥା ଚିନ୍ତା କଲେନାହିଁ।" (ବାଘ ଓ ଅନ୍ୟାନ୍ୟ ଗଳ୍ପ-ପୃ-୧୬୬) ଏହି ସଂସାରରେ ପ୍ରତ୍ୟେକ ମଣିଷ କାହା ନା କାହା ଉପରେ ନିର୍ଭରଶୀଳ ରହିଥାଏ। ମାତ୍ର ଜଣଙ୍କର ଜୀବନର ସମାପ୍ତିରେ ଅନ୍ୟଜଣଙ୍କର ଜୀବନ ସମାପ୍ତି ହୋଇଯାଇନଥାଏ। ଏହିଭଳି ଏକ ବାର୍ତ୍ତା ସହ ନାରୀ କ୍ଷେତ୍ରରେ ଆତ୍ମନିର୍ଭରଶୀଳ ହେବାର ବାର୍ତ୍ତା ରହିଛି 'ହାର୍ମୋନିୟମ୍' ଗଳ୍ପରେ।

ସଂକେତ ସୂଚୀ

- Isaac, A. R., and Marks, D. F. (1994). Individual differences in mental imagery experience: Developmental changes and specialization. British Journal of Psychology, Vol. 85, 1994, pp479–500.
- efferson personally showed little interest in his ancestry; on his father's side, he only knew of the existence of his grandfather.[15][16] Malone writes that Jefferson vaguely knew that his grandfather "had a place on the Fluvanna River which he called Snowden after a mountain in Wales near which the Jeffersons were supposed to have once lived".[15] See also Peter Jefferson#Ancestry.
- Lear, Martha Weinman (March 10, 1968). "The Second Feminist Wave: What do these women want?". The New York Times. Retrieved 2018-07-27.
- Pierceson, Jason, 1972- (2016). Sexual minorities and politics : an introduction. Lanham, Maryland. ISBN 978-1-4422-2768-2. OCLC 913610005.
- Alcoff, Linda (1988). "Cultural Feminism versus Post-Structuralism: The Identity Crisis in Feminist Theory". Signs. 13 (3): 405–436. doi:10.1086/494426. JSTOR 3174166. S2CID 143799462
- "The Third Wave of Feminism" Archived 2019-05-28 at the Wayback Machine, Encyclopaedia Britannica.

ଦିହକର କଥା ଏକ ସୂକ୍ଷ୍ମ ବିଶ୍ଳେଷଣ

ଓଡ଼ିଆ ସାହିତ୍ୟର ଯୁଗସ୍ରଷ୍ଟା ଫକୀରମୋହନ ସେନାପତିଙ୍କଠାରୁ ଆରମ୍ଭ ହୋଇଥିବା ଆତ୍ମବିଶ୍ଳେଷଣ ଅଥବା ଆତ୍ମସତ୍ତାର ବାସ୍ତବ ଅଭିବ୍ୟକ୍ତିରସ୍ୱରୂପ ଆତ୍ମଜୀବନୀ ସାହିତ୍ୟର ପରମ୍ପରା। ଓଡ଼ିଆ ସାହିତ୍ୟରେ ପରିମାଣ ଦୃଷ୍ଟିରୁ ସ୍ୱଳ୍ପହେଲେ ମଧ୍ୟ, ଗୁଣାତ୍ମକ ଦୃଷ୍ଟିରୁ ସୁଦୃଢ଼। ଏହି ସ୍ୱଳ୍ପତାକୁ ପୁଣି ଲିଙ୍ଗଗତ ଭେଦରେ ବିଚାର କଲେ ନାରୀ ଲେଖିକାଙ୍କର ସଂଖ୍ୟା ଯେ ହାତଗଣତି ତାହାକୁ ସ୍ୱୀକାର କରିବାକୁ ପଡ଼ିବ। ଅବଶ୍ୟ ଏଥିପାଇଁ ସମୟ, ସମାଜ ଏବଂ ନାରୀକୁ କେନ୍ଦ୍ରକରି ସାମାଜିକ ଚିନ୍ତନ ହିଁ ଦାୟୀ। ଯାହାର ବିରୋଧରେ ଆଜି ନାରୀବାଦର ପ୍ରଥମ ତରଙ୍ଗ (First Wave Faminism)ଠାରୁ ଆରମ୍ଭ କରି ଚତୁର୍ଥ ତରଙ୍ଗ (Fourth Wave Feminism) (୧, ୨) ମଧ୍ୟ ଦେଇ ନାରୀକୁ କେନ୍ଦ୍ରକରି ବିଭିନ୍ନ ଦୃଷ୍ଟିକୋଣରୁ ସ୍ୱର ଉତ୍ତୋଳନ ହୋଇଆସୁଛି। ଯେଉଁ ନାରୀକୁ କେନ୍ଦ୍ରକରି ବିଖ୍ୟାତ ଦାର୍ଶନିକ ଆରିଷ୍ଟୋଟଲ କହିଥିଲେ- " The relation of male to female is by nature a relation of superior to inferior and of ruler to ruled" (୩) (ନାରୀ ପ୍ରକୃତି ଦୃଷ୍ଟିରୁ ଶାସିତ ଏବଂ ପୁରୁଷ ଶାସନ କରିବାପାଇଁ ହିଁ ସୃଷ୍ଟି ହୋଇଛି)। ଏପରିକି Thomas Jeffersonଙ୍କ ଭଳି ଦାର୍ଶନିକ କହିଥିଲେ- "Women position in house not in politics and public office" (4) (ନାରୀର ସ୍ଥାନ ଗୃହରେ ରାଜନୀତି ଏବଂ ସରକାରୀ କାର୍ଯ୍ୟାଳୟରେ ନୁହେଁ)। ଏହାସହ Charles Darwinଙ୍କ ଭଳି ବିଦ୍ୱାନ ବୈଜ୍ଞାନିକ ମତ ଦେଇଥିଲେ- " A man is intellectually superior to women" (୫)(ବୌଦ୍ଧିକ ଦୃଷ୍ଟିକୋଣରୁ ପୁରୁଷ ନାରୀଠାରୁ ଶ୍ରେଷ୍ଠ)।

ଯେଉଁଠି ବିଦ୍ୱାନମାନଙ୍କର ନାରୀ ପ୍ରତି ଏହିଭଳି ଦୃଷ୍ଟିକୋଣ ସେଠି ସାଧାରଣ ମଣିଷର ନାରୀକୁ କେନ୍ଦ୍ରକରି ଚିନ୍ତା ଓ ଚେତନାକୁ ଅନୁମାନ କରାଯାଇପାରେ। ଏହିଭଳି ଚିନ୍ତନ ବିରୋଧରେ ବିଦ୍ରୋହ ଫଳରେ ସମାଜ ହୁଏତ ଆଜି ନାରୀକୁ ସାମାଜିକ,

ରାଜନୈତିକ, ଶିକ୍ଷା ଆଦି କ୍ଷେତ୍ରରେ ବାହ୍ୟିକ ସମାନତା ବା ସାମ୍ୟତା ଦେଇଛି (Second wave feminism- liberal approach) ମାତ୍ର ନାରୀକୁ କେନ୍ଦ୍ରକରି ପୁରୁଷଭିତ୍ତିକ ସମାଜର ଯେଉଁ ଚିନ୍ତାଚେତନା ରହିଛି ବା ଅନ୍ୟଭାବେ କହିଲେ ତା'ର ଆଦିରୂପ ଯେପରି ନାରୀର ପ୍ରସଙ୍ଗ ସହ ଯୋଡ଼ିହୋଇଯାଏ ଅବଳା, ଦୁର୍ବଳା, ଅସହାୟ, ନିର୍ଭରଶୀଳ ଭଳି ଶବ୍ଦ। ସେଥିରେ କୌଣସି ପରିବର୍ତ୍ତନ ଆସିନି (Second wave feminism- Radical approach)

ତେଣୁ ଏହିଭଳି ସମାଜରେ ନାରୀର ଭାବନାର ମୂଲ୍ୟ କେତେ ହୋଇପାରେ ? ଅବଶ୍ୟ ଓଡ଼ିଆ ସାହିତ୍ୟ କଥା ବିଚାର କଲେ ବହୁପରେ ସାମାଜିକ ଅଧିକାର ପାଇ ମଧ୍ୟ ନାରୀମାନେ ସାହିତ୍ୟର ପ୍ରତ୍ୟେକ ଦିଗରେ ଲେଖନୀ ଚାଳନା କରିବା ସହ ନିଜର ଗଭୀର ଚିନ୍ତନଦ୍ୱାରା ଓଡ଼ିଆ ସାହିତ୍ୟକୁ ସମୃଦ୍ଧ କରିପାରିଛନ୍ତି। ଏହି ଦୃଷ୍ଟିକୋଣରୁ ଆତ୍ମଜୀବନୀ ସାହିତ୍ୟ ସ୍ୱଳ୍ପ ହେଲେ ମଧ୍ୟ ତାହାର ଗୁରୁତ୍ୱ ନିଶ୍ଚିତଭାବେ ଗ୍ରହଣୀୟ। ତେଣୁ ଏହିଭଳି ପରିବେଶରେ ମାତ୍ର ଚତୁର୍ଥ ଶ୍ରେଣୀ ପର୍ଯ୍ୟନ୍ତ ଅଧ୍ୟୟନ କରି ନିଜର ଅନୁଭୂତିକୁ ପରିପ୍ରକାଶ କରିବା ଛଳରେ ପଶ୍ଚିମ ଓଡ଼ିଶାର ସଭ୍ୟତା, ସଂସ୍କୃତି ଓ ପରମ୍ପରାକୁ ନିଜର ଆତ୍ମଚରିତ 'ଦିହକର କଥା' ମାଧ୍ୟମରେ ପରିପ୍ରକାଶ କରିଥିବା ଶ୍ରୀମତୀ ରାସେଶ୍ୱରୀ ମିଶ୍ର ଏକ ଅମଳିନ ପ୍ରତିଭା। ପରିବାରର ସାଧାରଣ ପ୍ରସଙ୍ଗ ମଧ୍ୟରୁ ତାଙ୍କର ଅସାଧରଣ ସ୍ମୃତି, ବର୍ଣ୍ଣନା କୌଶଳ ଆଦିକୁ ଅନୁଭବ କରିହେବ। ଏଥିରେ ଲେଖିକା ନିଜର ଚାରିପାର୍ଶ୍ୱର ପୃଥିବୀସ୍ୱରୂପ ହାଣ୍ଡିଶାଳ ଠାରୁ ଆରମ୍ଭ କରି ଉଡ଼ାଜାହାଜରେ ଉଡ଼ିବାର ଅନୁଭୂତି ମଧ୍ୟଦେଇ ବିଶେଷକରି ସ୍ୱାଧୀନତା ପୂର୍ବବର୍ତ୍ତୀ ସମାଜ ଓ ସେଥିରେ ନାରୀର ସ୍ଥିତିକୁ ବେଶ୍ ସିଦ୍ଧହସ୍ତତାର ସହ ପ୍ରତିଫଳିତ କରିପାରିଛନ୍ତି। ଏହି ଆତ୍ମଜୀବନୀଟିକୁ ପଢ଼ିବାବେଳେ ବିଶେଷକରି ଲେଖିକାଙ୍କର ସ୍ମୃତିଶକ୍ତି ପ୍ରସଙ୍ଗ ଭାବିଲେ ଆଶ୍ଚର୍ଯ୍ୟ ଲାଗେ। ଦୀର୍ଘ ୭୦, ୮୦ ବର୍ଷତଳର ଶୁଣିଥିବା ଘଟଣାକୁ ସେ ଯେପରି ଜୀବନ୍ତଭାବେ ସ୍ୱତଃ ଉପଲବ୍ଧି କରିବା ଭଳି ବର୍ଣ୍ଣନା କରିଛନ୍ତି। ତାହା କାଲିକାର ଘଟଣା ଭଳି ମନେହୁଏ। ପ୍ରସଙ୍ଗ ଛଳରେ ସେ ପ୍ରାଚୀନ ଏକର୍ଣ୍ଣବର୍ତ୍ତୀ ପରିବାରର ମହିମାଠାରୁ ଆରମ୍ଭକରି ପ୍ରାଚୀନ ଚିକିତ୍ସାଶାସ୍ତ୍ରର ଗୁରୁତ୍ୱ, ଗ୍ରାମ୍ୟ ପରିବେଶର ସରଳ ଜୀବନଯାପନ, ରାଜ୍ୟରେ ବିଶେଷକରି ରାଜଦରବାରରେ ପଣ୍ଡିତଙ୍କର ମହତ୍ତ୍ୱ, ରାଜତନ୍ତ୍ରରେ ରାଜା ଗୋଜା ଭଳି ରାଜାଙ୍କର ଖିଆଲି ପ୍ରବୃତ୍ତି ସଙ୍ଗକୁ ବିଚିତ୍ର ସ୍ୱଭାବ, ବ୍ରାହ୍ମଣ୍ୟବାଦ "ସେତେବେଳେ ବ୍ରାହ୍ମଣମାନେ ସମାଜରେ ନିଜକୁ ବଡ଼ ବୋଲି ଭାବୁଥିଲେ, ଆମବେଳକୁ ବି ସେଇ ଭାବ କିଛିଟା ଥିଲା। ଏବେ ଆମ ପିଲାମାନଙ୍କ ଭିତରେ ସେ କଥା ନାହିଁ"(ଦିହକର କଥା- ପୃ-୩୧) ଭଳି ବହୁ ଘଟଣାର ଅବତାରଣା

କରିଛନ୍ତି। ଏହା ବ୍ୟତୀତ ବିଶେଷକରି ଏହି ଆତ୍ମଜୀବନୀଟିରେ ସମୟ ସହ ନାରୀର ସାମାଜିକ ସ୍ଥିତିଗତ ପରିବର୍ତ୍ତନ ଦୃଷ୍ଟିକୁ ଆସିଥାଏ। ରଢ଼ିବାଦୀ ସମାଜରେ ଦିନେ ପରଦାରେ ରହୁଥିବା ନାରୀ ଏବଂ ସାମ୍ପ୍ରତିକ ନାରୀ, ବ୍ରାହ୍ମଣ ସମାଜରେ ସମୟକ୍ରମେ ନାରୀପ୍ରତି ଥିବା ବିଭିନ୍ନ ସାମାଜିକ କଟକଣା ଯେପରି ପରଦା ପ୍ରଥା ଏବଂ ପରବର୍ତ୍ତୀ ସମୟରେ ୧୯୩୭/୩୮ ମସିହାବେଳକୁ ପ୍ରତିଷ୍ଠିତ ବଲାଙ୍ଗୀର ଲେଡିଜ୍ କ୍ଲବର ସଦସ୍ୟ ହେବା, ଜମିଚାଷ କରି ନିଜେ ଆତ୍ମନିର୍ଭରଶୀଳ ହେବା ମଧ୍ୟଦେଇ ନାରୀବାଦର ତରଙ୍ଗ (Waves of feminism)କୁ ଅନୁଭବ କରିହୁଏ। ସନ୍ତାନ ଜନ୍ମ ବିଶେଷକରି ପୁତ୍ରକୁ କେନ୍ଦ୍ରକରି ଗୋଟିଏ ସମୟରେ ନାରୀକୁ ମାନସିକ ଏପରିକି ଶାରୀରିକ ନିର୍ଯ୍ୟାତନା ମଧ୍ୟ ସହିବାକୁ ପଡୁଥିଲା। ଲେଖିକାଙ୍କର ମା'ଙ୍କର ଏକ ଉକ୍ତି- "ମାଁ'ଟିଏ କେତେ କଷ୍ଟରେ ଝିଅ ଜନ୍ମ କରିବ, ଆଉ ବାପା ଯାହାକୁ ଚାହିଁବ ତାକୁ ଏକା ଦାନ କରିଦେବ ? କିଏ ଏ ପ୍ରଥା ଚଳେଇଛି ?"(ଦିହକର କଥା- ପୃ-୬୮) ଏଥିରେ ନାରୀର ଅଧିକାର ସମ୍ପର୍କିତ ପ୍ରଶ୍ନ ମଧ୍ୟଦେଇ ନାରୀବାଦର ପ୍ରଥମ ତରଙ୍ଗକୁ ଭେଟିହୁଏ। ଏହାସହ ଅନ୍ୟଏକ ଉକ୍ତି- "୨୦୧୫ ମସିହା ବଲାଙ୍ଗିର ବହିହାଟରେ ମୁଁ କିନ୍ତୁ ନିଜ ନାଁରେ ପରିଚିତ ହେଲି। ଗାଳ୍ପିକା ଗାୟତ୍ରୀ ସରାଫ ସେଇଠି ଦିନେ ନାରୀ କବିଙ୍କର ଗୋଟିଏ କବିତାପାଠ କାର୍ଯ୍ୟକ୍ରମ କରାଇଥିଲେ। ମୋ ଜୀବନରେ ପ୍ରଥମଥର କବି ଭାବରେ ସେଠି କବିତା ପାଠ କରିବାର ନିମନ୍ତ୍ରଣ ପାଇଲି। ସେଠି ଅମୁକଙ୍କ ସ୍ତ୍ରୀ କି ସମୁକର ମାଁ ବୋଲି ମୋର ପରିଚୟ ହୋଇନଥିଲା ।" (ଦିହକର କଥା- ପୃ-୨୧୪) ଦେଇ ନାରୀବାଦୀ ଚିନ୍ତନର ଦ୍ୱିତୀୟ ତରଙ୍ଗର ଉଦାରବାଦୀ ଚିନ୍ତନ (Second wave feminism- Liberal approach) କୁ ଅନୁଭବ କରିହୁଏ।

ଏହି ଆତ୍ମଜୀବନୀଟି ମଧ୍ୟଦେଇ ଗୋଟିଏ ସମୟରେ ପଶ୍ଚିମ ଓଡ଼ିଶାର କେତେକ ଅଞ୍ଚଳ ବିଶେଷତଃ ବଲାଙ୍ଗିରରେ ପ୍ରଚଳିତ ଢଗ, ଢମାଳି, ପ୍ରବାଦ, ପ୍ରବଚନ, ଲୋକଗୀତ, ଲୋକକାହାଣୀକୁ ଭେଟିହୁଏ। ଏହାର ସାମଞ୍ଜସ୍ୟ ଓଡ଼ିଶାର ଅନ୍ୟାନ୍ୟ ଅଞ୍ଚଳ ସହ ଥିବାରୁ ଏହା ଏକ ତୁଳନାତ୍ମକ ଅଧ୍ୟୟନକୁ ଯେ ଖୋରାକ ଯୋଗାଉଛି ତାହାକୁ ସ୍ୱୀକାର କରାଯାଇପାରେ। ଝିଅଟିଏ ବିବାହକରି ଶାଶୁଘରକୁ ଯିବାପରେ ତା' ଉପରେ ହେଉଥିବା ଅକଥନୀୟ ଅତ୍ୟାଚାରକୁ କବିତାରେ ବର୍ଣ୍ଣନା କରିବା ପ୍ରସଙ୍ଗ ଯୁଗଯୁଗରୁ ଯନ୍ତ୍ରଣା ପୀଡ଼ିତ ନାରୀର ସ୍ୱରୂପକୁ ପ୍ରତିଫଳିତ କରିଥାଏ।

"ଧିକ ଧିକ ଧିକ ସହସ୍ର ଧିକ ଏ ନିର୍ଲଜ ଜୀବନ ମୋର
ନ ଯାଇ କାହିଁକି ସହି ମରିଛି ଏ ଲାଜ ଅପମାନ ଘୋର
ଯେତେ ଧିକ୍କାରିଲେ ନ ଯାଇରେ ଜୀବ ନିର୍ଲଜ ହୋଇଛୁ ତୁହି

ବିନା ଦୋଷେ କେତେ ଅପବାଦ ଦେଲେ ଗର୍ଭଧାରୀ ଶାଶୁ ହୋଇ।"

(ଦିହକର କଥା-ପୃ-୧୨୪)

ଏହା କେବଳ ପଶ୍ଚିମ ଓଡ଼ିଶା ନୁହେଁ ଗୋଟିଏ ସମୟରେ ସମଗ୍ର ସମାଜରେ ନାରୀର ସ୍ଥିତି ଥିଲା ସମାନ । ତେଣୁ ଭିନ୍ନ ଅଞ୍ଚଳ ଥିବାସତ୍ତ୍ୱେ ନାରୀର ଆବେଦନ ଗତ ସାମଞ୍ଜସ୍ୟ ଓଡ଼ିଶାର ଅନ୍ୟାନ୍ୟ ଅଞ୍ଚଳରୁ ସଂଗୃହୀତ ଏକ ଗୀତିକା ମାଧ୍ୟମରେ ଅନୁଭବ କରିହୁଏ।

"ଶାଶୁ ତ ଅଟନ୍ତି ଅତି ଦୁର୍ଦ୍ଦଣ୍ଡ
ଅପବାଦ ଦେବେ ଦଣ୍ଡକୁ ଦଣ୍ଡ।"
(ଓଡ଼ିଆ ଲୋକଗୀତ ଓ କାହାଣୀ-ପୃ-୮୩)

ଏହାସହ କୋଶଲୀ ଭାଷାରେ ପ୍ରଚଳିତ କେତେକ ଢଗ ଯେପରି-

"ଯାର୍ ଘଏତା କଲଙ୍କ୍ ବତର୍
ତାକେ ବନା ଲୁଗା କେତେ ମାତର୍?"(ଦିହକର କଥା-ପୃ-୩୪)ର ସାମଞ୍ଜସ୍ୟ ଓଡ଼ିଶାର ଅନ୍ୟାନ୍ୟ ଅଞ୍ଚଳରେ ପ୍ରଚଳିତ ଢଗ ଯେପରି-

"ଲେଉଟିଆ ମୂଳେ କଂସା ମୁଁ ମାଜୁଛି
ଲେଉଟି ନ ଚାହେଁ ତୋତେରେ,
ମୋର ଗୁଣମଣି ତୋ'ଠାରୁ ସୁନ୍ଦର
ଗୋଲାମ ରଖିବ ତୋତେରେ।"
(ଓଡ଼ିଆ ସାହିତ୍ୟର ଇତିହାସ- ସୁରେନ୍ଦ୍ର ମହାରଣା-ପୃ-୪୦)

ସହ ଲକ୍ଷଣୀୟ।

ଏହା ବ୍ୟତୀତ ପୁଚିଖେଳ ଭଳି ଗୀତ

"ଛି ଲୋ ଲାଇ, ଆ ଖେଲ୍‌ମା ବାଇ
ବାଇଗଲେ ରୁଷି, ଆଗୋ ମାଁ ପିଉସୀ
କଲାକଲା ବାଇଗନ ରୁଇଦେଲି ଧାଆଡ଼େ
ଘୁଞ୍ଚିଯାରେ ଘୁଞ୍ଚି ଯା ମଞ୍ଚା ତଲକୁ
ମଞ୍ଚା ତଲର୍ ସିଙ୍ଗ୍ ପାନିଆ ଭୁର୍ସି ମୁଡକୁ
ଆଉ ଝନେ ଆସରେ, ମୋର୍ ପାଖେ ବସରେ
ଛି ଲୋ ଲାଇ....।"

(ଦିହକର କଥା- ପୃ-୬୫)ର ସାମଞ୍ଜସ୍ୟ ଓଡ଼ିଶାର ଅନ୍ୟାନ୍ୟ ଅଞ୍ଚଳର ଗୀତିକା ସହ ଲକ୍ଷ୍ୟ କରାଯାଇପାରେ-

"ମଦରଙ୍ଗା ଶାଗ ରାଇତା

ମୋ କଳା ମଚମଚ ଘଇତା

ଏ ଗୋଡ ଖସିଲା ସେ ଗୋଡ ଖସିଲା

ଟୋକା ଦିଅର ଗମ୍ଭୀରୀ ଘରେ

ମୁରୁମୁରୁ ହୋଇ ହସିଲା ।"

ପୁଣି ଓଷା ବ୍ରତରେ ମଧ୍ୟ ସାମଞ୍ଜସ୍ୟ ଦୃଷ୍ଟିରୁ ପଶ୍ଚିମ ଓଡ଼ିଶାର 'ସଙ୍କଟ ଚତୁର୍ଥୀ' ସହ ଦକ୍ଷିଣ ଓଡ଼ିଶାର 'ଦଣ୍ଡନାଟ'ର ବ୍ରତ ପାଳନ ବିଧିକୁ ତୁଳନା କରାଯାଇପାରେ । ତେଣୁ ଏହି ସବୁ ଦୃଷ୍ଟିକୋଣରୁ ବିଚାରକଲେ ସ୍ଥାନ ଓ ଅଞ୍ଚଳ ଭେଦ ସତ୍ତ୍ୱେ ଆବେଦନଗତ ସାମଞ୍ଜସ୍ୟକୁ ଉପଲବ୍ଧି କରିହେବ ।

ଲେଖିକା ଅନେକ ସ୍ଥଳରେ ଭୂତ, ପ୍ରେତ, ଡାହାଣୀ ଓ ଭଗବାନଙ୍କର ଅଲୌକିକତା ପ୍ରସଙ୍ଗକୁ ବେଶ୍ ଚମତ୍କାରଭାବେ ଚିତ୍ରଣ କରିଛନ୍ତି । ଯାହା ମନରେ ଏକ କୌତୁହଳ ଜାଗ୍ରତକରେ- "ମା' ଶୂନ୍‌ଶାନ୍ ଅନ୍ଧାର ରାତିରେ କରଙ୍ଗା କଟାରୁ ପାଣି ଆଣିବାପାଇଁ ବାହାରି ପଡ଼ିଲା । ସେ ଥିଲା ଲଣ୍ଠନ, ଡିବିରିର ଯୁଗ । ରାତି ନଅଟାବେଳକୁ ବନ୍ଧ ଆଡ଼ି ରାସ୍ତାଘାଟ ସବୁ ଝିଁ ଝିଁ କରୁଥାଏ । ସେଥିରେ ପୁଣି କରଙ୍ଗାକଟା ଆଡ଼ି ପାଖରେ ଥିବା ବରଗଛକୁ ନେଇ ଏତେ କାହାଣୀ ଥିଲା ଯେ ଅନ୍ଧାର ହେଲାପରେ ତା' ପାଖ ଦେଇ ଯିବାକୁ କେହି ବି ସାହାସ କରୁନଥିଲେ ମାଁ କିନ୍ତୁ ତା'ରି ତଳଘାଟକୁ ଓହ୍ଲାଇ ପାଣି ଗରାଏ ନେଇ ଆସିଲା । ଏମିତି ତ ସେ ପିଲାବେଳୁ ଥିଲା ଖୁବ୍ ସାହାସୀ, କେଉଁ କଥାକୁ ଡର ନ ଥାଏ । ହେଲେ ଦ୍ୱିତୀୟ ଥର ଯାଇ ଗରାପାଣିରେ ବଡ଼ାଇଲାବେଳେ ମାଇକିନା ସ୍ୱରଟିଏ ଶୁଭିଲା- ଫେର୍ ପାଣି ନେବାକୁ ଆସିଲୁ ? ମା' ଚାରିଆଡ଼େ ଅନାଇଲା । ହେଲେ ଚାରିଆଡ଼ ଅନ୍ଧାର++++ ଆଡ଼ି ଉପରକୁ ଉଠି ସେଇ ବରଗଛ ତଳ ଦେଇ ଆସିଲାବେଳେ ପୁଣି ଶୁଭିଲା- ଏ, ଟାକିଥା, ଯିମା । ମା' ସତରେ ଡରିଗଲା । (ଦିହକର କଥା-ପୃ-୧୭୭) ଆଜି ଏକବିଂଶ ଶତାବ୍ଦୀରେ ମଧ୍ୟ ସାହିତ୍ୟରେ ଏହିଭଳି ପ୍ରସଙ୍ଗର ବର୍ଣ୍ଣନା ଯାହାକୁ 'Gothic' (ଭୂତପ୍ରେତ) କିମ୍ବା 'Magical Realism' (କୁହୁକ ବାସ୍ତବତାବାଦ) ନାମ ଦିଆଯାଉ ନା କାହିଁକି । ଏହା ପାଠକକୁ ଏବେବି ପ୍ରଭାବିତ କରିରଖିଛି । ପୁଣି ମନସ୍ତତ୍ତ୍ୱର ଅନ୍ୟତମ ବିଭାଗ 'ପାରା ମନସ୍ତତ୍ତ୍ୱ' (Para Psychology) ଅଥବା 'Transpersonal Psychology'ରେ ଆଜି ଭୂତପ୍ରେତ, ଡାହାଣୀ,ଅଲୌକିକତା, ପୂର୍ନଜନ୍ମ ଆଦି ଏକ ଏକ ଗବେଷଣା ସାପେକ୍ଷ ବିଷୟ ।(୬) ଏହା ବ୍ୟତୀତ ଏହି ବିଭାଗର ଅନ୍ୟ ଏକ ଗବେଷଣା ସାପେକ୍ଷ୍ୟ ବିଷୟ ହେଉଛି 'ମୃତ୍ୟୁ ନିକଟ ଅନୁଭୂତି' (Near death experience) ଏବଂ 'ଆତ୍ମା ଶରୀର ତ୍ୟାଗ କରିବା ଜନିତ ଅନୁଭୂତି' (Out of body experience) ଯାହା ମୁଖ୍ୟତଃ ମୃତ୍ୟୁକୁ କିଛି ମୁହୂର୍ତ୍ତ ପାଇଁ ଭେଟି ଫେରିଆସିଥିବା ବ୍ୟକ୍ତିର ପ୍ରତ୍ୟକ୍ଷ୍ୟ ଅନୁଭୂତି ହୋଇଥାଏ।(୭,୮)। ମାତ୍ର ଏହିଭଳି ମୃତ୍ୟୁ ନିକଟ ଏବଂ ଆତ୍ମା ଶରୀର ତ୍ୟାଗ କରିବା ଜନିତ ଅନୁଭୂତିର ସାମାନ୍ୟ ଆଭାଷ ଲେଖିକାଙ୍କର ମା' ହରପ୍ରିୟା ଗୁରୁଙ୍କର ପ୍ରସଙ୍ଗ ବର୍ଣ୍ଣନାରୁ ଅନୁଭବ କରିହୁଏ- "ମା'ର ଆଗ୍ରହରେ ମୁଁ ତାକୁ ଭାଗବତର ଏକାଦଶ ସ୍କନ୍ଧ ତିନିଦିନ କାଳ ଶୁଣାଇଲି ଚତୁର୍ଥଦିନ ମୋତେ କହିଲା- ରାସେଲୋ, ଗୋଟିଏ କଳା ଢୁମୁସା ଧୁତୁମ୍‌ଟିଏ, ତା'ର ଆଖି- ନାକ କିଛି ଜଣା ପଡୁନାଇଁ। ମୋ ଖଟରୁ ଦି' ହାତ ଛାଡ଼ି ଚୌକିରେ ବସି କିଛି ସମୟ ପରେ ଅନ୍ତର୍ଦ୍ଧାନ ହୋଇଯାଉଛି। ସେ ବସିବାର ମୁଁ ଦେଖିଛି। ସେ କିଛି କହୁନାଇଁ। ଟିକେ ସମୟ ପରେ ଚୌକି ଖାଲି।" (ଦିହକର କଥା-ପୃ-୧୮୮)। ଏହିପରି ଆତ୍ମା ଶରୀର ତ୍ୟାଗକରିବା ଜନିତ ବର୍ଣ୍ଣନା- "ଆସ ଦେଖ ମା'ର ପ୍ରାଣ କେମିତି ତା' ଗୋଡ଼ଆଡୁ ଡେଇଁ ଡେଇଁ ଯାଉଛି। ନାହିରେ ପ୍ରାଣ କିଛି ସେକେଣ୍ଡ ପାଇଁ ଫକ୍‌ଫକ୍ କଲା। ଛାତିମେଲା କରିଦେଲି। ଦେଖ, ଏଠି କେମିତି ଫକ୍‌ଫକ୍ ଡେଉଁଛି। ++++ ତା'ପରେ ଛାତିରୁ ଯାଇଁ କଣ୍ଠଦେଶ ଫକ୍‌ଫକ୍ କଲା। ମୁଁ କହିଲି- ଏବେ ପ୍ରାଣବାୟୁ ସାଙ୍ଗରେ ମା' ଚାଲିଯିବ।"(ଦିହକର କଥା-ପୃ-୧୯୧)

ଏହିଭଳି ଲେଖିକା ପ୍ରସଙ୍ଗକ୍ରମେ ପରିବାରକୁ କେନ୍ଦ୍ରକରି ବିଭିନ୍ନ ପୂଜାପର୍ବାଣୀ, ଓଷାବ୍ରତ, ରୀତିନୀତି, ପରମ୍ପରା, ବିଶ୍ୱାସ, ଅନ୍ଧବିଶ୍ୱାସ, ଜନ୍ମ, ମୃତ୍ୟୁ, ଅତିଥି ସତ୍କାର, ଭ୍ରମଣ ଓ ତୀର୍ଥାଟନ ଆଦି ସମ୍ପର୍କରେ ନିଜର ଯେଉଁ ଦୀର୍ଘ ନବେବର୍ଷର ଅନୁଭୂତିକୁ ସାଉଁଟି ତାକୁ ଉପସ୍ଥାପିତ କରିଛନ୍ତି ବାସ୍ତବିକ ଏହା ଏକ ଅମୂଲ୍ୟ ରତ୍ନ କହିଲେ ଅତ୍ୟୁକ୍ତି ହେବନାହିଁ। କିଛି ସ୍ଥଳରେ ଅବଶ୍ୟ ଘଟଣାଗୁଡ଼ିକର ବାରମ୍ବାର ଉପସ୍ଥାପନା ଭାରାକ୍ରାନ୍ତ ମନେହୋଇଥାଏ। ମାତ୍ର ସିନ୍ଧୁ ମଧ୍ୟରେ ବିନ୍ଦୁ ଭଳି ଏହା ଗୁରୁତ୍ୱହୀନ। ମୋଟ୍ ଉପରେ ପାରିବାରିକ ଜୀବନରେ ନିଜକୁ ଓ ନିଜର ସ୍ଥିତିକୁ ହରାଇ ବସିଥିବା ନାରୀମାନଙ୍କ ପାଇଁ ଯେ ଏହା ଏକ ପ୍ରେରଣାରେ ପରିଣତ ହେବ କହିଲେ ଅତ୍ୟୁକ୍ତି ହେବନାହିଁ।

ସଙ୍କେତ ସୂଚୀ

- Nicholson,Linda (2010). McCann, Carole; Seung-Kyung,Kim(eds.). Feminism in "Waves": Useful Metaphor or Not? (3rd ed.). New York: Routledge.pp.49-55.

- "De las hueigas de mujeres a un Nuevo movimiento de clase :la tercera ola feminista"(in Spanish). Retrieved May7, 2019.
- Smith, Nicholas D. (1983). "Plato and Aristotle on the Nature of Women".journal of the History of Philosophy.21(4): 467-478. Doi:10.1353/hph.1983.0090.
- Ellis, Joseph J. (1997). American Sphinx: The Character of Thomas Jefferson, New York:Alfred A. Knopf.
- Darwin, Charles(1896). The Descent of Man and the Selection in Relation to Sex. New York: D. Appleton and Company.
- Robin wooffitt, Simon Allistone- Towards a Discursive Parapsychology: Language and the Laboratory Study of Anomalous Communication. First published june 1, 2005.
- abReber,Arthur;Alcock,James(2019)."Why Parapsychological claims cannot be true" Skeptical Inquirer. 43(4):8-10.
- Gross,Paul R; Levitt,Norman;Lewis,Martin W.(1996). The Fight from Science and Reason. New York City: New York Academy of Sciences.p.565.ISBN 978-0801856761.

ଓଡ଼ିଆ ସାହିତ୍ୟର ଭବିଷ୍ୟତବାଦୀ ଔପନ୍ୟାସିକ ଗୋକୁଳାନନ୍ଦ ମହାପାତ୍ର ଏକ ଆଲୋଚନା

ବିଶ୍ୱରେ ବିଜ୍ଞାନର ଆର୍ବିଭାବ ଫଳରେ ମନୁଷ୍ୟର ଚିନ୍ତା ଓ ଚେତନାରେ କିଛି ପରିବର୍ତ୍ତନ ଆସିଥିଲା । ଯେଉଁ ମନୁଷ୍ୟ ଯୁଗଯୁଗ ଧରି ଭଗବାନଙ୍କର ଶକ୍ତି ଉପରେ ବିଶ୍ୱାସ କରିଆସୁଥିଲା । ସେହି ମନୁଷ୍ୟ ପୁଣି ଚାର୍ଲସ୍ ଡାରଉଇନ୍ଙ୍କର 'Origin of species' ପୁସ୍ତକର ପ୍ରକାଶପରେ ଭଗବାନଙ୍କ ଶକ୍ତି ଉପରେ ସନ୍ଦେହ କଲା । କାରଣ ଜୀବଜଗତର ସୃଷ୍ଟି ବା ମାନବ ସମାଜର ସୃଷ୍ଟି ପଛରେ ଭଗବାନଙ୍କର କୌଣସି ଅବଦାନ ନାହିଁ। ଏହା ଏକ ବିଧିବଦ୍ଧ ପ୍ରକ୍ରିୟା ଏବଂ ଏହା ପଛରେ ବିଜ୍ଞାନ ରହିଛି ବୋଲି ସେ ଜାଣିବାକୁ ପାଇଲା ଓ ତାହା ଉପରେ ବିଶ୍ୱାସ ମଧ୍ୟ କଲା । ମାତ୍ର ପ୍ରଥମ ବିଶ୍ୱଯୁଦ୍ଧର ବିଭିଷିକା ମଣିଷ ମନରେ ବିଜ୍ଞାନ ପ୍ରତି ସନ୍ଦେହ ଜାତ କରାଇଲା । ବିଜ୍ଞାନ ଉପରେ ମଣିଷ କରିଥିବା ଦୃଢ଼ ବିଶ୍ୱାସ କ୍ରମେ ଟଳମଳ ହେବାରେ ଲାଗିଲା ।

ମାତ୍ର ବିଜ୍ଞାନର ବିପର୍ଯ୍ୟୟ ସତ୍ତ୍ୱେ ବିଂଶ ଶତାବ୍ଦୀର ପ୍ରାରମ୍ଭରେ ଇଟାଲୀରେ ଫିଲିପୋ ଟୋମାସୋ (Filippo Tommaso)ଙ୍କ ଦ୍ୱାରା ଆରମ୍ଭ ହୋଇଥିବା ଭବିଷ୍ୟତବାଦୀ ଆନ୍ଦୋଳନରେ ବିଜ୍ଞାନର ପ୍ରଚାର ଓ ପ୍ରସାର କରାଯାଇଥିଲା । ଫିଲିପୋଙ୍କର ଏକ କୃତି 'Manifesto Of Futurism'ରୁ ଏହାର ପ୍ରାରମ୍ଭ ହୋଇଥିଲା ଏହି ଚେତନାକୁ ନେଇ ପ୍ରାରମ୍ଭିକ ପର୍ଯ୍ୟାୟରେ ବିଶେଷତ କବିତା ଓ ନାଟକ ରଚନା କରାଯାଉଥିଲା । ଏଥିରେ ବୌଦ୍ଧିକ ହେବା ତଥା କୌଣସି ଗୁଢ଼ ଶୈଳୀକୁ ସାହିତ୍ୟରେ ବ୍ୟବହାର କରିବାକୁ ବିରୋଧ କରାଯାଉଥିଲା । ତେଣୁ ଏହି ସାହିତ୍ୟିକମାନଙ୍କର ଶୈଳୀ

ସାଧାରଣତ ସରଳ ଥିଲା ଏବଂ ନିଜର ଲେଖାରେ ଏମାନେ ବ୍ୟଙ୍ଗ ଏବଂ ରୂପକଳ୍ପର ବ୍ୟବହାର କରୁଥିଲେ। ସାଧାରଣତ ଏହି ଭବିଷ୍ୟତବାଦୀମାନେ କିଛି ଚେତନା ଉପରେ ଗୁରୁତ୍ୱ ଦେଉଥିଲେ। ଯଥା- ସରଳତା, ସମାନତା, ବ୍ୟଙ୍ଗ, ବାକ୍ୟ ବିନ୍ୟାସର ପରିହାର, ଅର୍ଥାନୁରଣ, ଆବଶ୍ୟକ ଗୀତାତ୍ମକତା। ଫିଲିପୋଙ୍କଦ୍ୱାରା ଏହି ଆନ୍ଦୋଳନର ପ୍ରାରମ୍ଭ ହୋଇଥିଲେ ହେଁ ଏଥିରେ ପରବର୍ତ୍ତୀ ସମୟରେ ଯୁବ କଳାକାର ଅମ୍ବିରିଟୋ ଓ କାର୍‌ଲୋ ଯୋଗ ଦେଇଥିଲେ। ଏହି ଆନ୍ଦୋଳନକାରୀମାନେ ମୁଖ୍ୟତଃ ଯେଉଁ ପ୍ରାଚୀନ ଓ ପାରମ୍ପାରିକ ଧାରଣା ସମାଜକୁ କବଳିତ କରିଥିଲା। ସମାଜକୁ ସେହି ଚେତନାରୁ ପ୍ରଥମେ ମୁକ୍ତ କରିବାପାଇଁ ଉଦ୍ୟମ କରିଥିଲେ। ଏତଦ୍‌ବ୍ୟତୀତ ଆଧୁନିକ ଗତିଶୀଳତା ଓ ଶିଳ୍ପର ବିକାଶ ଆଦିକୁ ସାହିତ୍ୟ ମାଧ୍ୟମରେ ପ୍ରତିଫଳିତ କରିବାପାଇଁ ଉଦ୍ୟମ କରୁଥିଲେ। ଏହି ଭବିଷ୍ୟତବାଦ ବିଜ୍ଞାନ ଏବଂ ଦର୍ଶନର ନବୀନତମ ବିକାଶ ସହିତ ସମ୍ପୃକ୍ତ। ଯାହାଦ୍ୱାରା ଏମାନେ ଯନ୍ତ୍ରର ଯୁଗକୁ ସାହିତ୍ୟରେ ଉପସ୍ଥାପିତ କରିବାପାଇଁ ଉଦ୍ୟମ କରିଛନ୍ତି। ଏହି ସାହିତ୍ୟିକମାନେ ସାଧାରଣତ ନିଜ ଲେଖାରେ ଅତ୍ୟନ୍ତ ବୃହତ୍ତ ନଗର, ମହାନଗର, ନୂତନ ଯନ୍ତ୍ରପାତି, କଳାକୌଶଳ ଆଦିର ଚିତ୍ରଣ କରୁଥିଲେ। ଏତଦ୍ ବ୍ୟତୀତ ଟ୍ରେନ୍, କାର୍ ଏବଂ ଉଡ଼ାଜାହାଜ ଆଦି ଯାହା ମନୁଷ୍ୟର ଜୀବନକୁ ଆହୁରି ସରଳ କରିଛି ତା'ର ଚିତ୍ରଣ ମଧ୍ୟ ନିଜ ସାହିତ୍ୟରେ କରିଥିଲେ। ଏହି ଚେତନାଟି କେବଳ ସାହିତ୍ୟ କ୍ଷେତ୍ରରେ ନୁହେଁ ଚିତ୍ରକଳା, ବସ୍ତୁକଳା, ମୂର୍ତ୍ତିକଳା, ରଙ୍ଗମଞ୍ଚ ଏବଂ ସଙ୍ଗୀତ ସବୁ କ୍ଷେତ୍ରରେ ପ୍ରଭାବ ବିସ୍ତାର କରିଥିଲା। ସାହିତ୍ୟରେ ଭବିଷ୍ୟତବାଦୀମାନେ ମୁଖ୍ୟତଃ ଆଧୁନିକ ଯନ୍ତ୍ର ଯୁଗର ଗତିଶିଳତା, ଉର୍ଜା, ଜୀବନଶକ୍ତି ଏବଂ ଏହାର ପରିବର୍ତ୍ତନଶୀଳତା ଉପରେ ଗୁରୁତ୍ୱ ଦେଉଥିଲେ। ଏହି ସାହିତ୍ୟିକଙ୍କର ରଚନା କେବଳ ଉଡ଼ାଜାହାଜ ଭିତରେ ସୀମିତ ନ ଥିଲା। ଏଥିରେ ସାଟେଲାଇଟ୍, ଅନ୍ତରୀକ୍ଷ ଆଦିର ବର୍ଣ୍ଣନା ମଧ୍ୟ ଦେଖିବାକୁ ମିଳୁଥିଲା। ସାଧାରଣତଃ ପ୍ରଥମ ବିଶ୍ୱଯୁଦ୍ଧର ଭୟାବହତା ପରେ ଅଧିକାଂଶ ଦାର୍ଶନିକ ଆଧୁନିକ ଯୁଗ ଉପରୁ ଆସ୍ଥା ହରାଇ ବସିଥିଲେ। ତେଣୁ ଏହିଭଳି ସମୟରେ ଭବିଷ୍ୟତବାଦୀମାନେ ଆଧୁନିକ ଯନ୍ତ୍ରବହୁଳ ସମାଜ ଏବଂ ଯନ୍ତ୍ରଯୁଗ ଉପରେ ଗୁରୁତ୍ୱ ଦେଉଥିବାରୁ ତାଙ୍କୁ ବହୁ ସମାଲୋଚିତ ହେବାକୁ ପଡ଼ିଥିଲା। ଏହି ଭବିଷ୍ୟତବାଦୀ ରଚନା ମଧ୍ୟରୁ ଏରିକ୍ ଏସ୍‌ଫୋର୍ଡ Eric Ashford ଙ୍କର ଏକ କବିତା 'Post-modern juke box experiences'ରୁ କେତେକ ପଙ୍‌କ୍ତି ଏଠାରେ ଉଦାହରଣସ୍ୱରୂପ ଆଲୋଚନା କରାଯାଇପାରେ–

" ...... Re grown here,
The moon is their backyard

Their slivery spaceships

Launch each year from every state fair''

ଏହି ପଙ୍‌କ୍ତି ମଧ୍ୟରେ ଆଧୁନିକ ଯାନବାହନ ଓ କଳାକୌଶଳର ବ୍ୟବହାର ଏହାକୁ ଏକ ସାର୍ଥକ ଭବିଷ୍ୟତବାଦୀ କବିତାରେ ପରିଣତ କରିଛି ।

ଏହିଭଳିଭାବେ ବିଜ୍ଞାନ ଓ ଦର୍ଶନର ନବୀନତମ ବିକାଶ ତଥା ଯନ୍ତ୍ରଯୁଗକୁ ସାହିତ୍ୟରେ ଉପସ୍ଥାପନା କରିବାର ଉଦ୍ୟମ କରିଛନ୍ତି ବୈଜ୍ଞାନିକ ଗୋକୁଳାନନ୍ଦ ମହାପାତ୍ର । ଅବଶ୍ୟ ଗୋକୁଳାନନ୍ଦ ମହାପାତ୍ରଙ୍କ ପୂର୍ବରୁ ବିଂଶ ଶତାବ୍ଦୀର ଦ୍ୱିତୀୟ, ତୃତୀୟ ଦଶନ୍ଧିବେଳକୁ ପ୍ରାଣକୃଷ୍ଣ ପରିଜା, ବିରାଜମୋହନ ସେନାପତି, ହରିଶ୍ଚନ୍ଦ୍ର ବଡ଼ାଳ ଏବଂ ନୀଳକଣ୍ଠ ଦାସଙ୍କ ଭଳି କେତେକ ପ୍ରାବନ୍ଧିକ ବିଜ୍ଞାନଭିତ୍ତିକ ପ୍ରବନ୍ଧ ରଚନା କରିଥିଲେ । ମାତ୍ର ଏ କ୍ଷେତ୍ରରେ ଗୋକୁଳାନନ୍ଦ ମହାପାତ୍ରଙ୍କର ଅବଦାନ ଥିଲା ଅତୁଳନୀୟ । ଓଡ଼ିଆ ସାହିତ୍ୟରେ ଯନ୍ତ୍ର ଯୁଗର ଆର୍ବିଭାବକୁ ସେ ଯେଉଭଳିଭାବେ ଦର୍ଶାଇଛନ୍ତି ତାହାର ଫଳସ୍ୱରୂପ ତାଙ୍କୁ ଏକ ପ୍ରମୁଖ ଭବିଷ୍ୟତବାଦୀ ସାହିତ୍ୟିକରୂପେ ଚିତ୍ରଣ କରାଯାଇପାରେ । ଅବଶ୍ୟ ଗୋକୁଳାନନ୍ଦ ମହାପାତ୍ର ଏହି ଧରଣର ସୃଷ୍ଟିପାଇଁ ଏଚ୍.ଜି.ୱେଲସ୍ (Herbert George Wells)ଙ୍କ ଦ୍ୱାରା ପ୍ରଭାବିତ ହୋଇଥିଲେ । ଯିଏକି ଜଣେ ଇଂରାଜୀ ସାହିତ୍ୟିକ ଥିଲେ । ତାଙ୍କର 'The Time Machine', The Invisible Man' ଭଳି କୃତି ଗୋକୁଳାନନ୍ଦଙ୍କୁ ବେଶ୍ ପ୍ରଭାବିତ କରିଥିଲା । ସେ ପ୍ରଥମେ ଆଠଗୋଟି ପ୍ରବନ୍ଧକୁ ନେଇ ବିଜ୍ଞାନ ବିସ୍ମୟ ନାମକ ଏକ ପୁସ୍ତକ ରଚନା କରିଥିଲେ । ଏହାପରେ ସେ ଅନେକ ବିଜ୍ଞାନଭିତ୍ତିକ ପ୍ରବନ୍ଧ, ଗଳ୍ପ, ଭ୍ରମଣକାହାଣୀ ଓ ଉପନ୍ୟାସ ରଚନା କରିଥିଲେ । ମାତ୍ର ଏହା ମଧ୍ୟରୁ ତାଙ୍କର ଉପନ୍ୟାସଗୁଡ଼ିକର ସ୍ୱାଦ ଥିଲା ନିଆରା । ଏଚ୍.ଜି.ୱେଲସ୍ ମଙ୍ଗଳ ଗ୍ରହ ଓ ଚନ୍ଦ୍ରକୁ ନେଇ ରଚନା କରିଥିବା ପୃଥିବୀ ବାହାରେ ମଣିଷ ଭଳି ମଙ୍ଗଳ ଗ୍ରହକୁ ଭିତ୍ତିକରି ଗୋକୁଳାନନ୍ଦ ମହାପାତ୍ର ରଚନା କରିଛନ୍ତି ତାଙ୍କର ପ୍ରଥମ ଉପନ୍ୟାସ ପୃଥିବୀ ବାହାରେ ମଣିଷ । ଏଥିରେ ମଙ୍ଗଳ ଗ୍ରହରେ ଉଦ୍ଭାବିତ ବହୁ ସମ୍ଭାବ୍ୟ ବୈଜ୍ଞାନିକ ଯନ୍ତ୍ରପାତିର ଉପସ୍ଥାପନା କରାଯାଇଛି । ଉପନ୍ୟାସ ପ୍ରକାଶ ହେବାର ୫୦ ବର୍ଷପରେ ପୃଥିବୀରେ ସେହି ଯନ୍ତ୍ରପାତିର ବ୍ୟବହାର ହେବାର ସମ୍ଭାବନାକୁ ଔପନ୍ୟାସିକ ଉପସ୍ଥାପିତ କରିଛନ୍ତି । ଯାହା ତାଙ୍କୁ ଏକ ଭବିଷ୍ୟତବାଦୀ ସାହିତ୍ୟିକରେ ପରିଣତ କରିଛି । ଏହି ଉପନ୍ୟାସରେ ପରମାଣୁ ଶକ୍ତିକୁ ନେଇ ରକେଟ୍ ପ୍ରସ୍ତୁତ ହୋଇଛି ଓ ସେହି ରକେଟ୍ ମାଧ୍ୟମରେ ଉପନ୍ୟାସର ନାୟିକା ଲରା ଓ ନାୟକ ଅଧ୍ୟାପକ ମଙ୍ଗଳ ଗ୍ରହକୁ ଯାଇଛନ୍ତି । ସେଠାରେ ବିଜ୍ଞାନର ଅଗ୍ରଗତି ଦେଖି ସେମାନେ ଅଭିଭୂତ ହୋଇଯାଇଛନ୍ତି । ଦୃଷ୍ଟାନ୍ତସ୍ୱରୂପ ଲେଖକଙ୍କର କେତେକ ପଙ୍‌କ୍ତିକୁ ଏଠାରେ ଉଦ୍ଧାର

କରାଯାଇପାରେ- ମଙ୍ଗଳ ଗ୍ରହରେ ଯେଉଁ ରାସ୍ତା ତାହା ଦେଖିବାକୁ କଳା ମଚ୍‌ମଚ୍। ସେ ରାସ୍ତାରେ ପୃଥିବୀର ରାସ୍ତା ପିଚୁ ହେଲାପରି ନୁହେଁ। ଖଣ୍ଡଖଣ୍ଡ ମସୃଣ କଳାପଥର ଦ୍ୱାରା ରାସ୍ତାଟି ଏପରି ନିର୍ମାଣ କରାଯାଇଛି ଯେ ଜଣେ ତାହାକୁ ସହଜରେ ଜାଣିପାରିବନାହିଁ ଯେ ପଥର ଖଣ୍ଡମାନ ସଂଯୋଗ କରାଯାଇଛି ବୋଲି। ରାସ୍ତାର ଦୁଇ ପାର୍ଶ୍ୱରେ ବିରାଟ ଶଶ୍ୟକ୍ଷେତ୍ର ଶୋଭା ପାଉଥାଏ। ସେଠାରେ ଦ୍ୱିତଳ, ତ୍ରିତଳ ଆଦି ପ୍ରାସାଦଗୁଡ଼ିକ ରାସ୍ତାକଡ଼ରେ ଅବସ୍ଥିତ। ...ସେଠାରେ ଘରଗୁଡ଼ିକ ନୂତନ ଧରଣର ତିଆରି। ପାପୋଛଗୁଡ଼ିକ ବିଦ୍ୟୁତ୍ ଚାଳିତ।..... ସନ୍ଧ୍ୟା ହେଲେ ବିଦ୍ୟୁତ୍‌ଗୁଡ଼ିକ ମନକୁ ମନ ଜଳନ୍ତି। ରିଚାର୍ଡସନ ଲରାକୁ ବୁଝାଇଦେଲେ ଯେ ଏହା ହେଉଛି 'ଟୋ ଇଲେକଟ୍ରୋନିକ୍ ସେଲର କାମ। ସେଠାକାର ବହିଗୁଡ଼ିକ ପୃଥିବୀର ବହିଗୁଡ଼ିକଠାରୁ ଅଲଗା। ପୃଷ୍ଠାଗୁଡ଼ିକ କାଚପରି ମସୃଣ। ସେଠାରେ ଘଣ୍ଟାକ ୮୦ ମିନିଟ୍। (ପୃ-୧୪) ଏହି ଉପନ୍ୟାସରେ ଲେଖକଙ୍କର କଳ୍ପନାରେ ମଙ୍ଗଳ ଗ୍ରହର ବର୍ଣ୍ଣନା ଅତ୍ୟନ୍ତ ଆକର୍ଷିତ ହୋଇଛି। ଯାହା ଆଜି ଏକବିଂଶ ଶତାବ୍ଦୀରେ ସତ୍ୟ ପ୍ରମାଣିତ ହୋଇଛି। ଏହିଭଳି ଚନ୍ଦ୍ରର ମୃତ୍ୟୁ ଉପନ୍ୟାସରେ କାଠରୁ ଭାତ, ରୁଟି, ଚିନି ଆଦି ପ୍ରସ୍ତୁତ ହେବାର ପରିକଳ୍ପନା ପ୍ରକାଶ ପାଇଛି। ଯାହା ଆଜି ଏକବିଂଶ ଶତାବ୍ଦୀରେ ସତ୍ୟହେବା ପରିଲକ୍ଷିତ ହୋଇଛି। ଚୀନ୍ ଦେଶ ଆଜି ପ୍ଲାଷ୍ଟିକ୍‌ରୁ ଅଣ୍ଡା, ଚାଉଳ, ଚିନି ଆଦି ପ୍ରସ୍ତୁତ କରିବା ପ୍ରସଙ୍ଗକୁ ଏହାର ଏକ ଉଦାହରଣଭାବେ ଗ୍ରହଣ କରାଯାଇପାରେ। ମୃତ୍ୟୁ ଏକ ମାତୃତ୍ୱର ଉପନ୍ୟାସ ହେଉଛି ଗୋକୁଳାନନ୍ଦଙ୍କର ଅନ୍ୟ ଏକ ଉଲ୍ଲେଖଯୋଗ୍ୟ ଉପନ୍ୟାସ। ଏଥିରେ ଏକ ସୁନ୍ଦର ଓ ସୁସ୍ଥ ନାରୀ ଅବସ୍ଥା ଚକ୍ରରେ ପଡ଼ି ଲିଙ୍ଗ ପରିବର୍ତ୍ତନ କରି ପୁରୁଷ ପାଲଟିଛି ଏବଂ ପୁରୁଷର ନିଜର ଜନ୍ମିତ ସନ୍ତାନ ପ୍ରତି ସ୍ନେହ ଆକର୍ଷଣ କମିଯାଇଛି। ଯାହା ଆଜି ଏକବିଂଶ ଶତାବ୍ଦୀର ଏକ ପ୍ରମୁଖ ପ୍ରସଙ୍ଗ କହିଲେ ଅତ୍ୟୁକ୍ତି ହେବନାହିଁ। ଆଜି ନାରୀମାନେ ନାରୀମାନଙ୍କ ପ୍ରତି ଓ ପୁରୁଷମାନେ ପୁରୁଷମାନଙ୍କ ପ୍ରତି ଆକର୍ଷିତ ହେବା। ଯାହାକୁ ସମଲିଙ୍ଗୀ ବା 'Homosexual' କୁହାଯାଉଛି ଏହାର ଏକ ନିଦର୍ଶନ। ସମଲିଙ୍ଗୀ ହେବା ଫଳରେ କେହିକେହି ନିଜର ଲିଙ୍ଗ ମଧ୍ୟ ପରିବର୍ତ୍ତନ କରୁଛନ୍ତି। ଯାହାକୁ ବହୁ ପୂର୍ବରୁ ଗୋକୁଳାନନ୍ଦ ମହାପାତ୍ର ତାଙ୍କର ମୃତ୍ୟୁ ଏକ ମାତୃତ୍ୱର ଉପନ୍ୟାସରେ ଦର୍ଶାଇଛନ୍ତି। ଭବିଷ୍ୟତବାଦୀମାନଙ୍କ ତୁଲ୍ୟ ମହାଶୂନ୍ୟକୁ ମଣିଷ ଯିବା ବହୁପୂର୍ବରୁ କୃତ୍ରିମ ଉପଗ୍ରହ ମହାଶୂନ୍ୟରେ ସୃଷ୍ଟି କରାଯାଇ ସେଠାରେ ମହାକାଶଚାରୀମାନେ ଅବସ୍ଥାନ କରିବା ତଥା ମହାକାଶ ସମ୍ବନ୍ଧୀୟ ବହୁତଥ୍ୟ ସଂଗ୍ରହ କରିବାର ସମ୍ଭାବନାକୁ ଗୋକୁଳାନନ୍ଦ ମହାପାତ୍ର ତାଙ୍କର କୃତ୍ରିମ ଉପଗ୍ରହ ଉପନ୍ୟାସରେ ପ୍ରକାଶ କରିଛନ୍ତି। ଔପନ୍ୟାସିକଙ୍କର ଏହି ସମ୍ଭାବନା ଆଜି ରୁଷୀୟ ଓ ଆମେରିକୀୟ ବୈଜ୍ଞାନିକମାନେ ମହାକାଶରେ କୃତ୍ରିମ

ଷ୍ଟେସନ ପ୍ରତିଷ୍ଠା କରି। ମହାକାଶ ସମ୍ପର୍କରେ ଅଧିକ ଗବେଷଣା କରିବା ମାଧ୍ୟମରେ ସତ୍ୟ ହୋଇପାରିଛି। ନିଶ୍ଚଳ ପୃଥିବୀ ହେଉଛି ଔପନ୍ୟାସିକଙ୍କର ଅନ୍ୟତମ ଭବିଷ୍ୟତର ବାର୍ତ୍ତା ବହନ କରିଥିବା ଏକ ଉପନ୍ୟାସ। ଏଥିରେ ଅସାଧ୍ୟ ରୋଗରେ ମୃତ୍ୟୁହେବା ପୂର୍ବରୁ କୃତ୍ରିମଭାବେ ଲାକ୍ଷଣିକ ମୃତ୍ୟୁ ଘଟାଇ ବୈଜ୍ଞାନିକମାନେ ସେହି ରୋଗୀକୁ ବୈଜ୍ଞାନିକ ପ୍ରଣାଳୀରେ ସଂରକ୍ଷିତ କରି ରଖିପାରିବା ଏବଂ ଯେଉଁଦିନ ସେହି ରୋଗର ଔଷଧ ଉଦ୍ଭାବିତ ହେବ ସେହିଦିନ ସେହି ରୋଗୀକୁ ଔଷଧ ଦେଇ ପୁନର୍ଜୀବିତ କରାଯାଇପାରିବ। ଏହିଭଳି ପରିକଳ୍ପନା ମଧ୍ୟ ଭବିଷ୍ୟତର ବାର୍ତ୍ତା ବହନ କରିଥାଏ। ଏହି ଉପନ୍ୟାସଗୁଡ଼ିକ ହିଁ ଗୋକୁଳାନନ୍ଦଙ୍କୁ ଏକ ଭବିଷ୍ୟତବାଦୀ ଔପନ୍ୟାସିକରେ ପରିଣତ କରିଛି। ଏହାଛଡ଼ା ଗୋକୁଳାନନ୍ଦଙ୍କର ଦ୍ୱିତୀୟ ପର୍ଯ୍ୟାୟର କେତେକ ଉପନ୍ୟାସ ଯଥା- ସ୍ଫୁଟନିକ, ନିସ୍ତବ୍ଧ ଗୋଧୂଳି, ମଧ୍ୟାହ୍ନର ଅନ୍ଧକାର ଓ ସୁନାର ଓଡ଼ିଶା ଆଦି ବୈଜ୍ଞାନିକ ଉପନ୍ୟାସ ହେବାସତ୍ତ୍ୱେ ଏହା ଏପରି ସରଳ ଓ ମନମୁଗ୍ଧକର ଶୈଳୀରେ ଚିତ୍ରିତ ହୋଇଛି ଯାହା ପାଠକକୁ ବିଜ୍ଞାନ ମଧ୍ୟରେ ବି ସରସତା ପ୍ରଦାନ କରିଥାଏ। ଗୋକୁଳାନନ୍ଦ ମହାପାତ୍ରଙ୍କର ବର୍ଣ୍ଣିତ ପ୍ରଥମ ପର୍ଯ୍ୟାୟର ଉପନ୍ୟାସଗୁଡ଼ିକ ମୁଖ୍ୟତଃ ଭବିଷ୍ୟତବାଦୀମାନଙ୍କ ତୁଲ୍ୟ ଆଧୁନିକ ଯନ୍ତ୍ରଯୁଗର ଗତିଶିଳତା, ଉର୍ଜା, ଜୀବନଶକ୍ତି ଏବଂ ଏହାର ପରିବର୍ତ୍ତନଶୀଳତା ଉପରେ ପ୍ରତିଷ୍ଠିତ। ଏହି ଉପନ୍ୟାସଗୁଡ଼ିକ ହିଁ ଗୋକୁଳାନନ୍ଦ ମହାପାତ୍ରଙ୍କୁ ଏକ ଭବିଷ୍ୟତବାଦୀ ଔପନ୍ୟାସିକରେ ପରିଣତ କରିଛି।

ଓଡ଼ିଆ ଉପନ୍ୟାସରେ ଜଗନ୍ନାଥ ଚେତନାର ପ୍ରତିଫଳନ

ଓଡ଼ିଆ ଜାତି ଓ ସମଗ୍ର ଓଡ଼ିଶାର ପ୍ରାଣସ୍ପନ୍ଦନ ପ୍ରଭୁ ଶ୍ରୀ ଜଗନ୍ନାଥଙ୍କୁ ଓଡ଼ିଆ ସାହିତ୍ୟର ମଧ୍ୟ ପ୍ରାଣସ୍ପନ୍ଦନ କହିଲେ ଅତ୍ୟୁକ୍ତି ହେବନାହିଁ। ଓଡ଼ିଆ ସାହିତ୍ୟ ଯେବେଠାରୁ ଆଖିଖୋଲିଛି ସେବେଠୁ ସେ ଦେଖିଛି ଜଗନ୍ନାଥଙ୍କୁ। ଜଗନ୍ନାଥଙ୍କୁ ବାଦ୍ ଦେଲେ ଯେପରି ଏହି ଜାତିଟି ଅନାଥ ହୋଇଯିବ। ସେହିପରି ଏହି ଜାତିର ସାହିତ୍ୟ ମଧ୍ୟ ହୋଇଯିବ ବିକଳାଙ୍ଗ। ତେଣୁ ଓଡ଼ିଆ ସାହିତ୍ୟକୁ ଜନ୍ମଦେଇଥିବା ବା ଓଡ଼ିଆ ସାହିତ୍ୟର ମୂଳଦୁଆ ପକାଇଥିବା 'ସାରଳା ଦାସ' ଦେବୀ ଉପାସକ ହେଲେ ମଧ୍ୟ, ନିଜ ଶ୍ରେଷ୍ଠକୃତି 'ମହାଭାରତ'ରେ ଜଗନ୍ନାଥଙ୍କୁ ବନ୍ଦନା କରିବାକୁ ଭୁଲିନାହାନ୍ତି।

"ବନ୍ଦଇ ଶ୍ରୀ ଜଗନ୍ନାଥ ବଇକୁଣ୍ଠବାସୀ
ବୌଦ୍ଧରୂପେ ନୀଳଗିରି ଶିଖେ ଅଛ ବସି।"
(ସୂର୍ଯ୍ୟନାରାୟଣ ଦାସ – ଓଡ଼ିଆ ସାହିତ୍ୟର ଇତିହାସ-୧ଭାଗ-ପୃ-୨୬୭)

ଏହିପରିଭାବେ ଉତ୍କଳୀୟ ବୈଷ୍ଣବ ତଥା ପିଣ୍ଡବ୍ରାହ୍ମାଣ୍ଡବାଦରେ ବିଶ୍ୱାସୀ ପଞ୍ଚସଖା ହୁଅନ୍ତୁ କି, କାଞ୍ଚନିକ ଯୁଗର କବିଗଣ। ପୁଣି ସେ ମାଦଳାପାଞ୍ଜି ହେଉ ("ଓଡ଼ିଶା ରାଜାର ପ୍ରଭୁ ଯେ ଶ୍ରୀ ଜଗନ୍ନାଥ ମହାପ୍ରଭୁ ସେ କାହିଁଛନ୍ତି ? ମୁଗଲ ଗୋଳ ହୋଇଲାକୁ ସୋମଦ୍ର ମାଡ଼ି ଅଇଲାକୁ,")କି ରୁଦ୍ରସୁଧାନିଧି। ପୁଣି ରୀତିଯୁଗର କାବ୍ୟକର୍ତ୍ତାମାନେ ହୁଅନ୍ତୁ କି, ଆଧୁନିକ ଯୁଗର ସାହିତ୍ୟକାର। ଓଡ଼ିଆ ସାହିତ୍ୟର କେନ୍ଦ୍ରବିନ୍ଦୁରେ ରହିଛନ୍ତି ପ୍ରଭୁ ଶ୍ରୀ ଜଗନ୍ନାଥ। ତେଣୁ ଓଡ଼ିଆ ସାହିତ୍ୟର ପ୍ରତ୍ୟେକଟି ବିଭବ ତାହା କବିତା ହେଉ କି ଗଳ୍ପ, ପ୍ରବନ୍ଧ ହେଉକି ଉପନ୍ୟାସ ସବୁକିଛି ଜଗନ୍ନାଥମୟ।

ଏହି ଦୃଷ୍ଟିକୋଣରୁ ଓଡ଼ିଆ ଉପନ୍ୟାସ ସାହିତ୍ୟକୁ ବିବେଚନା କଲେ ଜଣାଯିବ

ଯେ, ବହୁ ଉପନ୍ୟାସ ଜଗନ୍ନାଥଙ୍କୁ କେନ୍ଦ୍ରକରି ରଚିତ ହୋଇଛି। ଯଦିଓ କାବ୍ୟକବିତା ତୁଳନାରେ ଏହା ସ୍ୱଳ୍ପ। ତଥାପି ଏହାର ଏକ ସ୍ୱତନ୍ତ୍ର ସ୍ଥାନ ରହିଛି। ଜଗନ୍ନାଥଙ୍କୁ କେନ୍ଦ୍ରକରି ଓଡ଼ିଆ ସାହିତ୍ୟରେ ରଚିତ କେତେକ ଉପନ୍ୟାସ ହେଉଛି- ଗୋପୀନାଥ ମହାନ୍ତିଙ୍କର 'ଲୟବିଲୟ'(୧୯୬୧), ଚନ୍ଦ୍ରଶେଖର ରଥଙ୍କର 'ଯନ୍ତ୍ରାରୂଢ଼'(୧୯୬୭), ସୁରେନ୍ଦ୍ର ମହାନ୍ତିଙ୍କର 'ନୀଳଶୈଳ'(୧୯୬୮) ଓ 'ନୀଳାଦ୍ରି ବିଜୟ'(୧୯୮୦), ଶାନ୍ତନୁ କୁମାର ଆଚାର୍ଯ୍ୟଙ୍କର 'ଶକୁନ୍ତଳା'(୧୯୮୦), ବ୍ରଜମୋହନ ମହାନ୍ତିଙ୍କର 'ଲଳିତା ଲବଙ୍ଗଲତା'(୧୯୮୨), ବିକ୍ରମ ଦାସଙ୍କର 'ମଣିମାଡିହ'(୧୯୮୧), 'ଅଲିଭା ଇତିହାସ'(୧୯୮୨) ଓ 'ନିର୍ବାସିତ ଗଜପତି', ବଳରାମ ପଟ୍ଟନାୟକଙ୍କ 'ଅନାଦି ଅନନ୍ତ'(୧୯୮୭), 'ପାର୍ଶ୍ୱଦେବତା'(୧୯୯୦), 'ଚରୈବେତି' (୧୯୯୩), ଓ 'ଅନେକ ରୂପ ରୂପାୟ'(୧୯୯୫), ବିଜୟିନୀ ଦାସଙ୍କର 'ଦେବଦାସୀ' (୧୯୮୯) ଏବଂ ଶାନ୍ତି ମହାପାତ୍ରଙ୍କର 'ସ୍ୱାଧିନତାର ଶେଷ ସୂର୍ଯ୍ୟ'(୧୯୯୪)।

୧୯୬୧ ମସିହାରେ ରଚିତ ଗୋପୀନାଥ ମହାନ୍ତିଙ୍କର 'ଲୟବିଲୟ' ଉପନ୍ୟାସଟି ହେଉଛି ଚେତନା ପ୍ରବାହର ଧାରା ଉପରେ ପର୍ଯ୍ୟବସିତ ଏକ ସଫଳ ସୃଷ୍ଟି। ମାତ୍ର ଚାରିଦିନର ପୃଷ୍ଠଭୂମିରେ ଦଣ୍ଡାୟମାନ ଏହି ଉପନ୍ୟାସରେ ମଣିଷର ଅବଚେତନ ମନଟି ଯେପରି ପ୍ରତିଫଳିତ ହୋଇଛି, ତାହା ବାସ୍ତବିକ ବେଶ୍ ଉଚ୍ଚକୋଟିର। ଆଜିର ସମାଜରେ ମଣିଷ ବଞ୍ଚିବାପାଇଁ ତଥା ନିଜର ସାଧାରଣ ଆବଶ୍ୟକତା ପୂରଣ କରିବାପାଇଁ ଅହରହ ସଂଗ୍ରାମ କରି ଚାଲିଛି। କଳକାରଖାନାରେ କଳର ମଣିଷ ସାଜି ବାସ୍ତବରେ ସେ ନିର୍ଜିବ ବସ୍ତୁଟିଏ ପରି ହୋଇଯାଇଛି। ଏହିପରି ଏକ ବିପର୍ଯ୍ୟାୟରେ ଧନ୍ଦି ହେଉଥିବା କଳର ମଣିଷ 'ତରୁଣ ରାୟ'କୁ ନେଇ ଆଲୋଚ୍ୟ ଉପନ୍ୟାସଟି ଗତିଶୀଳ। କଳକାରଖାନାର ବିଷାକ୍ତ ଧୂଆଁରେ ଧନ୍ଦି ହେଉଥିବା ଏହି ତରୁଣ ରାୟର ଅବଚେତନ ମନଟି ଶେଷରେ ଏହି ସବୁର ମୁକ୍ତି ପାଇବାପାଇଁ ତାକୁ ଟାଣିନେଇଛି ଜାତିର ପିତା ଜଗନ୍ନାଥଙ୍କ ପାଖକୁ। ନିଜ ପରିବାର ସହିତ ଟ୍ରେନ୍‌ରେ ପୁରୀ ଆସୁଥିବା ସମୟରେ ଦୂରରୁ ଶ୍ରୀ ଜଗନ୍ନାଥ ମନ୍ଦିରକୁ ଦେଖି ଭାବାନ୍ତର ସୃଷ୍ଟିହୋଇଛି ତା' ମନରେ- "ସତେ ଅବା ସେ ମନ୍ଦିର ନୁହେଁ, ସେ ଗୋଟିଏ ଆତ୍ମାର ରୂପ।" ଶ୍ରୀ ଜଗନ୍ନାଥ ଏବଂ ମହୋଦଧିର ବିସ୍ତିର୍ଣ୍ଣତା ଭିତରେ ନିଜ ଜୀବନର ସଂକୀର୍ଣ୍ଣତାକୁ ସେ ବିଲୟ କରିଦେଇଛନ୍ତି।

ପ୍ରଭୁ ଶ୍ରୀ ଜଗନ୍ନାଥଙ୍କ କଳାକଳା ଆଖିଦୁଇଟିର ମାୟା ସମଗ୍ର ଓଡ଼ିଆ ଜାତିକୁ ଯେପରି ବାନ୍ଧିରଖିଛି, ସେଥିରୁ ବାହାରିବା କୌଣସି ଓଡ଼ିଆଙ୍କ ପାଖରେ ବାସ୍ତବିକ ଅସମ୍ଭବ। ଜଗନ୍ନାଥଙ୍କୁ ଦେଖିଦେବାପରେ ସେ ସବୁକିଛି ଭୁଲିଯାଏ ଓ ସ୍ୱତଃସ୍ଫୁତଭାବେ

ତା' କଣ୍ଠରୁ ବାହାରି ଆସେ- "ଓହୋ, ଓହୋ ! ଜଗନ୍ନାଥ! ନିସ୍ତରିଲି ପ୍ରଭୁ! ହେ ବଳିଆର ଭୁଜ! ହେ ଚକାନୟନ! ହେ ପତିତପାବନ ହରି! ଏ ରୂପ ଦେଖି ଜୀବଯାଉ ହେ ପ୍ରଭୁ।" ସଂସାରରୁ ମୁକ୍ତି ତଥା ଆତ୍ମାର ତୃପ୍ତି ପାଇବାପାଇଁ ଏହି ଓଡ଼ିଆ ଯେତେ 'ମଥୁରା', 'କାଶୀ' ଓ 'ବୃନ୍ଦାବନ' ବୁଲିଲେ ସୁଦ୍ଧା ଶଙ୍ଖକ୍ଷେତ୍ରର ବଡ଼ଦାଣ୍ଡରେ ଏବଂ ମହୋଦଧି ମଧ୍ୟରେ ନିଜକୁ ହଜାଇ ଦେଇ ତା' ଭିତରେ ଖୋଜନ୍ତି ନିଜ ଜୀବନର ସାର୍ଥକତା। ଏହିଭଳି ଏକ ଓଡ଼ିଆ 'ସନାତନ ଦାସ' ହେଉଛନ୍ତି ଚନ୍ଦ୍ରଶେଖର ରଥଙ୍କର 'ଯନ୍ତ୍ରାରୂଢ଼'ର ନାୟକ। ଯିଏ ନିଜସହ ଯୁଦ୍ଧ କରିକରି ନିଜ ସତ୍ତାକୁ ହଜାଇ ଦେଇଛି ସେହି ଜଗନ୍ନାଥଙ୍କର ଦୁଇଟି କଳାକଳା ଆଖି ମଧ୍ୟରେ। ବାସ୍ତବିକ ଚନ୍ଦ୍ରଶେଖରଙ୍କର ଏହି ନାୟକ ହେଉଛି ସମଗ୍ର ଓଡ଼ିଆ ଜାତିର ଏକ ପ୍ରତୀକ।

ବିଶେଷତଃ 'ନୀଳଶୈଳ' ଉପନ୍ୟାସ (୧୯୬୮) ପାଇଁ ପ୍ରତିଷ୍ଠା ପାଇଥିବା 'ସୁରେନ୍ଦ୍ର ମହାନ୍ତି'। ପାଠକର ଆଗ୍ରହକ୍ରମେ ଏହି ଉପନ୍ୟାସ ସୃଷ୍ଟିର ବାରବର୍ଷପରେ ସୃଷ୍ଟିକରିଥିବା 'ନୀଳାଦ୍ରି ବିଜୟ'(୧୯୮୦) ଉଭୟ ହେଉଛି, ଓଡ଼ିଆ ଜାତିର ପ୍ରାଣସ୍ପନ୍ଦନ ଜଗନ୍ନାଥଙ୍କୁ କେନ୍ଦ୍ରକରି ରଚିତ ଦୁଇଟି ଉଲ୍ଲେଖଯୋଗ୍ୟ ସୃଷ୍ଟି। ପୁରାଣ ସୁଲଭ ଅଲୌକିକତା ଏହି ଗ୍ରନ୍ଥ ଦ୍ୱୟରେ ଦେଖିବାକୁ ମିଳେନାହିଁ। ଏଥିରେ ଦେଖିବାକୁ ମିଳେ ବାସ୍ତବ ଜୀବନର ଚିତ୍ର। ଏହି ଉପନ୍ୟାସ ଦ୍ୱୟର ନାୟକ ହେଉଛନ୍ତି ସ୍ୱୟଂ ପ୍ରଭୁ ଶ୍ରୀ ଜଗନ୍ନାଥ। ରାଜା ରାମଚନ୍ଦ୍ର ଦେବଙ୍କ ସମୟର ଓଡ଼ିଶାର ଐତିହାସିକ ଘଟଣା ଏବଂ ତାକି ଖାଁ ସହିତ ଦ୍ୱନ୍ଦ୍ୱ ଆଦିକୁ ଆଧାର କରି ଏହି ଉପନ୍ୟାସ ରଚିତ ହୋଇଥିଲେ ହେଁ। ଏଥିରେ ମୁଖ୍ୟତଃ ଦେଖିବାକୁ ମିଳେ ଭକ୍ତ ଓ ଭଗବାନଙ୍କ ମଧ୍ୟରେ ପ୍ରେମ। ପ୍ରକୃତପକ୍ଷେ କହିବାକୁ ଗଲେ ଏକ ଐତିହାସିକ ଉପନ୍ୟାସ ଲେଖୁଲେଖୁ ଔପନ୍ୟାସିକ ଲେଖି ବସିଛନ୍ତି ଏକ ମହାକାବ୍ୟିକ ଉପନ୍ୟାସ।

୧୯୮୦ ମସିହାରେ ରଚିତ ଶାନ୍ତନୁ କୁମାର ଆଚାର୍ଯ୍ୟଙ୍କର 'ଶକୁନ୍ତଳା' ଉପନ୍ୟାସଟି ହେଉଛି ଏକ ଭିନ୍ନ ସ୍ୱାଦର ଉପନ୍ୟାସ। ଏକ ମିଥ୍ ଚରିତ୍ରକୁ କେନ୍ଦ୍ରକରି ଗଢ଼ିଉଠିଥିବା ଏହି ଉପନ୍ୟାସଟି ରାଜନୈତିକ ତତ୍ତ୍ୱ, ଜାତୀୟ ଜୀବନର ହା' ହୁତାଶା, ବିମର୍ଷ ଓ ବିପର୍ଯ୍ୟୟର ଏକ ଜୀବନ୍ତଚିତ୍ର। ତତ୍‌ସହିତ ଲକ୍ଷ୍ୟଭ୍ରଷ୍ଟ ରାଜନୀତି ଓ ସାମାଜିକ ଆନ୍ଦୋଳନର ପୃଷ୍ଠଭୂମିରେ ଭାରତୀୟ ସନାତନତ୍ୱର ଅଖଣ୍ଡତା ପ୍ରତିଷ୍ଠାର ଉଦ୍ୟମ। ଆଲୋଚ୍ୟ ଉପନ୍ୟାସରେ 'କଣ୍ଢୁଆ' ଗ୍ରାମର ପୃଷ୍ଠଭୂମିରେ ସମାଜବାଦ, ସାମ୍ୟବାଦ, ଭୂଦାନପ୍ରଚାର, ନକ୍ସଲପନ୍ଥୀ କାର୍ଯ୍ୟକଳାପ ଏସବୁର ପରୀକ୍ଷା କରାଯାଇଛି ଏକ ନୂତନସମାଜ ପ୍ରତିଷ୍ଠାପାଇଁ। ନକ୍ସଲମାନେ ଜଗନ୍ନାଥ, ବଳଭଦ୍ର ଓ ସୁଭଦ୍ରାଙ୍କର ମୂର୍ତ୍ତିକୁ ମନ୍ଦିରରୁ ନେଇ ଫୋପାଡ଼ି ଦେଇଛନ୍ତି ବିଲରେ। ହେଲେ ଏହି ସମାଜରେ ଜଗନ୍ନାଥ

ଚେତନା ବା ଭଗବତ୍ ଚେତନା ଏତେ ଦୃଢ଼ ଯେ ନକ୍ସଲମାନଙ୍କର ଏହି ପରୀକ୍ଷା ହୋଇଛି ବିଫଳ। ଫଳରେ ଶେଷରେ ସେମାନେ ଜନସମର୍ଥନ ପାଇବାପାଇଁ ପୁଣିଥରେ ଦେବପ୍ରତିମାଙ୍କୁ ମନ୍ଦିରକୁ ଫେରାଇ ଆଣିଛନ୍ତି।

ଓଡ଼ିଶାର ସଂସ୍କୃତି, ପରମ୍ପରା ଓ କିମ୍ବଦନ୍ତୀକୁ ଆଧାରକରି ରଚିତ ବ୍ରଜମୋହନ ମହାନ୍ତିଙ୍କ 'ଲଳିତା ଲବଙ୍ଗଲତା' ହେଉଛି 'ଗୀତଗୋବିନ୍ଦ'ର ରଚୟିତା 'ଜୟଦେବଙ୍କ'ର ଜୀବନୀ ଆଧାରିତ ଏକ ସାର୍ଥକ ଉପନ୍ୟାସ। ଯାହାକୁ ଔପନ୍ୟାସିକ ପ୍ରଥମ ଜୀବନୀମୂଳକ ଉପନ୍ୟାସ ବୋଲି ଆଖ୍ୟା ଦେଇଛନ୍ତି। ଆଲୋଚ୍ୟ ଉପନ୍ୟାସରେ ଜୟଦେବଙ୍କର ଜନ୍ମ, ତାଙ୍କ ପିତାମାତାଙ୍କର ମୃତ୍ୟୁ, ପଦ୍ମାବତୀଙ୍କ ସହ ବିବାହ ଆଦି ପ୍ରସଙ୍ଗ ଆଲୋଚିତ ହୋଇଥିଲେ ହେଁ, ଏଥିରେ ମୁଖ୍ୟତଃ ଗୁରୁତ୍ୱ ଲାଭକରିଛି ଭଗବାନଙ୍କର ଭକ୍ତ ପ୍ରତି ପ୍ରେମ। ମହାପ୍ରଭୁ ଶ୍ରୀ ଜଗନ୍ନାଥଙ୍କର ଆର୍ଶୀବାଦ ଫଳରେ ଜୟଦେବ ନିର୍ମଳ ପ୍ରେମ ରସକୁ ଆଧାରକରି ଶୃଙ୍ଗାର ରସଶ୍ରେଷ୍ଠ ଗୀତଗୋବିନ୍ଦ ରଚନା କରିବା, ଶିଶୁ ରୂପରେ ସ୍ୱୟଂ ଜଗନ୍ନାଥ ଓ ବଳଭଦ୍ର ପଦ୍ମାବତୀଙ୍କ କଣ୍ଠରୁ ଗୀତଗୋବିନ୍ଦ ଶୁଣିବାକୁ ଆସିବା, ଜୟଦେବଙ୍କ ପ୍ରତି ହେଉଥିବା ବିଭିନ୍ନ ଷଡ଼ଯନ୍ତ୍ରରୁ ତାଙ୍କୁ ରକ୍ଷାକରିବା ଆଦି ବିଭିନ୍ନ ଅଲୌକିକ ଘଟଣାର ପୃଷ୍ଠଭୂମିରେ ରଚିତ ଏହି ଉପନ୍ୟାସଟି ବାସ୍ତବିକ ଜଗନ୍ନାଥ ଚେତନା ସମ୍ବଳିତ ଏକ ଶ୍ରେଷ୍ଠ ଉପନ୍ୟାସ।

୧୮୦୩ ମସିହାରେ ଇଂରେଜମାନେ ଓଡ଼ିଶାକୁ ଅଧିକାର କରିବାପରେ ତାଙ୍କର ପ୍ରଥମ ଲକ୍ଷ୍ୟ ହୋଇଥିଲା ଜଗନ୍ନାଥ ସଂସ୍କୃତିକୁ ନଷ୍ଟ କରିବା। ଓଡ଼ିଶାର ଜାତୀୟ ଦେବତା ଶ୍ରୀ ଜଗନ୍ନାଥ ଓ ତାଙ୍କ ପ୍ରତିନିଧି ଠାକୁର ରାଜାଙ୍କୁ ଲୋକଚକ୍ଷୁରେ ହୀନ କରିବାଥିଲା ତାଙ୍କର ଲକ୍ଷ୍ୟ। ତେଣୁ ଫକୀରମୋହନ ସେନାପତି ତାଙ୍କର 'ଆତ୍ମଚରିତ'ରେ ଜଗନ୍ନାଥଙ୍କୁ ନିନ୍ଦା କରୁଥିବା ଇଂରେଜ ସରକାରଙ୍କର ଏକ ବିକୃତ ଓଡ଼ିଆ ଅନୁବାଦ ପ୍ରକାଶ କରିବାକୁ ଯାଇଁ ଲେଖିଛନ୍ତି- "ଏ ବାଇମାନେ, ତୁମ୍ଭମାନଙ୍କ ଜଗନ୍ନାଥ କାଷ୍ଠ ଅଛି, ପାଷାଣ ଅଛି, ସେ କିଛି ନୁହେଁ। ତାକୁ ବଜିଲେ ଅନନ୍ତ ନରକରେ ପଡ଼ିବ। ପ୍ରବୁ ଯିଶୁଖ୍ରିଷ୍ଟ ତ୍ରାଣକର୍ତ୍ତା ଅଟନ୍ତି। ତାଙ୍କୁ ବଜିଲେ ଆଲୁଅ ପାଇବ, ସ୍ୱର୍ଗ ରାଜ୍ୟରେ ଅଧିକାରୀ ହେବ।" (ଫକୀରମୋହନ ସେନାପତି-ଆତ୍ମଚରିତ-ପୃ-୩୩)। ଔପନ୍ୟାସିକ ବିକ୍ରମ ଦାସଙ୍କର 'ମଣିମାଡିହ'(୧୯୮୧), 'ଅଲିଭା ଇତିହାସ'(୧୯୮୨) ଏବଂ 'ନିର୍ବାସିତ ଗଜପତି' ଉପନ୍ୟାସଗୁଡ଼ିକ ଏହି ସମସ୍ୟା ଉପରେ ଆଧାରିତ। ଏହି ପ୍ରତ୍ୟେକଟି ଉପନ୍ୟାସରେ ଅତ୍ୟାଚାରୀ ଇଂରେଜ ଶାସକଙ୍କଦ୍ୱାରା ଜଗନ୍ନାଥ ସଂସ୍କୃତିକୁ ବିଲୋପ କରିବାପାଇଁ ଚକ୍ରାନ୍ତ ଦେଖିବାକୁ ମିଳେ। ଏହାଛଡ଼ା ରାଜତନ୍ତ୍ରର ଲୋପ ଆଳରେ ଯେଉଁ ଗଜପତିମାନଙ୍କୁ ଓଡ଼ିଶାର ଲୋକମାନେ ଜଗନ୍ନାଥଙ୍କର ଚଳନ୍ତିପ୍ରତିମା ଭାବରେ

ଗ୍ରହଣ କରିଥିଲେ, ସେମାନଙ୍କ ଉପରେ ମଧ୍ୟ ଅତ୍ୟାଚାର ଆରମ୍ଭ କରିଦେଇଛନ୍ତି। ଏହି ଉପନ୍ୟାସଗୁଡ଼ିକରେ ଜଗନ୍ନାଥଙ୍କ ସମ୍ପର୍କିତ କୌଣସି ଅଲୌକିକ ଘଟଣା ପରିଲକ୍ଷିତ ହୋଇନଥିଲେ ହେଁ, ନିଜର ସଂସ୍କୃତିକୁ ରକ୍ଷାକରିବାପାଇଁ ଓଡ଼ିଆ ପ୍ରାଣର ବ୍ୟାକୁଳତା ତଥା ନିଜର ରାଜାକୁ ଠାକୁରରାଜା କହି ଜଗନ୍ନାଥଙ୍କର ଚଳନ୍ତିପ୍ରତିମା ସହ ତୁଳନା କରୁଥିବା ପ୍ରଜାମାନଙ୍କର ରାଜାଙ୍କର ଦୁଃଖରେ ଭାଙ୍ଗିପଡ଼ିବା ବିଶେଷଭାବେ, ପାଠକର ଦୃଷ୍ଟିକୁ ଆକର୍ଷିତ କରିଥାଏ। ଦୃଷ୍ଟାନ୍ତସ୍ୱରୂପ- ଏକ ପ୍ରଜା କଣ୍ଠରୁ ରାଜାଙ୍କ ପ୍ରତି ବାହାରିଥିବା ଉକ୍ତିକୁ ଗ୍ରହଣ କରାଯାଇପାରେ- "ଆପଣ ଜଗନ୍ନାଥଙ୍କ ଚଳନ୍ତି ପ୍ରତିମା ବୋଲି ଆପଣଙ୍କୁ ରଥ ଉପରେ ଦେଖିବାକ୍ଷଣି ଲକ୍ଷଲକ୍ଷ ଭକ୍ତଙ୍କ ଆଖିରୁ ଲୁହ ଗଡ଼ି ପଡୁଥିଲା। ଏବେ ଆପଣଙ୍କ ଆଖିରେ ଲୁହ ସେ ପୁଣି ଦୁର୍ଦ୍ଦଶା ଯୋଗୁଁ ଆପଣଙ୍କୁ ଦୋଷୀକରି ବିଦେଶୀ ବିଧର୍ମୀ ସରକାର ବନ୍ଦୀ କରିପାରିଲା। ଏହା ନିଶ୍ଚୟ ଏକ ବିରାଟ ଷଡ଼ଯନ୍ତ୍ର। କିନ୍ତୁ ବଡ଼ ଆଶ୍ଚର୍ଯ୍ୟର କଥା। ସେଥିରେ କେହି ପାଟି ଫିଟାଇଲେ ନାହିଁ କି କାର୍ଯ୍ୟର ପ୍ରତିବାଦ କଲେନାହିଁ। ଆପଣଙ୍କୁ ବନ୍ଦୀ ଭାବରେ କଳାପାଣି ଯିବାକୁ ଛାଡ଼ିଦେଲେ। ହାୟ; ହତଭାଗ୍ୟ ଦେଶ। ଏ ଦେଶର ସବୁ ଲୋକଙ୍କୁ ଇଂରେଜ ମେରୁଦଣ୍ଡ ଶୂନ୍ୟ କରିଦେଲେ।"(ନିର୍ବାସିତ ଗଜପତି-ପୃ-୫୯)।

ମହାପ୍ରଭୁ ଶ୍ରୀ ଜଗନ୍ନାଥଙ୍କୁ କେନ୍ଦ୍ରକରି ପୁରୀର ସଭ୍ୟତା ଓ ସଂସ୍କୃତିର ପୃଷ୍ଠଭୂମି ଉପରେ ଗଢ଼ିଉଠିଛି ବଳରାମ ପଟ୍ଟନାୟକଙ୍କର 'ଅନାଦି ଅନନ୍ତ' (୧୯୮୭), 'ପାର୍ଶ୍ୱଦେବତା' (୧୯୯୦), 'ଚରୈବେତି' (୧୯୯୩) ଏବଂ 'ଅନେକ ରୂପ ରୂପାୟ' (୧୯୯୫) ଆଦି ଉପନ୍ୟାସ। ସମ୍ପୃକ୍ତ ଉପନ୍ୟାସଗୁଡ଼ିକୁ ଆଞ୍ଚଳିକ ଉପନ୍ୟାସ ମଧ୍ୟ କହିଲେ ଅତ୍ୟୁକ୍ତି ହେବନାହିଁ। କାରଣ ଏଥିରେ ପୁରୀର କଥିତଭାଷା, ଲୋକୋକ୍ତି, ଲୋକଗୀତି, ପ୍ରବାଦ ଓ ପ୍ରବଚନ ମଧ୍ୟ ଦେଖିବାକୁ ମିଳେ। ଏହି ଚାରିଟି ଉପନ୍ୟାସରେ ଭିନ୍ନଭିନ୍ନ ଚରିତ୍ର, ଘଟଣା ଆଦି ପରିଲକ୍ଷିତ ହୋଇଥିଲେ ହେଁ, ଏହି ଉପନ୍ୟାସଗୁଡ଼ିକର କେନ୍ଦ୍ରବିନ୍ଦୁ ଗୋଟିଏ ବୋଲି ମନେହୁଏ। ସତେ ଯେପରି ଜଗନ୍ନାଥସଂସ୍କୃତି ରୂପକ ବିଜରୁ ସୃଷ୍ଟି ଏହି ଚାରିଟି ଏକ ମହାଦ୍ରୁମ। ଜଗନ୍ନାଥଚେତନା ଓଡ଼ିଆମାନଙ୍କୁ ଏପରି ବାନ୍ଧିରଖିଛି ଯେ, ସେମାନେ ଜୁଆଡ଼େ ବି ଯାଆନ୍ତୁ ନା କାହିଁକି ଜଗନ୍ନାଥଙ୍କୁ କେବେହେଲେ ଛାଡ଼ିପାରନ୍ତି ନାହିଁ। ଶ୍ରୀ ଜଗନ୍ନାଥଙ୍କ ଚରଣାବିନ୍ଦ ତଳେ ଅନ୍ତିମ ସମୟ କଟାଇବାକୁ ଫେରିଆସନ୍ତି ତାଙ୍କ ପାଖକୁ। ଯାହା ଉପନ୍ୟାସଗୁଡ଼ିକର କେତେକ ଚରିତ୍ରଙ୍କ କ୍ଷେତ୍ରରେ ଦେଖିବାକୁ ମିଳେ। ମୋଟ୍ ଉପରେ ଜଗନ୍ନାଥ ସଂସ୍କୃତିକୁ ନେଇ ଗଢ଼ିଉଠିଥିବା ପୁରୀର ସଂସ୍କୃତିର ସାମଗ୍ରିକରୂପ ଦେଖିବାକୁ ମିଳେ ଏହି ଚାରିଟି ଉପନ୍ୟାସରେ। ସେ ଖୁରି ନାୟକ ମାଧ୍ୟମରେ ପାଞ୍ଜିପାଠ କଥା ହେଉ କିମ୍ବା ଚନ୍ଦନ ଯାତ୍ରା, ଗଣେଷ

ପୂଜାବେଳେ ଯାତ୍ରାଭିନୟ, ଗୋଟିପୁଅ ନାଚ, ପାଲା, ଦାସକାଠିଆ, ନାଗାମେଢ଼, ଚଇତିଘୋଡ଼ାନାଚ, ଦେବଦାସୀ ନୃତ୍ୟ, ନବକଳେବର ବିଧାନ ଆଦି ମାଧ୍ୟମରେ ପୁରୀ ସହ ସାମଗ୍ରିକ ଓଡ଼ିଶାର ଲୋକସଂସ୍କୃତିର ଚିତ୍ରଣ ଦେଖିବାକୁ ମିଳେ। ପୁଣି ବିଭିନ୍ନ କିମ୍ବଦନ୍ତୀ ଯଥା- ଶ୍ରୀ ଚୈତନ୍ୟଙ୍କ ପାଦଚିହ୍ନ, ସାତଲହଡ଼ି ମଠ, ଜଗନ୍ନାଥ ଦସଙ୍କ ମହାତ୍ମ୍ୟ (୭ଦିନ ପୁରୁଷ ଓ ୩ଦିନ ନାରୀହେବା), ଅଚ୍ୟୁତାନନ୍ଦଙ୍କ ବଟବୃକ୍ଷ୍ୟ, ବଳରାମ ଦାସଙ୍କ ବାଲିରଥ ନିର୍ମାଣ, ସାଲବେଗଙ୍କର ଅଲୌକିକ ମହିମା, ଇନ୍ଦ୍ରଦ୍ୟୁମ୍ନଙ୍କ କୂର୍ମରୂପ ଆଦିର ମଧ୍ୟ ଚିତ୍ରଣ ଦେଖିବାକୁ ମିଳେ ଯାହା ଆମ ପଞ୍ଚସଖା ସାହିତ୍ୟର ମୁଖ୍ୟସ୍ୱରୂପ। ଏହିଭଳିଭାବେ ଏହି ଚାରିଟି ଉପନ୍ୟାସ ଜଗନ୍ନାଥ ସଂସ୍କୃତିର ଏକଏକ ବିଶିଷ୍ଟ ଚିତ୍ରଣ।

ପ୍ରଭୁ ଶ୍ରୀ ଜଗନ୍ନାଥଙ୍କୁ ନିଜ ସ୍ୱାମୀଭାବେ ଗ୍ରହଣକରି ସମଗ୍ର ଜୀବନ କାମ, କ୍ରୋଧ, ଲୋଭ ଓ ମୋହରୁ ଦୂରେଇ ରହୁଥିବା, ଦେବଦାସୀମାନଙ୍କର ଜୀବନକୁ ନେଇ ରଚିତ ହୋଇଛି ବିଜୟିନୀ ଦାସଙ୍କର 'ଦେବଦାସୀ' ଉପନ୍ୟାସ। ଦେବଦାସୀ ପରମ୍ପରା ଓ ସେମାନଙ୍କର ଜୀବନର ବିପର୍ଯ୍ୟାୟକୁ କେନ୍ଦ୍ରକରି ଏହି ଉପନ୍ୟାସଟି ରଚିତ ହୋଇଥିଲେ ହେଁ, ଏଥିରେ ମୁଖ୍ୟତଃ ଗୁରୁତ୍ୱଲାଭ କରିଛି ଜଗନ୍ନାଥ ସଂସ୍କୃତି ଓ ପରମ୍ପରା। କାରଣ ଜଗନ୍ନାଥ ସଂସ୍କୃତି ଓ ପରମ୍ପରାର ଏକ ଅବିଚ୍ଛେଦ ଅଙ୍ଗ ହେଉଛି ଦେବଦାସୀ ସଂସ୍କୃତି। ଓଡ଼ିଶାର ଇତିହାସର ମାଦଳାପାଞ୍ଜିଠାରୁ ନେଇ ଅନ୍ୟାନ୍ୟ କେତେକ ଉପାଦାନରେ ମଧ୍ୟ ଏହି ଦେବଦାସୀ ପରମ୍ପରାର ଉଲ୍ଲେଖ ରହିଛି। ମାତ୍ର ଏହି ପରମ୍ପରାଟି କାଳକ୍ରମେ ବିପର୍ଯ୍ୟାୟଆଡ଼କୁ ଗତିକରିବା। ତଥା ଦେବଦାସୀ ହେଉଥିବା ନାରୀମାନଙ୍କ ପ୍ରତି ସମାଜର ନାସିକା କୁଞ୍ଚନ ପ୍ରତି ଔପନ୍ୟାସିକା ଉକ୍ତ ଉପନ୍ୟାସରେ ପାଠକର ଦୃଷ୍ଟିକୁ ଆକର୍ଷିତ କରିଛନ୍ତି। ଉପନ୍ୟାସର କେତେକ ଚରିତ୍ର ଯଥା- ଇନ୍ଦୁମାହାରୀ, ମୁକ୍ତାମାହାରୀ ଓ ମାୟା ମାଧ୍ୟମରେ ଲେଖିକା ଦେବଦାସୀମାନଙ୍କର ଜୀବନର ବିପର୍ଯ୍ୟାୟକୁ ଦର୍ଶାଇବା ସହ ଏହି ଘୃଣିତ ପରମ୍ପରା ବିରୁଦ୍ଧରେ ମଧ୍ୟ ସ୍ୱର ମଧ୍ୟ ଉତ୍ତୋଳନ କରିଛନ୍ତି।

ଆମ ଜାତିର ପିତା ମହାପ୍ରଭୁ ଶ୍ରୀ ଜଗନ୍ନାଥଙ୍କୁ ନାୟକ କରି ରଚିତ ଶାନ୍ତି ମହାପାତ୍ରଙ୍କର 'ସ୍ୱାଧୀନତାର ଶେଷସୂର୍ଯ୍ୟ' ଏକ ଉଚ୍ଚକୋଟିର ସୃଷ୍ଟି। ଏଥିରେ ମୁଖ୍ୟତଃ ଜଗନ୍ନାଥଙ୍କର ସେବକଭାବେ ମୁକୁନ୍ଦଦେବ ଓଡ଼ିଶାର ସଂସ୍କୃତି ଓ ସ୍ୱାଧୀନତା ପାଇଁ ଜୀବନ ଉତ୍ସର୍ଗ କରିବା ପ୍ରସଙ୍ଗ ଗୁରୁତ୍ୱ ଲାଭକରିଛି। ଉକ୍ତ ଉପନ୍ୟାସର ବିଷୟବସ୍ତୁ ସାଧାରଣତଃ ଇତିହାସ, କିମ୍ବଦନ୍ତୀ ଓ ମାଦଳାପାଞ୍ଜି ଆଧାରିତ। ୧୫୬୮ ମସିହାରେ ବଙ୍ଗ ସୁଲତାନ ସୁଲେମାନ ଓ ତାଙ୍କ ପୁତ୍ରଙ୍କ ସହିତ କଳାପାହାଡ଼ ହିନ୍ଦୁ ସଂସ୍କୃତିଦ୍ୱାରା

ବିତସ୍ପୃହ ହୋଇ ଏହି ସଂସ୍କୃତିକୁ ମୂଳୋତ୍ପାଟନ କରିବାପାଇଁ ମୟୁରଭଞ୍ଜ ଦେଇ ଓଡ଼ିଶା ଆକ୍ରମଣ କରିବା। ମୁକୁନ୍ଦଦେବଙ୍କ ସେନାପତିଙ୍କର ବିଶ୍ୱାସଘାତକତା, ସାରଙ୍ଗଗଡ଼ ରାଜାଙ୍କ ଦ୍ୱାରା ମୁକୁନ୍ଦଦେବ ନିହତ ହେବା, ଓଡ଼ିଶା ମୁସଲମାନମାନଙ୍କ ଅଧିକୃତ ହେବା, କଳାପାହାଡ଼ ଦ୍ୱାରା ଓଡ଼ିଶାର ବିଭିନ୍ନ ମନ୍ଦିର ଧ୍ୱଂସ ହେବା, ଜଗନ୍ନାଥ ମନ୍ଦିରକୁ ଧ୍ୱଂସ କରିବାକୁ ଆସିବାବେଳେ ମୁକୁନ୍ଦଦେବଙ୍କ ରାଣୀ ତା'ର ବାଟଓଗାଳିବା-

"ସୁବର୍ଣ୍ଣ ଥାଳିରେ ହେଡା(ଗୋ ମାଂସ) ପରସିଲେ
ମୁକୁନ୍ଦଦେବଙ୍କ ରାଣୀ।"

କଳାପାହାଡ଼ର ଭୟରେ ଜଗନ୍ନାଥଙ୍କୁ ଗୋପ୍ୟ କରାଇବା, ମାତ୍ର କଳାପାହାଡ଼ ଜଗନ୍ନାଥଙ୍କର ସନ୍ଧାନ ପାଇ ତାଙ୍କୁ ଧ୍ୱଂସ କରିବାପରେ ବ୍ରହ୍ମକୁ ନ ପୋଡ଼ିପାରି ଫିଙ୍ଗିଦେବା, ବିଶର ମହାନ୍ତି ଦ୍ୱାରା ବ୍ରହ୍ମ ଉଦ୍ଧାର ଆଦି ଘଟଣାକୁ ଆଧାରକରି ରଚିତ ଏହି ଉପନ୍ୟାସ ବାସ୍ତବିକ ଏକ ଉଚ୍ଚକୋଟିର ସୃଷ୍ଟି।

ଏହିପରିଭାବେ ଓଡ଼ିଶାର ସଭ୍ୟତା ଓ ସଂସ୍କୃତିର ମେରୁଦଣ୍ଡ ମହାପ୍ରଭୁ ଶ୍ରୀ ଜଗନ୍ନାଥଙ୍କୁ ନେଇ ଆହୁରି ଅନେକ ଉପନ୍ୟାସ ଓଡ଼ିଆ ସାହିତ୍ୟରେ ରଚିତ ହୋଇଛି। ଯାହା ଓଡ଼ିଶାବାସୀ ତଥା ଓଡ଼ିଆ ଉପନ୍ୟାସ ସାହିତ୍ୟକୁ ପ୍ରଦାନ କରିଛି ଏକ ସ୍ୱତନ୍ତ୍ର ପରିଚୟ। ଯଦିଓ ପ୍ରାଚୀନ ସାହିତ୍ୟ ତୁଳନାରେ ଆଧୁନିକ ସାହିତ୍ୟ ପ୍ରତ୍ୟକ୍ଷ ଭାବରେ ଜଗନ୍ନାଥ ଚେତନାଦ୍ୱାରା ସେତେମାତ୍ରରେ କବଳିତ ନୁହେଁ। ମାତ୍ର ପରୋକ୍ଷ ଭାବରେ ଓଡ଼ିଆ ସାହିତ୍ୟର ପ୍ରତ୍ୟେକଟି ସୃଷ୍ଟିକୁ ଏହା ପ୍ରଭାବିତ କରିଛି। କାରଣ ଓଡ଼ିଶାବାସୀ, ଓଡ଼ିଆ ସାହିତ୍ୟ, ସଭ୍ୟତା, ସଂସ୍କୃତି ଓ ପରମ୍ପରା ଜଗନ୍ନାଥଙ୍କ ବିନା ଅସମ୍ପୂର୍ଣ୍ଣ।

ଦୁର୍ଭିକ୍ଷ ଓ ପ୍ରାକୃତିକ ବିପର୍ଯ୍ୟୟର ପୃଷ୍ଠଭୂମିରେ ରଚିତ ଓଡ଼ିଆ ଉପନ୍ୟାସ

ଜାତିର ପିତା ଜଗନ୍ନାଥଙ୍କୁ ବାଦ୍‌ଦେଇ ଆମ ଓଡ଼ିଶାର ଆଉ ଅନ୍ୟକିଛି ପରିଚୟ ନାହିଁ ବୋଲି କହିଲେ ଅତ୍ୟୁକ୍ତି ହେବନାହିଁ। ମାତ୍ର ଯଦି ଦେଖିବାକୁ ଯାଏ ଓଡ଼ିଶାର ଅନ୍ୟ ଏକ ପରିଚୟ ହେଉଛି ଗରିବ ରାଜ୍ୟ। ଓଡ଼ିଶା ରାଜ୍ୟ ଆଗରେ ଲାଗିଥିବା ଏହି ଗରିବ ଶବ୍ଦ ଆମର ଅପାରଗତାର ଫଳ ନୁହେଁ। ଏହା ହେଉଛି ଆମ ଅସହାୟତାର ଫଳ। ଯୁଗ ଯୁଗ ଧରି ଏହି ଭୂଖଣ୍ଡ ବିଦେଶୀ ଶକ୍ତିଙ୍କଦ୍ୱାରା ଲୁଣ୍ଠିତ ହୋଇଆସିଛି। ଏହା ସହିତ ବୋଝ ଉପରେ ନଳିତା ବିଡ଼ା ତୁଲ୍ୟ ବିଭିନ୍ନ ଦୁର୍ଭିକ୍ଷ ଓ ପ୍ରତିବର୍ଷ ଆସୁଥିବା ପ୍ରାକୃତିକ ବିପର୍ଯ୍ୟୟ ଏହି ଜାତିର ଅଣ୍ଟାକୁ ଭାଙ୍ଗିଦେଇଛି। ତାହା ୧୮୬୬ର ନ' ଅଙ୍କ ଦୁର୍ଭିକ୍ଷ ହେଉ କି ୨୦୧୯ରେ ହୋଇଥିବା ବୁଲ୍‌ବୁଲ୍। ପ୍ରତ୍ୟେକ ଥର ଓଡ଼ିଶାବାସୀ ଅଣ୍ଟା ସଳଖି ଛିଡା ହେଲାବେଳକୁ କୌଣସି ନା କୌଣସି ବିପତ୍ତି ପୁଣି ମାଡ଼ିଆସେ ଓ ସଳଖି ଥିବା ଅଣ୍ଟାକୁ ଭାଙ୍ଗିଦିଏ। ଏପରିକି ୧୮୯୧ ମସିହାରୁ ୨୦୧୮ ମସିହା ମଧ୍ୟରେ ଓଡ଼ିଶା ୧୧୦ଟି ଘୂର୍ଣ୍ଣିବଳୟ ତଥା ବିପର୍ଯ୍ୟୟ ମଧ୍ୟଦେଇ ଗତିକରିଥିବା ମତଦେଇଛନ୍ତି ପାଣିପାଗ ବିଭାଗର ଉମାଚରଣ ମହାନ୍ତି।(୧) ତେଣୁ ଏହିଭଳି ଦୁର୍ଭିକ୍ଷ ଓ ପ୍ରାକୃତିକ ବିପର୍ଯ୍ୟୟ ଓଡ଼ିଶାବାସୀଙ୍କୁ ପ୍ରଭାବିତ କରିବା ସହ ଓଡ଼ିଆ ସାହିତ୍ୟକୁ ମଧ୍ୟ ପ୍ରଭାବିତ କରିଛି। ବିପର୍ଯ୍ୟୟ ପରବର୍ତ୍ତୀ ଓଡ଼ିଶାବାସୀଙ୍କ ଦୁଃଖଦୁର୍ଦ୍ଦଶା ଓ ଅସହାୟତା ଆଦିକୁ ନେଇ ଓଡ଼ିଆ ସାହିତ୍ୟରେ ବହୁ ଗଳ୍ପ ଏବଂ ଉପନ୍ୟାସ ରଚିତ ହୋଇଛି ଗୋଦାବରୀଶ ମହାପାତ୍ର ୧୯୧୯ରେ ପୁରୀଜିଲ୍ଲାର ଦୁର୍ଭିକ୍ଷ ତଥା ୧୯୪୩ର ଦୁର୍ଭିକ୍ଷ ଓ ୧୯୭୨ରେ ବ୍ରାହ୍ମଣୀ ନଦୀ ବନ୍ୟା ଆଦିକୁ ନେଇ ରଚନା କରିଛନ୍ତି ଏବେ ମଧ୍ୟ ବଞ୍ଚିଛି ଏବଂ ବିଖ୍ୟାତ କଟକରୁ ଅଖ୍ୟାତ ପଲ୍ଲୀ ଆଦି ଗଳ୍ପ। ଏତଦ୍‌ବ୍ୟତୀତ ପ୍ରେମର ସିଂହାସନ,

ଦୁଇଟି ରାତିର ଶେଷ ପ୍ରହର, ଚନ୍ଦ୍ରମଣି ବାବୁଙ୍କ ସଂସାର, ଜଡ଼ାକୁରୁଡାର ପ୍ରେମ ଓ କୁଜାବଳିଆ ଆଦି ଗଳ୍ପରେ ଏହି ବିପର୍ଯ୍ୟୟର ଦୃଶ୍ୟ ଦେଖିବାକୁ ମିଳେ। ଏତଦ୍‌ବ୍ୟତୀତ ଗୋପୀନାଥ ମହାନ୍ତିଙ୍କର ବଳଦପାଣି, ପାଟପାଣି ଏବଂ ବଢ଼ି ଗଳ୍ପ ଏହି ଦୃଷ୍ଟିରୁ ଆଲୋଚ୍ୟ। ଏହିପରି ସାମ୍ପ୍ରତିକ ସମୟରେ ଲେଖନୀ ଚାଳନ କରୁଥିବା ଭୀମ ପୃଷ୍ଟିଙ୍କର ଏବେ ଆମେ ଭଲଅଛୁ ଗଳ୍ପ ଓଡ଼ିଶାର ସବୁଠାରୁ ବଡ଼ ଘୂର୍ଣ୍ଣିବଳୟ ୧୯୯୯ର ମହାବାତ୍ୟା ପୃଷ୍ଠଭୂମିରେ ରଚିତ ହୋଇଛି। ଏହିପରି ଓଡ଼ିଆ ସାହିତ୍ୟରେ ଅନେକ ଗଳ୍ପ ପ୍ରାକୃତିକ ବିପର୍ଯ୍ୟୟ ତଥା ଦୁର୍ଭିକ୍ଷକୁ ନେଇ ରଚିତ। ମାତ୍ର ଗଳ୍ପକୁ ବାଦ୍‌ଦେଇ ଓଡ଼ିଆ ସାହିତ୍ୟରେ କେତେକ ଉପନ୍ୟାସ ମଧ୍ୟ ଏହି ପୃଷ୍ଠଭୂମିରେ ରଚିତ ହୋଇଛି।

ଉପନ୍ୟାସର ବୃହତ୍ତ କଳେବର ହେତୁ ଔପନ୍ୟାସିକମାନେ ଏହି ବିପର୍ଯ୍ୟୟକୁ ଆହୁରି ସ୍ପଷ୍ଟ, ବିସ୍ତାରିତ ତଥା ଜୀବନ୍ତଭାବେ ଉପସ୍ଥାପିତ କରିପାରିଛନ୍ତି। ତେଣୁ ଏହି ବିପର୍ଯ୍ୟୟକୁ କେନ୍ଦ୍ରକରି କାହ୍ନୁଚରଣ ମହାନ୍ତି ରଚନା କରିଛନ୍ତି ଶାସ୍ତି ଓ ହା' ଅନ୍ନ ନାମକ ଦୁଇଟି ଉପନ୍ୟାସ। ଏତଦ୍‌ବ୍ୟତୀତ ରାମପ୍ରସାଦ ସିଂ ସମାପ୍ତି, ବାରିଷ୍ଟର ଗୋବିନ୍ଦ ଦାସ ସୂର୍ଯ୍ୟାସ୍ତ, ସାତକଡ଼ି ହୋତା ସୂର୍ଯ୍ୟ ଉଇଁଲେ ସ୍ୱପ୍ନ, ନରସିଂହ ମିଶ୍ର ମିଳନ ଓ ଶତାବ୍ଦୀର ପ୍ରଳୟ, ପ୍ରତିଭା ରାୟ ମଗ୍ନମାଟି, ଅଧ୍ୟାପକ ବିଶ୍ୱରଞ୍ଜନ ଚକ୍ର ଏବଂ ଅନାଦି ସାହୁ ରଚନା କରିଛନ୍ତି କ୍ଷଣଭଙ୍ଗୁର ନାମକ ଉପନ୍ୟାସ।

ଓଡ଼ିଆ ସାହିତ୍ୟ ଜଗତରେ ନରସିଂହ ମିଶ୍ର ଏକ ଅମଳିନ ପ୍ରତିଭା। ଆମ ଜଗନ୍ନାଥ ପୁସ୍ତକ ରଚନା ପାଇଁ ବିଶେଷ ପ୍ରସିଦ୍ଧି ଅର୍ଜନ କରିଥିବା ଏହି ଲେଖକଙ୍କର ପନ୍ଦର ଗୋଟି ନାଟିକା ଆକାଶବାଣୀରେ ଓ ଦୁଇଟି ନାଟକ ଦୂରଦର୍ଶନରେ ପ୍ରସାରିତ ହୋଇଥିଲା। ଏକ ସାହିତ୍ୟିକଭାବେ ସେ ସାହିତ୍ୟର ବିଭିନ୍ନ ବିଭାଗରେ ଲେଖନୀ ଚାଳନା କରିଛନ୍ତି। ଗଳ୍ପ, କବିତା, ଶିଶୁ ସାହିତ୍ୟ, ଏକାଙ୍କିକା ଓ ଜୀବନୀ ଆଦି ପ୍ରତ୍ୟେକ ବିଭାଗରେ ସେ ଲେଖନୀ ଚାଳନା କରିଥିଲେ ହେଁ ଉପନ୍ୟାସ ହିଁ ଆଣିଦେଇଛି ତାଙ୍କୁ ଅଶେଷ ପ୍ରସିଦ୍ଧି। ବେଳାଭୂମି, ମିଳନ, ସେ ପୁଷ୍ପ ମଉଳି ନାହିଁ, ଶକୁନି, ବାସହରା, ଅଳିଦୁର୍ବା, ଲଘୁଚାପ, ଶତାବ୍ଦୀର ପ୍ରଳୟ ଭଳି ଅନେକ ଉପନ୍ୟାସ ସେ ରଚନା କରିଛନ୍ତି। ଅଲୌକିକତା, ସାମାଜିକ, ରାଜନୈତିକ, ପୌରାଣିକ, ସାମ୍ୟବାଦୀ ଚେତନା, ଧର୍ମନାମରେ ଭଣ୍ଡାମି, ନକ୍ସଲ ସମସ୍ୟା ଭଳି ବିଭିନ୍ନ ପ୍ରସଙ୍ଗକୁ ନେଇ ଉପନ୍ୟାସ ରଚନା କରିଥିବା ଏହି ଔପନ୍ୟାସିକ ୧୯୫୫ର ବନ୍ୟା ଓ ୧୯୮୨ର ଭୟଙ୍କର ବାତ୍ୟାକୁ ନେଇ ରଚନା କରିଛନ୍ତି ମିଳନ ଓ ଶତାବ୍ଦୀର ପ୍ରଳୟ ନାମକ ଦୁଇଟି ଉପନ୍ୟାସ। ୧୯୫୫ ମସିହାରେ ଓଡ଼ିଶାରେ ସୃଷ୍ଟି ହୋଇଥିବା ଭୟଙ୍କର ବନ୍ୟା ଯାହା ସମଗ୍ର ଓଡ଼ିଶା ବିଶେଷତଃ ଉପକୂଳବର୍ତ୍ତୀ ଅଞ୍ଚଳଗୁଡ଼ିକୁ ପ୍ରଭାବିତ କରିଥିଲା।

ମହାନଦୀ ଓ ଦେବୀ ନଦୀରେ ବନ୍ୟା ତଥା ଜଗତସିଂହପୁରରେ ଦଳେଇଘାଇ ଭାଙ୍ଗିବାଦ୍ୱାରା ଭୟଙ୍କର ପରିସ୍ଥିତି ଦେଖାଦେଇଥିଲା।(୨) ଏହିପରି ପରିବେଶର ପୃଷ୍ଠଭୂମିରେ ରଚିତ ହୋଇଛି ନରସିଂହ ମିଶ୍ରଙ୍କର ମିଳନ ଉପନ୍ୟାସ। ଉକ୍ତ ଉପନ୍ୟାସଟି ଔପନ୍ୟାସିକଙ୍କର ଏକ ଗବେଷଣା ନିସୃତ ଫଳ ବୋଲି କହିଲେ ଅତ୍ୟୁକ୍ତି ହେବନାହିଁ। ବନ୍ୟା ସମୟର ବାସ୍ତବ ଘଟଣାଗୁଡ଼ିକୁ କେତେକ ଚରିତ୍ର ମାଧ୍ୟମରେ ଔପନ୍ୟାସିକ ଉପସ୍ଥାପିତ କରିଛନ୍ତି। ବିଭିନ୍ନ ଦ୍ୱନ୍ଦ୍ୱ, ଆବେଗ, ଉତ୍କଣ୍ଠା ତଥା ସଂଘର୍ଷ ମଧ୍ୟରେ କିନ୍ତୁ ଲେଖକ ଏହି ଉପନ୍ୟାସର ଅନ୍ତରାଳରେ ମାନବିକତାର ଜୟଗାନ କରିଛନ୍ତି। ଆମ ଓଡ଼ିଶା ମାଟି ସେହିଭଳି ମାଟି ଯେଉଁଠି ବନ୍ୟାପୀଡ଼ିତଙ୍କୁ ସାହାଯ୍ୟ କରିବାପାଇଁ ନିଜ ପୁତ୍ରକୁ ମୃତ୍ୟୁଶଯ୍ୟାରେ ଛାଡ଼ି ଶହଶହ ପୁତ୍ରଙ୍କ ଜୀବନ ରକ୍ଷାପାଇଁ ବାହାରି ଆସିଥିଲେ ଉତ୍କଳର ମଣି ଗୋପବନ୍ଧୁ ଦାସ। ଆଲୋଚ୍ୟ ଉପନ୍ୟାସରେ ମଧ୍ୟ ଏହିଭଳି ମାନବିକତାର ପରିଚୟ ଦେଖିବାକୁ ମିଳେ। ବନ୍ୟାରେ ଭାସିଯାଇଥିବା ମିନାକ୍ଷୀକୁ ପୂଜକ ଓ ଗ୍ରାମବାସୀ ସାହାଯ୍ୟ କରିବା ପ୍ରସଙ୍ଗ ମାଧ୍ୟମରେ। ନିଜେ ବନ୍ୟାପୀଡ଼ିତ ରବୀନ ବନ୍ୟାରେ ଭାସିଯାଉଥିବା ଉପନ୍ୟାସର ନାୟକ ଭାନୁକୁ ରକ୍ଷାକରିବା ଏହି ମାନବିକତାର ଅନ୍ୟ ଏକ ଜୀବନ୍ତ ନିଦର୍ଶନ। ଏତଦ୍‌ବ୍ୟତୀତ ୧୯୮୨ ମସିହାରେ ଓଡ଼ିଶାରେ ସୃଷ୍ଟି ହୋଇଥିବା ଭୟଙ୍କର ବାତ୍ୟା ତଥା ବନ୍ୟାକୁ ନେଇ ରଚିତ ହୋଇଛି ଶ୍ରୀଯୁକ୍ତ ମିଶ୍ରଙ୍କର ଅନ୍ୟତମ ଉପନ୍ୟାସ ଶତାବ୍ଦୀର ପ୍ରଳୟ। ସମ୍ପୃକ୍ତ ଉପନ୍ୟାସଟି ମଧ୍ୟ ଔପନ୍ୟାସିକଙ୍କର ଏକ ଗବେଷଣା ନିସୃତ ଫଳ। ବିଶେଷତଃ ଉପକୂଳ ଓଡ଼ିଶା ଯଥା- ବାଲେଶ୍ୱର, ଭଦ୍ରକ, ଗଞ୍ଜାମ, ଜଗତସିଂହପୁର, କେନ୍ଦ୍ରାପଡ଼ା, ଖୋର୍ଦ୍ଧା ଓ ପୁରୀରେ ହୋଇଥିବା ଏହି ବାତ୍ୟାରେ ୨୦୦ ଲୋକ ମୃତ୍ୟୁବରଣ କରିଥିଲେ। ଧନ ଜୀବନ ନଷ୍ଟ ହୋଇଥିଲା। ବିଶେଷତଃ ଏଥିରେ ଲୋକମାନେ ନିଜର ପ୍ରିୟଜନଙ୍କୁ ହରାଇବାର ଦୁଃଖ ଓ କ୍ଷୁଧାର ଯନ୍ତ୍ରଣାରେ ଛଟପଟ ହେବାଭଳି ପ୍ରସଙ୍ଗ ପାଠକ ହୃଦୟକୁ ଦ୍ରବୀଭୂତ କରିଦିଏ। କ୍ଷୁଧାରେ ଛଟପଟ ହୋଇ ରିଲିଫ୍ ପାଇଁ ଚାହିଁବସିଥିବା ଏହି ଲୋକମାନଙ୍କର ଜୀବନ ଯନ୍ତ୍ରଣାକୁ। (୩,୪) ଔପନ୍ୟାସିକ ବେଶ୍ ଜୀବନ୍ତଭାବେ ଉପସ୍ଥାପିତ କରିପାରିଛନ୍ତି।

ଔପନ୍ୟାସିକ ରାମପ୍ରସାଦ ସିଂ ଥିଲେ ଜଣେ ବିପ୍ଳବୀ ବ୍ୟକ୍ତିତ୍ୱ। କାର୍ଲମାର୍କସ, ଏଙ୍ଗେଲସ୍ ଓ ଲେଲିନ୍‌ଙ୍କ ଭଳି ମାର୍କସବାଦୀମାନଙ୍କୁ ଭଲ ପାଉଥିବା ଏହି ଔପନ୍ୟାସିକ ତାଙ୍କ ଚିନ୍ତ ଓ ଚେତନାଦ୍ୱାରା ମଧ୍ୟ ପ୍ରଭାବିତ ହୋଇଥିଲେ। ଦେଶର ପରାଧୀନତା ତାଙ୍କୁ କଷ୍ଟଦେବା ସହ ପୁଞ୍ଜିପତିମାନଙ୍କର ସର୍ବହରାମାନଙ୍କ ଉପରେ ଅତ୍ୟାଚାର ତାଙ୍କୁ ଉତ୍ୟକ୍ତ କରିଦେଉଥିଲା। ଫଳରେ ତାଙ୍କର ଲେଖନୀ ମୁନରୁ ସୃଷ୍ଟି ହୋଇଥିଲା ପ୍ରତିହିଂସା,

ପୂଜାରବଳି, ଅଗ୍ନିପଥେ, ହେମଶିଖା, ସମାପ୍ତି, ରକ୍ତରେଖା, ଛିନ୍ନମସ୍ତା ଓ ଯୁଗାନ୍ତର ଭଳି କେତେକ କାଳଜୟୀ ଉପନ୍ୟାସ। ୧୯୪୩ରେ ହୋଇଥିବା ଭୟଙ୍କର ଦୁର୍ଭିକ୍ଷ ଯାହା ବଙ୍ଗ ଦୁର୍ଭିକ୍ଷ ନାମରେ ପରିଚିତ। ଯେଉଁଥିରେ କେବଳ ବଙ୍ଗରେ ହିଁ ୨.୧ରୁ ୩ ମିଲିୟନ ଲୋକଙ୍କର ମୃତ୍ୟୁଘଟିଥିଲା। ଏଥିରେ ଭୋକ, ମେଲେରିଆ ତଥା ବିସ୍ଥାପନ ସମସ୍ୟା ଯୋଗୁଁ ହୋଇଥିବା ଅନ୍ୟ ରୋଗରେ ସଂଖ୍ୟାଧିକ ଲୋକଙ୍କର ମୃତ୍ୟୁ ଘଟିଥିଲା। ଦ୍ୱିତୀୟ ବିଶ୍ୱଯୁଦ୍ଧର ଭୟାବହତା ଓ ତା' ସହିତ ଏହି ଦୁର୍ଭିକ୍ଷ ବାସ୍ତବିକ ମଣିଷକୁ ସମ୍ପୂର୍ଣ୍ଣଭାବେ ଭାଙ୍ଗିଦେଇଥିଲା। ଏହି ଦୁର୍ଭିକ୍ଷର କରାଳ ଗ୍ରାସ କେବଳ ବଙ୍ଗରେ ସୀମିତ ନ ଥିଲା। ଏହା ସମଗ୍ର ଓଡ଼ିଶାକୁ ମଧ୍ୟ ପ୍ରଭାବିତ କରିଥିଲା। (୫,୬,୭) ପ୍ରାକୃତିକ ବିପର୍ଯ୍ୟୟ ଫଳରେ ଶଶ୍ୟକ୍ଷେତ୍ର ନଷ୍ଟ ହେବା, ଖାଦ୍ୟ ଅଭାବରୁ ଲୋକମାନେ ରାସ୍ତାରେ ପଡ଼ି ମୃତ୍ୟୁବରଣ କରିବା, ଏହା ସହ ରୋଗ ଯନ୍ତ୍ରଣାରେ ଛଟପଟ ହେବା ଭଳି ପ୍ରତ୍ୟକ୍ଷ ଘଟଣାଗୁଡ଼ିକୁ କେନ୍ଦ୍ରକରି ରଚିତ ହୋଇଛି ରାମ ପ୍ରସାଦ ସିଂଙ୍କର ସମାପ୍ତି ଉପନ୍ୟାସ। ସମଗ୍ର ରାଜ୍ୟରେ ଦଳଦଳ ନିରନ୍ନ କାଙ୍ଗାଳ ଓ ତାଙ୍କର ଅସ୍ଥିମୟ ଶରୀରକୁ ଦେଖି ମୁଲଚନ୍ଦ ଚନ୍ଦନଲାଲ, ରାୟସାହେବ ଧରଣୀଧର, ସୌଦାମିନୀ ଛୋଟରାୟ, ସଦାନନ୍ଦ ମିଶ୍ର ଭଳି ସମାଜର ଧନୀ ଓ ପ୍ରତିଷ୍ଠା ସମ୍ପନ୍ନ ବ୍ୟକ୍ତିଙ୍କର ହୃଦୟ ବିଦାରି ହୋଇନାହିଁ। ଏପରିକି ଏହି ଚନ୍ଦନ ଲାଲ ଭଳି ବ୍ୟକ୍ତିମାନେ ଦୁର୍ଭିକ୍ଷଗ୍ରସ୍ତ ଲୋକମାନେ ଯେ ତାଙ୍କର ପୂର୍ବଜନ୍ମର କର୍ମଫଳ ପାଇଁ ଏପରି ଅବସ୍ଥା ଭୋଗୁଛନ୍ତି ଏବଂ ଏଥିରେ ସରକାରଙ୍କର କୌଣସି ଦୋଷ ନାହିଁ ବୋଲି କହିବାକୁ ସାମାନ୍ୟ ଲଜ୍ୟା ଅନୁଭବ କରିନାହାନ୍ତି। ଏହି ଦୁର୍ଭିକ୍ଷରେ ଗଞ୍ଜାମର ପ୍ରାଧାନ ପଲ୍ଲୀ ଗାଁ'ରେ ବାସ କରୁଥିବା ଦୀନବନ୍ଧୁ ସ୍ୱାଇଁ ଏବଂ ତା'ର ପରିବାର ଭୋକ ତଥା ଯନ୍ତ୍ରଣାରେ ଛଟପଟ ହୋଇ ମୃତ୍ୟୁବରଣ କରିବା। ପ୍ରସଙ୍ଗ ମାଧ୍ୟମରେ ଔପନ୍ୟାସିକ ସେ ସମୟରେ କିପରି ଶହଶହ ପରିବାର ଦୁର୍ଭିକ୍ଷର କରାଳ ଗ୍ରାସରେ ନିଶ୍ଚିହ୍ନ ହୋଇଯାଇଥିବା ସଙ୍କେତ ପ୍ରଦାନ କରିଛନ୍ତି। ଏଥିରେ ଔପନ୍ୟାସିକ କେବଳ ଦୁର୍ଭିକ୍ଷର ହୃଦୟ ବିଦାରକ ବୃତ୍ତାନ୍ତ ବର୍ଣ୍ଣନା କରିନାହାନ୍ତି। ଏହା ସହ ବୃଦ୍ଧ ଭିକ୍ଷୁକ ମାଷ୍ଟ୍ରେ ଚରିତ୍ର ମାଧ୍ୟମରେ ପୁଞ୍ଜିବାଦୀ ସମାଜର ପ୍ରକୃତସ୍ୱରୂପ ତଥା ରାଜନୀତି ଓ ସରକାରଙ୍କର ପ୍ରକୃତସ୍ୱରୂପକୁ ଦର୍ଶାଇବାକୁ ଉଦ୍ୟମ କରିଛନ୍ତି। ଓଡ଼ିଶାରେ ହୋଇଥିବା ୧୮୬୬ ମସିହାର ନ' ଅଙ୍କ ଦୁର୍ଭିକ୍ଷଠାରୁ ଏହି ୧୯୪୩ ମସିହାର ଦୁର୍ଭିକ୍ଷ ଆହୁରି ଭୟଙ୍କର ହେବାସତ୍ତ୍ୱେ ଫେମିନ୍‌କୋଡ୍ ପାଖରେ ଓଡ଼ିଶାର ଦୁର୍ଭିକ୍ଷ ରୂପ ପାଇ ପାରିନଥିଲା। ଉକ୍ତ ଉପନ୍ୟାସରେ ଫେମିନ୍‌କୋଡ୍ ସୁଖରେ ଆଲମାରୀରେ ବିଶ୍ରାମ ନେଉଥିବା ପ୍ରସଙ୍ଗ ମାଧ୍ୟମରେ ଔପନ୍ୟାସିକ ରାଜନୀତି ତଥା ସରକାରୀ ବ୍ୟବସ୍ଥାର ଅପାରଗତାକୁ ବ୍ୟଙ୍ଗ କରିଛନ୍ତି।

ଏକଦା ବରିଷ୍ଠ ପୋଲିସ୍ ଅଧିକାରୀ ଏବଂ ରାଜନୀତିକ ନେତା ଅନାଦି ସାହୁ ଏକ ବିଶିଷ୍ଟ କଥାକାର ମଧ୍ୟ। ପୁରାଣ ଓ ଇତିହାସରୁ ବିଷୟ ଚୟନ କରି ଏବଂ ସମକାଳୀନ ସାମାଜିକ, ପରିବେଶ ଓ ପରିସ୍ଥିତି ସହିତ ତାହାର ସମନ୍ୱୟ ଘଟାଇ ସେ ବହୁ ନୂତନ ସ୍ୱାଦର ଉପନ୍ୟାସ ସୃଷ୍ଟି କରିବାରେ ଯଶସ୍ୱୀ। ଏହି ଦୃଷ୍ଟିକୋଣରୁ ତାଙ୍କଦ୍ୱାରା ରଚିତ ମୁଣ୍ଡମେଖଳା, ଜଙ୍ଗଲୀ ସହର, ଶୋଣିତ 'ଲଗ୍ନ, କ୍ଷଣଭଙ୍ଗୁର, କ୍ଷୁଧା, ନତଜାନୁ, ତାଣ୍ଡବ ଓ ଜରାସନ୍ଧ ଆଦି ଗୋଟିଏ ଗୋଟିଏ ଉଲ୍ଲେଖଯୋଗ୍ୟ କୃତି। ବନ୍ୟା, ବାତ୍ୟା ଭଳି ପ୍ରାକୃତିକ ବିପର୍ଯ୍ୟୟ ଏ ଦେଶର ଚାଷୀ, ମୂଲିଆ ଓ ସାଧାରଣ ଲୋକଙ୍କ ଭାତହାଣ୍ଡି ଭାଙ୍ଗି ଦେଇଥାଏ। ମାତ୍ର ଏହି ବିପର୍ଯ୍ୟୟ ଏ ଦେଶର ସରକାରୀ କର୍ମଚାରୀ, ରାଜନୀତିକ ନେତା ତଥା ଅନ୍ୟ ପ୍ରତିଷ୍ଠିତ ବ୍ୟକ୍ତିଙ୍କ ପାଇଁ ଧନର ଭଣ୍ଡାର ନେଇଆସିଥାଏ। ସାଧାରଣ ଲୋକଙ୍କ ପାଇଁ ଆସୁଥିବା ସାହାଯ୍ୟ ତଥା ରିଲିଫ୍‌କୁ ସର୍ବସ୍ୱାନ୍ତ କରିବାବେଳେ ତାଙ୍କ ବିବେକ ସାମାନ୍ୟ ବିଚଳିତ ମଧ୍ୟ ହୋଇନଥାଏ। ଏହିଭଳି ପ୍ରସଙ୍ଗକୁ ନେଇ ୧୯୮୩ ମସିହାରେ ରଚିତ ହୋଇଛି ଅନାଦି ସାହୁଙ୍କର କ୍ଷଣଭଙ୍ଗୁର ଉପନ୍ୟାସ। ଔପନ୍ୟାସିକ ଏଥିରେ ବନ୍ୟା ପରବର୍ତ୍ତୀ ବିପର୍ଯ୍ୟୟ, ସର୍ବହରା ଲୋକଙ୍କ ଉପରେ ଅତ୍ୟାଚାରସ୍ୱରୂପ ତାଙ୍କର ବଞ୍ଚିଥିବା ସାମାନ୍ୟ ସମ୍ପତ୍ତି ମଧ୍ୟ ଚୋରିହେବା, କେଉଁଠି ଅସହାୟ ଯୁବତୀକୁ ବଳାତ୍କାର କରାଯିବା ଭଳି ପ୍ରସଙ୍ଗକୁ ବର୍ଣ୍ଣନା କରିଛନ୍ତି। ଔପନ୍ୟାସିକ ଏଥିରେ ବନ୍ୟା ପରବର୍ତ୍ତୀ ଅସହାୟତାକୁ ଯେପରି ପ୍ରତ୍ୟକ୍ଷଭାବେ ବର୍ଣ୍ଣନା କରିଛନ୍ତି, ସେହିପରି ଏହି ବିପର୍ଯ୍ୟୟକୁ କେନ୍ଦ୍ରକରି ସରକାରୀ କର୍ମଚାରୀମାନଙ୍କର ଦୁର୍ନୀତିକୁ ସେତେ ସୁନ୍ଦରଭାବେ ଉପସ୍ଥାପିତ କରିଛନ୍ତି। ଏହାସହ ସଚ୍ଚୋଟ୍ ପୋଲିସ୍ ଅଫିସର ନିତ୍ୟାନନ୍ଦ ମହାନ୍ତି ଯିଏ ବନ୍ୟାବେଳେ ଲୋକଙ୍କୁ ସାହାଯ୍ୟ ଓ ସହଯୋଗ କରିଛନ୍ତି, ତାଙ୍କୁ ମନ୍ତ୍ରୀ ଗୌର ଦାସ ଭଳି ବ୍ୟକ୍ତିମାନେ କୂଟଚକ୍ରାନ୍ତ କରି ଅଭିମନ୍ୟୁକୁ ଚକ୍ରବ୍ୟୁହ ମଧ୍ୟରେ ପୁରାଇବା ଭଳି ତାଙ୍କ ଉପରେ ଅତ୍ୟାଚାର କରିଛନ୍ତି। ଯେଉଁ ପୋଲିସ ଲୋକମାନଙ୍କୁ ତାଙ୍କ ବିପଦ ସମୟରେ ସାହାଯ୍ୟ ଓ ସହଯୋଗ କରିଛନ୍ତି ସେମାନେ ମଧ୍ୟ ତାଙ୍କୁ ବୁଝିପାରିନାହାନ୍ତି। ଅସହାୟତା ବଶତଃ ଔପନ୍ୟାସିକଙ୍କର ଲେଖନୀ ମୁନରୁ ଉଦ୍ଧୃତ କେତେକ ପଙ୍କ୍ତି- ପୋଲିସ ପ୍ରତି ଲୋକମାନଙ୍କର ମନୋଭାବ ପାରଦ ପରି। କେତେବେଳେ ସେମାନେ ଆଶା କରିବେ ପୋଲିସ ମାରପିଟ୍ କରୁ, ଅଶ୍ଳୀଳ, ବର୍ବର ଆଚରଣ କରୁ। କେତେବେଳେ ଚାହିଁବେ ପୋଲିସ ମେଣ୍ଢାବକ ହୋଇ ନୀରବ ଦ୍ରଷ୍ଟା ହେଉ। କେତେବେଳେ ବର୍ବର ଆଚରଣକୁ ସମର୍ଥନ କରୁ କରୁ ଫଳାଫଳ ଭୟାବହ ହେଲେ ସେହି ଲୋକ ଚକ୍ରାର କରି ଉଠିବେ ପୋଲିସ ବିରୋଧରେ। (ପୃ-୧୭୧) ଲୋଖକଙ୍କର ନିଜସ୍ୱ ଅସହାୟତାକୁ ରୂପାୟିତ କରିବା ସହ ନିତ୍ୟାନନ୍ଦ ଚରିତ୍ର ମଧ୍ୟରୁ

ସେ ନିଜେ ବାରିହୋଇ ପଡ଼ିଛନ୍ତି । ବିଭିନ୍ନ ପ୍ରସଙ୍ଗର ବର୍ଣ୍ଣନାସତ୍ତ୍ୱେ ଏଥିରେ ବନ୍ୟା ପରବର୍ତ୍ତୀ ଲୋକମାନଙ୍କର ଅସହାୟତା ଓ ଏହାକୁ କେନ୍ଦ୍ରକରି ଦୁର୍ନୀତି ବେଶ୍ ହୃଦୟସ୍ପର୍ଶୀ ହୋଇପାରିଛି ।

ଓଡ଼ିଆ ଉପନ୍ୟାସ ସାହିତ୍ୟ ଜଗତରେ ଅମାବାସ୍ୟାର ଚନ୍ଦ୍ର ଉପନ୍ୟାସ ପାଇଁ ପ୍ରସିଦ୍ଧ ଓ ପରିଚିତ ବାରିଷ୍ଟର ଗୋବିନ୍ଦ ଦାସ ଏକ ଅମଳିନ ପ୍ରତିଭା । ମଣିଷ ଜୀବନର ଅନ୍ଧାରି ଦିଗକୁ ନେଇ ରଚିତ ଏହି ଉପନ୍ୟାସଟି ବାସ୍ତବିକ ଅତୁଳନୀୟ । ଏତଦ୍‌ବ୍ୟତୀତ କନ୍ଧ ଆଦିବାସୀମାନଙ୍କର ସଭ୍ୟତା, ସଂସ୍କୃତି ଓ ପରମ୍ପରାକୁ ନେଇ ରଚିତ ଉପନ୍ୟାସ ଲାସୁ ଏବଂ ସମୁଦ୍ର କୂଳରେ ବାସ କରୁଥିବା ତଥା ସମୁଦ୍ରକୁ କେନ୍ଦ୍ରକରି ଜୀବିକାନିର୍ବାହ କରୁଥିବା ମଣିଷମାନଙ୍କର ଜୀବନର ସୁଖ ଦୁଃଖକୁ ନେଇ ରଚିତ ସୂର୍ଯ୍ୟାସ୍ତ ଉପନ୍ୟାସିକା ଲେଖକଙ୍କର ଦୁଇଟି ଉଲ୍ଲେଖଯୋଗ୍ୟ ସୃଷ୍ଟି । ଏହି ଓଡ଼ିଶା ଭୂମିରେ ବିଶେଷତଃ ସମୁଦ୍ର କୂଳରେ ବାସକରୁଥିବା ଲୋକମାନେ ପ୍ରକୃତିର ସୌନ୍ଦର୍ଯ୍ୟକୁ ଯେପରି ପ୍ରାଣଭରି ଉପଭୋଗ କରିଥାଆନ୍ତି । ସେହିପରି ପ୍ରକୃତିର ଭୀମ ତାଣ୍ଡବକୁ ମଧ୍ୟ ମୁଣ୍ଡପାତି ସହି ଥାଆନ୍ତି । ସମୁଦ୍ର କୂଳରେ ବାସ କରୁଥିବା ତଥା ସମୁଦ୍ର ଉପରେ ନିର୍ଭର କରି ଜୀବିକାନିର୍ବାହ କରୁଥିବା ଲୋକମାନଙ୍କର ଏକ ପ୍ରତୀକ ହେଉଛି ଅମ୍ବ୍ରଗାନ ଚରିତ୍ର । ଯାହା ଜୀବନର ସୁଖଦୁଃଖକୁ କେନ୍ଦ୍ରକରି ଏହି ସୃଷ୍ଟି ଗତିଶୀଳ । ସମୁଦ୍ର ତା' ଜୀବନରେ ବହୁ ଆନନ୍ଦ ଆଣିଦେଇଛି । ଗୋମତୀ ଭଳି ପତ୍ନୀ, ସେରା ଭଳି ପୁତ୍ର ଓ ଚାମେଲୀ ଭଳି ବୋହୂକୁ ପାଇ ସେ ଆନନ୍ଦରେ ଜୀବନ ଅତିବାହିତ କରିଛି । ହେଲେ ଏହି ସମୁଦ୍ର ଦିନେ ତା' ପତ୍ନୀକୁ ଭସାଇ ନେଇଛି । ତା' ପୁଅ ସମୁଦ୍ରକୁ ମାଛ ଧରିବାକୁ ଯାଇଥିବାବେଳେ ମଗର ମାଛ ତାକୁ ଖଣ୍ଡ ଖଣ୍ଡ କରି ଖାଇଯାଇଛି । ଶେଷରେ ପୁତ୍ରର ବିରହରେ ପୁତ୍ରବଧୂ ସେହି ସମୁଦ୍ରରେ ଆତ୍ମହତ୍ୟା କରିଛି ଏବଂ ସେ ନିଜେ ମଧ୍ୟ ପୁତ୍ରବଧୂ ଚାମେଲୀର ଶବକୁ ଧରି ସମୁଦ୍ର ମଧ୍ୟରେ ପ୍ରବେଶ କରିଛି । ଏହିପରି ପ୍ରକୃତି ଦେନେ ମଣିଷକୁ ସବୁ ସୁଖ ଓ ଆନନ୍ଦ ଦେଇ ପରମୁହୂର୍ତ୍ତରେ ଜୋର୍ କରି ସେହି ସମସ୍ତ ସୌଭାଗ୍ୟକୁ ଛଡ଼ାଇ ନେଇଛି । ପ୍ରକୃତିର ଉଭୟ ଶାନ୍ତ ଓ ଭୟଙ୍କର ସ୍ୱରୂପକୁ ନେଇ ରଚିତ ୩୮ ପୃଷ୍ଠାର ଏହି ଉପନ୍ୟାସିକା ବାସ୍ତବିକ ଏକ ଉଚ୍ଚକୋଟିର ସୃଷ୍ଟି ।

ବେକାରୀ, ଯୌତୁକ ପ୍ରଥା ଓ ଲୋକମାନଙ୍କ ମଧ୍ୟରେ ସହରାଭିମୁଖିତା ଭଳି ବିଭିନ୍ନ ସାମାଜିକ ତଥା ରାଜନୈତିକ ବ୍ୟବସ୍ଥାର ବିଫଳତା ଆଦି ପ୍ରସଙ୍ଗକୁ ନିଜ କଥା ସାହିତ୍ୟରେ ବିଶେଷତଃ ଉପନ୍ୟାସରେ ସ୍ଥାନ ଦେଇଥିବା ସାତକଡ଼ି ହୋତା ଓଡ଼ିଆ ଉପନ୍ୟାସ ସାହିତ୍ୟ ଜଗତରେ ଏକ ଉଜ୍ଜ୍ୱଳ ପ୍ରତିଭା । ତାଙ୍କଦ୍ୱାରା ରଚିତ ବ୍ୟାକୁଳ ହୃଦୟ, ସ୍ୱପ୍ନ ଶିଉଳି, ଏତେ ସ୍ୱପ୍ନ ଏତେ ଆଲୋକ, ଅନେକ ଦିଗନ୍ତ, ଅଶାନ୍ତ ଅରଣ୍ୟ,

ରାଜଧାନୀର ରଙ୍ଗ, ଭଙ୍ଗାକାଚ, କୃଶବିଦ୍ଧ, ସୂର୍ଯ୍ୟ ଉଇଁଲେ ସ୍ୱପ୍ନ, ସତ୍ୟନଗର ଆଦି ଗୋଟିଏ ଗୋଟିଏ ଉଲ୍ଲେଖଯୋଗ୍ୟ କୃତି। ଏଥି ମଧ୍ୟରୁ ୧୯୮୯ ମସିହାରେ ରଚିତ ସୂର୍ଯ୍ୟ ଉଇଁଲେ ସ୍ୱପ୍ନ ଉପନ୍ୟାସଟି ବିଭିନ୍ନ ଦ୍ୱନ୍ଦ୍ୱ, ଘାତ ପ୍ରତିଘାତ ଓ ସଂଘର୍ଷ ଆଦିକୁ ନେଇ ଗତିଶୀଳ। ମାତ୍ର ଏସବୁ ସତ୍ତ୍ୱେ ଏହି ଉପନ୍ୟାସର ଅନ୍ତରାଳରେ ବନ୍ୟା ପରବର୍ତ୍ତୀ ଦରିଦ୍ର ଲୋକମାନଙ୍କର ଅସହାୟତାର ଚିତ୍ର ଦେଖିବାକୁ ମିଳେ। ଏତଦ୍‌ବ୍ୟତୀତ ଔପନ୍ୟାସିକ ଏହି ପରିସ୍ଥିତିର ସୁଯୋଗ ନେଉଥିବା ତଥା ବନ୍ୟାପୀଡ଼ିତଙ୍କ ଉପରେ ଅତ୍ୟାଚାର କରୁଥିବା ନେତା, ମନ୍ତ୍ରୀ ଓ ଠିକାଦାର ଆଦିଙ୍କର ପ୍ରକୃତ ସ୍ୱରୂପକୁ ଏହି ଉପନ୍ୟାସରେ ପ୍ରତିଫଳିତ କରିଛନ୍ତି। ଏକ ପ୍ରେମକାହାଣୀ ସାହାଯ୍ୟରେ ଗତିଶୀଳ ଏହି ଉପନ୍ୟାସରେ ନରୋତ୍ତମ ଓ ଶକୁନ୍ତଳା ଭଳି ଚରିତ୍ରମାନଙ୍କ ମାଧ୍ୟମରେ। ଲେଖକ ଏହି ପରିସ୍ଥିତିର ସମାଧାନ ପାଇଁ ଉଦ୍ୟମ କରିଛନ୍ତି। ହେଲେ ବିଭୁପଦ ଭଳି ଖଳ ବ୍ୟକ୍ତିମାନେ ସମାଧାନର ପଥ ବନ୍ଦ କରିବା ସ୍ୱରୂପ ବୋମା ବିସ୍ଫୋରଣଦ୍ୱାରା ହତ୍ୟା କରିଛନ୍ତି ନରୋତ୍ତମକୁ।

ସାମ୍ପ୍ରତିକ ସମୟରେ ଲେଖନୀ ଚାଳନ କରୁଥିବା କଥାକାର ଅଧ୍ୟାପକ ବିଶ୍ୱରଞ୍ଜନ ଏକ ଅମଳିନ ପ୍ରତିଭା। ତାଙ୍କଦ୍ୱାରା ରଚିତ କାଚ କଣ୍ଢେଇ, ଅଳ୍ପ କଥାର ଗଳ୍ପ କେତୋଟି, ତଥାପି ଆଲୋକ, ରାତିପାହିଲେ ପୁରୀ, ମଳୟ ମଞ୍ଜରୀ, ରେ ଆତ୍ମନ ନିଦ୍ରା ପରିହାରି, ଛବିବହି, ବିଶ୍ୱରଞ୍ଜନଙ୍କ ପ୍ରେମକଥା, ବିଶ୍ୱରଞ୍ଜନଙ୍କ ଅଳ୍ପକଥା, ଅନନ୍ତ ଶୟନ, ପୁଅ, ବିଶ୍ୱରଞ୍ଜନଙ୍କ ଶ୍ରେଷ୍ଠଗଳ୍ପ, ଚକ୍ର, ସ୍ୱପ୍ନବାସ, ସମୁଦ୍ର ସ୍ନାନ, ଅନାମିକାର ଠିକଣା ହେଉଛି କେତେକ ଶ୍ରେଷ୍ଠଗଳ୍ପ ସଂକଳନ ଓ ଉପନ୍ୟାସ । ସାମ୍ପ୍ରତିକ ସମସ୍ୟା ଉପରେ ଗୁରୁତ୍ୱ ଦେଇ ଲେଖନୀ ଚାଳନ କରୁଥିବା ଏହି ଲେଖକଙ୍କର ୨୦୦୬ ମସିହାରେ ପ୍ରକାଶିତ ଚକ୍ର ଏକ ଉଲ୍ଲେଖନୀୟ ଉପନ୍ୟାସ। ୧୯୯୯ ମହାବାତ୍ୟାର ପୃଷ୍ଠଭୂମିରେ ରଚିତ ଏହି ଉପନ୍ୟାସ ଲେଖକଙ୍କର ଅମଳିନ ପ୍ରତିଭାର ପରିଚୟ ଦେଇଥାଏ। ୨୯ ଅକ୍ଟୋବର ୧୯୯୯ରେ ଓଡ଼ିଶା ବକ୍ଷରେ ଘଟିଥିଲା ଏକ ପ୍ରଳୟଙ୍କରୀ ତାଣ୍ଡବ ବା ମହାବାତ୍ୟା। ଯାହାଦ୍ୱାରା ସମଗ୍ର ଓଡ଼ିଶାରେ ଘଟିଥିଲା ମୃତ୍ୟୁର ତାଣ୍ଡବଲୀଳା। ସରକାରୀ ରିପୋର୍ଟ ଅନୁସାରେ ଏଥିରେ ୯,୮୮୫ ଲୋକ ମୃତ୍ୟୁବରଣ କରିଥିଲେ। ମାତ୍ର ବେସରକାରୀ ତଥ୍ୟ ଅନୁସାରେ ମୃତକଙ୍କ ସଂଖ୍ୟା ୫୦,୦୦୦ରୁ ଅଧିକ ଥିଲା। ପାଖାପାଖି ୧,୫୦୦ ଶିଶୁ ଏଥିରେ ଅନାଥ ହୋଇଯାଇଥିଲେ।(୮,୯,୧୦) ଏହି ବାତ୍ୟା ପରବର୍ତ୍ତୀ ଲୋକମାନଙ୍କର ଦୟନୀୟ ଓ ଅସହାୟ ଅବସ୍ଥାକୁ ଅଧ୍ୟାପକ ବିଶ୍ୱରଞ୍ଜନ ଚକ୍ର ଉପନ୍ୟାସରେ ପ୍ରତିଫଳିତ କରିଛନ୍ତି। ବିଶେଷତଃ ଉକ୍ତ ଉପନ୍ୟାସରେ ବାତ୍ୟା ପରବର୍ତ୍ତୀ ସମୟରେ ଓଡ଼ିଶା ପାଇଁ ଆସିଥିବା

ସାହାଯ୍ୟ ଓ ସହଯୋଗକୁ ବିଭିନ୍ନ ଉଚ୍ଚପଦସ୍ଥ ବ୍ୟକ୍ତି କିପରି ଆତ୍ମସାତ୍ କରିଛନ୍ତି ତାହାର ଚିତ୍ରଣ ଦେଖିବାକୁ ମିଳେ। ତେଣୁ ଲେଖକ ଏଥିରେ ବିଶେଷତଃ ଓଡ଼ିଶାର ଶାସନ ବ୍ୟବସ୍ଥାକୁ ତୀବ୍ର ସମାଲୋଚନା କରିଛନ୍ତି। ଏହାସହ କଳିଙ୍ଗର ସରକାରୀ କର୍ମଚାରୀ ତଥା ରାଜନେତାଙ୍କ ଦୁର୍ନୀତି, ଭ୍ରଷ୍ଟାଚାର, ଲାଞ୍ଚ, ଅଧର୍ମ, ମିଥ୍ୟା, ଦୂରାଚାର ତଥା ତାଙ୍କର ଅସଲ ମୁଖାକୁ ଖୋଲିଦେବା ପାଇଁ ଅରବିନ୍ଦ ଚରିତ୍ରର ଅବତାରଣ କରିଛନ୍ତି। ଯେଉଁ ଚରିତ୍ରଟି ପ୍ରବନ୍ଧ ଓ ଉପନ୍ୟାସ ଆଦି ମାଧ୍ୟମରେ ଏହି ଦୁର୍ନୀତିଗସ୍ତ ବ୍ୟକ୍ତିମାନଙ୍କର ଅସଲମୁଖାକୁ ସାଧାରଣ ଜନତାଙ୍କ ସମ୍ମୁଖରେ ଖୋଲି ଦେଇଛନ୍ତି। ହେଲେ ସରକାରୀ ଶକ୍ତି ଆଗରେ ତାଙ୍କୁ ହାରିବାକୁ ହୋଇଛି। ୧୯୯୯ ଭଳି ପ୍ରଳୟଙ୍କାରୀ ମହାବତ୍ୟା ଗୋଟିଏ ଦିଗରେ ଓଡ଼ିଶାବାସୀଙ୍କୁ ଶ୍ରୀହୀନ କରିଦେଇଥିବାବେଳେ ତାଙ୍କ ପାଇଁ ଆସୁଥିବା ସାହାଯ୍ୟ ଓ ସହଯୋଗକୁ ଆତ୍ମସାତ୍ କରି ତାଙ୍କର ନିଜର ଲୋକ ତାଙ୍କ ବଞ୍ଚିଥିବା ସାମାନ୍ୟ ଆଶାକୁ ମଧ୍ୟ ଧୂଳିସାତ୍ କରିଦେଇଛନ୍ତି। ମହାବାତ୍ୟା ତଥା ଏହାକୁ କେନ୍ଦ୍ରକରି ଲୋକଙ୍କର ଅସହାୟତା ତଥା ରାଜନୀତିକୁ ପ୍ରତିଫଳିତ କରିଥିବା ଏହି ଉପନ୍ୟାସ ଔପନ୍ୟାସିକଙ୍କର ଏକ ଗବେଷଣା ନିସୃତ ଫଳ।

ଏହିଭଳି ଦୁର୍ଭିକ୍ଷକାଳୀନ ଅନେକ ଘଟଣାକୁ କେନ୍ଦ୍ରକରି ଓଡ଼ିଆ ଉପନ୍ୟାସ ସାହିତ୍ୟ ବେଶ୍ ସମୃଦ୍ଧ। ଉକ୍ତ ଆଲୋଚନା ଏହି ସମ୍ପର୍କିତ ଏକ ସଂକ୍ଷିପ୍ତ ସୂଚନାମାତ୍ର।

BLACK EAGLE BOOKS

www.blackeaglebooks.org
info@blackeaglebooks.org

Black Eagle Books, an independent publisher, was founded as a nonprofit organization in April, 2019. It is our mission to connect and engage the Indian diaspora and the world at large with the best of works of world literature published on a collaborative platform, with special emphasis on foregrounding Contemporary Classics and New Writing.

www.ingramcontent.com/pod-product-compliance
Lightning Source LLC
Chambersburg PA
CBHW060613080526
44585CB00013B/805
* 9 7 8 1 6 4 5 6 0 6 1 9 2 *